马克思主义哲学
与复杂性探索

赵光武 ◎ 著

中国社会科学出版社

图书在版编目（CIP）数据

马克思主义哲学与复杂性探索／赵光武著 . —北京：中国社会科学
出版社，2016.4

（北京大学马克思主义哲学论丛）

ISBN 978 - 7 - 5161 - 7757 - 0

Ⅰ . ①马…　Ⅱ . ①赵…　Ⅲ . ①马克思主义哲学—研究　Ⅳ . ①B0 - 0

中国版本图书馆 CIP 数据核字（2016）第 051477 号

出 版 人	赵剑英
责任编辑	喻　苗
责任校对	王佳玉
责任印制	王　超

出　　版	中国社会科学出版社
社　　址	北京鼓楼西大街甲 158 号
邮　　编	100720
网　　址	http：//www.csspw.cn
发 行 部	010 - 84083685
门 市 部	010 - 84029450
经　　销	新华书店及其他书店

印　　刷	北京明恒达印务有限公司
装　　订	廊坊市广阳区广增装订厂
版　　次	2016 年 4 月第 1 版
印　　次	2016 年 4 月第 1 次印刷

开　　本	710×1000　1/16
印　　张	27.5
字　　数	465 千字
定　　价	99.00 元

　　赵光武，男，河北省滦南县人，1931 年 11 月生，北京大学哲学系教授，博士生导师，中共党员。1953 年考入北京大学哲学系，1957 年毕业，留校任教，长期从事马克思主义哲学教学研究，近年来以复杂性科学与辩证唯物主义哲学为主攻方向。1986 年任教授，1981 年 5 月至 1987 年 8 月任北京大学哲学系副主任，1987 年 5 月至 1996 年 1 月任北京大学研究生院副院长。曾任中国辩证唯物主义研究会副会长。现任北京大学现代科学与哲学研究中心主任。主要研究成果：专著《唯物主义的历史与理论》《辩证法的历史与逻辑》《哲学的学习与应用》《哲学来自非哲学》；主编《辩证唯物主义原理》《现代科学的哲学探索》《用唯物史观观察社会主义社会》《走出自我中心困境》《思维科学研究》《后现代主义哲学述评》。

总　序

在新的历史条件下推进马克思主义哲学研究，这既是时代发展和中国发展的客观要求，又是理论工作者所肩负的重要职责。要推进马克思主义哲学研究，必须处理好传承与发展的关系。这里讲的传承，既指马克思主义哲学理论本身的传承，同时也指马克思主义哲学研究成果的传承；这里讲的发展，既指马克思主义哲学理论本身的不断创新，同时也指马克思主义哲学研究水平的突破与提升。加强马克思主义哲学本身的传承与发展无疑是重要的，而对马克思主义哲学研究及其成果的传承与创新也是非常必要的。这两种传承与发展实际上并不是各自孤立进行的，而是内在地结合在一起的。马克思主义哲学的传承与发展固然离不开马克思主义内容本身的研究，同时也包含着后人的理解和阐释，不可能离开后人的研究来孤立地看待马克思主义哲学的传承和发展。因此，要加强马克思主义哲学研究，应当对后人的传承与发展加以重视和关注。这也正是我们组编这套《北京大学马克思主义哲学论丛》的初衷。

北京大学是马克思主义在中国传播的发源地，具有悠久的马克思主义理论研究传统。"五四"新文化运动中，李大钊、陈独秀发起成立"马克思学说研究会"，最早开设唯物史观课程，宣传马克思主义。新中国成立后，北京大学一直是马克思主义哲学教学、研究和宣传的重要阵地，冯定教授等对马克思主义哲学学科的建设起了重要的组织、推动作用。1978年以来，黄枬森教授等在原有的基础上，开创了马克思主义哲学史学科，拓展和完善了马克思主义哲学研究领域，使其成为全国重点学科。

多年来，北京大学马克思主义哲学学科在其研究中逐渐形成了自己的传统，这就是重视马克思主义哲学基础理论研究。"史"（马克思主义哲学史）与"论"（马克思主义哲学基本原理）成为本学科研究的重点。特别是改革开放以来，伴随马克思主义哲学史学科的成功开创，形成了独特的研究特色。由黄枬森等教授主持编写的以及与国内同行共同编写的各种版本的《马克思主义哲学史》在全国学界产生了重要影响。20 世纪 90 年代以来，本学科在保持原有传统优势的基础上，又根据新的发展的需要，逐渐拓宽了研究领域，形成了这样几个主要的研究方向：一是文本研究，包括文献研究和文本内容研究；二是基本原理的专题性研究，特别是历史哲学的研究；三是国外马克思主义研究，重点是西方马克思主义研究；四是马克思主义人学和社会发展理论研究，主要结合当代社会发展变化的实际，对相关重大理论和现实问题从人学和发展理论的视角予以新的探讨。这些研究方向的确立，意味着研究不再仅仅限于传统教科书的框架，同时面向现实问题研究，从而走向新的融合。

　　对于基础理论研究与现实问题研究的关系，学术界多年来有着不同的看法。有的强调研究的学术性，有的强调研究的现实性，彼此形成不同的倾向和主张。实际上，二者并不构成矛盾与对立，而是完全可以结合在一起的，并且是相互渗透、相互促进的。研究马克思主义哲学，当然需要加强基础理论研究。不能正确理解经典文本和马克思主义哲学史，就不可能真正理解和把握马克思主义哲学，因而正确地阐释文本和马克思主义哲学史，这是掌握马克思主义哲学基本理论的前提和基础。但是，马克思主义哲学又不能仅仅限于这样的研究。将马克思主义哲学研究变为文本、马克思主义哲学史和一些原理的"诠释学""考据学"，无益于推进马克思主义哲学的发展。马克思主义哲学的基础理论也是一个发展、开放的系统，并不是一个固定不变的模式。伴随实践的发展，许多基础理论也要不断深化、调整和完善。关注现实问题，加强"问题导向"，一方面可以使文本中曾被忽视、误解以至被遗忘的思想、观点得到新的重视和开掘，另一方面可以给文本中许多思想赋予新的当代意义，从而激活其思想资源，使其焕发出新的生机、活力。就此而言，加强现实问题研究，又会有力促进基础理论研究。实现二者有机结合，有助于推动马克思主义哲学的深化和发展，这也正是本学科在原有研究基础上拓展研究方向与领域的动因所在。

　　收录在本论丛的书目，都是本学科老教授的研究成果。这些老教授虽已离开教学岗位，但不少人始终是"退而不休"，一直在马克思主义哲学研究的园地里辛勤耕耘，成果不断，在学科建设中发挥着重要作用。从本论丛写作的时间来看，既有过去撰写的，也有新近创作的，有的完全是近几年研究的成果；从其内容来看，涉及的论域比较广泛，既有关于马克思主义哲学史、经典文本和基本原理的研究，又有关于重大理论问题和现实问题的研究；从其关注的重点来看，既有基础性的问题，又有前沿性的问题；从其研究的领域来看，既有马克思主义哲学本身所涉及的各种领域，又有与其相关的研究领域。可以说，这些成果是这些老教授长期研究的真实记录，是他们探索轨迹的生动描绘，共同构成了马克思主义研究的绚丽画卷。

本论丛只反映了本学科过去研究的一个大致图景，并未体现其研究的全部历史和现状。收录的书目主要反映了作者在研究中的代表性成果或代表性观点。尽管各位作者研究的重点不同，旨趣各异，但其目标指向则是共同的，这就是不断深化和推进马克思主义哲学研究，以求发展、创新。正是围绕这一目标，各位作者分别从不同角度对马克思主义哲学进行了有益的探讨，形成了不同的研究特色。

值得注意的是，本论丛所收集的这些研究成果是和作者们的经历联系在一起的。这些作者都是在20世纪上半叶出生的，大多是在新中国建立后走进大学校园，而后留校任教。他们都经历了共和国的风风雨雨，其学术生涯又是同改革开放的历程联系在一起的。正是这些特殊的经历，使这些作者对社会、人生和马克思主义哲学有着独特而深刻的体认和感悟。这些研究成果均不同程度地打上了时代的烙印和个人体验的印记。今天看来，在这些成果中，尽管有些话题可能有些陈旧，某些看法也不一定新颖，但其确实反映了这些作者在不同历史条件下的独特思考和艰辛探索，有助于我们更好地理解和把握马克思主义哲学研究的思想历程及其经验教训。总体来看，这些成果是本学科长期积累的宝贵财富，它为本学科的发展奠定了厚实的基础，因而是其发展的重要阶梯。

传承是为了更好地发展。站在新的历史起点上，北京大学马克思主义哲学学科的同仁们始终没有忘记自己的使命和责任，没有忘记自己的天职，一直以高度的热忱投身于马克思主义哲学的教学与研究之中。我们相信，在未来的岁月中，只要充分继承和发扬北京大学马克思主义理论研究的光荣传统，锐意进取，不懈努力，就一定会在马克思主义哲学研究上取得新的更大的成就。我们将会把新的成果集中起来，以"马克思主义哲学：经典与当代"丛书加以出版。

近年来，本学科的发展得到了陕西帮建置业有限公司董事长王建良先生的大力支持和帮助，他建议并捐资设立了"黄枬森与北京大学马克思主义哲学学科发展"项目（简称"黄枬森项目"），为本学科的教学、科研作出了重要贡献，在此深表感谢！

本论丛的出版得到了陕西帮建置业有限公司董事长王建良先生和北京大学社会科学部的资助；北京大学哲学系对本论丛的出版给予了大力支持；中国社会科学出版社为本论丛的策划和出版作了很大努力，付出了辛勤劳动。在此一并表示诚挚的谢意！

论丛编委会

2016 年 4 月

目　　录

第三编　复杂性科学的兴起与复杂性新探

第一编

辩证唯物主义与现代科学的发展

第 一 章

辩证唯物主义随科学前进并指导科学前进

哲学来自非哲学，辩证唯物主义哲学是自然科学、社会科学、思维科学的概括与总结，具体科学是哲学的基础；具体科学前进离不开思维罗盘，辩证唯物主义哲学为具体科学的发展提供强大的理论思维力量，哲学是具体科学的向导。

本文旨在从总体上，从动态相互作用的角度，来阐述马克思主义哲学与现代科学的彼此依赖、紧密结合的相互关系。

一 辩证唯物主义是科学的发展 进入现代阶段产生的

自然科学作为自然规律的知识体系，是在生产实践和科学实验的基础上产生发展起来的。它的历史行程经历了古代的直观思辨阶段、近代的经验分析阶段，从 19 世纪中叶以来又发展到以"整理材料"为标志的辩证综合的现代阶段。

唯物主义哲学作为反思的科学，主要是在对科学反思的基础上产生发展起来的。相应地，它的历史行程经历了古代的朴素唯物主义阶段、近代的机械唯物主义阶段，从 19 世纪中叶以来又发展到现代的辩证唯物主义阶段。

自然科学的发展与唯物主义哲学的发展基本上是对应的、相辅相成的。恩格斯所说的："随着自然科学领域中每一个划时代的发现，唯物主义也必然要改变自己的形式"[①]，就揭示了它们在发展中的这种相应的内

[①] 《马克思恩格斯文集》第 4 卷，人民出版社 2009 年版，第 281 页。

在联系。

为了动态地说明辩证唯物主义是怎样随着自然科学的发展进入现代阶段以后产生的，具体、历史地把握这一过程，需要从历史上说起。

（一）古代阶段

从时间持续来看，延续了包括原始社会、奴隶社会和封建社会在内的漫长的历史时期。人类对于自然的注意和观察，远在原始社会就已积极地进行着，并从生产实践中积累了一定的经验和知识。比如，在农业生产和游牧活动中，由于需要观测日月星辰的位置及其位置变化与季节变化的关系，因而在实践中获得了初步的天文知识。在农业活动和交换活动中，由于需要丈量土地、衡量器物、测定时间、计算事物，所以在实践中取得了初步的数学知识。在制造和使用各种工具、器械，构筑简单的房屋时，由于需要进行推、拉、举、抛等活动，从而在实践中得到了最初的力学知识。但是，这些原始的经验和知识是十分零碎的、片断的，还没有条件带上条理性、综合性，远不能称之为自然科学。只能把它叫做自然科学的萌芽。

到了奴隶社会，不仅生产力有了进一步发展，而且随着体力劳动与脑力劳动的分家，出现了专门从事脑力劳动的知识分子，产生了文字。这就形成了对自然知识进行初步概括的条件，使古代自然科学应运而生。

古希腊是欧洲古代科学文化的中心，地中海沿岸城邦中涌现了一批自然哲学家，开始冲破宗教迷信的束缚，以现实的态度探讨各种自然现象，取得了重要的科学成果。

比如，米利都学派的主要代表人物泰勒斯是唯物主义哲学家，也是数学家和天文学家。据说他到过埃及，研究了埃及的土地丈量术后，创立了初等几何。他曾用一根已知长度的竿子，通过同时测量竿影和金字塔影之长，求出了金字塔的高度，并利用关于相似三角形的知识计算过航船到岸的距离。他根据巴比伦的天文知识，奠定了希腊天文学基础，并且因为预言日全食而享有盛名。

在公元前 300 年左右，亚历山大城的欧几里得整理、总结和发展了古希腊时期的大量数学知识，写成了 13 卷本的《几何原本》。其内容包括直边形和圆的性质、比例论、相似论、数论、不可公度量的分类、立体几何和穷竭法等。它从少数已被经验证明的公理出发，运用逻辑推理和数学计算的方法，演绎出 467 个定理。它是一部内容丰富的数学书，千百年来为人们所使用，对人们掌握数学知识、了解公理方法，起了巨大作用。

阿基米德是古希腊伟大的数学家和物理学家。他是流体力学的创始人，发明了著名的浮力定律，即沉物体于液体中，物体减轻之重量等于所排除液体之重量。此外，他还发现了杠杆定律，运用杠杆定律，创造螺旋提水器；根据杠杆定律制造了一套复杂的杠杆和滑轮，解决了如何把体积过大、分量过重的船只推下水去的难题。

中国是世界上最早进入封建社会的国家，春秋战国时期虽然不如古希腊的科学发达，但在从战国到秦汉的数百年间，中国的科学技术发展较快，在许多方面超过了西方。后来又经过汉、唐千余年的发展，到宋、元时期达到了高峰。在数学、天文学和其他方面，中国古代有很多贡献。

汉朝时期成书的《九章算术》是我国古代最重要的一部数学著作。它系统地总结了我国从先秦到汉朝的数学成就。全书分九章，共收集了 246 个数学问题。九章的内容是："方田"，主要是计算田亩面积的各种几何问题；"粟米"，粮食交易时的计算方法；"衰分"，按比例分配的计算方法；"少广"，从田亩面积计算周长、边长等的算术，正确地提出了开平方和开立方的方法；"商功"，计算各种体积的几何方法，主要解决筑城、修渠等实际工程中的问题；"均输"，管理粮食运输均匀负担的计算方法；"盈不足"，处理了各种二元一次联立方程组的问题；"方程"，处理各三元一次和四元一次联立方程组的问题；"勾股"，处理了各种几何问题，正确地提出了勾方股方之和等于弦方的重要定理。所有这些内容都充分体现了它的实用特点。在汉朝以后的 1000 多年中，它一直被当做数学教科书。书中一元二次方程的数值解决，联立一次方程组的解决，要比欧洲同类算法早 1500 年左右。《九章算术》在朝鲜和日本都曾经被当做教科书，在阿拉伯和欧洲也有广泛影响，被译成多种文字。书中的"盈不足"算法，在国外被称做"中国算法"。

魏晋时期的杰出数学家刘徽在《九章算术》的基础上写成了《九章算术注》10 卷。他的杰出贡献是在此书中创立的割圆术。所谓割圆术就是用圆内接正多边形来近似代替圆。其中包含初步的极限概念和直线曲线转化的思想，在 1500 年前能运用这种思想，是非常可贵的。有了割圆术，也就有计算圆周率的理论和方法。圆周率是圆周长和直径的比值，简称 π 值。刘徽利用割圆术，求出圆内接正 3072 边形的面积，算出 $\pi = 3.1416$。

南北朝时期的伟大数学家祖冲之在刘徽之后，把 π 值的精确度提高到小数点后 7 位，就是 π 值在 3.1415926 和 3.1415927 之间。这是当时世界上最精确的 π 值，直到 1000 年以后，阿拉伯和法国的数学家才超过了它。

中古时期（指进入封建社会以后到资本主义出现以前），中国是世界上观测天文现象最精确的国家，也是保存天象记录最丰富的国家。从汉朝起，日食的观测记录中已经有了日食的方位、初亏和复圆的时刻以及亏起的方向等；对日食和月食现象已经作出科学的解释。西汉末年刘向在《五经通义》中指出："日食者，月往蔽之。"东汉张衡在《灵宪》中认为，月光是太阳所照，大地遮住了太阳光，就产生了月食。

天文学家张衡不仅正确解释了月食的成因，而且创制了世界上最早利用水力转动的浑天仪和测定地震的地动仪，并在总结当时天文知识的基础上，明确地提出"宇之表无极，宙之端无穷"。肯定了宇宙的无限性。

北宋科学家沈括著有《梦溪笔谈》，其内容十分丰富，包括天文、历法、数学、物理、化学、生物、地理、地质、医学、文学、史学、考古、音乐、艺术等。真可谓一部综合性的百科全书。沈括博学多才，在科学上有许多真知灼见。比如，在数学上，他发明了"隙积术"和"会圆术"。"隙积术"是二阶等差级数求和法。"会圆术"为我国球面三角学的发展作出了重要贡献。在天文历法方面，他曾经连续三个月观察北极星的位置，每夜观测三次。他把观测记录绘制成 200 多幅图，发现北极星的位置偏离天极 3 度，不是真正的天极方向，这个发现被后人所证实。他还编制了新历法。此历法规定：立春那天为一年之开始，大月 31 天，小月 30 天，大小月间隔。这是采用了阳历的简便方法，同时又吸收了阴历和农业节气协调的优点。遗憾的是该历法长期没有被采用。

从以上具体叙述可以看到古代自然科学有以下特点：

1. 古代自然科学基本上是以人们在生产斗争中获得的直观经验为基础的。它虽然经过思维加工，使直观经验带上了一定的条理性、综合性，但由于既没有精密的科学实验，又未能形成严密的逻辑体系。所以，它是以比较零散和朴素直观的形式出现的。

2. 由于古代自然科学还没有与哲学分化开来，通常与不同哲学派别的自然哲学掺在一起，用哲学思辨方法整理直观经验。因此，在它对现象知识的经验总结中常常渗透着猜测性思辨，以思辨的方法，用简单逻辑推理，来弥补具体知识之不足。以上两点概括起来叫做直观思辨。

在古代，哲学和具体科学还没有分化，唯物主义和自然知识浑然一体地掺杂在人类知识的总体之中，古代唯物主义哲学家往往同时又是自然科学家。尽管如此，唯物主义和自然科学之间还是有区别的。唯物主义作为世界观，提供的毕竟是在本质上正确的关于世界的总的画面，而自然知识毕竟是关于总的画面上的某一方面具体学问。唯物主义和自然科学在本质上是一致的，在古代它们又没有分化为两门独立的学科。所以，它们之间彼此依赖的相互关系无论就内容或形式来说都是很紧密的。

自然知识是古代唯物主义的基本来源。古代最初的唯物论是把某种具体的物质形态当做世界本原的，而这种认识直接来源于自然知识。古代唯物主义还往往把世界看成一个逐渐生成和发展的过程，这种观点也是以对自然界的直接观察得到的具体知识为基础的。哲学来自非哲学。比如中国的荀子所做的"天行有常，不为尧存，不为桀亡"的哲学结论，就是以日月星辰等天体的运行有其固定的轨道的天文知识为直接依据的。

又如，战国时代成书的《黄帝内经》是我国现存最早的一部重要医学文献。它汇集了古代劳动人民长期与疾病作斗争的临床经验和理论知识。它用人与自然环境的相互联系以及人体各器官的相互联系来说明人体的生理变化和生病的原因，认为生命是自然现象，人的精神是以人的身体为基础的。这些医学知识后来成了唯物主义者正确说明精神和肉体关系的有力依据，如汉朝的王充就是用这些知识来说明形神关系的。他具体指出了人的精神智慧是依赖于人的血脉和五脏的，如果血脉枯竭、五脏腐朽，人就没有精神活动了。

可见，在古代，哲学结论和具体知识是直接联系在一起的。哲学结论往往是从某些具体知识中直接引申出来的，所以，自然知识是以直接来源的形式作为唯物主义的基石的。

同时，我们还要看到，在古代唯物主义哲学本身的理论体系还很不完备，论点和论据还没有充分展开的情况下，它能不能和自然知识不断结合，直接决定着它的前途和命运。在古代的思想史上，有的唯物主义哲学家走过的道路就证明了这一点。比如，中国明朝的方以智，开始很注意研究自然知识，从中作出了唯物主义的结论："一切物皆气所为也"，并指出哲学存在于具体科学之中，不能脱离自然科学，"质测即藏通几"。但是到了晚年，他隐居山林削发为僧，当了和尚，放弃了对自然科学的研究，便从唯物主义立场退到唯心主义立场上。在他后来的著述中，受佛教禅宗思想的影响，夹杂着很多唯心主义的糟粕，甚至否定了原来的唯物主义思想。

（二）近代阶段

近代的自然科学是15世纪以后，随着资本主义的产生和发展形成起来的，新的生产关系以及在新生产关系下迅速发展的生产力，是自然科学发展的强大动力。当时，资本主义的生产还处于比较低级的阶段，即手工工场阶段，人们在生产中使用的工具多半是杠杆、齿轮、水磨等简单的机械装置，使用的能源主要是自然力（风力、畜力、人力等）。所以，生产中提出的中心问题是力学问题，而不是一般的能量转化问题。再加上古代遗留下来的科学资料也主要是关于力学、天文学和与此相适应的初等数学。如阿基米德的杠杆原理、浮力原理；托勒密的地心说和欧几里得的几何学等。而人们的认识又是一个从低级到高级、从简单到复杂的循序渐进过程，对运动形式的认识也不例外。综合以上提到的三个方面（生产水平、科学遗产、认识顺序）可以看到，在近代自然科学形成和发展的初期，机械力学必然占首要的中心地位。事实上正是如此，从开普勒发现行星运动三大定律到伽利略发现落体定律，再到牛顿发表《自然哲学的数学原理》，机械力学已经形成了完整的体系。

生产的进一步发展迫切要求把自然界各个领域内具体的规律揭示出来，并且自觉地把它应用于生产。因此，摆在近代自然科学面前的重要任务，就是准确地掌握各个领域里的自然现象，分门别类地收集材料，把各个部分"是什么东西""有什么特点""和其他现象有什么区别"搞清楚。于是，经验分析的方法很快发展成自然科学研究的主要方法。这种方法通过观察、分析、归纳、实验等手段，把相互联系的整体分成彼此孤立的部分，把连续发展的过程划分成彼此无关的阶段。比如，把整个自然界就划成三个无关的领域：动物界、植物界、矿物界（无机界），而在无机界又分成彼此无关的不同的力（机械力、声力、光力、电力、磁力、热力、化学的亲和力），等等。这就是从周围的联系中把特定的因果联系孤立出来以找出它的特殊规律。所以，经验分析就成了第二阶段的基本特征。在这个阶段，力学、数学、天文学率先得到了迅速发展；物理学、化学、生物学也相继成长起来。

　　近代自然科学成果表明：自然界的各种物质形态都是由分子组成的，分子是保持原有物质形态化学性质的最小颗粒；分子用一般的物理方法（如挥发、溶解、分散等）不能再行分割，但通过化学过程可以使它分解为更小的质点——原子；分子是由原子组成的，原子是用化学方法不能再分的最小质点；分子和原子都处于运动状态。

　　在此基础上，近代唯物主义在论证世界的物质统一性时，就逻辑地、必然地把世界的物质统一性归结为原子的特性，把形形色色的各种运动形式都归结为机械运动，从而形成了具有机械性、形而上学性和不彻底性的近代的机械唯物主义。

　　近代唯物主义不仅依赖于近代自然科学，而且对近代自然科学的发展起了巨大的推动作用，主要表现在以下两个方面：

　　第一，近代唯物论是在反对宗教神学的斗争中产生的，它是战斗的唯物论，对自然科学的兴起和发展起了巨大的解放作用。

　　大家知道，在中世纪的欧洲，教会严密地控制着思想领域，使科学和一切知识都沦为它的奴仆。只准人们盲从迷信，听命于教会，不准独立思考，研究自然现象。近代唯物论思想产生以后，把文艺复兴以来的思想解放运动推向一个新的高度。它作为一种崭新的世界观，从根本上批判了宗教神学的荒谬性。由于总的看法，根本的看法能够影响到各个领域各个方面，因而它能够从思想总体上使宗教神学土崩瓦解，从思想总体上把人们的思想进一步解放出来，使人们耳目一新，从而形成一种新的思想潮流，新的观点和方法。近代唯物主义作为一种代表新思潮的理论体系，就能直接、间接地渗透到社会生活的各个方面，就能为自然科学的蓬勃发展开辟广阔的天地。事实也正是如此，15世纪以来产生的自然科学，它的发展到17世纪就出现了一个高峰；到18世纪，由于它在生产上的广泛应用，引起了第一次技术革命。

　　第二，近代唯物论也提供了适合当时科学发展需要的方法论。15世纪以后，系统自然科学的产生促使近代唯物论加强了对认识论的研究。近代唯物论的认识论，有以培根为代表的唯物论经验论，也有以斯宾诺莎为代表的唯物主义唯理论，又有法国唯物论强调经验和理论的结合。近代唯物论的认识论是在近代科学的推动下产生的。它产生后，由于适合自然科学发展的需要反过来又推动了科学的发展。具体来说，唯物论的经验论是同经院哲学的从概念到概念的抽象演绎对立的。它认为人们要得到正确的认识，必须从事实出发，通过实验收集正反面的材料，然后经过比较，排除其中不相干的现象，最后得出结论。这就是归纳法。培根认为归纳法是认识的最可靠的方法，他称之为"新工具"。这时，人们为了把事物分解成各个部分，做分门别类的研究，需要在分别收集材料的基础上进行归纳与分类。由于适应了科学的需要，所以"新工具"曾经成为促进自然科学进一步发展的基本条件。培根于1620年发表《新工具》，1662年，英国化学家、物理学家波义耳在物理实验中运用单因子分析法，发现了气体的体积随压强的改变而改变的定量规律。在化学方面，他把当时可用的定性实验归纳为一个系统，初次引入化学分析的名称，开始了分析化学的研究。瑞典的博物学家林耐对收集到的大量生物材料进行归纳和分类，使植物学和动物学"接近完成"①。牛顿把当时的力学原理归纳整理成一个完整的体系，到1687年发表了《自然哲学的数学原理》。

又如，斯宾诺莎的唯物主义唯理论，也是对抗经院哲学和宗教迷信的思想武器，以"理性"为标志，反对盲从、迷信。斯宾诺莎认为：人的认识不必依赖感性认识，凭理性直观，"纯粹从事物的本质来考察事物"，就能一下子得到最可靠的知识。这种知识就是他说的"不证自明的""最高级知识"。比如，两条直线各与第三条直线平行，则这两条直线必定平行。唯理论否定感性的作用，这是片面的。但是，当时自然科学要求把实验的方法与数学的方法结合起来，定量地来研究自然，唯物论的唯理论就反映了这种要求，适应了这种需要，从方法论上突出了演绎方法和数学方法的作用，使数学方法定量的研究越来越广泛地应用到各个科学部门。从而促进了自然科学的发展。

随着近代自然科学的不断向前发展，其中产生了体现方向、代表未来的新的趋势、新的萌芽。如，18世纪末19世纪初热力学、电化学、电物理学的形成和发展，已经涉及了各种形态的相互联系、相互转化；有机化学的产生发展开始冲破了无生物界和生物界之间的壁垒；胚胎学、古生物学、地质学以及天体演化论的产生，提供了关于自然发展的观念。所有这些都意味着自然科学的发展正处在从近代阶段向现代阶段的转变时期。

---

① 《马克思恩格斯文集》第9卷，人民出版社2009年版，第411页。

（三）现代阶段

19 世纪中叶以来，整个自然科学的发展已经走过了以经验分析方法为主导的收集材料阶段，进入了以"整理材料"为标志的辩证综合阶段。一系列以研究发展过程为特点的新的科学学科相继建立并发展起来。其中具有代表性的是科学史上著名的三大发现。这些新的成果，不仅沉重打击了唯心主义神创论和否认联系发展的形而上学发展观，而且从不同侧面具体揭示了自然界的辩证联系和物质统一性。这就使唯物主义在概括新的科学成果的基础上能够克服旧唯物主义的机械性、形而上学性，实现唯物主义与辩证法的有机统一，从而形成辩证唯物主义或称现代唯物主义。正如恩格斯所论：自然科学领域中这一划时代的发现，必然使唯物主义采取辩证唯物主义的新形式。换句话说，辩证唯物主义作为唯物主义的现代形态是随着科学的发展进入辩证综合的现代阶段以后产生的。

继三大发现以后，19 世纪末 20 世纪初以来，现代科学沿着辩证综合的方向又获得了全面而迅速的发展。比如，20 世纪初创立了量子论、相对论；接踵而来的又有基本粒子物理学、控制论、分子生物学等。到了20 世纪中叶，在全球范围内形成了一场新的科学技术革命。新科学技术革命对辩证唯物主义的发展起着巨大的推动作用。

二　当代新科学技术革命对辩证唯物主义的推进

20 世纪中叶以来，现代科学取得了突飞猛进的发展，目前在全世界范围内，正在进行着以微电子学和电子计算机技术为主要标志的新的科学技术革命，形成了一系列高新科学技术部门。其中有所谓三个前沿（天体演化理论、生命起源科学、基本粒子理论）、三大支柱（信息科学、生命科学、材料科学）、三项重要标志（人工智能、空间技术、原子能利用）。

新科学技术革命的一个突出特点是，现代科学技术的发展呈现了既高度分化又高度综合，而以高度综合为主的一体化趋势，科学知识的整体化是现代科学技术发展的规律性。一系列边缘科学、交叉科学、横断科学的产生和相应的一系列新概念、新方法（如系统概念、信息概念、反馈概念、系统方法、控制方法）的出现，集中体现着综合性、整体化这一基本趋势。

以下，仅以直接体现现代科学技术总体特征的一些科学技术部门取得的重大科技成果为例，对其进行哲学思考，从总体上粗略地考察新科技革命对马克思主义哲学的重大推动作用。

（一）人工智能对辩证唯物主义的促进

人工智能作为人脑智能的模拟，它的产生发展与辩证唯物主义的意识论（即关于意识的起源、本质与作用的理论）联系最直接也最紧密。因此，这个问题，先从人工智能对意识论的发展的推进谈起。

人工智能对意识论的推进，集中表现在它对意识论的充实与深化上，具体表现是：

（1）进一步表明了意识是人脑的机能、物质的属性。考察计算机对人脑某些智能活动的模拟，不难发现人脑起码包括以下四种与计算机相对应的功能，即感受、记忆、演绎、选择。当然，人脑的思维能力决不限于以上四个方面。这只是说，目前人脑思维这四种基本功能已在计算机中得到了物化，可以用精确的物质手段来加以再现和验证。随着人工智能的发展，人脑思维功能的更多的方面还会得到物化，思维的奥妙还会得到更全面、更深刻的揭示。既然计算机能逐步地在不同的范围内、不同的程度上，把人的思维模拟出来、再现出来，使思维物化。这就具体表明了意识并不是神秘、不可捉摸的东西，不是寄居在肉体之中脱离人脑的灵魂，也不是人脑分泌出来的一种特殊的物质，而是人脑的机能。这就进一步充实了关于意识的本质的原理。

（2）深化了意识对物质的反作用的原理。人工智能是人类意识自我认识的产物，计算机的出现意味着人类意识已经发展到把意识活动部分地从人脑这个原来唯一的意识器官中分化出来，物化为机械的物理运动，延长了意识器官。也可以说这是按照某种意识去思考人脑、并创造着人脑。可见，它是意识对人脑的一种巨大的反作用。意识与物质的相互作用包括两个不同层次的内容：其一，浅层次的意识与外界客体的相互作用；其二，深层次的脑内神经与意识的相互作用。计算机的出现是意识对人脑的巨大反作用的体现。这就从意识与人脑的相互作用的深层的关系上，进一步深化了意识对物质的反作用原理。

（3）引起了意识结构的变化，扩大了意识论的研究领域。计算机作为人脑的延伸，在一定意义上说，它是一种新形态的意识的机器，它已进入意识器官的行列。它能够帮助人完成一部分意识活动，而且在某些功能上还优于人脑，突破了人类自然器官的许多限制，弥补和克服了人类思维的许多短处。如人脑处理信息和采取行动的速度慢，记忆和动作的准确性差，人的记忆会随着时间变迁逐步消失，记忆中的信息相互干扰，相似的事物往往会张冠李戴，造成判断的错误。因此，可以说，在现代科学认识活动中，没有人工智能，就不会有人类认识能力的突破性发展和认识范围的不断扩大。从这个意义上说，不仅计算机依赖于人，而且人也依赖于计算机。这就使得在意识论的结构上增加了对人工智能的探讨这个部分，并出现了人工智能与人脑功能的关系问题，以及研究这一关系的人机互补原理。这就扩大了意识论的研究领域。

（4）思维模拟突出了思维形式在思维活动中的作用，为意识论的研究突出了一个重要课题。计算机只能"理解"信息的形式，模拟思维的形式，把问题的描述形式化，把求解问题的方式机械化。它实质上只是一架符号代换机，只是表现脱离思维内容的纯形式的方面。但是，正是通过这些形式化的作业活动，按照信号与意义之间严格的一一对应的关系，把一种形式的符号链输入进去，经过变换，又把另一种形式的符号链输送出来，不仅能成功地模拟人脑进行逻辑演算，而且能重新发现物理学定律。这就充分揭示了思维形式和思维规律在思维活动中的重要性，及其思维内容的相对独立性。

思维形式和思维规律不是先验的头脑里固有的，是在实践的基础上形成的，是客观事物之间的相互联系在人脑中的有条理的复写。它们一经形成就成了人们进行思维的工具，反过来为人们的思维活动服务。众所周知，人们只能借助于概念、范畴，运用逻辑规则，进行判断推理，才能反映事物之间的因果关系和客观必然性。思维是思维形式和内容的统一，没有思维形式，不仅思维成果无法保存，而且根本不能思维。

思维模拟的产生和发展，把思维形式在思维中的作用问题突出地呈现在我们面前，从而突出了意识论的研究这个重要的课题。

认识论是关于认识发生发展的哲学理论。它不像意识论那样着重从本原上说明人的精神活动，而是着重从发展过程，以及发展过程中的根本矛盾上，说明人的精神活动。它与意识论同人工智能的联系都是比较直接、紧密的。因此，继意识论之后，再谈谈人工智能对认识论的影响。

关于这方面的问题学术界早有研究，而且出现过不同观点的争论。

有的论者认为，人工智能产生以后，人不再是唯一的认识主体了，又出现了电子计算机这个新的"人工认识主体"或"人—机认识主体"。

有的论者不同意这种见解，认为电子计算机毕竟是人的工具而不是人，它可以模拟人的某些思维活动，但其本身不能思维，所以不能成为认识主体。

笔者根据对各种不同观点的反思，认为人工智能对认识论的推进主要表现在下述两点：

（1）虽说电子计算机没有主观能动性，不能与作为认识主体的人相提并论。但是，人工智能的出现却开始了从外部模拟人脑思维活动的进程。这一进程，与脑科学、神经生理学、心理学的发展相结合，就能进一步揭示人脑思维活动的"秘密"。因此，它的产生意味着人类的认识开始深入到认识主体的新阶段，也就相应地引起了认识论的深化。

（2）在认识过程中，在主体系统与客体系统之间存在着中介系统。在中介系统中又有物质工具系统与精神工具系统。电子计算机的出现，意味着在原有的各种作为延长感觉器官的感觉物质工具，如望远镜、显微镜等之外，又增加了作为延伸思维器官的思维物质工具，即意味着引起了中介系统的变化，扩大了认识论的研究领域。

此外，再考察人工智能对辩证法的推动作用。人工智能的产生发展，从不同的角度、用不同的方式比较深入地揭露了一些领域中的矛盾，甚至可以说它是一个揭露矛盾的能手。

它揭露的矛盾主要有：

（1）电子计算机是机器长期进化的结果。而机器的进化，是人们改造自然过程中，在主体与客体的矛盾斗争的推动下逐步实现的。电子计算机作为矛盾长期发展的产物，对它进行回溯性的研究，以果求因。通过分析阐明机器演化的轨迹，就可以系统、深入地揭示生产发展过程中存在的主客体之间的矛盾。从而促进人们从这一角度进一步去探索这一矛盾，及其矛盾运动的规律。

（2）电子计算机采取形式化的作业方法，从外部模拟人脑的形式化、逻辑化的思维活动。这就使得人的思维过程中的形式化、逻辑化与非形式化、非逻辑化的矛盾明显地暴露出来，从而促使人们去研究这对矛盾产生的客观基础，以及矛盾双方之间存在的相对与绝对的辩证关系。

（3）在现实世界中，有许多事物可以根据精确的标准把它们分为彼此界限分明的类别。这是以事物本身形态的确定性为依据的。事物的这种特性叫做清晰性，具有清晰性的事物叫做清晰事物。此外，还有一类性态不确定、类属不清晰的模糊事物。如"东边日出西边雨，道是无晴却有晴"。

计算机是在精确科学的土壤中培育出来的一朵科技之花。它解决问题的高速度与高精度是人脑比不了的，有了它，精确方法的可行性大大提高了。但是，也正是在使用计算机的实践中，人们认识到人的头脑具有远远超过计算机的能力。

人脑能够接收和处理模糊信息，依据少量的模糊信息对事物作出足够准确的识别判断，灵活机动地解决复杂的模糊性问题。凭借这种能力，画家不用精确的测量而画出栩栩如生的风景人物，甚至儿童可以辨认潦草的字迹，听懂不完整的语言。这一切都是以精确性制胜的计算机不可比拟的。

电子计算机问世以后，"电脑"与人脑的比较，就使得客观过程中的清晰事物与模糊事物的矛盾，以及思维过程中模糊思维机制与清晰思维机制的对立统一逐步显露出来，并促使人们去研讨。

黑格尔说过："认识矛盾并且认识对象的这种矛盾特性就是哲学思考的本质。"[①]矛盾规律是辩证法的本质与核心。揭露矛盾是分析矛盾、解决矛盾的前提。矛盾本身就包含着解决矛盾的力量。

人工智能的产生与发展，从不同的角度、以不同的方式，比较深入地揭露了存在于客观过程、实践过程、认识过程中的一系列矛盾。这等于为辩证法的发展提供了许多新的生长点，对辩证法的进一步充实、精确与深化是一个重大的推动。

（二）一般系统论对辩证唯物主义的推动

自从美籍奥地利理论生物学家贝塔朗菲创立并倡导系统论以来，已有几十年的历史，此间，由于研究者们各自的出发点不同，建立理论的目的与方法不同，解决问题的深度不同，先后形成了几种一般系统理

---

① ［德］黑格尔：《小逻辑》，贺麟译，商务印书馆1980年版，第132页。

论。比如，有普利高津的"耗散结构"系统论；哈肯的"协同学"系统论；等等。

今天，尽管系统观点已深入人心，系统理论引人注目，但人们对系统与系统理论的看法、解释却众说纷纭，莫衷一是。所以，这里仅以学术界研讨较早而且较多的贝塔朗菲的一般系统论为对象，来探讨它与哲学的关系。

贝塔朗菲的一般系统论作为一门横断科学，它的产生绝不是偶然的，而是科学在自身发展中，在吸取历史上有关思想成果的基础上，适应着现代科学技术辩证综合的客观需要，在一般科学方法论上从形而上学向辩证法的复归。它在本质上是辩证的，与辩证法有不解之缘。

它的基本范畴有：系统、要素、层次、结构和功能；基本理论原则有：整体性原则、有序性原则、动态原则。

它对马克思主义哲学的推进，突出表现在对辩证法的核心——矛盾学说的丰富、发展上，这具体表现在以下几个方面：

第一，一般系统论的整体性原则，扩充了矛盾学说关于如何规定矛盾群体性质的思想。

关于这点，我们首先要看到系统论帮助矛盾学说确立了矛盾群体的概念。矛盾学说认为，在复杂的事物发展过程中，有许多矛盾存在，研究它的总体性质时，就应从分析同时存在的几个矛盾的相互关系入手。但是，它还没有提出矛盾群体的概念。系统论告诉我们，任何事物都是一个系统。既然是一个系统，就是由要素组成的整体。所以，只包含一个矛盾的绝对简单事物是不存在的。事物矛盾存在的形式不是矛盾的个体，而是矛盾的群体，或者说矛盾的体系，所以矛盾群体是一个科学的概念。系统论就首先帮助矛盾学说确立了矛盾群体的概念。那么，矛盾群体的性质怎么规定呢？矛盾学说认为，在同时存在几个矛盾相互关系中，就有主要矛盾和次要矛盾的区别，在某一矛盾的统一体中又有主要方面和次要方面的区别。复杂事物的整体的性质、群体的性质主要是由主要矛盾的主要方面来规定，而次要矛盾和次要方面对群体性质也起作用，也有影响。那么，当矛盾群体中，不同的矛盾、不同的矛盾方面处于势均力敌，不分主次的情况时，哪怕这种情况是短暂的、暂时的，是不平衡的特殊状态，这时矛盾群体性质是由什么来规定呢？一般系统论的整体性原则指出，系统中诸要素的结构联系对群体性质起着决定性作用。也就是不同矛盾、不同矛盾方面的协调发展，对群体性质起决定性作用。这就进一步扩充了矛盾学说关于如何规定矛盾群体性质的思想。

第二，一般系统论的有序性原则，丰富了矛盾学说关于怎样分析矛盾特殊性的思想。

矛盾是普遍的，但每个矛盾都有它的特殊性、个性。矛盾学说认为，分析矛盾特殊性，必须从发展角度入手，逐步深入地进行考察。首先要看到各种物质运动形式中的矛盾，都带有特殊性。进一步要看到每个物质运动形式的发展长途中每个过程的矛盾都带有特殊性。从形式到过程，进一步看到过程的阶段的矛盾都带有特殊性。当然，要把握过程和阶段的特殊性，还必须全面地分析过程和阶段中包含的各个矛盾和各个矛盾方面，以及它们的相互关系，抓住主要矛盾的主要方面，才能从矛盾的总体和矛盾的联结上掌握它的特殊性。这就是从运动的形式到过程，从过程到阶段，逐步分析，层层深入，着重从纵向的联系上分析矛盾特殊性的方法。

一般系统论的有序性原则，也就是它的等级秩序的思想进一步指出，作为系统的矛盾群体，除了在纵的方面，在时间的尺度上，它存在着运动形式、运动过程、运动阶段等方面的特殊性之外，在横的方面也就是在空间的尺度上，还存在同层次的区别，不同层次的矛盾又各有特殊性。因此，在分析矛盾特殊性时，就要两者兼顾，纵横结合。这就进一步丰富了矛盾学说关于怎样分析矛盾特殊性的思想。

第三，一般系统论关于要素相互作用的原理，深化了矛盾学说关于矛盾双方相互依存与相互转化的思想。

任何事物的矛盾运动都采取相对静止和显著变动的两种状态，也就是量变和质变的两种状态。矛盾学说认为，矛盾双方在斗争中，在双方力量对比没有发生根本改变前，矛盾双方相互依存共处于一个统一体。矛盾运动就处于相对静止状态。当双方力量对比发生根本改变，这时矛盾双方就要发生相互转化，统一体就要破裂，矛盾运动就处于显著的变动状态。一般系统论指出任何系统的组成要素之间都存在着一种重要的相互作用，就是反馈的作用。反馈就是指控制中心的信息作用于被控制对象以后，将产生的结果再反馈回来并对信息再输出发生影响，以进行自我调节。当信息要素之间是负反馈时，也就是反作用减弱控制过程时，要素之间变量就能达到动态平衡，系统就能稳定存续。如果要素之间出现正反馈时，也就是反作用加强控制过程时，系统就不能稳定，就会发生震荡，或者引起爆炸性的发展，以致超过系统存在的临界条件，这个系统就会解体、瓦解。一般系统论的这个道理就对矛盾双方依存和转化给了进一层的具体解释，使其得到深化。

（三）信息论对辩证唯物主义的新论证

信息论也是一门新兴的横断科学，它与系统论、控制论在 20 世纪 40 年代末几乎同时产生。

信息论的创始人是美国贝尔电话研究所的数学家申农，早在 30 年代，申农做硕士论文时，文章的题目就是布尔代数在逻辑开关中的应用。以后，他不断汲取有关研究成果，逐渐形成了他的信息论思想。他认为，通信的基本问题就是精确地或近似地在一个点上再现另一个点上所选择的信号。他的信息论的基本内容是研究信源、信宿、信道和编码的问题。

信息论最早仅限于研究通信领域的信息问题，经过 40 多年的发展，由于科学技术发展的整体化趋势日益加强，信息论研究的一些基本内容已经由通信领域扩展到更加广阔的领域。在这个发展过程中，信息论本身也初步形成为信息科学。

信息存在于物理世界、生物世界、人类社会以及它们的相互联系中。宇宙间充满着信息，宇宙才充满了生机。信息分自然信息与人工信息。自然信息是自然界的事物以及事物之间内在联系的表征。自然信息大致分三类：其一，是表征事物属性的信息。如古生物化石是太古时代动植物的形状、种类和分布的信息；树木的年轮是树木生长发育的信息。其二，是表征事物之间内在联系的信息。如"山雨欲来风满楼"，"风满楼"是"山雨欲来"的表征。其三，是动物界的信息。各种动物在同类内部和不同种类动物之间，通过声音、气味、动作、表情等方式进行的通信。人工信息是人们依据一定的客观规律，运用一定的物质手段，来表征特定的意义，以达到一定目的的信息。如古代的烽火为号；现代的旗语、图表、绘画、数学公式、电子计算机软件中的数据、指令和程序，等等。

信息是普遍存在的，人们对信息的认识经历了一个不断发展的过程。其间，人们从不同角度给信息下了各种各样的定义。关于信息的内涵问题，从 20 世纪 40 年代以来人们进行了各种各样的探讨，存在各种不同意见。

信息论的奠基人申农，从通信理论的角度把信息定义为对不确定性的消除。艾什比在《控制论导论》中提出了关于信息的新概念，他认为信息的本性在于事物本身具有变异度，变异度（变化差异）从某一客体向另一客体的传输就是信息过程，把信息定义为"被传输的变异度"。维纳从人、动物和机器的通信过程相统一的观点出发，把信息与系统的有序性联系起来，认为信息是系统的组织程度、有序程度的标志。"信息量实质上就是负熵。"

在各种具体定义的基础上，人们的认识由浅入深、由片面到全面，对信息的本质逐步形成了这样的共识：即认为信息作为一种运动过程，要包括信息的发出和接收；信息的传递无论采取什么形式，无论经过多少不同的编码，信息的内容在发出点和接收点之间，必须具有一定程度的相似性、一致性，没有这种相似性、一致性就失去了信息的意义。信息从信源到信宿的传输过程可以看做是一种反映过程。换句话说，在各种信息传递过程中，反映者总是以一定形式再现被反映事物的属性，形成关于被反映事物的信息。信息作为事物的一种属性，与其他属性有所不同，其他属性都是自己表现自己，即表现的是直接存在性，而信息这种属性的"职责"却是表现他物，要把其他属性再现出来，即表现的是间接存在性。所谓信息是反映出来的事物的属性，是物质固有的一种特殊运动形式，是物质间接存在性的标志。

信息论的产生与发展，人们对于信息的本质认识的逐步深化，从一个新的侧面进一步论证了马克思主义哲学的科学性。这主要表现在以下两个方面：

第一，进一步论证了马克思主义哲学关于哲学基本问题的原理。

众所周知，思维与存在的关系问题是哲学基本问题，包括：何者为第一性的问题与有无同一性的问题两个方面。信息论的科学成果对这两个方面都有充实。

（1）信息论从事实本来面目的角度，具体地论证了思维与存在之间确实存在着何者为第一性的关系。以往的科学与哲学成果告诉我们，意识是物质反映特性长期发展的结果，意识根源于物质，它们之间有一个谁是本原的问题。信息论从一个新的视角揭示了反映形态的发展过程，进而论证了这一关系。这就是，信息论不仅指出了信息是以一定的形式再现被反映的属性，是一种反映过程；而且表明了反映有一个由低级到高级的发展过程。这一过程经历了依次递进的三大阶段：第一阶段，反映者是简单的、低级的非生命物质，表现为物理上的相互作用或化学上的反应。这是应答式的、不分主次的相互作用，反映的产物不具有积极的功能。第二阶段，反映者是比较复杂的自组织系统，反映者与被反映者有了主次之分，反映产物有调节控制反映系统行为的新功能。第三阶段，反映者是作为社会存在物的人，其本质在于进行有目的的社会实践，有主、客体之分，反映产物已发展成为观念形态的语言符号系统。

（2）信息论也从事实本来面目的角度，具体地论证了思维与存在之间确实存在着有无同一性的问题。以往科学与哲学成果一再表明，物质世界是可知的，意识是能知的，物质与意识之间存在着同一性。信息论则从具体科学角度进一步指出所有信息都是反映过程，意识是一种高级反映形式，具有更强的反映能力。这就从更加普遍、基本的方面具体地论证了思维与存在之间确实存在着有无同一性的关系。

第二，进一步论证了马克思主义哲学关于世界的物质统一性原理。

信息论的产生与发展使人们逐步认识到信息广泛地存在于人类社会、生物世界、物理世界以及它们的相互联系中，使人们发现了一个信息世界。

随着信息世界的发现，在人们面前相应地提出了这样一个问题：信息世界与物质世界的关系如何？换句话说，信息是否根源于物质世界、统一于物质世界？

以往科学与哲学的发展成果一再表明，世界上的一切事物、现象都是运动着的物质的具体形态、具体表现或具体属性，精神就是人脑这块复杂的物质的机能、属性；宇宙万物以物质为本体，而不是以实践为本体，更不是以精神为本体；世界的真正统一性在于它的物质性。

信息论的科学成果非但没有否定这一结论，反而进一步论证了这一结论。

信息论不是把信息机械地等同于物质、等同于能量来论证世界的物质统一性的，而是通过揭示信息的特殊本质来表明信息世界根源于物质世界、统一于物质世界的。

在这方面，维纳在其《控制论》一书中的论述颇有代表性。他说："信息就是信息，不是物质也不是能量。不承认这一点的唯物论，在今天就不能存在下去。"说信息不是物质，不是指信息可以脱离物质、不根源于物质，没有电磁波广播电台就不能传送信息，没有语言文字人们就不能交流思想，没有物质载体信息就无处存身；而是指另一层含义，这就是信息具有不同于其他属性的特殊本质，信息以外的任何其他属性与其物质载体是统一的、不可分割的，它就是载体的属性，而信息则不同，信息所要表征的恰恰不是它的载体的属性，而是被反映的事物的属性，物质载体本身不决定和改变信息所要表征的内容，信息是一种表现他物的与其载体没有本质联系的属性。

说信息不是能量，也不是指信息可以脱离能量、不依赖能量，信息既然是一种运动形式，信息过程的实现就不能没有一定的能量；而是指另一层含义，这就是信息具有不同于其他运动形式的特殊本质，信息以外的任何其他运动形式都与一定种类的能有固定的对应联系，比如，无规则的实物粒子运动与热能相对应、电子运动与电能相联系、化学运动与化学能相匹配，而信息运动却没有与自己对应的特定的能，一般来说，它所需要的能，视其载体而定，能量的形式与大小对于信息的实质不起任何作用。

上述两个方面只是表明了信息作为一种属性、一种运动形式区别于其他属性、运动形式的特殊本质，即它是以再现他物的形式而存在的一种普遍的属性、一种特定的运动形式，是物质间接存在性的表征。

信息的特殊本质不但丝毫没有表明信息可以脱离物质、不根源于物质，反而从一个新的角度进一步表明了世界的物质统一性。这是因为，既然每一个信息都是它所表征的对象的再现，而所有的信息的总体构成了整个宇宙的完整的"模型"，信息世界是原型世界的"投影"，根植于原型世界。因此，原型世界与它的影子世界实为一体，是客观世界的两大层次，世界的直接存在性与间接存在性都根源于它的物质性、统一于它的物质性。可见，信息论进一步否定了柏拉图的理念论、笛卡儿的二元论、黑格尔的绝对观念外化论；进一步论证了马克思主义哲学关于世界的物质统一性原理。

三　辩证唯物主义对科学技术发展的思维罗盘作用

辩证唯物主义作为科学的世界观与方法论，是以最普遍的范畴构成的逻辑体系；而范畴的普遍性越来越频繁地进入人们的思维之中，规范人们的思维活动。它作为一种科学的思维罗盘，对科学技术发展有着普遍的指导意义，其作用主要表现在：

首先，辩证唯物主义对现代科学技术发展具有综合全局的战略指导意义。半个世纪以来，现代自然科学的发展既高度分化，又高度综合。一方面，科学的分工越来越细，基础科学和技术科学的分支越来越多，每个分支又都自成体系。在这种情况下，以辩证唯物主义为指导，才能防止由于科学的剧烈分化而产生的机械的割裂和相互孤立的倾向，从而求得各门科学的辩证统一。另一方面，各门科学之间又出现了相互联结、相互渗透、相互交叉的总体化的趋势。自然科学正处在探索新的综合性的理论的过程中，如科学学、系统论的出现就是一个例证。在这种情况下，辩证唯物主义适应着自然科学总体化的需要，能为这种新的探索直接提供科学的思想方法和理论依据。综合以上两个方面可以看到，如果说各门自然科学在改造自然、认识自然的过程中所担任的是特定的战术任务，那么辩证唯物主义就是组织战术运用，综合全局发展的最高战略指导。

其次，辩证唯物主义为自然科学的发展提供了强大的理论思维力量。

众所周知，理论化是自然科学发展的趋势，这个趋势从自然科学产生之日起就出现了。所以自然科学的发展不仅取决于实践的广度和深度，而且取决于理论思维力量。恩格斯说："一个民族要想站在科学的最高峰，就一刻也不能没有理论思维。"[①] 辩证唯物主义的原理是对自然、社会、思维领域普遍规律的正确概括。它所反映的思维规律在人们的思维活动中，同样具有必然性和普遍性，同样以它的必然性发生作用，不管人们是否认识它，是否承认它，是否自觉地运用它，它都要发生作用。正如不管人们是否懂得生理学，肠胃总要按生理学的规律运动一样。要思维必须有

---

① 《马克思恩格斯文集》第9卷，人民出版社2009年版，第437页。

逻辑范畴，搞科学研究就得有研究方法。不是正确的就是错误的，不是自觉的就是自发的，反正得有方法。自然科学的研究方法往往是联结哲学与自然科学的纽带。也就是说，哲学往往要通过一定的科学研究方法来实现对自然科学的指导作用。比如，数学中的统计法实际上是反映了必然性与偶然性的辩证关系。又如，现代科学技术中应用的系统方法，就是从整体与部分之间、整体与外部环境之间的相互联系、相互制约的关系中综合、精确地考察对象，以求得最好的解决问题。这种方法实际上是体现了整体与部分的辩证法。自然科学家在研究自然科学的过程中，也就是在对自然知识进行辩证综合的过程中，不是通过自发的道路，就是通过自觉的道路受辩证唯物主义的指导。

所谓自发的道路就是在科学研究中，通过科学方法的选择与运用，自然地体现了辩证唯物主义的指导作用。比如，门捷列夫运用比较的方法研究化学元素，发现化学元素的性质随着原子量的递增而发生周期性的变化，从而提出了化学元素周期律。在这里，他自发地运用了量转化为质的辩证法。正如恩格斯所说："门捷列夫通过——不自觉地——应用黑格尔的量转化为质的规律，完成了科学上的一个勋业。"① 自发的道路由于缺乏明确的指导思想，在研究方法的摸索中，往往是在走很多弯路，付出很大的代价之后，才在辩证法的指导下，找到正确的方向。比如光学中波动说和微粒说的争论，天文学中关于星云假说的争论，生物学中关于进化和遗传的争论等，都包含有形而上学观点与辩证法思想的斗争。辩证法思想促进了电磁学、相对论、量子力学、天体演化学、分子生物学等许多科学理论的建立和发展。

自觉的道路，就是自然科学家在科学研究中不仅注意系统的学习辩证唯物主义，而且有意识地把辩证唯物主义普遍原理与具体的科学实践活动结合起来。比如，德国化学家卡尔·肖莱马，他作为有机化学的奠基人，是一个在科学研究中自觉地应用唯物辩证法的科学家。他认真地学习了恩格斯的《反杜林论》，并在自己的著作中引用了恩格斯关于有机化合物中的质与量的辩证关系的论述。他认为自然界是辩证的，所以我们必须辩证地对待事物。他以辩证法为指导，从分析脂肪烃的矛盾与发展入手，揭示有机物的内部联系，终于使有机化学从零星的、不完备的资料变成了一门

---

① 《马克思恩格斯文集》第 9 卷，人民出版社 2009 年版，第 469 页。

系统的科学，在化学领域内完成了一些划时代的发现。

又如，我国卓越的地质学家李四光以唯物辩证法为指导，批判地吸取了近代地质学的积极成果。把一切地质构造和地质作用都看成是地壳运动的产物和表现，揭示了地球内部的矛盾运动是地壳发展的根本原因，阐明了地壳内部各种矛盾和矛盾的各个方面在其运动发展过程中的联系和转化，创立了地质力学。

辩证法是现代科学发展不可缺少的思维方法。现代科学的许多问题不能单靠实验的方法来解决，要借助于想象力和哲学。比如，我们无法直接观测电子等许多基本粒子的实际运动状态，只能在一些模型或理论的基础上进行间接观测，而这种模型或理论的建立就需要哲学的帮助。又如，关于几十亿光年以外的天体情况，几十亿年以前的宇宙状况等，都无法直接用实验来验证。各种宇宙学说的建立都需要哲学做指导。唯物辩证法对现代科学发展的指导作用将日益重要。

四　关于哲学与具体科学的相互关系的几点认识

具体科学是哲学的基础，哲学是具体科学的向导，相互依存、相互促进是它们之间的内在联系。我们在认识与实践中，能否合规律地正确处理它们之间的关系，根据以往经验教训，需注意以下几点：

第一，马克思主义哲学并没有结束真理，不具有最终的性质。哲学来自非哲学，必须随着科学技术的不断发展而发展。

第二，哲学对科学进行反思，并从中反思出哲学，就要正确处理两种关系：其一，是概括还是包括？是概括就要升华、抽象，而不是简单直接的引进、包括或移植。其二，搞概括，是科学抽象还是"以偏概全"？科学抽象，只有客观事物的本质已经得到比较充分的暴露，有关资料已积累到一定程度才有可能。不具备条件，只根据一鳞半爪的东西就"升华"，就会以片面当全面，以偏概全，重复历史的教训。

第三，正确的理解和处理哲学对科学的指导作用。指导作用不是证明工具。要求哲学对具体问题作出现成答案，就要陷入教条主义。认为哲学不能直接解决具体问题就是无用，也反映了实用主义的某些影响。

第四，哲学本身的丰富发展和它本身方法论作用的发挥，这两个方面不是隔绝的，而是有机统一的。它不丰富发展，跟不上时代的潮流，它就失去了生机，就很难起指导作用；对它进行丰富发展，绝不是排斥它的方法论的意义，也不是用具体科学来代替哲学。马克思主义哲学应该随着科学前进，并指导科学前进。

本文收在赵光武主编《现代科学的哲学探索》，北京大学出版社 1993年版。

第 二 章

哲学基本问题的由来与发展

哲学基本问题到底包括哪些内容？学术界早有争论。对这个问题，可以从不同角度，用不同方式，作出不同的回答。不过，从历史的角度加以考察，用逻辑与历史相统一的方法，更容易找到正确的答案。本文就按这个路子作些初步探讨。

哲学基本问题是怎样产生和发展的呢？各个时期唯物论对它是怎样认识与解决的呢？

一 哲学基本问题从萌芽到产生以及古代唯物论对它的认识与解决

思维是人脑的机能，物质发展到出现人脑以后，就产生了思维与存在的矛盾，即意识与物质的矛盾。可见，哲学基本问题的产生有着深远的历史根源。恩格斯在《路德维希·费尔巴哈和德国古典哲学的终结》中指出，哲学基本问题根源于蒙昧时代狭隘而愚昧的观念。

在原始社会的初期，生产力水平极低，人的知识很少，可以说处于愚昧无知的状态。原始人不仅对千变万化的自然现象不能理解，而且也不了解自己的身体结构，不懂得思想观念对肉体的依赖关系，不会解释做梦现象。他们认为在梦中的所见所闻以及所做的事情都是真实的，如梦见作战打猎等就以为是真有其事的。所以，当他们睡眠醒来发现自己的肉体原地未动时，就认为上述种种事情是他的灵魂在睡眠的时候，离开肉体而单独进行的活动。既然认为人活着时灵魂可以出窍，当然也会认为人死以后灵魂仍能继续存在，于是便产生了灵魂不死的观念。接着人们进一步设想世界上的万物，如花、草、鸟、兽、风、雷、雨、电等，也都有灵魂，把自然现象人格化了，产生了万物有灵的观念。

从"灵魂不死"到"万物有灵"，在这狭隘愚昧的原始宗教观念形成过程中，灵魂和肉体的关系，灵魂与外界的关系，就是思维与存在关系的原始形式，也就是哲学基本问题的萌芽。

自从哲学产生以后，思维与存在的关系问题才正式以哲学基本问题的姿态出现了。这是由哲学本身的特点所决定的。

哲学与具体科学不同：具体科学所研究的是不同领域的特殊规律，是从不同的具体侧面来解决思维与存在关系问题的，它们不需要也不可能从总体上来直接回答这个问题。而哲学作为世界观的理论体系，是对整个世界的总的根本的看法，它需要也可能从总体上解决思维与存在的关系问题。所以，这一问题就成了一切哲学派别必须回答的、划分哲学阵营的基本问题。

总之，随着哲学的产生，思维与存在的关系问题就以基本问题的姿态发生作用了。但是，在不同时期它的表现形式是不同的，各个哲学派别对它的认识与解决也是有区别的。

古代朴素唯物论是怎样认识和解决这个问题的呢？在欧洲，概括起来主要有以下几个特点：

第一，由于它直接探讨的是客体中"一"与"多"的关系问题，即从多样性、可变性中寻求某种统一的、不变的、原初的物质，以形成对整个世界的总的看法。因此，它不是以直接讨论思维与存在关系问题的形式，而是以探讨"一"与"多"的关系问题来回答哲学基本问题的。

第二，由于它所研究的主要问题是以"一"与"多"的关系问题形式表现出来的万物本原问题，即本体论问题。所以，它首先集中地解决了哲学基本问题的第一方面的问题，即思维与存在谁是第一性的问题。

第三，由于古代唯物论没有直接研究主体以及主体和客体的关系问题，因此它对哲学基本问题的第二方面问题的回答缺乏自觉性、鲜明性。比如，处于古代唯物论第一阶段的米利都学派，没能有意识地涉及认识论问题。以后到了赫拉克利特才开始研究这个问题，即认识论问题。所以，一般人认为赫拉克利特是欧洲最早的唯物主义反映论者。再往后，到了古代唯物论的第二阶段——原子论阶段，才有了比较明确的反映论，才比较全面地回答了哲学基本问题所包括的两方面的问题。比如，德谟克利特对第一方面的回答是原子论，对第二方面的回答是影像论。他认为从构成事物的原子群中不断地流射出事物的影像，作用于人的感觉器官，就产生了人的感觉、知觉和思想，所以把这种看法叫做影像论。

第四，由于古代唯物论集中研究"一"与"多"的关系问题，没有直接讨论主体与客体的关系问题，再加上当时的哲学作为"爱智慧"，还没有与具体科学分化开来。所以，它不能自觉地认识到思维与存在的关系问题在哲学发展中的地位和作用，不能明确地提出思维与存在的关系问题是哲学基本问题。

二　哲学基本问题在中世纪的经院哲学中对它的认识和解决

经院哲学是欧洲封建时代的官方哲学，其任务是根据封建统治阶级的需要，为天主教的教义作烦琐论证，使之系统化、理论化。

经院哲学虽然在欧洲中世纪的思想领域居绝对统治地位，严重地禁锢着人们的头脑，但是，它决不能完全窒息真理和正义的声音，不能从历史上除掉唯物主义与唯心主义的矛盾。所以，它从产生的那时候起，就不是铁板一块没有分歧的，而是存在着正统派与非正统派的斗争。某些具有非正统思想倾向的经院哲学家，虽然没有跳出神学唯心主义的圈子，但对现实世界却表现出一定兴趣，对正统教义表示怀疑或否定。他们与正统的经院哲学家进行了某种斗争，这种斗争集中表现在一般与个别的关系问题上。这就是众所周知的，延续了很久的唯名论和实在论的斗争。这个斗争与唯物论同唯心论的斗争有相似之处，或者说包含着唯物论与唯心论斗争的内容。

在唯名论与实在论的斗争中，不能回避思维与存在的关系问题。那么，具有唯物主义倾向的唯名论是如何认识与解决哲学基本问题的呢？大致有以下几个特点：第一，由于宗教神学居绝对统治地位，认为上帝创造世界的看法成了天经地义神圣不可侵犯的教条，当时只允许在承认上帝创造世界的大前提下作小文章，不允许提出思维与存在谁是第一性的问题，即不允许讨论现实世界是神创造的，还是自然而然从来就有的。在那种情况下，经院哲学内部当然不能明确提出思维与存在的关系问题，谁提出这个问题，就会被认为是向神挑战，是大逆不道。所以，当时围绕思维与存在关系问题的争论，不是直接以哲学基本问题的形式表现出来的，而是通过一般和个别的关系问题的争论实现的。

实在论强调一般的宗教教条是真实的，认为宗教观念是万物的本原，是创造者，坚持了精神第一性、物质第二性的原则，它是地地道道的宗教唯心论。唯名论则强调只有个别的具体的事物才是真实存在的，否定一般宗教教条的真实性。它主张把那些关于一般怎样创造个别的烦琐的论证，用"经济原则"的剃刀统统剃掉。这就是有名的"奥康剃刀"。可见，在一般和个别关系问题的争论中，强调个别事物的实在性就是唯名论解决哲学基本问题的第一方面问题的具体表现。这种解决具有明显的唯物主义倾向。同时，也应看到由于它割裂了一般与个别的关系，把一般当做主观规定的、约定俗成的名称，没有看到一般就存在于个别之中，并通过个别来存在，没有看到一般的概念能反映一类事物的共同本质。因此，这种割裂两者联系的形而上学错误，使它不能从强调具体事物的实在性出发，从个别到一般，从现象到本质，进一步论证世界的物质统一性，深入地解决万物的本原问题。所以，在万物的本原问题上，即在思维与物质谁是第一性的问题上，它的唯物主义倾向仍然具有朴素的直观的性质。

第二，唯名论对哲学基本问题的第二方面问题的回答也具有唯物主义的倾向。比如，早期唯名论的代表人物邓斯·司各脱从肯定个别事物的实在性出发，在主观能否反映客观的问题上提出了具有唯物主义倾向的观点。他认为，我们的一切知识都是从感觉产生的，人的理智就好像一块白板没有任何天赋的观念，一切观念无论是简单的观念还是复杂的观念，都是从感觉经验得来的。这就直接否定了正统派宣扬的柏拉图的回忆说，即认为人的认识是不死的灵魂对理念世界的回忆。可见，唯名论对哲学基本问题第二方面问题的回答具有唯物主义经验论的特点。它的白板说成了17世纪英国经验论，特别是洛克经验论思想的重要来源。

第三，唯名论虽然是经院哲学中的异端，具有明显的唯物主义倾向。但是，从根本上来说，它并没有脱离神学唯心主义的体系，没有形成一条独立的唯物主义路线，不能明确地提出思维与存在的关系问题，只能在亚里士多德提出的一般与个别的关系问题上打转转。所以，它不可能自觉地认识到并明确地阐述思维与存在的关系问题在哲学发展中的地位与作用，即不可能明确地指出思维与存在的关系问题是哲学的基本问题。

尽管如此，我们必须看到它在历史上的重要意义。

（1）唯名论强调具体事物的实在性，反对实在论的种种烦琐无聊的臆造，主张对这些无用的废物诉诸"奥康剃刀"。它的唯物主义倾向好比黑暗中的一束曙光，使人们把目光转向对事物的经验认识和具体的研究，从僵死的宗教教条的束缚下挣脱出来，为解放思想和科学的兴起开辟了道路。

（2）唯名论反对实在论的斗争，也表明了即使在中世纪宗教神学极端野蛮的统治下，也不能完全压制住唯物主义解决哲学基本问题的探讨，也不能中断唯物主义发展的链条，窒息真理的声音。

三　哲学基本问题经过中世纪长期冬眠之后，被近代唯物主义十分清楚地提出来了，使它获得了完全的意义

在欧洲，从 14 世纪末到 15 世纪初，资本主义生产关系就在封建社会内部萌芽了。那时已开始发现并使用一些新技术，使社会生产力获得了显著的发展。新兴资产阶级为了发展资本主义，必须反对封建统治和经院哲学，于是就发生了文艺复兴运动和宗教改革运动，为资本主义的发展鸣锣开道。

在资产阶级反对封建主义的斗争中，哲学逐步挣脱了教会的枷锁，产生了近代的机械唯物论。近代机械唯物论在新的历史条件下，对哲学基本问题的认识与解决大大地前进了一步。主要特点是：

第一，近代唯物论是在反对宗教神学的斗争中产生和发展的，具有明显的无神论色彩。所以它产生之后就能以尖锐的形式，针对着教会提出这样的问题：世界是神创造的？还是从来就有的？什么是世界的本原？是精神还是自然？它认为自然界是唯一的实体，是自身存在的根据，在自然界之外，没有什么第一推动者——上帝。近代唯物论的著名代表人物狄德罗公开宣称：上帝是没有的，上帝创造世界是一种妄想。近代唯物主义者们为了批判宗教神学，还从理论上进一步论述了物质与意识关系，指出了意识是物质高度发展的产物，是人脑的机能。在这些论述中虽然具有明显的机械论倾向，比如拉美特利认为，像靠两腿的机械运动走路一样，靠人脑这块物质的机械运动产生思想。但是，它对世界本原问题的回答，即对思维与存在谁是第一性的问题的回答，既不像古代唯物论那样通过研究

"一"与"多"的关系问题形式表现出来，也不像唯名论那样通过争论一般与个别的关系问题形式反映出来，而是以物质与意识的关系问题的形式直接提出来的。这是它解决哲学基本问题的一个重要特点。所以，恩格斯说："这个问题，只是在欧洲人从基督教中世纪的长期冬眠中觉醒以后，才被十分清楚地提了出来。"①

第二，从 15 世纪下半叶系统自然科学即实验科学产生以后，自然科学的发展对哲学提出两个问题：（1）它要求哲学不要代替自然科学和其他具体科学，要结束用自然哲学、历史哲学、法哲学等代替具体科学的局面，要哲学名副其实地成为世界观的理论体系，成为对自然知识与社会知识的概括和总结，而不是包罗万象的"爱智慧"。也就是说，系统自然科学的产生加速了自然科学同哲学的分化，促使哲学更明确了自己的研究对象，注意从世界观、方法论的高度提出问题、研究问题。（2）自然科学的发展意味着人们获得了越来越多的自然科学知识，获得了越来越多的自然科学真理。这势必促使哲学越来越注意研究求得真理的方法，研究主观如何反映客观的问题。因此，认识论问题，思维与存在的同一性问题，被大多数哲学家提到研究工作的首位。从这个时期一些大哲学家发表的一些著作的名称及其研究内容就能看到这一点。比如有：培根的《新工具》、笛卡儿的《方法论》、斯宾诺莎的《知性改进论》、洛克的《人类理解论》、莱布尼茨的《人类理智新论》、休谟的《人类理解研究》、爱尔维修的《论精神》和《论人的理智、能力和教育》、狄德罗的《论解释自然》，等等。

在这种形势下，近代唯物论把对哲学基本问题第二方面问题的回答提到十分突出的地位，出现了各种探讨关于人的认识如何发生和发展的学说。既有唯物论的经验论又有唯物论的唯理论，经过经验论与唯理论的争论之后，法国唯物论对认识论的研究，就注意了感性认识与理性认识的结合问题。

总之，近代机械唯物论把认识论的研究提到了很重要的地位，系统地回答了哲学基本问题第二方面的问题，解决了过去一条腿长一条腿短的问题，使对第二方面问题的研究这条腿也长起来了。所以恩格斯指出，这时哲学基本问题才获得了它的完全的意义。

①　《马克思恩格斯文集》第 4 卷，人民出版社 2009 年版，第 278 页。

四　关于思维与存在关系问题的争论，在德国
　　古典哲学中得到了充分的发展以及
　　费尔巴哈对它的卓越见解

前面已提到，思维与存在的关系问题在近代哲学史中已成为各派哲学直接争论的问题，正如恩格斯所指出的，它"特别是近代哲学的重大的基本问题"。这个争论在德国古典哲学中表现得尤为激烈、尤为集中。黑格尔的全部哲学就是围绕着思维与存在的对立统一展开的。他谈到当时哲学界的状况时说："现时哲学观点的主要兴趣，均在于说明思想与客观对立的性质和效用，而且关于真理的问题，以及关于认识真理是否可能的问题，也都围绕思想与客观的对立问题而旋转。"①

事实正是如此，在德国古典哲学中，唯物主义与唯心主义经历了两次大的斗争：第一次是康德、黑格尔的唯心主义反对法国唯物主义的斗争；第二次是费尔巴哈的唯物主义反对康德、黑格尔的唯心主义的斗争。在唯物主义与唯心主义的斗争中又交织着辩证法与形而上学的对立。唯心主义的代表人物特别是黑格尔，把辩证法与唯心主义结合起来以对抗法国唯物主义。费尔巴哈在黑格尔唯心主义的统治下，站在唯物主义立场，沉重地打击了唯心主义，恢复了唯物主义的权威，但是他又抛弃了辩证法，其思想具有明显的形而上学的特点。

在这错综复杂的斗争中，都是围绕着思维与存在的关系问题展开的。具体来说，围绕着思维与存在谁是第一性的问题，有黑格尔的唯心论和费尔巴哈的唯物论的斗争，也有黑格尔的唯心论的一元论，费尔巴哈的唯物论的一元论与康德的二元论的斗争。围绕着思维与存在有无同一性的问题，有黑格尔的可知论，费尔巴哈的可知论与康德的不可知论的斗争；也有黑格尔的唯心的、辩证的可知论与费尔巴哈的唯物的机械反映论的斗争。

可见，围绕着哲学基本问题所包含的两个方面的问题，既有唯物主义与唯心主义的斗争，又有辩证法与形而上学的对立。在这广泛而深入的斗争中，势必使这两个方面所包括的具体内容得到比较充分的展开。比如，关于思维与存在谁是第一性的问题，不仅要涉及谁决定谁的问题，而且要

---

① ［德］黑格尔：《小逻辑》，贺麟译，商务印书馆 1980 年版，第 93 页。

涉及如何决定的问题。又如，关于思维与存在有没有同一性的问题，不仅要涉及能不能反映，有没有反作用的问题；而且要涉及如何反映、如何发生反作用的问题。因此，可以说哲学基本问题在德国古典哲学中，以更加明确、更加全面、更加系统的形式被提出来了。

在这种情况下，费尔巴哈唯物论是如何认识与解决哲学基本问题的呢？有什么进展，又有什么局限性呢？

第一，费尔巴哈从人本主义出发，用灵魂与肉体的统一、灵魂依赖于肉体的观点，唯物地回答了思维与存在谁是第一性的问题。他这样做绝不是偶然的，是与黑格尔的客观唯心论针锋相对的。他看到了黑格尔客观唯心论产生的认识根源就在于把灵魂与肉体割裂开来，把精神看做是一种脱离人脑的独立自在的东西，并进一步本末颠倒，把物质自然界看成是从精神思想中产生出来的。他认为这实质上就是主张有一种没有人的、在人以外的思维，这是十分荒谬和不可思议的。

费尔巴哈在批判黑格尔的唯心主义时，特别是在指出黑格尔唯心主义产生的认识论根源时，看到了"人脑问题"是唯物主义与唯心主义争论的焦点。他说："只要我们阐明了这个绝妙的和最难理解的思维物质，亦即大脑物质，那么我们便能迅速地阐明其他物质和一般物质。"[①] 他抓住了这个问题，进一步指出人的思想，也就是所谓灵魂是大脑的机能，而大脑是地球的产儿，是自然界发展到一定阶段的产物。他说："自然不仅建立了平凡的肠胃工场，也建立了头脑的庙堂。[②]"

这种看法在原则上是正确的，但有局限性。这是因为，物质决定意识的关系展开来说至少包括以下三方面的内容：从意识的起源来看，它是物质反映特性长期发展的结果，是劳动的产物；从意识的物质承担者来说，它是人脑这块复杂的物质的机能，从内容来说，它是对物质的反映。而费尔巴哈在论述物质决定意识的关系问题时，只着眼于灵魂与肉体的统一，把物质决定意识的关系归结为肉体是灵魂的基础。他自己曾明确地说过："思维与存在的统一，只有在将人理解为这个统一的基础和主体的时候，才有意义，才有真理。"[③] 很显然，这是把物质决定意识的关系的丰富内

---

① 《费尔巴哈哲学著作选集》上卷，荣震华等译，商务印书馆1984年版，第479页。
② 同上书，第84页。
③ 同上书，第181页。

容简单化了，暴露了人本学唯物主义解决哲学基本问题的狭隘性、局限性。

第二，费尔巴哈用唯物主义的感觉论阐述了思维与存在的同一性问题，唯物地回答了哲学基本问题的第二方面的问题。

他作为一个唯物主义者明确地承认世界是可以认识的，而"哲学的最高规律、最高任务"就是认识事物和它的本质。

那么，人靠什么来认识世界呢？他的回答是"感觉"，用感觉论来论证世界的可知性。这绝不是偶然的，这与他批判康德的不可知论，反对唯心主义的思辨哲学是分不开的。具体来说，康德认为人的认识不能超出感觉经验的范围，感觉好比一堵不透风的墙，把人的认识紧紧封闭在自身之中，感觉之外的客观事物的本质如何是无法知道的，"物自体"不可知。

在费尔巴哈之前，黑格尔就批判过康德的不可知论。黑格尔指出，康德之所以陷入不可知论，在于他用二元论的观点，把思维与存在，现象与本质僵硬地对立起来，人为地割裂开来。黑格尔的批判虽然抓住了要害，但是，他在批判康德的不可知论时却取消了"物自体"，认为客观世界是绝对精神派生的。可见，他是从唯心主义立场出发来解决思维与存在的同一性问题的。

而费尔巴哈则站在唯物主义立场对康德的不可知论作了进一步的批判。他认为在康德那里客观事物是具有"真理性"或本质性的东西，但没有"现实性"，因为它不能被认识；感性对象虽然有"现实性"，但没有"真理性"或本质性，因为它脱离"物自体"。康德将"真理性"从"现实性"中分离出去，将"现实性"中的"真理性"一笔勾销，是自相矛盾、违背事实的。费尔巴哈指出，我们在实际生活中绝不能把"现实性"与"真理性"分开。他认为主体与客体、现象与本质虽然是有区别的，但是，这种区别不是人们认识自然的"限制"。他对人的认识能力是充满信心的。他把自然界比做一本大书，认为这本书尽管有许多深奥的东西，只要我们用心去读它，总是可以读得懂的，这一代读不懂的东西，下一代能读懂。

人怎样读这本大书呢？认识过程如何呢？他针对康德的不可知论和当时德国的思辨唯心主义，所以特别强调感觉在认识中的作用。他认为感觉是认识的基础和出发点，与康德相反，他强调感觉不是把人与外界隔离开来，而是把人与外界联系起来，感觉能够揭示主观和客观的统一，思维和存在的统一。

总之，他用唯物主义的感觉论阐述了思维与存在的统一性，唯物地回答了哲学基本问题的第二方面的问题；这当然是正确的，但也有局限性：

（1）费尔巴哈作为感觉论者，也承认理性认识的作用，但总的来说他是夸大感性贬低理性的。他有时过分强调个别的东西而轻视一般的东西，片面强调"把事物分解为它的成分"是"事物的死"，只有感觉才是"事物的生"，这就抹杀了分析在认识中的作用。这表明他根本没有认识到从感性认识上升到理性认识是认识过程中的飞跃，不了解认识过程的辩证法。

（2）他离开人的社会性，离开人的历史发展来研究人的认识问题，不了解认识对实践的依赖关系。他虽然也讲过实践，但他心目中的实践指的是你和我之间的日常的交往，指的是生活中的一般活动，有时也把犹太人的利己主义活动叫做实践，而不是指人类的社会实践活动。所以，他不可能了解社会实践是认识的源泉、动力、检验标准和目的，不可能用实践第一的观点来驳斥康德的不可知论。当然更不可能认识到：思维与存在的同一性不仅表现在反映与被反映的关系上；而且表现在以实践为基础，从物质到精神，从精神到物质，物质与精神的相互转化上。

综合上述两点可以看到，费尔巴哈的唯物主义感觉论是缺乏辩证法和科学实践观的反映论，即直观的机械的反映论。

第三，由于思维与存在的关系问题在近代哲学中已成为各派哲学争论的中心课题，这个问题在德国古典哲学中以更加明确、更为全面、更为系统的形式被提出来了。所以，在这个过程中，一些身在其中并洞察深刻的哲学家，就开始意识到思维与存在的关系问题在哲学发展中的地位与作用。黑格尔曾指出：思维与存在的对立"是哲学的起点，这个起点构成哲学的全部意义"①。也就是说，这个问题是所有哲学派别必须回答的问题，是研究其他哲学问题的起点、出发点。哲学只有直接回答这个问题才能使自己成其为哲学，取得哲学的资格。

---

① ［德］黑格尔：《哲学史讲演录》第 3 卷，贺麟等译，商务印书馆 1959 年版，第 292 页。

后来，费尔巴哈在回顾哲学史的基础上，进一步指出：思维与存在的关系问题"是哲学上最重要的也是最困难的问题，全部哲学史就是在这个问题的周围兜圈子"①。这是费尔巴哈关于哲学基本问题的一个卓越见解。这个见解得到了列宁的充分肯定。列宁在《哲学笔记》中不仅摘引了这段话，而且注明要人们参看恩格斯在《路德维希·费尔巴哈和德国古典哲学的终结》中关于这个问题的论述。

五　思维与存在的关系问题以原理的形态正式出现，以及这一原理的重大意义

综上可见，随着哲学的发展，思维与存在的关系问题作为哲学基本问题的地位与作用日益突出出来，到了德国古典哲学，有的哲学家如黑格尔、费尔巴哈，对它的地位与作用已经有了相当的认识和一定的说明。这就为哲学基本问题原理的形成奠定了基础，提供了理论来源。

哲学基本问题的原理，是马克思主义的创始人恩格斯在总结历史经验的基础上创立的。

历史经验告诉我们：在唯物主义与唯心主义的斗争中，一般来说，唯心主义对于思维和存在谁是第一性的问题，不愿意正视或提及。这是因为，物质是意识的根源，世界以物为本，乃是客观事实，明确提出谁是本原问题，就等于要求人们按世界的本来面目认识世界，就会暴露唯心主义的实质。所以，中世纪的宗教唯心论和现代资产阶级唯心论都竭力回避或抹杀这个问题。相反，一般来说，唯物主义哲学则愿意提出这个问题，并以此来揭露批判唯心主义。比如，近代机械唯物论就曾从谁是本原的高度，针对着宗教神学尖锐地提出：世界是神创造的还是从来就有的？什么是世界的本原，是精神还是自然？

从辩证法与形而上学的对立来看，有较多辩证法思想的哲学派别，不管是唯物主义的还是唯心主义的，都主张思维与存在有同一性，并能对思维与存在的同一性问题作出具有一定真理性的回答。

相反，凡是形而上学思想占上风的哲学派别，则要否定思维与存在的同一性，康德的二元论、不可知论就是典型代表。还有那些缺乏辩证

---

① 转自《列宁全集》第55卷，人民出版社1990年版，第45页。

法思想、受形而上学思想影响较深的唯物论，如费尔巴哈的人本学，即使在原则上坚持了唯物主义的反映论，肯定了思维能反映存在，但是由于它不了解认识的辩证过程，不懂得物质与精神在实践基础上可以相互转化，所以不能揭示思维与存在的辩证统一，只能是消极的机械反映论。

马克思恩格斯开始相信黑格尔的唯心主义，转而相信费尔巴哈的唯物论，最后才转变为辩证唯物主义与历史唯物主义者。在这个过程中，他们既批判了黑格尔的唯心论，吸取了其辩证法的合理思想，又批判了费尔巴哈的形而上学，吸取了其唯物主义的基本内核，从而把唯物论与辩证法有机地统一起来，创立了一种崭新的、科学的世界观。

由于把唯物论与辩证法有机统一起来，彻底克服了唯心论和形而上学的局限性，恩格斯才能明确地提出：全部哲学，特别是近代哲学的重大的基本问题，是思维与存在的关系问题；如实地指出了：思维与存在的辩证关系，除包括谁是第一性的关系问题外，还有思维与存在的同一性问题；科学地论述了：哲学家们依照他们如何回答思维与存在谁是第一性的问题，而分成唯物主义与唯心主义两大阵营，如何回答思维与存在的同一性问题，在认识论上存在着世界可知与不可知的对立。

总之，他全面地阐述了思维与存在的关系问题所固有的具体内容及其在哲学发展中的地位与作用，创立了辩证唯物主义关于哲学基本问题的原理。

这一原理的创立，不仅是理论思维发展史上的一次重大飞跃，而且原理本身在理论上也具有重大的意义。首先，它是揭示哲学发展规律的指南。在哲学发展史上，不管哲学派别多么复杂，哲学概念怎样繁多，只要我们以哲学基本问题原理为指导对它进行观察和分析，就能从迷离混沌的状态中理出一个头绪来，就能发现唯物主义与唯心主义两军对战这一基本线索，以及在两军对战中，科学的唯物主义不断发展壮大这个基本趋势，从而掌握哲学发展的普遍规律。其次，它是揭露唯心主义伪装的思想武器。众所周知，现代很多资产阶级哲学流派，为了掩盖其唯心主义实质和反动的社会作用，打着"无党性"的旗号，提出要用"实证的事实""中立的要素"等非心非物或亦心亦物的新概念来代替物质与意识的"古老"的"形而上学"概念，把自己标榜为超乎唯物主义与唯心主义之上的"最新的""科学的哲学"，给人以假象，而将其本质隐蔽着。

那么，这种所谓"实证的事实""中立的要素"是些什么东西呢？只要我们以哲学基本问题原理为武器对其进行分析解剖，便不难发现在这些"诡辩言词"和"烦琐语句"背后，所实际坚持的是从感觉到物的唯心主义思想路线，所谓"无党性""中派哲学"等遁词不过是唯心主义的伪装而已。

本文发表在《哲学研究》1981 年第 12 期。

第 三 章

关于物质概念的演化和界限

物质概念是唯物主义的基石。考察唯物主义物质概念的历史发展，把握辩证唯物主义物质概念需要明确的一些界限，对于我们深入地了解唯物主义的实质，坚持从实际出发、实事求是的思想路线，都有一定的意义。

一　唯物主义物质概念的由来与发展

哲学作为世界观的理论体系，必须阐明对整个世界的总的看法。所以它产生以来就注重研究万物的本原问题。在欧洲，古希腊的哲学家们早就探讨多样性、可变性背后的统一性问题，即多与一的关系问题。他们把多样性、可变性背后的统一性，多中之一叫做"始基"即本原：认为万物由它产生，又复归于它。

不过，不同的哲学派别对本原的看法是不同的。唯心主义认为主观意识或客观精神是万物的本原。而物质这个概念，则是唯物主义哲学解决万物本原问题时运用的一个范畴。

那么，唯物主义的物质概念是怎样形成和发展的呢？

从古代最初的唯物主义说起。大约在公元前6世纪，古希腊人中出现了西方第一个唯物主义学派，即伊奥尼亚学派。它根据人们的直观经验，认为某一种具有固定形体的物质是万物的本原。如，泰勒斯认为水是万物的本原，赫拉克利特认为火是万物的本原。

这种观点的出现决不是偶然的。这时，人类历史的发展，虽然已从蒙昧的原始社会进入了奴隶社会，但仍处于低级阶段，生产实践的广度与深度都是比较有限的。因此，人们只能在比较狭小的范围内，直接认识与生活、生产紧密相关的一些事物，从而得到一些具体知识，并在比较贫乏的具体知识的范围内，去寻找万物的本原。找的结果，只能是把一些常见的，与生活、生产关系最紧密的具体东西当做产生万物的原初物质。这就使得作为世界本原的概括性的东西，不但没有舍掉具体的东西，而是用某种具体的存在物来代替所有具体物质形态的客观实在性。可见，泰勒斯讲的水就是西方哲学史上最初的物质概念。

随着人们实践范围的扩大和理论思维能力的提高，古代唯物主义的发展进入了新的阶段，公元前5世纪，古希腊出现了以德谟克利特为代表的原子论。原子论对世界本原的了解前进了一步。它不再把万物的本原归结为某种具有固定形体的物质水、火等，而认为原子和虚空是万物的本原；物质就是构成万物的原子，它的基本特点是具有绝对的"充实性"，中间没有"空隙"，也不能毁坏。

这种看法，囿于当时的历史条件和认识水平，不像近代的原子论那样以实验科学为根据，而是以直观存在物为原型的。它讲的原子不是具体指物质结构的某一层次，而是笼统地指某种最小的，不可分割的颗粒。所以，从某种意义上说，它对原子的了解只是一种比喻，一种朴素的猜测，而不是科学的说明。不过，这种比喻、猜测是很有意义的。它使人们对物质的认识由外部可感觉的性质深入到物体内部结构中去了，开辟了从内部组成因素和结构方面来说明外部特性的道路。这是古代唯物主义的重大成就，它是现代物质层次结构论的萌芽。

综上所述，古代朴素唯物论，无论是初期阶段还是后期阶段，都坚持从物质本身寻求物质世界的统一性，在本质上是正确的。但是，把万物的本原归结为某种物质形态，或某种最小的不可分割的物质微粒，则不够妥当。这实际上是把世界的物质性与物质的某种特殊形态、某种特殊结构混同起来，把特殊当成了一般。作为反映万物本原的物质概念，只能概括有限多样性的统一性，不能反映无限多样性的统一性，具有以偏概全的缺点。

近代唯物主义怎样了解物质呢？

随着资本主义经济的萌芽和发展，15世纪后半叶产生了近代的自然科学。新的科学成果表明：自然界的各种物质形态都是由不同的元素组成的，元素是组成化合物的基本单位，各种元素的分子又可以进一步分解为原子。原子是当时科学认识已经达到的关于物质结构的最深层次。人们认为，原子是最小的物质单位，各种元素的原子既不可分割，也不能相互转化，它具有不可分性、不可入性、一定质量、一定广延、按力学规律运动。在此基础上，近代唯物主义在解决万物本原问题时，就把世界的本原归结为原子了，认为原子是宇宙之砖，原子的特性就是一切物质的特性，物质就是原子。

18 世纪法国唯物主义的观点就是如此。总的来说，它对物质的了解是从物质结构着眼，停留在古典物理学的水平。比如，爱尔维修在《论精神》中写道："物质并不是一件东西，自然界中只有一些我们称之为形体的个体，物质这个名词只能了解为那些为一切形体所固有的特性的集合。"① 他认为，广延性、密度和不可入性等是一切形体所共有的特性。

他的论述，一方面不是把物质归结为"称之为形体的个体"，而认为它是对一切形体的共同特性的概括，是物质的抽象，比古代唯物主义对物质的了解前进多了，这是它的进步性。另一方面，它所说的特性集合，无非是当时认识到的关于原子的一些属性，实际上是把哲学物质概念的内涵归结为原子的属性了，带着浓厚的古典物理学色彩，仍然具有把世界的物质性与物质的某种特殊结构相混同的缺点，这是它的历史局限性。

但是，必须看到，在 18 世纪法国唯物主义者中已经出现了突破这一局限的趋势，作出了克服这一局限的努力，在近代唯物主义物质观中产生了内在否定性。比如，霍尔巴赫对物质的了解比狄德罗、爱尔维修等就深入了一层，颇有创见。他在《自然体系》中指出："直到现在为止，人们对于物质还没有作出一个令人满意的定义；被成见所欺骗的人们对物质只不过抱着一些残缺的、空泛的、肤浅的概念。"② 应该怎样来定义物质呢？他写道："对于我们来说，物质一般地就是一切以任何一种方式刺激我们感官的东西；我们归之于不同物质的那些特性，是以不同的物质在我们身上造成的不同的印象或变化为基础的。"③ 意思是说，物质并不是一件东西，而是作用于人们的感官而引起感觉的客观实在。在这里，他虽然还没有明确认识到客观实在性是物质的根本特性，但是，已开始从物质的客观

---

① 葛力：《18 世纪法国哲学》，商务印书馆 1963 年版，第 450 页。
② 同上书，第 587 页。
③ 同上。

实在性，以及这种实在性与人的意识的关系方面考虑问题了，开始摸索着从物质与意识的关系上给物质下定义的方法，这是朝着科学地解决世界的物质统一性问题，迈出了十分重要的一步，为辩证唯物主义物质概念的形成提供了重要的思想资料。

辩证唯物主义在总结旧唯物论的经验教训和新的科学成果的基础上，对万物本原的认识深化了。它认为不能把万物的本原归结为某一物质客体或某种物质结构，应归结为万物的共同本质，作为反映本原的物质概念应该科学地概括一切事物的普遍本质，揭示无限多样性的统一性。

恩格斯在谈到物质概念应有的内涵时，明确地表达了这样的思想。他说，物质"这样的词无非是简称，我们就用这种简称把感官可感知的许多不同的事物依照其共同的属性概括起来"[1]。意思是说，物质是对所有具体事物共同本质的正确反映，是从各种实物的总和中抽象出来的，是舍掉了一切事物的具体特性、具体结构、具体功能和具体差别的结果。所以，他进一步强调说："当我们用物质概念来概括各种有形地存在着的事物的时候，我们是把它们的质的差异撇开了。"[2] 同时，恩格斯还针对机械唯物论把物质归结为原子的局限性，指出："原子决不能被看做单一的东西或者被笼统地看做已知的最小的物质粒子。"[3] 以后，电子和某些元素的放射性现象的发现，证实了恩格斯的预见；也进一步表明了不能把世界的统一性归结为物质的某种特殊结构，归结为结构性。恩格斯在《反杜林论》中明确说："世界的真正的统一性在于它的物质性。"[4] 物质性就是客观实在性。

正当 19 世纪末 20 世纪初物理学上的新发现摧毁了机械论的物质观，唯心主义者乘机向唯物主义大举进攻，一些受形而上学思想支配的自然科学家陷入混乱的时候，列宁依据马克思主义哲学根本原理，概括现代科学的新成就，发挥了恩格斯的思想，给物质下了一个科学的定义："物质是标志客观实在的哲学范畴，这种客观实在是人通过感觉感知的，它不依赖于我们的感觉而存在，为我们的感觉所复写、摄影、

---

[1]　《马克思恩格斯文集》第 9 卷，人民出版社 2009 年版，第 500 页。
[2]　同上书，第 511 页。
[3]　同上书，第 542 页。
[4]　同上书，第 47 页。

反映。"①

这个定义深刻地论述了世界的物质性，集中地体现了辩证唯物主义的物质观。这表现在：第一，它指出了物质性就是客观实在性，认为无论物质的任何具体形态、具体结构、具体属性，都有这一共同特性。它们既不是我们的感觉，又不是客观精神的产物，精神不过是人脑这块复杂物质的机能，不能说精神可以脱离物质独立存在，而成为世界的另一个本原。这个定义与唯心论、二元论鲜明地对立起来。同时，它也指出了客观实在性是可知的，指明了人的认识对象和知识的源泉，为辩证唯物主义的反映论和可知论提供了前提，与唯心论的先验论、不可知论鲜明地对立起来。可见，它正确地回答了哲学基本问题所包含的两个方面的问题，把对物质概念的规定同解决哲学基本问题紧密联系起来，集中反映了唯物主义世界观的实质。第二，它指出了世界的统一性在于客观实在性，而不在于物质的某种形态、某种结构，所以它具有最大的普遍性和概括性。它不仅能概括自然物质，而且能概括社会物质，把唯物论贯彻到社会历史领域。在自然界，它不仅能概括宇宙天体、物体、高分子聚合物等宏观的物质层次，而且能概括分子、原子、基本粒子等微观的物质层次。它能容纳物质形式、属性、关系等无穷无尽的多样性及其不断的变动性，适用于过去、现在和未来，是包罗万象的统一性，无限多样性的统一性，避免了以偏概全的弊病。它不会因为自然科学物质结构学说的变化而受到唯心主义的冲击。所谓"物质变成了能量"不过是具有静止质量的实物粒子变成了不具有静止质量的场；所谓"反物质"不过是具有某些相反的物理特征的实物；所谓"物质的湮灭"不过是实物粒子与反实物粒子在强相互作用中变成不具有静止质量的光子；所谓"宇宙的膨胀"只不过是人类观测所及的那一部分物质世界的膨胀；如此等等。尽管上述这类物质的具体形态和具体特性是无限多样的、不断变动的，但是它们都具有客观实在性这一根本特性。这个定义准确地抓住并彻底地克服了旧唯物主义物质概念的主要缺点，把哲学的物质概念与自然科学关于物质结构的具体学说明确地区别开来，强调物质是标志客观实在的"哲学范畴"。这样，不仅消除了唯心主义攻击唯物主义的一个主要口实，而且为我们对物质结构的进一步探讨指明了方向，开辟了广阔的天地。

---

① 《列宁选集》第 2 卷，人民出版社 1995 年版，第 89 页。

辩证唯物主义的物质概念科学地论证了世界按其本质来说是物质的，世界的真正统一性在于它的物质性，为我们提供了一幅世界的真实图景。所以，它集中地体现了辩证唯物主义的科学性，也表明辩证唯物主义的根本原理是同人们的实践经验完全一致的，是与人们在长期社会实践中形成的朴素的唯物论思想完全一致的。这个原理要求人们在认识和实践中必须一切从实际出发，实事求是，理论联系实际，坚持从物到感觉，而不是从感觉到物的思想路线。

这个原理是马克思主义哲学的根本点，是我们党的思想路线的理论依据，是我们按照世界的本来面貌认识世界，遵循世界固有的发展规律改造世界的坚实的哲学基础。因此，正确地理解和运用辩证唯物主义的物质概念，在理论上和实践中都有极其重要的意义。在这个问题的理解与运用上稍有偏差，就会带来严重的实际后果。为此，十分需要从理论与实际的结合上，把握辩证唯物主义物质概念需要明确的一些界限。

二 把握辩证唯物主义物质概念
需要明确的一些界限

第一，要注意区别辩证唯物主义与客观唯心主义的界限。一些同志在理解物质的客观实在性时，由于觉得有点抽象，于是就认为客观实在性是空洞的未知数，是在论断中可有可无的东西，就说它和黑格尔讲的"纯有"没有什么不同。

物质概念是科学的抽象。这种抽象是从实际出发的，是从客观存在的具体事物中抽象出来的共同本质。这个共同本质寓于个性之中，并通过个性表现出来。这就是说，人们只有从感觉上把握了种种具体的事物形态，才能从思维上进一步把握住具体物质形态的共同属性。所以，这种抽象的结果不是歪曲事物，远离事物，相反，正如列宁所说："物质的抽象、自然规律的抽象，价值的抽象等等，一句话，一切科学的……抽象，都更深刻、更正确、更完全地反映自然。"[1]

客观实在性作为所有事物所固有的本质属性，是实际存在的普遍必然性。它不仅是最现实的，可以认识的，而且，人们在认识和实践中，

---

[1] 《列宁全集》第55卷，人民出版社1990年版，第142页。

只有以它为根据，从实际出发，实事求是，才能有效地改造世界，才能充分地发挥主观能动性。它对于我们正确地认识世界和改造世界具有普遍的指导意义，绝不是在论断中可有可无的东西，绝不是毫无意义的空洞抽象。

黑格尔讲的"纯有"与客观实在性根本不同。"纯有"是绝对观念的起点，绝对观念从它开始经过逻辑阶段，然后外化为自然界和人类社会，精神派生了物质。这种看法完全颠倒了思维和存在的关系。它的认识论根源在于片面夸大了概念的作用，把人们用概念去概括一类事物说成是创造一类事物，把反映事物本质歪曲为创造事物的本质，把人们的逻辑思维过程当做创造世界的过程。

可见，存在于一切具体事物中的客观实在性与人为地强加在具体事物上的"纯有"是根本不同的。前者认为世界按其本质来说是物质的，世界的统一性就在于它的物质性。后者则认为，世界按它的本质来说是精神的，世界的统一性在于精神，精神是万物的本原。它们直接体现着唯物主义一元论和唯心主义一元论的对立，两者界限不容混淆。

第二，要注意区别辩证唯物主义和二元论的界限。在研究世界的统一性问题时，有的同志往往提出这样的问题：在世界上既然各种具体物质现象是存在的，各种精神现象也是存在的，一切现象都是存在的，为什么偏偏说世界统一于物质或统一于精神，而不能说统一于存在呢？说统一于存在不是更全面吗？这种看法貌似有理，仔细推敲却是站不住脚的。

其一，说世界统一于存在，就等于说存在的东西是存在的，同义反复，没有从不同的存在中揭出本质的联系，使认识前进一步，而是原地踏步。

其二，物质现象和精神现象虽然都是存在的，但精神现象依赖于物质现象，根源于物质现象。表现在：从精神的起源上看，它是物质长期发展的产物；从承担者上看，它是大脑的机能；从内容上看，它是物质的反映。因此，我们说物质是万物的本原，世界统一于物质。而认为世界统一于存在，就是有意地抹杀、掩盖了物质对意识的根源性，把物质和意识当成平起平坐，彼此独立的两个本原。

其三，否定了物质对意识的根源性，这本身就抬高了意识，贬低了物质，其结果必然倒向唯心主义。杜林就是如此。

第三，要注意区别辩证唯物主义与庸俗唯物主义的界限。在论证世界物质统一性时，经常遇到这样两种看法：一种看法是，它认为世界上一切现象都是物质的具体表现形式，精神也是物质的一种表现形式，所以世界统一于物质。众所周知，世界上存在物质现象和精神现象，精神是物质的反映，是观念形态的东西，精神本身不等于物质。我们说世界统一于物质，不是因为精神等于物质，精神就是物质；而是由于精神依赖于物质，根源于物质。庸俗唯物主义断言大脑产生思想如同胃腺分泌胃液一样，意识是一种特殊的物质。如果为了论证世界的物质统一性，把精神也说成是物质，就和庸俗唯物论混为一谈了。

还有一种看法认为，按照列宁的定义，既然物质是不以人的意识为转移又被人的意识所反映的客观实在，那么别人的意识对我来说也具有同样的特点，也是不以我的意识为转移，又被我的意识所反映的东西，难道别人的意识不是物质吗？这个类比是不对的。

首先，列宁的定义中讲的意识是指所有人的意识，是与物质相对立的意识，是一个类概念，而不是仅指认识者个人的意识。他用的是全称判断"我们"，而不是单称判断"我"。把人类的意识归结为认识者个人的意识，违背了定义的原意。

其次，定义的精神实质在于强调物质和意识的差别，通过二者的差别来给物质下定义，也就是说，物质之所以是物质，就在于它不同于意识。它是在人们的意识之外存在的，不以人们的意识为转移的。而在类比中强调的是意识之间的差别，即我的意识和其他人的意识不同，用这种办法把意识说成是物质。这实际上是用意识之间的差别来代替、抹杀物质和意识之间的差别，这就违背了定义的精神实质。

再次，物质的根本特性在于它的客观实在性。也就是说，它是一种实实在在存在于一切具体事物之中的现实的东西，是客观存在的一种普遍必然性，不是我们头脑里的观念形态的东西。而人们的意识之间不管有多大差别（内容形式有什么不同），都是观念形态的东西，不具有客观实在性。因此，严格来讲，可以说意识是存在的，不能说意识是客观存在的。

总之，不能把物质和意识等同起来。列宁指出："说不论思想或物质都是'现实的'，即存在着的，这是对的。但是把思想叫作物质的，这就是向混淆唯物主义和唯心主义方面迈了错误的一步。"[1]

---

[1] 《列宁全集》第18卷，人民出版社1988年版，第255页。

第四，要注意区别辩证唯物主义和机械唯物主义的界限。在运用物质定义分析实际问题时，有些同志提出，时间、空间、运动、规律都有客观性，能不能说它们是物质呢？有人说能，有人说不能，只能说它们是物质性的，或者是物质存在的形式，物质运动规律等。这就是"物质"和"物质的"之争。我认为，要正确回答这个问题，必须正确认识与处理普遍和特殊，即一般和个别的关系问题。注意克服旧唯物主义把一般归结为个别的影响。

物质论作为唯物论对本原的认识，它反映的是一切事物的共同本质，而不是成分、形态或结构。当然，作为共同本质的客观实在性不是悬空的，而是贯穿于所有具体物质形态、成分、结构以及存在形式、运动规律等各个方面。

尽管所有的具体物质形态都有它的广延性、持续性、运动变化以及运动变化的规律。换句话说，时间、空间、运动等存在形式虽然对各种具体物质形态来说具有普遍性，但是，这些东西对于贯穿它们之中的共同本质——客观实在性来说，又有特殊性。在这里仍然有一个普遍和特殊的关系问题。过去，旧唯物主义把物质归结为共同成分、共同结构是错误的，犯了以偏概全的毛病。今天，如果把物质归结为某种共同实体、共同存在形式或者共同规律，同样也会犯以偏概全的毛病。所以我认为，说时间、空间、运动是物质的存在形式，是物质性的，比较恰当。这既指出了它们是属于物质的范围，而不属于意识的范围，具有物质的共性——客观实在性，又指出了它们在物质这个大范围内的各自特点，避免了混淆共性和个性的区别，体现了共性和个性的相互联结。

第五，要正确了解社会发展中的物，注意区分社会历史领域中唯物主义和唯心主义的界限。

怎样区分呢？首先，必须看到只有用辩证唯物主义物质观去观察历史，才能找到哪些现象是具有客观实在性的东西，是历史发展中的物；如果用旧唯物主义物质观去观察历史就只能看到人的自然属性，而看不到人的社会属性，从而陷入抽象的人性论，导致唯心史观，不能把唯物主义贯彻到底。

根据辩证唯物主义物质观，有没有客观实在性也是区别社会历史中物质和意识的根本标志。但是，要正确地把握社会中的物并不是轻而易举的，因为社会现象比自然现象复杂得多。社会的存在和发展离不开人的实践活动，"社会生活在本质上是实践的"。而人们的实践活动总是有意识、有目的的，即总是在一定的思想指导之下进行的。所以，在社会生活中物质和精神是紧密联系在一起的。要正确把握社会中的物，只知道客观实在性不行，还必须从物质和意识的联系中善于看到它们的本质差别。从而划清唯物史观和唯心史观的界限。

怎样找到它们之间的本质差别呢？

第一，要注意从思想活动的背后看到第一性的东西，不能把眼光只停留在思想活动的范围内，要吸取历史唯心主义的教训。列宁指出过，以往的历史理论至多是考察了人们历史活动的思想动机，而没有考察产生这些动机的原因，马克思恩格斯跃进了一步，他们注意从人们的思想动机背后去找不以人的意识为转移的客观实在，于是就找到了社会历史中物质性的东西，即从复杂的社会关系中找到了生产关系，看到生产关系是不以人们的意识为转移的物质关系，从全部的历史发展中，又找到了生产力，看到了生产力是不以人的意识为转移的物质力量，是全部历史的基础，是社会发展的最终决定力量。这样把社会关系归结于生产关系，把生产关系归结于生产力的高度，就完全可以用自然科学式的精确眼光来看待社会，认为人类社会同自然界一样，也是一个不以人们的主观意志为转移的客观历史过程。

第二，还要注意不能因为思想关系和物质关系紧密地联系在一起，就把思想关系当成物质关系。列宁把社会关系一分为二，认为经济基础是物质的社会关系，上层建筑是思想的社会关系。许多同志对上层建筑中的意识形态属于思想的社会关系能理解，对于说上层建筑中的政治法律设施，即政治法律机构包括军队、警察、法庭、监狱等思想关系不能理解。军队、监狱、法庭等国家机器不明明是有组织的暴力吗，怎么说是思想的社会关系呢？

要正确理解这些，就需要从思想的关系和物质关系的联系中，看到两者的区别，即从物质关系外壳的掩盖下看到思想关系。我们知道国家、监狱、法庭等国家机器之所以成为上层建筑，不是由各种物质手段的自然属性的机械相加造成的。比如，监狱绝不等于高墙、牢房、电网等自然属性的相加。这些有组织的暴力，不过是实现一定阶级意志的物质手段而已。所以，恩格斯把它们叫做物质附属物或物质外壳。这些物质手段、物质外壳，或物质附属物的背后，反映出来的是被一定经济基础所决定的，为一定经济基础服务的第二性的东西。所以从实质上看，而不是从表现形式来看，它们是第二性的思想关系，而不是第一性的物质的关系。

本文发表在《哲学研究》1982 年第 11 期。

第四章

透过具体事物的有限性了解宇宙的无限性

世界上的具体物质形态是形形色色、千差万别的。仅地球上已经发现的动物有一百多万种，植物三十多万种，微生物十万种以上，真可谓："万类霜天竞自由"。放眼宇宙，更是"巡天遥看一千河"，晴天的夜晚，满天星斗，密密麻麻闪闪发光，用肉眼能看到的星星就有三千多颗，用现代最大的天文望远镜能看到十亿颗以上。

具体的物质形态都是有限的、有生有灭的，都是能相互转化的。比如，矿石可以炼成钢铁，钢铁可以制造各种机器。任何一种物质形态都是由其他物质形态转化而来，也一定转化为其他物质形态。整个的物质世界是由无数的具体物质形态构成的。

物质世界与各种具体物质形态之间是整体与部分、无限与有限的关系。整体不能脱离部分，无限不能离开有限。但是，整体不等于部分，无限不等于有限。物质世界是永恒的、无限的，是既不能被创造又不能被消灭的，它是自身存在的根据。上下四方为宇，古往今来为宙，宇宙是指存在于无限的空间与时间之中的所有事物。宇宙作为物质世界的同义语，突出地表明了物质世界的永恒性与无限性。

意识是物质高度发展的产物，是物质反映特性发展到出现人脑以后产生的，是人脑的机能。那种所谓精神创造物质世界的种种论调，是违背常识的唯心主义谬论。宗教观念也是有了人类社会以后才出现的，是人按照自己的面貌创造了神，而不是神创造了人。那种所谓上帝创造世界的各种说教，是宗教神学的欺人之谈。实践证明：否定物质世界的永恒性与无限性的唯心主义与宗教神学都是错误的，是站不住脚的。

人们在认识世界与改造世界的过程中，通过观察与思索，对于物质世界的永恒性与无限性早就有所了解。比如，中国东汉时代的天文学家张衡

（78—139）说过，宇之表无极，宙之端无穷。不仅如此，在朴素直观的基础上，古代唯物主义者，对于物质世界的无限性就进行过逻辑论证。比如，古罗马的唯物主义哲学家卢克莱修在《物性论》第 1 卷中，就做过这种论证。他说，假如我处于宇宙的极端，那么我能不能把手中的矛投到外面的空间呢？如果我投一下，那么外面必然或者是物体或者是空间。在任何一种场合下，我们都可能转移到新得到的边界上而再提出同样的问题。既然每投矛一次都要碰到某些新东西，那么这显然是无限的。

后来，直到近代机械唯物论，仍然用这种方法来论证宇宙的无限性。比如，爱尔维修在《论精神》中写道："我说我们之所以得到这个无限的观念，只是由于一个置身于平原上的人永远可以把平原的边缘往后推，而我们在这一方面是不能确定自己的想象力应当止步的最后限度的。因此在某种意义之下，没有界限可以说是我们对无限所能具有的唯一观念。"①

这种方法，实际上是把对空间、时间的数量衡量有无限重复的可能性，化做逻辑推论来进行证明。这就是把无限性当做一种抽象的无穷进展。这种论证具有明显的形而上学性质。辩证法大师黑格尔把这种无限性称之为"恶的"无限性，并指出它的主要缺陷在于，把无限与有限绝对分割开来，把无限当做有限的彼岸，离开有限将无限。所以，这种方法不可能科学地证明世界的无限性。

因此，辩证唯物主义认为，科学地论证世界的无限性，不能把无限当做有限的彼岸，必须透过有限来把握无限。正如恩格斯所说："我们在思想中把个别的东西从个别性提高到特殊性，然后再从特殊性提高到普遍性；我们从有限中找出和确定无限，从暂时中找出和确定永久。"② 这就是说，在我们认识范围内，直接感觉到的都是有限的事物，只凭感觉器官是不能直接把握无限的。必须靠抽象思维的能力，在思维中，通过科学抽象逻辑证明，从特殊中找到一般，从有限中找到无限。

那么，在逻辑思维中，怎样透过具体事物的有限性来论证世界的无限性呢？

首先要明确，必须从这样两个前提出发：

①　葛力：《18 世纪法国哲学》，商务印书馆 1963 年版，第 451 页。

②　《马克思恩格斯文集》第 9 卷，人民出版社 2009 年版，第 498 页。

第一，具体事物是相互联系、相互转化的。这是被实践一再证实了的科学真理。第二，具体事物在相互转化中，物质不灭能量守恒（不仅包括运动量的守恒，即在转化中，失去某种运动形式的一定的能量，必然产生另一种运动形式的相当的能量，而且包括质的守恒，即在转化中，各种性质的运动形式仍然保持质的多样性，不会越来越少，最后转化为另一种形式），这个前提也是被实践一再证实了的科学真理。

在明确以上两个前提的基础上，再进行推论。

先推论世界在时间方面的无限性。既然具体事物都要转化，而转化又是物质不灭能量守恒的。所以，在形形色色的具体事物的相互转化中，既不能无中生有，也不能由有变成绝对的虚无。由此可以推出：（1）由于具体事物在转化中不能由有变成虚无，一个东西必然转化为另一个东西，一个事物的终点是另一个事物的起点，要一个接一个地转化下去。所以，在有限事物的不断转化中，时间的往后持续是没有结尾的。（2）由于具体事物在转化中不能无中生有，所有事物都是由其他事物转化而来的。所以，从现在追溯过去，不管追溯到什么时候，一个事物的产生都要以其他事物的转化为前提，以此类推，可以一个接一个地追溯下去。可见，面向过去时间的持续也是没有开头的。

再推论世界在空间方面的无限性。由于具体事物都是相互联系的，整个世界好比一个普遍联系之网，具体事物好比网上的纽结。在普遍联系之中，整个宇宙空间是由所有具体事物的广延性和并列关系构成的。又由于每个具体事物在普遍联系之中，是沿着不同方向不断转化的（在转化中物质不灭能量守恒）。由此可以推出：作为整个宇宙的普遍联系之网，不是一个有边有沿的封闭体系，而是一个伸向各个方向的无边无际的物质世界。

从以上的前提和推论可以看到这个逻辑证明有以下两个特点：第一，这里推出的无限，是贯穿于有限事物的联系与转化之中的无限，是包括形形色色的具体事物的质的多样性的无限，而不是离开有限事物的联系和转化的那种抽象的无穷进展，不是离开质的差别的、质量互变的、单纯数量方面的那种无限增加的可能性。第二，这里的推论是从特殊中找到一般，从有限的联系转化中找到无限，而不是以某一点为起点的，往下的无限延伸，即不是数学上讲的有起点、无终点的无限系列。

总之，根据有限与无限的对立统一，在逻辑思维中，透过具体事物的有限性而论证整个世界的无限性，就能得出正确的结论，既可以避免"恶的"无限性，又不和数学上的无限系列相等同。

　　本文收在赵光武著《哲学的学习与应用》，北京大学出版社 1988 年版。

第 五 章

辩证法发展的历史阶段

马克思主义认为，任何一个概念的演化过程，实质是人们对这一概念所概括的客观对象的认识不断深化的过程，同时也反映了一种学问的发展过程。辩证法概念亦是如此。它的出现，标志着辩证法这门学问开始萌芽。它的演化，则是反映了辩证法这门学问的发展过程。二者本质上是一致的。如果说过程是由阶段构成的，那么，辩证法这门学问的发展过程经历了哪些阶段呢？这是我们在讨论了辩证法概念的含义后必须进一步研究的问题。

一 古代辩证法

在欧洲哲学史上，古希腊的朴素辩证法是辩证法思想发展史上的第一个历史形态。正如恩格斯在《自然辩证法》中指出的那样，"第一种是希腊哲学。在这种哲学中，辩证思维还以原始的朴素的形式出现"①。这种古代的朴素的辩证法思想是如何产生并逐步发展起来的呢？

米利都学派是古希腊哲学初创阶段的一个著名流派。这个学派在阐述万物本原问题时，表达了初步的朴素辩证法思想。其代表人物之一的泰勒斯认为，水是永恒运动的，水产生万物，万物又复归于水。泰勒斯思想的直接继承者阿那克西曼德，对泰勒斯关于万物本原的学说作了进一步的说明和发挥。他认为在本原里包含着对立的两种力量——冷和热；万物即是从这种本原（始基）的对立运动中分裂出来的。可见，米利都学派已经明确提出了对立面的思想，如冷热等，并且对这些经验中常见的对立现

①《马克思恩格斯文集》第9卷，人民出版社2009年版，第438页。

象，作了一定的观察和解释。

毕达哥拉斯学派（毕达哥拉斯创立的南意大利学派。这个学派对苏格拉底、柏拉图的影响很大）继续发挥了关于对立面的思想。他们总结概括了 10 个对立面，作为事物的 10 项原则：有限、无限，奇、偶，一、多，右、左，阳、阴，静、动，直、曲，明、暗，善、恶，正方、长方，甚至提出"对立是存在物的始基"①。同时，他们还提出运动是永恒的，神圣的，是一切力量的源泉。但是，他们没有能够把关于运动的思想与对立面的思想有机地结合起来。所以，他们对于对立面的理解是抽象的、僵化的、静止的，而对于运动的理解，则又倾向于机械的性质，或者认为是数的和谐的变化。

古希腊哲学思想的集大成者赫拉克利特，批判地吸取了米利都学派和南意大利学派（毕达哥拉斯学派）的学说，在当时所能达到的水平上进行了总结，使古代的朴素唯物论思想，特别是朴素辩证法思想，向前推进了一步。黑格尔认为他的学说是古代哲学史上，尤其是辩证法发展史上的重要阶段。黑格尔说："没有一个赫拉克利特的命题，我没有纳入我的逻辑学中。"② 列宁则称赫拉克利特为"辩证法的奠基人之一"③。

赫拉克利特认为世界是包括一切的整体，这个整体不是由任何人或任何神创造的。它的过去、现在和将来，都是按照规律燃烧着、按照规律熄灭着的永恒的活火。这意思就是说，整个物质世界是处于永恒变化、发展之中的。他曾提出"一切皆流，一切皆变"的著名论点，并用川流不息的河水作比喻，认为世界上没有任何事物是不变的，人不能两次踏进同一条河流。不仅如此，他还从事物的相互联系和不断运动中觉察到了对立面的相互依存和相互转化，认为对立物是相反的，但又结合在一个统一体中。他举出了很多对立现象，形象地说明了对立统一的道理。比如，他说在人身上，生与死，醒与梦，少与老，始终是同一的东西。他还进一步看到了事物变化的根本原因在于统一体内部对立面的斗争，认为相反的力量之间的关系不仅是"和谐"，而且是"战争"，并主要是"战争"。他说一切都是由斗争所产生的，并把这个普遍的辩证规律叫做统治一切的

①　《古希腊罗马哲学》，北京大学哲学系编译，商务印书馆 1961 年版，第 38 页。
②　［德］黑格尔：《哲学史讲演录》第 1 卷，贺麟等译，商务印书馆 1959 年版，第 295 页。
③　《列宁全集》第 55 卷，人民出版社 1990 年版，第 256 页。

"逻各斯"。

柏拉图十分重视赫拉克利特的哲学。他记述了赫拉克利特关于运动变化的绝对性的思想。柏拉图在《克拉泰勒斯》对话中说:"有时赫拉克利特说,一切皆流逝,没有静止的东西。他把存在物比做河水的流逝,说,不能两次涉同一条河。"柏拉图很欣赏这个思想,并不止一次引用。这是为后来的亚里士多德等人一致公认的。

柏拉图本人也有相当丰富的辩证法思想,如概念的辩证法。不过,由于他是一个唯心主义者,所以,他在记述关于"一切皆流逝"的思想时,根本没有提到火是万物的本原。他认为唯有自身运动,而又不失去自己,永远不会停止运动,而对那些运动的东西来说,则是源泉和始基。

在柏拉图之后,亚里士多德表述了关于自然界运动、变化的思想,关于从"潜能"转化为"现实"的思想,关于质料与形式的思想,关于一般与个别相结合的思想,等等。他的这些思想,用列宁的话来说,都是"辩证法的活的胚芽和探索"[①]。当然,他的思想也是不彻底的,且有很多混乱之处。

从以上的叙述看,古代辩证法有什么特点呢?

第一个特点就是朴素性,即恩格斯所说的"以天然的纯朴的形式出现"。古代的辩证法,对世界的辩证图景,只是提供了一个总的轮廓的说明,而对构成这个图景的细节缺乏研究,因而这种总的说明没有具体的、科学的论证。它是建立在人们的直接观察基础上的,是以人们的直观经验为根据的。所以也可以说,古代的辩证法是一种具有直观性的辩证法。

第二个特点在于它通常是同古代朴素的唯物论结合在一起的。这一特点同第一个特点是紧密联系在一起的。这是因为,人们在直观中,凭借眼耳鼻舌身等感觉器官直接观察的对象,既不是微观粒子,也不是宏观大体,而是一些可以直接感觉到的物体。这类物体的运动变化的客观性及其存在的客观性是显而易见的,在直观经验基础上认识到的联系、发展、矛盾,都是实实在在地存在于客观事物之中的联系和矛盾。所以,朴素的辩证法往往是同朴素的唯物论结合在一起的。

当然也应看到,由于人们对自然现象、社会现象和思维现象进行直观

---

① 《列宁全集》第55卷,人民出版社1990年版,第313页。

时，首先进入视野的是种种联系和变化的图景，而联系和变化本身要比是什么东西的联系和变化更引人注意。因此，人们在形成联系、变化的观念时，同时也存在着割裂联系、变化与其物质实体的关系（属性与实体的关系）的可能，因而也就存在着把联系、变化归结为精神实体的可能。所以，朴素辩证法有时也同唯心论结合在一起。

二　近代德国古典哲学的辩证法

从 15 世纪到 18 世纪，辩证法的思想虽然还在发展着，但总体说来，这是形而上学占统治地位的时期。这时期的自然科学主要处于收集材料、进行分门别类研究的阶段，系统地阐述辩证法，还缺乏足够的条件。只是到了 18 世纪末 19 世纪初，自然科学的新成就动摇了僵死的形而上学观点，论证了自然发展的辩证法，才为人们提供了系统的、自觉的阐述辩证法的充分可能，使得辩证法的发展"进入了第二个形态"，这就是"从康德到黑格尔的德国古典哲学"的辩证法。

辩证法思想是德国古典哲学的革命精神和积极意义的真正所在。恩格斯曾经说："德国资产阶级的学究们已经把关于德国伟大的哲学家及其创立的辩证法的记忆淹没在一种无聊的折衷主义的泥沼里……而我们德国社会主义者却以我们不仅继承了圣西门、傅立叶和欧文，而且继承了康德、费希特和黑格尔而感到骄傲。"① 正因为这样，恩格斯把"从康德到黑格尔的德国古典哲学"，看做是"辩证法的第二种形态"②。

如果说辩证法是德国古典哲学这项皇冠上的一颗明珠，那么，第一个使这颗明珠放出夺目光彩的巨匠便是康德。

康德是近代德国哲学革命的倡导者。他首先发起了对理性心理学、理性宇宙学和理性神学的批判，推翻了当时在欧洲大陆各大学中占统治地位的陈旧的形而上学体系，创立了思辨的德国唯心主义哲学体系，在哲学发展史上，开了一代新风。康德对辩证法的贡献表现在以下几点。

第一，包含在关于太阳系起源的星云假说中的辩证法思想，给当时的形而上学思维方式打开了第一个缺口。

---

① 《马克思恩格斯文集》第 3 卷，人民出版社 2009 年版，第 496 页。
② 《马克思恩格斯文集》第 9 卷，人民出版社 2009 年版，第 439 页。

　　康德在"前批判时期"写的《自然通史和天体论》（现译为《宇宙发展史概论》）中，提出了著名的关于太阳系起源的假说。这个假说认为，太阳系的每个天体都是由宇宙间的弥漫物质，即气体和尘埃构成的原始星云，在引力和斥力的作用下，逐渐凝聚和分裂而形成的。他用这一假说解释整个恒星世界，认为满天的恒星必然是自己行星系统的中心，而巨大的恒星系统，如银河系，也有自己的中心，许多恒星正绕着这个中心旋转。他还预言宇宙间的天体正在不断生成，又不断毁灭；千万个太阳系不断地燃烧起来，又不断地熄灭；整个宇宙正处在生生灭灭的发展变化之中。康德的星云假说为我们描绘了一幅处于永恒的运动变化之中的自然图景，不仅具有具体的科学价值，而且包含着丰富的辩证法思想。所以，它不仅对长期居统治地位的宗教神学是有力的打击，而且也使得自然科学领域中牛顿等人的形而上学观点开始动摇。恩格斯曾经高度评价道："康德关于所有现在的天体都从旋转的星云团产生的学说，是从哥白尼以来天文学取得的最大进步。认为自然界在时间上没有任何历史的那种观念，第一次被动摇了。……康德在这个完全适合于形而上学思维方式的观念上打开了第一个突破口，而且用的是很科学的方法，以致他所使用的大多数论据，直到现在还有效。"①

　　第二，关于理性的"二律背反"的学说，对德国唯心主义辩证法的发展，起到了一定的推动作用。

　　康德把"二律背反"（矛盾）看做谬误和错觉，并用它来论证不可知论和唯心论的先验论。但是，这个学说却揭示了某些概念、范畴的对立和矛盾，揭示了人的认识在一定范围内发生矛盾的必然性，因而对德国唯心辩证法的发展作出了贡献。其贡献大体可以归结为以下三个方面：

　　（1）"二律背反"以极其尖锐的形式揭露了形而上学独断论的片面性。过去，形而上学在遇到两个相反的论断时，总是片面地强调一个，否定另一个，又独断地自以为掌握了真理，并企图用自己肯定的那个方面去压倒另一个方面。其实，他所持的理由并不比对方多一点。"二律背反"虽然没能正确指出矛盾双方的辩证关系，但却证明了矛盾双方都有存在的根据，矛盾双方应该"亦此亦彼"，不能"非此即彼"。所以，它以令人信服的形式暴露了形而上学独断论的片面性。不自觉地指出了理性在认识

———————

① 《马克思恩格斯文集》第9卷，人民出版社2009年版，第60页。

世界时应当是辩证的，而不应该是独断的、形而上学的。

（2）康德列举的4组二律背反，促进了黑格尔对矛盾普遍性的认识。黑格尔在评论康德的二律背反时指出，康德认为理性认识必然产生矛盾，是近代哲学的一个深刻进步。但不足的是，他认为世界的本质是不应该有矛盾的，矛盾只是由于思想认识的原因造成的。黑格尔克服了这一局限，比康德大大前进了一步。黑格尔认为不仅思想认识领域有矛盾，而且世界上的一切事物都有矛盾。他在康德列举的4组矛盾的基础上明确提出："不仅可以在那4个特别从宇宙论中提出来的对象里发现矛盾，而且可以在一切种类的对象中，在一切的表象、概念和理念中发现矛盾。认识矛盾并且认识对象的这种矛盾特性就是哲学思考的本质。"①

（3）二律背反也在一定意义上表明了哲学史上存在的两条路线的斗争。康德在提出这4个二律背反时，已经相当清楚地意识到了哲学史上的两条路线斗争。他指出："正反两种主张构成伊壁鸠鲁派和柏拉图派之对峙。"② 他具体指出，以柏拉图为代表的一派主张世界是有开始的，自我的有意行动是自由的，构成事物的秩序都出自一个最高的存在者。而以伊壁鸠鲁为代表的另一派则主张世界是无限的，自然只因本身的必然性相互联结，人的意志不可能有超出必然的自由。世界既然是无限的，就不可能有一个作为创世主的最高存在者。康德关于对立两派的分析，虽然使用的是先验哲学的语言，但是，以无可辩驳的事实，证明了哲学史上存在的两条路线的斗争。这实际上是揭示了哲学发展的辩证法，只是其程度不及后来者。

必须指出：康德虽然大讲辩证法，大摆矛盾，但他实际上既不懂辩证法，也不理解矛盾。在他那里，没有一个包含辩证法的命题，不是以形而上学的方式解决的。所以，恩格斯在高度评价他的星云说时，接着指出，"要向康德学习辩证法，就是一件费力不讨好和收效甚微的事情"③。

在德国古典唯心论发展史上，谢林的早期创作活动是一个重要的阶段。在政治上，谢林曾经是封建专制制度的批判者，主张实行法治，以限制君主和封建贵族的权力。在哲学上，他把康德和费希特的主观唯心论转

---

① ［德］黑格尔：《小逻辑》，贺麟译，商务印书馆1980年版，第132页。
② ［德］康德：《纯粹理性批判》，蓝公武译，生活·读书·新知三联书店1957年版，第357页。
③ 《马克思恩格斯文集》第9卷，人民出版社2009年版，第439页。

变为客观唯心论，把他们的主观辩证法推广到外部世界，从而为后来黑格尔建立哲学体系创造了条件。

谢林认为，哲学的出发点，既不能是"自我"，也不能是"非我"，又不能同时是"自我"和"非我"，而只能是"绝对"。"自我"和"非我"、思维和存在、主体和客体都来源于"绝对"。"绝对"是一种不自觉的力量，在这个不自觉的精神力量中，"自我"和"非我"、思维和存在、主体和客体融合为一，没有差别。或者说，绝对便是二者的"绝对同一"或"无差别的同一"。所以，谢林是用客观唯心主义的方式来解决哲学基本问题的。他把自己的这种客观唯心主义叫做"同一哲学"。谢林认为，绝对虽是"无差别的同一"，但由于它有一种提高为自觉的精神实体的"原始冲动"，从而产生了"原始对立"，在"原始对立"的推动下，产生出主体和客体、精神和物质的差别与矛盾，产生出世界的万事万物。"绝对"不仅是万物产生的原因，而且是它们的结果。

谢林所说的这个无意识的精神本原提高为自觉的精神实体的过程，虽然是一种先验唯心主义的虚构，但其中包含着合理的辩证法思想。这主要表现在：

第一，他认为自然界是一个辩证发展的过程。在自然界中，没有任何一个物体是孤立静止的；在无机物和有机物之间，没有不可逾越的鸿沟。他指出，一般所说的无机界，是植物界的胚胎，而动物界比植物界高一级，人的大脑是自然界进化发展的最后阶段。

第二，他把精神生活也看做是运动发展的。他把自我意识的发展分成"感觉""创造的直观"和"反思"三个阶段。感觉是自我意识的被动状态，在这里，还没有划分主体与客体之间的区别。"创造的直观"则形成了外在的和内在的感觉，但还没有意识到自己，并把对象看作是某种不依赖于意识的东西。"反思"则意识到意识和对象、主体和客体的实在同一性。这三个阶段组成精神生活的"理论活动"，然后经过绝对的抽象，理知变为意志，于是进入实践活动。

第三，他认为一切事物都包含着矛盾。矛盾是运动的源泉。他说："对立在每一时刻都重新产生，又在每一时刻被消除。对立在每一时刻这样一再产生又一再消除，必定是一切运动的最终根据。这条原理是动态物理学的基本原理，同各门附属科学的所有基本原理一样，在先验哲学里拥有它自己的地位。"① 这种关于矛盾引起发展的思想，是谢林对德国古典哲学的发展所作的一个最重要的贡献。后来，黑格尔继承和发展了他的这些思想，发展了唯心辩证法。

黑格尔的辩证法是在批判康德和费希特的主观唯心主义、改造谢林的客观唯心主义基础上建立起来的。在黑格尔那里，谢林的"绝对"被改造成"绝对观念"，"无差别的同一"被改造成"具体的同一"。所以，黑格尔的辩证法，在形式上，更多、更直接地受谢林的影响。比如，谢林在《先验唯心论体系》中关于矛盾的许多论述，都被黑格尔所吸取。这主要有如下两点：

（1）关于矛盾是运动的源泉的论述。谢林说："自我进行活动的唯一决定性的原因就是它本身内的一种持续不断的矛盾"，"但每一个自在自为地存在的矛盾都会消灭。"② 黑格尔吸取并发展了谢林的这一思想。他说："矛盾是一切运动和生命力的根源，事物只因为自身具有矛盾，它才会运动，才具有动力和活动。"③

（2）关于对立面相互依存、互为存在前提的论述。谢林说："自我中本来含有对立物，即主体和客体，两者互相扬弃，然而离开对方任何一方都不可能存在。"④ 黑格尔吸取并发展了谢林的这一思想。他关于上与下、左与右、父与子等对立的双方都是相互依存、互为存在的前提，离开了对方，自身便不复存在的论述，就是对谢林思想的具体发挥。

从以上情况看，谢林的辩证法对黑格尔的影响是巨大的，对辩证法发展的贡献，也是不能忽视的。但也必须看到，他的辩证法不仅是唯心的，而且也是不彻底的。他所说的矛盾发展，开始于绝对同一的精神实体，又复归于这个精神实体。他所讲的矛盾斗争不是一方克服另一方，而是双方在第三者中得到调解。所以，他的辩证法思想没有摆脱矛盾调和论。

黑格尔是德国古典唯心主义的完成者。在他那里，唯心主义辩证法发展到了顶点。马克思说："他第一个全面地有意识地叙述了辩证法的一般运动形式。"⑤ 具体表现在以下两个方面：

①　［德］谢林：《先验唯心论体系》，梁志学等译，商务印书馆1976年版，第148页。

②　同上书，第57、58页。

③　［德］黑格尔：《逻辑学》下卷，杨一之译，商务印书馆1976年版，第66页。

④　［德］谢林：《先验唯心论体系》，梁志学等译，商务印书馆1976年版，第57、58页。

⑤　《马克思恩格斯文集》第9卷，人民出版社2009年版，第441页。

第一，黑格尔对辩证法的内涵和外延作了比较全面的规定，认为辩证法是研究内在联系和矛盾发展的学说。辩证法是联系地、发展地、全面地看问题。

第二，黑格尔在唯心主义形式下阐述了辩证法的三个基本规律。1807年，他的《精神现象学》出版，标志着他的哲学体系形成，也标志着他的辩证法的形成。1812—1817年，他的《逻辑学》（即《大逻辑》）和《小逻辑》先后出版，使其辩证法系统化，完成了它的神秘的、独特的结构。关于辩证法的三个基本规律，他在《精神现象学》的序言里就讲到了。《逻辑学》主要是讲辩证法的。辩证法的三个基本规律在这里得到了进一步论述。

那么，黑格尔究竟是怎样论述辩证法的基本规律的呢？

在《存在论》中，黑格尔着重阐述了质量互变规律。黑格尔把量变到质变的转折点称为"关节点"，并强调由量变到质变绝不是一个渐进的平静过程，而是渐进性过程的中断，是通过飞跃的形式来实现的。他说："一切生和死，不都是连续的渐进，倒是渐进的中断，是从量变到质变的飞跃。"①　他批判了形而上学认为"自然界没有飞跃"的观点，指出存在的变化从来都不仅是从一个量转化为另一个量，而且是从质转化为量和从量转化为质的，是它物的生成，也就是渐进性过程的中断。

在《本质论》中，他阐述了对立统一规律，说明了矛盾是发展的源泉和动力。黑格尔嘲笑形而上学的同一观，认为辩证的同一是包含着差别的具体的同一。同一、差别和对立都可以用同一个概念来表达，这就是矛盾。他说，"一切事物本身都自在地是矛盾的"②，"一切现实之物都包含有相反的规定于其中"③。认为同一中包含着差别、对立和矛盾，是黑格尔对矛盾学说的一个重要贡献。

黑格尔并不满足于如何解释辩证的矛盾观。他还把矛盾和发展联系起来，认为矛盾是发展的源泉和动力。他说："矛盾是一切运动和生命力的根源，事物只因为自身具有矛盾，它才会运动，才具有动力和活动。"④他指出，不能把矛盾看做是某种偶然的东西、不正常的现象，矛盾"是

---

① ［德］黑格尔：《逻辑学》上卷，杨一之译，商务印书馆1976年版，第404页。
② ［德］黑格尔：《逻辑学》下卷，杨一之译，商务印书馆1976年版，第65、66页。
③ ［德］黑格尔：《小逻辑》，贺麟译，商务印书馆1980年版，第133页。
④ ［德］黑格尔：《逻辑学》下卷，杨一之译，商务印书馆1976年版，第65、66页。

一切自己运动的根本，而自己运动不过就是矛盾的表现。"① 黑格尔的全部哲学体系就是根据这个矛盾的原则建立起来的。

在《概念论》中，黑格尔对贯穿《逻辑学》全书和他的整个哲学体系的关于发展的否定之否定规律作了总结性的阐述。黑格尔认为，第一个概念，由于它本身包含了对立面，产生出第二个概念，也就是第一个概念的否定的方面。它是包含着肯定的否定。这是从肯定到否定，也就是从"正"到"反"的第一次否定。第二次否定是从否定到肯定，从"反"到"合"，是对第一次否定之否定，所以叫做"否定之否定"。这个否定之否定是第三个概念。黑格尔认为，概念的发展就是通过许多否定之否定的过程，由抽象到具体、由简单到丰富、由低级到高级的过程。因此，他把第一次否定称为"抽象的否定""简单的否定""形式的否定"，把第二次否定，也就是"否定之否定"，称为"具体的否定""绝对的否定"。

黑格尔十分看重"否定之否定"规律的意义，并依据这一原理建立他的哲学体系。他的整个哲学体系就是由许多"否定之否定"构成的，或者说，是由许多"正、反、合"构成的。黑格尔认为，否定之否定的过程，是一个圆圈式的运动，但这个圆圈式的运动并不是简单的循环运动，而是由低级到高级的发展过程。因此，也可以说，黑格尔的整个体系就是由许多小圆圈所构成的大圆圈。

第三，黑格尔在唯心主义形式下，提出了辩证法的一系列重要范畴，如本质与现象、可能与现实、偶然与必然、必然与自由、原因与结果等。在他看来，所有这些范畴都是相互关联的，也就是说，它们都是互为前提、互相补充的，而哲学的发展，正是这些范畴相互矛盾、相互转化的过程。

第四，黑格尔独创性地提出了辩证法、逻辑学和认识论相一致的思想。这一思想集中地体现在《概念论》中，黑格尔给自己的《逻辑学》提出的任务，在于说明逻辑概念的普遍联系和转化。他虽然是个唯心主义者，但所阐明的逻辑形式和逻辑规律却不是空洞的外壳，而是客观世界的运动、变化、发展规律的反映。所以说，他的逻辑学与辩证法是一致的。黑格尔还根据认识由抽象到具体、由简单到复杂的原则，安排逻辑范畴的发展和转化的顺序，建立他的逻辑学的全部体系。所以，黑格尔的逻辑学

---

① ［德］黑格尔：《逻辑学》下卷，杨一之译，商务印书馆 1976 年版，第 66 页。

与认识论也是一致的。

当然，黑格尔作为一个唯心主义者，他的辩证法、逻辑学和认识论一致的原理，与辩证唯物主义的原理有着根本区别，但是，他的这一原理对马克思主义哲学的影响，也是不能不承认的。

从以上四点可见，黑格尔的辩证法思想是十分丰富的。他对辩证法的内涵、基本规律、范畴，以至辩证法、逻辑学、认识论三者统一的问题，都作了全面论述。不仅如此，他对古希腊哲学中的辩证法也作了详细研究，对德国古典唯心主义的辩证法作了总结，正如列宁在《哲学笔记》中所指出的那样，"黑格尔的辩证法是思想史的概括"。[①]

我们也必须看到，黑格尔的辩证法不仅是唯心的，头脚倒置的，而且也是不彻底的。按照辩证法的本质来说，发展是无限的，斗争是绝对的，而黑格尔的唯心主义体系却是有始有终的。他虽然承认对立面的统一和斗争，但却认为统一是绝对的，斗争是相对的。他虽然认为矛盾是发展的源泉和动力，但又强调矛盾的调和以及调和矛盾的所谓中介作用等。所以，恩格斯说，在黑格尔那里，"方法为了要迎合体系就不得不背叛自己"[②]，"革命的方面就被过分茂密的保守的方面所窒息"[③]。

以上便是从康德到黑格尔的辩证法，亦即辩证法发展的第二个形态的大体情形。那么，这第二个形态的辩证法有什么特点呢？

第一个特点，便是思辨性。也就是说，这一阶段的辩证法是思辨辩证法。所谓"思辨"，就是把变化的主体看做是概念，把变化的过程看做是概念的纯逻辑推导过程，并企图从概念中推演出实在，使客观世界的发展服从于人的思维构造出来的一般法则。费尔巴哈曾指出："所谓思辨的哲学家不过是这样一些哲学家，他们不是拿自己的概念去符合事物，而是相反地拿事物去附会自己的概念。"[④] 康德、谢林和黑格尔的辩证法都有这样的特点，在黑格尔，则表现得尤为突出。黑格尔的辩证法，始终是在概念自身运动中打圈子，自然界和社会不过是概念的外化而已。在黑格尔看来，纯概念是自然界和人类社会的本质；逻辑学是自然哲学、精神哲学的灵魂；辩证法的规律不是从自然界和人类社会历史中抽象出来的，而是作

---

①　《列宁全集》第 55 卷，人民出版社 1990 年版，第 289 页。

②　《马克思恩格斯文集》第 4 卷，人民出版社 2009 年版，第 283 页。

③　同上书，第 271 页。

④　《费尔巴哈哲学著作选集》下卷，荣震华等译，商务印书馆 1984 年版，第 526 页。

为思维规律硬加在自然界和历史上面的。正如恩格斯所说："黑格尔的辩证法，它具有完全抽象的'思辨的'形式，黑格尔就是以这种形式把它留下来的"①，因此，在黑格尔的辩证法中，事情就完全颠倒了，"有许多东西不能不是牵强的、造作的、虚构的，一句话，被歪曲的"②。

第二个特点，与唯心主义紧密结合。或者说，这时期的辩证法，是唯心主义的辩证法。德国古典哲学的辩证法，认为辩证发展的主体不是客观物质世界，而是主观精神或客观精神。在这种辩证法看来，辩证的观念、概念，不是从客观世界的辩证发展中引申出来，相反，观念、概念的辩证发展却派生出外界事物。所以，这种辩证法，是建立在精神第一性、物质第二性基础上的，是同唯心主义结合在一起的。这实际上是在唯心主义形式下，猜测到了，或者说不自觉地反映了客观事物本身的辩证法。列宁在评价黑格尔的《逻辑学》时曾指出："在黑格尔这部最唯心的著作中，唯心主义最少，唯物主义最多，'矛盾'然而是事实。"③列宁的这个评价对整个德国古典哲学的唯心辩证法来说，也同样是适用的。

在德国古典哲学中，辩证法与唯心论的结合绝不是偶然的，而是德国资产阶级想革命而又害怕革命的两重性在理论上的反映。它的唯心主义体系主要反映了德国资产阶级向封建贵族的妥协、屈从，反映了德国资产阶级在实践上的软弱无能，反映了德国资产阶级对人民革命行动的恐惧和憎恨；它的辩证法合理思想主要反映了德国资产阶级反对封建关系的思想情绪以及它的进步要求。当一个阶级处于矛盾的地位，既向往未来，又不敢同现状彻底决裂；既要试图论证历史发展变化的必然性和合理性，又不能不回避现实时，辩证法同唯心主义的结合，就是不可避免的。康德、谢林、黑格尔的辩证法便属于这种情形。他们不得不把本质上是革命的辩证法隐藏在保守的唯心主义外壳里，使其限制在纯思想的范围内。在他们身上发生的，只能是使其"思维活动伴随着现代各国的发展"，只能是"头脑里骚动"。

第三个特点，便是其不彻底性。德国古典哲学的大师们，虽然对辩证法的发展作出了杰出贡献，但是，他们的辩证法始终未能贯彻到底。康德

---

①　《马克思恩格斯文集》第2卷，人民出版社2009年版，第601页。
②　《马克思恩格斯文集》第9卷，人民出版社2009年版，第27页。
③　《列宁全集》第55卷，人民出版社1990年版，第203页。

虽然大讲辩证法,大摆矛盾,但他提出的包含辩证法的命题,却都是以形而上学的方式解决的。

谢林所说的矛盾发展,开始于绝对的无差别的同一,又复归于绝对的无差别的同一,矛盾最后以调和告终。黑格尔虽然承认对立面的统一和斗争,但他把统一看做是绝对的,把斗争看做是相对的,认为矛盾最终是要调和的。

这时期的辩证法何以具有不彻底性?从理论上来说,就是因为这时期的辩证法是同唯心主义结合在一起的,是为建立唯心主义哲学体系服务的,而唯心主义的体系又不能不窒息辩证法。可见,只有对唯心主义辩证法进行彻底的唯物主义的改造,将其建立在唯物主义的基础上,使辩证法和唯物主义有机地统一起来,辩证法才能达到科学的、彻底的形态,才能得到真正的发展。

三 唯物辩证法的创立和发展

辩证法的第三个历史形态或第三个历史阶段,就是马克思主义的唯物辩证法。

马克思主义的唯物辩证法是在批判、改造黑格尔哲学过程中形成的。这是一个长期、曲折、复杂的过程。下面,我们从四个方面略作分析。

第一,批判黑格尔辩证法的唯心主义,使辩证法回到唯物主义基础上来。

前面谈到,黑格尔辩证法的主体不是物质,而是精神。他的著作中虽然常常提到"物质""客观""事物"等,但这些东西在他的哲学中并没有取得独立自存的地位,而不过是精神、观念的体现或者"外化"。对此,马克思作了深入的批判。

马克思指出,在黑格尔那里,现实关系被颠倒了。精神产生出自然,无异于儿子生出了父亲。在《神圣家族》中,马克思揭露了黑格尔陷入唯心主义的认识论根源。马克思指出,黑格尔首先从具体的现实中得出一般概念,如从苹果、梨、草莓等水果中得出"果实"这个一般概念,然后倒过来,将一般概念作为本原性的东西,创造具体,派生万物,从而陷入了唯心主义。马克思致力于将黑格尔颠倒了的东西重新纠正过来。他多次指出,他的辩证法与黑格尔的辩证法有着本质的区别。这种区别,首先是基础不同。马克思说："我的辩证方法，从根本上来说，不仅和黑格尔的辩证方法不同，而且和它截然相反。在黑格尔看来，思维过程，即甚至被他在观念这一名称下转化为独立主体的思维过程，是现实事物的创造主，而现实事物只是思维过程的外部表现。我的看法则相反，观念的东西不外是移入人的头脑并在人的头脑中改造过的物质的东西而已。"①

马克思一生中最伟大的贡献就是创立了唯物史观和剩余价值学说。这两个伟大贡献正是唯物主义在社会历史领域中应用辩证法的结果。马克思曾经回忆说，对于唯物史观的发现，最初是从批判黑格尔的法哲学开始的，由此得出结论："法的关系正像国家的形式一样，既不能从它们本身来理解，也不能从所谓人类精神的一般发展来理解，相反，它们根源于物质的生活关系，……不是人们的意识决定人们的存在，相反，是人们的社会存在决定人们的意识。"② 马克思以唯物辩证法为指导，按照历史的本来面目唯物地揭示了历史辩证法，不仅是历史观的伟大变革，而且也是对马克思创立的唯物辩证法真理性的最好证明。

第二，批判黑格尔唯心辩证法的思辨性，恢复辩证法的现实性。黑格尔哲学离开了现实的基础，把发展变化理解为概念的纯逻辑的先验推演过程，因而使其辩证法呈现出思辨性的特点。对于这种思辨性，马克思作了反复的、深入的批判。在《哲学的贫困》中，马克思指出：在黑格尔那里，由于无人身的理性在自身之外既没有可以安置自己的地盘，又没有可与自己对应的客体，也没有自己可以与之结合的主体，所以它只得把自己颠来倒去，安置自己，把自己跟自己对置起来，自己跟自己结合——安置、对置、结合。而"在抽象的最后阶段，作为实体的将是一些逻辑范畴"，"既然如此，那么一切存在物，一切生活在地上和水中的东西经过抽象都可以归结为逻辑范畴，因而整个现实世界都被淹没在抽象世界之中，即淹没在逻辑范畴的世界之中，这又有什么奇怪呢？"③ 马克思一针见血地指出，在黑格尔那里，思想就是一切，一切都是思想，变幻多样的辩证运动，不过是思想与思想自身颠来倒去，将无限丰富的现实世界的辩证运动统统消融在"自我综合、自我深化和自我运动的思维"之中。这

---

① 《马克思恩格斯文集》第5卷，人民出版社2009年版，第22页。
② 《马克思恩格斯文集》第2卷，人民出版社2009年版，第591页。
③ 《马克思恩格斯文集》第1卷，人民出版社2009年版，第600页。

样，尽管黑格尔的逻辑学包含着极为丰富的辩证发展的思想，然而由于它的思辨性，则使其合理的思想蒙上了在遥远的天国冷观现实世界的神秘色彩。

马克思在批判黑格尔唯心辩证法的思辨性时，并没有采取简单否定的态度，而是对其作了唯物主义的清洗，拯救其中合理的思想，恢复辩证法的现实性，并将其应用到现实中去。

黑格尔的《逻辑学》是从概念出发，按照三段式而推演出来的概念体系。在他看来，最初的概念是最空洞、最抽象的，随着概念的推移、发展，概念的内容也不断丰富、具体。当概念发展到"绝对观念"这个最高阶段时，便成为充满着无限丰富内容的、最具体的概念。它是以前各阶段所展开的一切规定性的有机统一。所以，概念的发展是由抽象、空泛到具体、丰富的辩证历史过程。黑格尔的这个思想无疑是反映了人们认识客观事物的真实过程，然而却深深地包藏在极端思辨、抽象的形式之中。这表现在，他不仅牵强附会地把这个过程塞进他臆造的三段式中，而且将人的认识由抽象到具体的发展硬说成是事物本身的发展过程。这当然是荒谬的。

马克思批判地改造了黑格尔的上述思想，明确指出：由抽象到具体的方法是认识的科学方法。它表明了认识由低级向高级、由简单到复杂的辩证过程，也就是表明了认识过程的辩证法。这种方法并不是纯粹思辨推演的产物，而是以客观现实为基础的。认识开始时，现实事物呈现在人们面前的还只是"混沌的表象"、"混沌的具体"；通过分析，将它们的属性一一地抽取出来，分别加以考察，这就是抽象。这就是从客观存在的混沌具体到抽象的过程。经过一系列的抽象、分析后，再根据各种属性的内在联系，把各种属性在思维中综合起来加以考察，这就是从思维的抽象上升到思维的具体。在思维具体中，由于把各种属性综合起来加以考察，客观对象在认识中就成了一个脉络清晰的多种规定性的统一体，客观事物的本质就显现出来了，而不再是"混沌的具体""混沌的表象"了。这样一个从混沌的具体到思维的具体的过程，就是由抽象到具体的逐步深入地反映客观事物的真实过程，就是认识的辩证运动。"从抽象上升到具体的方法，只是思维用来掌握具体，把它当做一个精神上的具体再现出来的方式。但绝不是具体本身产生的过程。"① 通过这种分析批判，马克思终于恢复了

---

① 《马克思恩格斯文集》第5卷，人民出版社2009年版，第25页。

在抽象和具体问题上的辩证法的现实性。不仅如此，马克思还把这种现实的辩证法运用到现实之中。《资本论》就是这样的典型。在《资本论》中，马克思研究的对象不是光秃秃的"纯粹概念"，而是活生生的资本主义生产方式；其目的不在于构造什么概念的体系，而在于揭示出资本主义生产方式的发展规律。他的研究，也不是直接从资本主义社会的总体状况入手，而是把资本主义社会中最简单、最基本、最常见、最平凡的"细胞"商品抽取出来，通过一系列的抽象分析，把其中包含的各方面的矛盾，一步步地展现出来，然后由抽象上升到具体，把各种属性、各种矛盾的内在联系，在思维中综合起来加以考察，也就是把资本主义的内在联系及其矛盾运动的趋势，作为一个辩证发展的体系，在思维中复制出来，从"混沌的具体"上升到思维的具体。

可见，马克思在这里所应用的由抽象到具体的方法，与黑格尔的唯心主义思辨辩证法是根本不同的。它吸取了黑格尔的合理思想，抛弃了黑格尔的唯心主义思辨性，而代之以现实性。

第三，批判黑格尔辩证法的不彻底性，恢复辩证法本来的革命性。

恩格斯曾说，在辩证法面前"不存在任何最终的东西、绝对的东西、神圣的东西；它指出所有一切事物的暂时性；在它面前，除了生成和灭亡的不断过程、无止境地由低级上升到高级的不断的过程，什么都不存在"①。黑格尔的辩证法之所以可贵，正是由于它不自觉地反映了客观世界由低级向高级、由简单向复杂的无止境辩证发展的过程，并企图揭示这种发展的内在联系。在《逻辑学》中，黑格尔极力说明"绝对观念"不是抽象的、静止的、僵死的实体，而是具体的、运动的、活生生的主体，因为"绝对观念"自身包含着差别、矛盾，包含着内在的否定性，因而促使它不断地运动、变化和发展。然而，遗憾的是，黑格尔并没有把这些思想贯彻到底。他的目的是要建立一个包罗万象的"终极真理"的体系。这样，"方法为了要适合体系就不得不背叛自己"。黑格尔认为"绝对观念"发展到"绝对精神"时完全认识了自己。至此，一切矛盾消融了，一切发展终止了。

对于黑格尔辩证法的这种不彻底性，马克思进行了尖锐的批判。他指出："黑格尔的主要错误在于：他把现象的矛盾理解为观念中、本质中的

---

① 《马克思恩格斯文集》第4卷，人民出版社2009年版，第270页。

统一，而这种矛盾当然有某种更深刻的东西，即本质的矛盾作为自己的本质。"① 也就是说，由于黑格尔把"绝对观念"看做是事物的本质，而在"绝对观念"中一切矛盾都归于消失，最终导致矛盾的调和。其实，客观世界本质上是矛盾的，这些矛盾绝不会因为黑格尔的主观臆想而湮灭在他的神秘的"绝对观念"中。所以，马克思针对黑格尔辩证法的这种不彻底性，公然申明："辩证法在对现存事物的肯定的理解中同时包含对现存事物的否定的理解，即对现存事物的必然灭亡的理解；辩证法对每一种既成的形式都是从不断的运动中，因而也是从它的暂时性方面去理解；辩证法不崇拜任何东西，按其本质来说，它是批判的、革命的。"②

马克思不仅在理论上坚持辩证法的彻底性、革命性，而且在实践中将其贯彻到底。《资本论》正是这方面的典范。马克思曾经郑重申明，《资本论》的方法就是辩证法。在《资本论》中，他根本性地抛弃了黑格尔关于矛盾最终要走向调和的公式，而是将矛盾的学说贯彻到底。他从商品这个资本主义社会的经济细胞开始，逐步展开了资本主义生产过程的全部矛盾，最后表明：社会化大生产与资本主义私人占有制矛盾的结果，最终不是走向调和，而是必然导致社会革命的到来。到那时，资本主义的丧钟就要敲响了，剥夺者就要被剥夺了。这种革命的科学结论，正是彻底贯彻辩证法的体现。

第四，批判黑格尔唯心辩证法的阶级局限性，公开申明唯物辩证法是无产阶级的世界观。

黑格尔的辩证法之所以是不彻底的，从政治上来说，实质是德国资产阶级软弱性的表现，或者说，是德国资产阶级想革命而又害怕革命的两重性在理论上的反映。对此，马克思作了深刻的揭露：他们"只是用抽象的思维活动伴随现代各国的发展，而没有积极参加这种发展的实际斗争"③。他们只是以思辨的形式反映着不彻底的变革要求，只是在思想中愤发着怒火。然而，他们"思维的抽象和自大总是同它的现实的片面和低下保持同步"④。

马克思同黑格尔针锋相对。他从无产阶级立场出发，把唯物辩证法作

---

① 《马克思恩格斯全集》第 3 卷，人民出版社 1995 年版，第 114 页。
② 《马克思恩格斯文集》第 5 卷，人民出版社 2009 年版，第 22 页。
③ 《马克思恩格斯文集》第 1 卷，人民出版社 2009 年版，第 13 页。
④ 同上书，第 11 页。

为战斗的武器，交给无产阶级，成为无产阶级科学的世界观。在《黑格尔法哲学批判导言》中，马克思在剖析了黑格尔辩证法的阶级实质后指出，辩证法只有同无产阶级结合才能成为真正科学的思想体系；而无产阶级只有以科学的辩证法作为世界观，才能完成自己的历史使命。相反，在"资产阶级及其夸夸其谈的代言人"中，唯物辩证法则引起了他们的"恼怒和恐怖"。这种情况表明，马克思主义的唯物辩证法与黑格尔的唯心辩证法是代表着不同阶级的利益和政治要求的，因而必然成为两个不同阶级的世界观。也正因为这样，马克思主义的唯物辩证法才能保证它的彻底性、革命性，才能成为科学的理论和方法，并为人类的进步阶级所掌握、所发展。这是黑格尔的辩证法所不能企及的。

资产阶级哲学家罗素曾经武断地说，马克思的辩证法是"从黑格尔那里拿来的"，"借来的"，实用主义哲学家杜威说马克思的辩证法是把黑格尔辩证法简单地"倒过来"，而胡克则断言"马克思的哲学方法就是黑格尔的方法"。这些，都是无视于史实的武断。从以上四个方面的分析来看，马克思的唯物辩证法，是批判、改造黑格尔唯心辩证法的结果，是精深的理论研究和长期实践的结果，较之黑格尔，有着远为丰富的内容。因而，它是全新的理论创作，是辩证法发展史上的伟大变革。

在这里，我们还应该说到恩格斯。作为唯物辩证法的创始人之一，恩格斯和马克思长期并肩作战，对批判、改造黑格尔的唯心辩证法，作出了不可磨灭的贡献，正如他在《反杜林论》中说的那样："马克思和我，可以说是唯一把自觉的辩证法从德国唯心主义哲学中拯救了出来并用于唯物主义的自然观和历史观的唯一的人。"[1] 对于恩格斯这方面的贡献，恕不在此专论。下面，着重探讨他在唯物辩证法方面的其他主要成就。

如果说：马克思的突出贡献是留下了《资本论》的辩证法，而没有写下系统的辩证法专著，那么，恩格斯的突出贡献，则是在反对机会主义的斗争中，在总结自然科学新成果的基础上，系统地阐述了唯物辩证法。也可以说，在辩证法史上，他第一次使辩证法以现代的、科学的、完备的理论形态出现了。这集中地反映在他所撰写的《反杜林论》《自然辩证法》《路德维希·费尔巴哈和德国古典哲学的终结》等著作中。对此，从以下几个方面略作分析。

---

① 《马克思恩格斯文集》第 9 卷，人民出版社 2009 年版，第 13 页。

第一，恩格斯系统阐述了辩证法发展的历史过程，阐明唯物辩证法的产生是辩证法史上的革命性变革。

在《〈反杜林论〉旧序·论辩证法》中，恩格斯指出：每一个时代都有与科学发展水平相适应的理论思维形式。17—18 世纪，自然科学受形而上学的支配。到 19 世纪，形而上学的方法同科学的进一步发展产生了尖锐的矛盾。"对于现今的自然科学来说，辩证法恰好是最重要的思维形式，因为只有辩证法才为自然界中所出现的发展过程，为各种普遍的联系，为一个研究领域向另一个研究领域过渡提供类比，从而提供说明方法。"① 如何才能使自然科学家摆脱理论思维的混乱，从形而上学的束缚中解放出来呢？他说："在这里，既然没有别的出路，既然无法找到明晰思路，也就只好以这种或那种形式从形而上学的思维向辩证思维复归。"②

怎样才能复归到辩证法呢？恩格斯认为有两条不同的道路：一条是由于自然科学本身的发展而自然地实现的道路，但这要经历一个长期的、缓慢的过程。另一条道路是："如果理论自然研究家愿意较仔细地研究以下辩证哲学的历史有过的各种形态，那么上述过程可以大大缩短。"③ 这就是说，从哲学史学习辩证法，就能够使自然科学家们大大缩短达到辩证思维的进程。理论思维"这种才能需要发展和培养，而为了进行这种培养，除了学习以往的哲学，直到现在还没有别的办法"④。

接着，恩格斯系统地论述了马克思主义产生以前，辩证法发展的两个历史形态：即古希腊朴素的辩证法和从康德到黑格尔的唯心辩证法。在考察了辩证法的这两个历史形态后，恩格斯继续指出，马克思的功绩就在于"第一个把已经被遗忘的辩证法""重新提到显著的地位"；批判地继承了黑格尔辩证法的"合理内核"，使辩证法建立在唯物主义的基础上，创立了唯物辩证法，"同时在《资本论》中把这个方法应用到一种经验科学即政治经济学的事实上去"⑤，从而实现了辩证法发展史上的伟大变革。通过以上的分析，恩格斯一方面阐明了"每一个时代的理论思维……都是一种历史的产物，它在不同的时代具有非常不同的形式，并因而具有完全

---

① 《马克思恩格斯文集》，人民出版社 2009 年版，第 436 页。
② 同上书，第 438 页。
③ 同上。
④ 同上书，第 436 页。
⑤ 同上书，第 440 页。

不同的内容"①；另一方面，论证了辩证法对自然科学的指导作用。他说："一个民族要想站在科学的最高峰，就一刻也不能没有理论思维。"② 他强调自然科学家必须研究古希腊的辩证法和黑格尔的辩证法，以摆脱形而上学的束缚，进而达到唯物辩证法。

第二，恩格斯第一次给唯物辩证法下了科学定义。

在《反杜林论》中，恩格斯指出："辩证法不过是关于自然、人类社会和思维运动和发展的普遍规律的科学。"在《自然辩证法》［总计划草案］中，他指出"辩证法是关于普遍联系的科学"；在《自然辩证法》中，他强调"辩证法的规律是从自然界和人类社会的历史中抽象出来的"，而不是像黑格尔那样，把"这些规律作为思维规律强加于自然界和历史的"。在《路德维希·费尔巴哈和德国古典哲学的终结》中，他进一步指出，外部世界运动的一般规律与人类思维运动的一般规律的表现形式是不同的。外部世界的规律是不自觉地、以外部必然的形式、通过无数表面的偶然性表现出来的；而思维的规律是人的头脑可以自觉地应用的。尽管如此，这两个系列的规律，从本质上来说，仍然是同一的。因为思维规律归根结底是外部世界规律的反映；客观辩证法决定着主观辩证法。这样，辩证法就归结为关于外部世界和人类思维的一般规律的科学，这两个系列的规律在本质上是同一的，但在表现上是不同的。这就是恩格斯在《路德维希·费尔巴哈和德国古典哲学的终结》中，给唯物辩证法下的科学定义。它科学地规定了唯物辩证法研究的对象，强调了外部世界的规律和人类思维规律的一致性，同时又辩证地指出了这两个系列的规律的差别性。这是恩格斯研究唯物辩证法的历史功绩之一。

第三，恩格斯科学地阐述了唯物辩证法的三个基本规律以及一些重要范畴。

为了将唯物辩证法与唯心辩证法根本区别开来，在《反杜林论》中，恩格斯曾以极大的精力阐明唯物辩证法基本规律的客观性和普遍性。

1. 在批判杜林否认矛盾规律的形而上学观点时，阐明了矛盾规律的客观性和普遍性。杜林认为，矛盾"这个范畴只能归属于思想组合，而不能归属于现实"，"在现实中没有任何矛盾"。恩格斯指出，这是形而上

① 《马克思恩格斯文集》，人民出版社 2009 年版，第 436 页。
② 同上。

学的说法。形而上学把事物看成静止的、孤立的、毫无联系的，因此看不到事物的内部矛盾。而唯物辩证法，则如实地把事物看成是运动的、发展的、相互联系的，因而必然承认事物内部的矛盾。接着，恩格斯作出了运动本身就是矛盾的论断，指出没有矛盾就没有运动，并列举了机械运动、生命运动、思维运动、高等数学、初等数学等几方面的例子，论证了矛盾的客观性和普遍性。

2. 在批判杜林对质量互变规律的诬蔑和攻击时，论述了质量互变规律的客观性。杜林认为质量互变规律是个"混乱的模糊观念"，说马克思在《资本论》中的货币转变为资本的理论，是用黑格尔量转化为质的规律套出来的。对此，恩格斯作了坚决的回击，指出马克思是在科学地分析了剩余价值生产的基础上，得出了货币转化为资本的科学结论的。马克思所讲的质量相互转化规律是客观事物自身的发展规律，与黑格尔把质量的相互转化看做观念的转化是根本不同的。他还列举了物理现象、化学现象、社会现象，进一步论证了质量互变规律的客观性和普遍性。

3. 在驳斥杜林对于否定之否定规律的攻击和诬蔑时，阐述了否定之否定规律的客观性和普遍性。杜林诬蔑否定之否定规律是"文字游戏"，攻击马克思在《资本论》中把黑格尔的"否定之否定"当做"助产婆"，得出了社会主义公有制必然代替资本主义私有制的结论。恩格斯根据《资本论》的本来思想指出，社会主义公有制必然代替资本主义私有制，是马克思分析了资本主义制度的固有矛盾后得出的合乎规律的科学结论；资本主义产生和发展的历史过程，证明了否定之否定规律的正确性。他还从植物、动物、地质学、数学、历史、哲学等方面，阐明了否定之否定"是自然界、历史和思维的一个极其普遍的、因而极其广泛地起作用的、重要的发展规律"[1]，"这是一个非常简单的、每日每时地都在发生的过程，一旦清除了旧唯心主义哲学盖在它上面而且由杜林先生一类无可救药的形而上学者为了自身的利益继续盖在它上面的神秘的破烂，它是任何一个小孩都能够理解的"。

以上这些分析，表明恩格斯对于黑格尔在唯心主义形式下提出的辩证法的基本规律作了唯物主义的清洗，使其恢复了客观规律的本来面貌，这不仅是批判、改造黑格尔的优秀成果，而且也是恩格斯对辩证法史的独特

---

[1]　《马克思恩格斯文集》第9卷，人民出版社2009年版，第148页。

贡献之一。

其后不久，恩格斯在《自然辩证法》中，明确地把唯物辩证法的基本规律表述为三条：量转化为质和质转化为量的规律；对立面的相互渗透的规律；否定之否定规律。这使得唯物辩证法的基本规律第一次以判断的形式、理论的姿态正式出现。

在《自然辩证法》的"札记和片断"部分，恩格斯还提出了必然与偶然、原因与结果、有限与无限、同一与差异等重要的辩证法范畴，并对之作了详细的论述。他虽然没有用这些范畴去构造唯物辩证法的体系，但为唯物辩证法科学体系的建立奠定了基础。

第四，恩格斯强调了对立统一规律在辩证法体系中的重要地位与作用。

马克思在《哲学的贫困》中说："两个相互矛盾方面的共存、斗争以及融合成一个新范畴，就是辩证运动。"① 恩格斯在《反杜林论》中，在批判杜林否认矛盾的形而上学时，也已经看到了是否承认矛盾的客观存在是辩证法与形而上学两种世界观、两种思维方法的根本对立。他指出，形而上学把事物看成静止的、孤立的、毫无联系的，因此就看不到事物内部的矛盾。唯物辩证法如实地把事物看成是运动的、发展的、相互联系的，因而必然承认事物内部的矛盾，因为运动本身就是矛盾。在《反杜林论》中，他把辩证法称为"矛盾辩证法"，突出地强调了矛盾在辩证法体系中的地位和作用。

第五，恩格斯强调了辩证法只能是观察问题、解决问题的方法，不能把它当做"证明的工具"，论证了唯物辩证法是世界观和方法论的统一。

在《反杜林论》和《自然辩证法》等著作中，恩格斯一再论述辩证法是从客观现实中概括出来的科学的世界观，是"终了的总结"，即概括的结果。这种科学的世界观对于认识世界和改造世界有重要的指导意义，因此，它也是科学的方法论。形而上学者杜林不懂得唯物辩证法的意义和作用，而把它诬蔑为"单纯的证明工具"，说马克思就是用这个"工具"来"证明"社会主义公有制必然代替资本主义私有制的。对于杜林的这种诬蔑和攻击，恩格斯以事实进行了严厉的驳斥，强调了辩证法只能作为世界观，作为指导思想，而不是简单的证明工具。恩格斯指出，辩证法作

---

① 《马克思恩格斯文集》第 1 卷，人民出版社 2009 年版，第 605 页。

为普遍规律的科学，适用于自然、社会和人的思维，适用于过去、现在和未来，具有普遍的指导意义。普遍是存在于特殊之中的，可以从特殊之中概括出来。然而，普遍不能代替特殊，也不能从普遍之中直接得出关于某种特殊问题的具体答案。人们在运用辩证法的过程中，必须坚持一般与特殊相结合的原则，以辩证法的普遍规律为指导，分析具体事物的矛盾，掌握其特殊规律。这也就是找到普遍规律的特殊表现，从而得出科学的结论，在实践中达到预想的结果。因此，唯物辩证法既不像黑格尔的唯心辩证法那样，是构造体系的工具，也不是从一般中推演特殊、推导特殊的证明工具。否则，就是根本不了解唯物辩证法的本性。

第六，恩格斯第一次唯物主义地论述了辩证思维的基本方法——历史的和逻辑的统一的方法。

恩格斯在评论马克思的《政治经济学批判》时指出，马克思在政治经济学的研究中，贯穿着一种基本的方法，这就是历史和逻辑的统一的方法。对于这种方法，他从两个方面作了理论的概括：

1. 逻辑的东西以历史的东西为基础，也就是说，反映客观事物的概念体系，即概念、范畴之间的联系、转化、必须以客观事物的历史过程以及人们对客观事物的认识发展史为基础。"历史从哪里开始，思想进程也应当从哪里开始，而思想进程的进一步发展不过是历史过程在抽象的、理论上前后一贯的形式上的反映。"①

2. 逻辑的东西，也不是对历史的自然主义的描述，而是经过抽象、概括、加工以后，抛弃细节，抓住根本，抛弃偶然，抓住必然，在比较"纯粹的形态"上反映历史发展的内在规律。"这种反映是经过修正的，然而是按照现实的历史过程本身的规律修正的。"② 历史与逻辑统一的方法是辩证思维的重要方法，对于我们发展科学、认识真理具有重要意义。作为科学的研究方法，它要求我们通过对事物的深入的历史考察，创立科学的概念、范畴及其体系；作为正确地表述认识成果的方法，它要求我们对任何科研成果都必须以概念、范畴的逻辑形式，把它们表述出来。这样，才能够正确地反映人们认识的辩证法，反映人们的认识历史。

第七，恩格斯制定了辩证唯物主义的运动学说。

---

① 《马克思恩格斯文集》第 2 卷，人民出版社 2009 年版，第 603 页。
② 同上。

　　制定科学的运动学说，是恩格斯对唯物辩证法的主要贡献之一。这方面的内容，主要包括如下几点：

　　1. 揭示运动范畴的内涵与外延。近代的唯物论，把一切运动都归结为机械运动，具有明显的机械性，是不科学的。恩格斯根据当时的自然科学成果，作出了新的理论概括："运动应用于物质，就是一般的变化。"①这就是说，作为世界观范畴的运动，其内涵就是"一般的变化"。这里讲的运动，是"就它被理解为物质的存在方式、物质的固有属性这一最一般的意义来说"的，就其外延来说，"涵盖宇宙中发生的一切变化和过程，从单纯的位置变动直到思维"②。

　　2. 提出了"运动形式"范畴。在力学兴盛的时代，"力"是人们用来解释一切运动变化的最高概念。人们提出过重力、引力、弹力、机械力等概念。而当电学兴起的时候，很多现象，诸如电现象、热现象等，便不能用力来解释了。于是，科学家又提出了"能量"概念，企图用能量来解释一切。然而，当遇上社会问题的时候，能量概念便又不适应了。正当人们感到为难之际，恩格斯提出了"运动形式"这一概念。就一般意义上说，任何事物都是运动的。但由于运动的主体不同，因而又有不同的运动形式。大体上来说，这些运动形式可分为 5 种，即机械运动、物理运动、化学运动、生命运动、社会运动。把生命也看做是一种物质运动形式，是恩格斯的一个杰出贡献。

　　3. 阐明了各种运动形式的相互联系。恩格斯指出，世界上的各种事物都是相互联系、相互转化的，因而不同的运动形式，在一定条件下，也是相互联系、相互转化的。这些不同的运动形式之间，不仅相互联系、相互转化，而且是相互交错的。在高级运动形式中，往往包含着低级运动形式，并以它们作为自己存在的条件。恩格斯特别强调，低级运动形式的发展趋向、潜能、可能性只有在高级运动形式中才能实现；高级运动形式中包含着低级运动形式，但不能把它归结为低级运动形式。他说："正如化学反应不能没有温度变化和电的变化，有机生命不能没有机械的、分子的、化学的、热的、电的等变化一样。但是，这些次要形式的存在并不能穷尽各种主要形式的本质。终有一天我们可以用实验的方法把思维'归

　　① 《马克思恩格斯文集》第9卷，人民出版社 2009 年版，第 532 页。
　　② 同上书，第 513 页。

结'为脑子中的分子的和化学的运动；但是这样一来难道就穷尽了思维的本质吗?"①

马克思和恩格斯创立和发展唯物辩证法过程的历史功绩，大体来说，就是以上这些。然而，创立和发展唯物辩证法，也并不完全是他们两个人的事情。马克思恩格斯的一些战友和学生如狄慈根、普列汉诺夫等，也为之作出了贡献。

在狄慈根的哲学中，辩证法的思想是十分丰富的。恩格斯曾经高度赞扬说，这位德国工人哲学家，不依靠我们而独立地发现了唯物辩证法。

那么，狄慈根发现了哪些辩证法的内容呢?

第一，阐明了唯物辩证法的联系的原则和发展的原则。狄慈根指出，客观物质世界是一个普遍联系的整体；万物之间是相互联系、相互影响、互为因果的。任何事物一旦从这个联系中抽出来，就失去了存在的理由。他彻底否定了所谓"超自然的原因"，认为"一切结果的唯一而真实的原因是宇宙或一切事物的整体联系"②。他特别赞许黑格尔的发展学说，认为它是黑格尔对人类的伟大贡献。在他看来，宇宙是永恒的生命，是活生生的过程，运动、变化是宇宙的本质，绝对静止、永恒不变的东西是没有的。他还认为，运动、变化、发展的具体形态虽然是千差万别的，需做具体研究。"但有一点是明显的，一般的发展在进行，整个自然界在演进，世界是一个无止境的、由无数片段组成的整体。"③

第二，着重阐述了对立统一规律。狄慈根的著作中有着对事物内在矛盾分析的丰富内容。他认为，"意识的本性就是矛盾"，因为"意识概括矛盾。它表明：全部自然界，全部存在，都生活在矛盾中；一切事物只有与另一事物，与其对立物相互作用时，才能显露其本性。……必须承认矛盾乃是统治思维和存在的普遍的东西"④。狄慈根不仅充分肯定了矛盾的客观性、普遍性，而且用矛盾的观点分析了一些辩证法范畴，如原因与结果、力与质、本质与现象、特殊与普遍、必然与自由、物质与精神等。

第三，突出地论述了绝对与相对、无限与有限的辩证统一。他说："绝对和相对不是截然分离的，而是相互联系的；因此，无限是由无穷个

①　《马克思恩格斯文集》第 9 卷，人民出版社 2009 年版，第 532 页。

②　《狄慈根哲学著作选集》，杨东莼译，生活·读书·新知三联书店 1978 年版，第 353 页。

③　同上书，第 124 页。

④　同上书，第 28—29 页。

有限组成的，每一个有限的现象本身都具有无限的性质。"① 狄慈根的这个观点揭示了有限与无限的内在联系，指出了从有限中认识无限的具体途径。这是十分深刻的。

马克思主义的唯物辩证法创立后，迅速在世界各国传播开来，也同样在俄国传播开来。这一时期是从 19 世纪 80 年代开始的。其先驱者便是普列汉诺夫。普列汉诺夫对 19 世纪末 20 世纪初的形而上学进行了有力的反击，同时也坚决地捍卫了唯物辩证法。他在这方面的功绩，主要表现在如下几个方面。

第一，在反对机会主义的斗争中，研究了黑格尔的辩证法，阐明唯物辩证法与黑格尔唯心辩证法的原则区别。

普列汉诺夫认为，黑格尔的伟大功绩，在于阐明了发展的思想和矛盾的逻辑。但是，黑格尔的辩证法带有神秘的色彩，其唯心主义体系与辩证法是矛盾的。他指出，黑格尔的辩证法虽然是马克思主义辩证法的重要理论来源，但两者本质上是根本不同的，"在马克思的哲学里的辩证法，是与黑格尔哲学里的辩证法完全相反的。在黑格尔看来，社会生活的辩证法，和一切有限事物的辩证法一样，最后总有一个神秘的原因，即无限者绝对精神的本性。在马克思看来，这个辩证法归属于一些完全实在的原因——归属于社会所掌握的生产资料的发展"②。普列汉诺夫坚决捍卫了辩证法的革命实质，认为唯物辩证法是一切方法中最革命的方法，只要通晓马克思的辩证法，必定会作出资本主义必然灭亡的革命结论。所以，他把经常引用赫尔岑关于辩证法是"革命的代数学"的名言，结合实际解释马克思的"辩证法在现存事物的肯定理解中，包含着它的否定的理解，按其本质来说，它是批判的革命的"这段话。

第二，在批判当时流行的庸俗进化论时，探讨了质量互变规律。

普列汉诺夫说："一个一定内容的渐进的量的变化，最后要突然激起质的变化。这个突变的环节，就是飞跃的环节，渐进性中断的环节。如果相信自然或历史不作飞跃就大错特错了。"③ 他认为是否承认飞跃，是辩证法与庸俗进化论的主要区别。由此出发，他论证了资本主义的经济进

---

① 《狄慈根哲学著作选集》，杨东莼译，生活·读书·新知三联书店 1978 年版，第 238 页。

② 《普列汉诺夫哲学著作选集》第 2 卷，曹葆华译，生活·读书·新知三联书店 1961 年版，第 176 页。

③ 同上书，第 143 页。

化，必然导致政治革命。通过革命的改造，使资本主义过渡到社会主义，是符合历史的辩证法的。

第三，捍卫了否定之否定规律。

民粹派分子米海洛夫斯基和杜林一样，攻击马克思用黑格尔的否定之否定规律作为证明工具，引申出资本主义必然灭亡，社会主义必然胜利的结论。普列汉诺夫对此坚决进行反驳。他指出：马克思不是根据臆断，也不是从"三段式"原则出发，而是根据对资本主义社会的科学分析，才得出资本主义必然灭亡的结论，是在研究现实的基础上考察否定之否定规律的。进而，普列汉诺夫对否定之否定规律的客观性以及这一规律与其他规律的内在联系作了细致、深入的分析。他尤其细致、深入地分析了产生否定之否定的原因以及发展的阶段性问题，对米海洛夫斯基等人的错误观点作了坚决的批判。

当然，在辩证法的问题上，普列汉诺夫也有过许多错误的观点。这一点，我们在论述列宁的辩证法思想时，将会谈到。

列宁作为一个伟大的无产阶级革命家，为了研究帝国主义和帝国主义战争，为了指导无产阶级的革命运动，一生致力于辩证法的研究，写下了许多极为重要的著作，进一步充实了唯物辩证法的内容，使唯物辩证法更加系统化。列宁对于唯物辩证法的贡献主要体现在以下几个方面。

第一，揭示了辩证法与形而上学的根本分歧，明确把辩证法规定为关于对立面的统一的学说。

19世纪末20世纪初，资本主义由自由竞争阶段发展到垄断阶段。资本主义世界的各种矛盾进一步激化。如帝国主义国家之间的矛盾，帝国主义国家内部无产阶级与资产阶级的矛盾，帝国主义国家与殖民地半殖民地国家的矛盾，都已相当尖锐。而在几十年和平发展时期成长起来的第二国际的机会主义分子却十分害怕矛盾，极力回避矛盾，掩饰矛盾，调和矛盾。在这种历史条件下，辩证法与形而上学斗争的焦点已不再是承认或不承认运动、发展、变化，而在于如何理解运动、发展、变化。这就使得辩证法与形而上学的根本分歧问题凸显出来了。对此，列宁作了专门的研究。在《谈谈辩证法问题》一文中，列宁第一次从理论上阐明了唯物辩证法与形而上学的根本分歧。他指出，有两种基本的发展观，即通常所说的辩证法的发展观和形而上学的发展观。形而上学的发展观"认为发展是减少和增加，是重复"，根据这种运动观点"自己运动，它的动力、泉源、动因都被忽视了（或者这个泉源被移到外部——移到上帝、主体等等那里去了）"。这种观点"是僵死的、平庸的、枯燥的"①。与此相反，辩证法的发展观则"认为发展是对立面的、统一的（统一物之分为两个互相排斥的对立面以及它们之间的互相关联）"。根据这种观点，"主要的注意力正是放在认识'自己'运动的泉源上"。这种观点"才提供理解一切现存事物的'自己运动'的钥匙，才提供理解'飞跃'、'渐进过程的中断'、'向对立面的转化'，旧东西的消灭和新东西的产生的钥匙"②。这就是说，是否承认矛盾是事物发展的动力，是形而上学与辩证法的根本分歧。形而上学的要害是否认矛盾，辩证法的本质是坚持对立统一观点，认为矛盾是发展的源泉。所以，列宁明确地说："可以把辩证法简要地规定为关于对立面的统一的学说。"③

　　第二，进一步阐述了辩证法的基本规律，为辩证法的基本规律充实了具体内容。

　　关于辩证法的基本规律，马克思恩格斯所做的主要工作，是对黑格尔的有关论述进行了唯物主义的清洗，使它们恢复了本来的面貌，但对它们的内容缺乏具体的规定。而列宁则作出了许多新的贡献。比如，关于对立统一规律，列宁作了如下新的具体规定：

　　1. 他明确指出对立统一规律是辩证法的实质与核心。

　　2. 关于对立统一规律的普遍性，或者说是关于矛盾的普遍性，他强调必须由科学史来检验，而不能当做实例的总和。他认为，为了通俗化举一些例子是可以的，也是必要的。但是，这一规律不是一些具体实例的堆积。它有巨大的概括性和普遍性。这种概括性和普遍性的证明，不能单靠举例子，而必须运用抽象思维能力，从科学发展史、人类实践史中去寻求。或者说，必须依靠逻辑证明、理论论证，从特殊中找到一般，从有限中找到无限，从暂时中找到永久。

　　3. 指出了任何矛盾都既有相互对立、相互排斥的倾向，即通常所讲的斗争性；又有相互关联、相互依存的关系，即通常所讲的同一性。矛盾

---

① 《列宁选集》第2卷，人民出版社1995年版，第557页。

② 同上。

③ 同上书，第412页。

作为对立面的统一，就是"统一物之分为两个互相排斥的对立面以及它们之间的互相关系"①。

4. 关于同一性与斗争性的关系，他指出："对立面的统一（一致、同一、均势）是有条件的、暂时的、易逝的、相对的。相互排斥的对立面的斗争是绝对的，正如发展、运动是绝对的一样。"②

5. 关于斗争形式问题，他在，《对布哈林〈过渡时期的经济〉一书的评论》中明确提出："对抗和矛盾完全不是一回事。在社会主义下，对抗将会消失，矛盾仍将存在。"这就是说，对抗只是矛盾斗争的一种形式，而不是矛盾斗争的所有形式。矛盾斗争的形式应有对抗与非对抗的区别。

又如，关于否定之否定规律，马克思恩格斯在许多地方谈到否定之否定，明确肯定了这一规律，并以大量的事实说明客观世界的确存在否定之否定的发展过程，但对这个规律本身的具体内容未作理论上的阐述。列宁前进了一大步。他从多方面论述了这条规律的内容本身。

1. 他把否定明确规定为"作为联系环节、作为发展环节的否定，它保持着肯定的东西，即没有任何动摇、没有任何折中"③。

2. 他指出否定之否定概念反映着事物发展的周期性，表明事物发展的进程是按螺旋式而不是直线式或循环式前进的。事物的发展之所以呈现出周期性，是因为：在经过否定之否定以后，事物在高级阶段上重复低级阶段的某些特征特性，仿佛是向旧东西的回复。这同时也就是否定之否定概念的含义。

3. 他指出否定之否定规律的意义，在于揭示事物发展、前进的道路，即所谓螺旋式上升的道路；在于揭示认识过程的螺旋式运动。它不能作为辩证法的核心，也不能在别的意义上使用。

第三，阐述了逻辑学、辩证法、认识论三者统一的关系。

在《路德维希·费尔巴哈和德国古典哲学的终结》中，恩格斯曾经写道："辩证法就归结为外部世界和人类思维的一般规律的科学，这两个系列的规律在本质上是同一的，但在表现上是不同的。"这段话实际已包

---

① 《列宁选集》第2卷，人民出版社1995年版，第557页。

② 同上。

③ 《列宁全集》第55卷，人民出版社1990年版，第195页。

含着辩证法与逻辑学相统一的思想。但是，他没有再进一步论述逻辑学、辩证法与认识论三者统一的问题。列宁则前进了一大步。在《哲学笔记》中，列宁全面论述了逻辑学、辩证法与认识论三者统一的关系。他说："逻辑规律是客观事物在人的主观意识中的反映。"① 又说："概念的关系（＝过渡＝矛盾）＝逻辑的主要内容，并且这些概念（及其关系、过渡、矛盾）是作为客观世界的反映而被表现出来的。事物的辩证法创造观念的辩证法，而不是相反。"② 这就是说，逻辑学所表现的思维形式与规则是客观辩证法在头脑中的有条理的复写。逻辑学与辩证法是统一的。

在《谈谈辩证法问题》中，列宁又写道："辩证法也就是马克思主义的认识论。"意思是说，人的认识也是一个充满矛盾的辩证运动过程。马克思主义认识论与旧唯物论的认识论的根本区别，就在于把科学的实践观点引入了认识论，把辩证法应用于反映过程。这表明，认识论与辩证法也是统一的。

逻辑学、辩证法、认识论在形式上是有差别的，不是完全机械的等同。而在本质上，它们是统一的。也就是说，逻辑学、辩证法、认识论，三者在本质上是一致的、统一的，而不是说，它们本来就是一个东西。的确，在《哲学笔记》中，列宁曾经写过这样的话："在《资本论》中逻辑、辩证法和唯物主义的认识论（不必要三个词：它们是同一个东西）。"③ 这是因为，在《资本论》中，逻辑、辩证法、认识论是被应用于同一个对象，即资本主义的经济运动过程。这种经济运动过程的理论反映，在《资本论》中形成了一个完整的逻辑体系。这个逻辑体系，既是资本主义经济运动过程的辩证性质在概念体系中的自觉表现，同时又是人们对资本主义的认识史的总计、总结。所以说，在《资本论》中，逻辑、辩证法和认识论，就其本质而言，是同一个东西，就其形式而言，又不是同一个东西。对列宁的话，我们也不能作机械的理解。

第四，为建立辩证法体系而探索，并描绘了辩证法体系的雏形。

唯物辩证法作为科学的世界观和方法论，应该有其独立的体系。恩格斯提出了一些基本的规律和范畴，但建立体系的工作，他没有来得及做。

---

① 《列宁全集》第 55 卷，人民出版社 1990 年版，第 166 页。
② 同上书，第 210 页。
③ 同上书，第 290 页。

到了列宁，这一工作显得更为迫切。为此，他进行了探索。在 1914 年 7 月至 11 月写的《卡尔·马克思》一文中，列宁讲辩证法有几个特点，即否定之否定；质量互变矛盾规律；联系的原则和运动的原则；把世界看做有机联系的运动过程。在这里，列宁提到了联系的原则和运动的原则以及辩证法的三条基本规律。可以说，这是辩证法体系的一个初步构架。1914 年 9 月至 12 月，列宁又写下了《辩证法的要素》，即所谓辩证法"要素 16 条"。这是列宁为建立辩证法体系而作的一次全面探索。"要素 16 条"不仅包括了辩证法的主要内容，而且描绘出了辩证法体系的雏形。较之前面的"构架"，更加具体，更加完善了。

"要素 16 条"大体可以分为 5 个层次：

第一个层次：辩证法的客观性，亦即辩证法的唯物主义基础。

第二个层次：辩证法的基本原则，亦即联系的原则和自己运动的原则。

第三个层次：辩证法的规律和范畴：包括对立统一规律、质量互变规律、否定之否定规律以及内容和形式的辩证法等。

第四个层次：认识过程的辩证法。

第五个层次：对立统一规律是辩证法的核心。

从以上安排可以看到，要素 16 条，已经包括了今天我们所了解的唯物辩证法的主要内容。他提出了辩证法的三条基本规律，并特别强调对立统一规律是辩证法的核心，这就为建立辩证法体系奠定了坚实的基础；他提出辩证法的基本原则是联系的原则和自己运动的原则，这就为建立辩证法体系制定了基本的原则；他提出辩证法 5 个不同层次的内容，体现了从简单到复杂、从抽象到具体、从客观到主观的逻辑顺序，这就为建立辩证法体系制定了方法论的原则。这些原则，都具有极其重大的理论价值和实践价值，对于我们今天建立完善的辩证法体系，仍然具有指导性的意义。

第五，在实践中应用并发展了唯物辩证法。

唯物辩证法在马克思时代的运用，其最大的成果便是《资本论》。到了列宁时代，其最大成果便是《帝国主义是资本主义的最高阶段》。在新的历史条件下，为了指导无产阶级的革命运动，为了反对机会主义，列宁总结分析了《资本论》出版以后半个世纪的资本主义发展中的新情况、新问题，特别是资本主义经济、政治发展不平衡的问题，得出了社会主义可能首先在少数或一个资本主义国家获得胜利的新结论。《帝国主义是资本主义的最高阶段》的这一光辉思想不仅是对《资本论》的直接继承和发展，而且也是活生生的辩证法，是无产阶级革命的辩证法。

列宁逝世以后，捍卫、发展唯物辩证法的工作落到了斯大林身上。为此，斯大林做了大量的工作。

第一，他试图从事物发展的内在逻辑分析辩证法的基本特征。

斯大林提出，唯物辩证法有4个基本特征：①自然和社会现象是相互联系、相互制约的；②自然和社会是运动、变化、发展的；③发展是从量变到质变的转化过程，是由低级向高级的发展过程；④事物的内在矛盾：对立面的斗争是发展的动力，是量变转化为质变的内在根据。第一、二个特征，意在说明自然界和人类社会是一个普遍联系和发展变化的有机整体；第三个特征，在于说明事物发展的基本形式和趋向；第四个特征，在于说明事物发展的原因。这4个特征，一层比一层深入，反映了事物发展的内在逻辑联系。这对于辩证法的研究来说，不能不承认是一个新的尝试。

第二，他在阐述唯物辩证法时，始终把辩证法与形而上学对立起来，旗帜鲜明地同形而上学进行斗争，坚决捍卫马克思主义哲学的党性原则。比如：在论述辩证法的第 、二个特征时，他说："（一）同形而上学相反，辩证法不是把自然界看做彼此隔离、彼此孤立、彼此不依赖的各个对象或现象的偶然堆积，而是把它看做有联系的统一的整体，其中各个对象或现象互相有机地联系着，互相依赖着，互相制约着。……（二）同形而上学相反，辩证法不是把自然界看做静止不动、停滞不变的状态，而是看做不断运动和变化、不断更新和发展的状态，其中始终有某种东西在产生，在发展；有某种东西在破坏，在衰颓。"

第三，他坚持理论与实践相结合的原则，引导人们运用辩证法观察现实的社会生活，研究实践提出的新问题。比如，他根据相互联系、相互制约的原则，要求人们在观察问题和解决问题时必须"一切以条件、地点和时间为转移"；根据运动、变化、发展的原则，他要求人们"要向前看，而不要向后看"等。

斯大林作为一位伟大的马克思主义者，对捍卫和发展唯物辩证法作出了巨大贡献。但也必须看到，他也有一些片面和不足的地方。比如，他把辩证法只说成是方法，把唯物论只说成是理论，忽视了唯物论与辩证法的统一、世界观与方法论的统一；他在论述事物的发展进程时，强调了前进性，忽视了曲折性，没有全面表述否定之否定规律的理论内容；在论述事物的内在矛盾时，他强调了斗争性，忽视了同一性等。斯大林的这些片面的观点，对于马克思主义哲学的发展和社会实践的确产生过消极的影响，但是，这同他的功绩相比，毕竟是次要的。我们绝不能因此而否定他在理论上的巨大贡献。

如果说斯大林对唯物辩证法的贡献，主要在于通过内在的逻辑联系分析唯物辩证法的基本特征，那么，毛泽东的贡献，则主要在于围绕辩证法的实质与核心——对立统一规律，通过理论与实际的结合，进一步丰富和发展了唯物辩证法。具体来说，大致包括以下几个方面。

第一，全面、系统地阐述了辩证法的核心——对立统一规律。

为了深入研究辩证法的核心，毛泽东提出并解决了如下问题：

关于矛盾的普遍性与特殊性。

毛泽东首次提出了矛盾的普遍性与特殊性概念，并详细研究了它们的内涵及其相互关系。他作出了差异就是矛盾、差异包含着矛盾的论断，制定了分析矛盾的方法，发挥了列宁关于具体问题具体分析的光辉思想。

关于主要矛盾与次要矛盾问题。

马克思和恩格斯在分析各种复杂的理论问题和实际问题时，十分善于区别主要的东西和次要的东西，决定性的因素和非决定性的因素，辩证地把握它们的相互关系。但是，他们都没有使用过主要矛盾与次要矛盾的概念。列宁有所前进。他不仅有着区别主要矛盾和次要矛盾的思想，而且提出了链与环的概念。他还认为，主要环节不是一成不变的，而是随条件的变化而变化；主要环节与非主要环节的区别是客观的，绝不能想抓哪个环节就故意挑哪个环节。苏联20世纪30年代出版的哲学教科书《辩证唯物论教程》，根据马克思、恩格斯、列宁的思想，并进行理论的概括，提出了主要矛盾概念，同时还提出了其他矛盾对于主要矛盾的依附关系。然而，它对主要矛盾这个概念的含义并没有作明确的规定，主要矛盾与根本矛盾也没有适当加以区别，至于主要矛盾与其他矛盾的相互作用与转化，则完全没有提到。总之，它还没有能够把主要矛盾问题作为唯物辩证法的一个基本原理加以集中而系统的研究。

毛泽东继承了马克思、恩格斯、列宁的一贯思想，也吸取了苏联20世纪30年代哲学教科书的积极成果，在总结中国革命丰富经验的基础上，提出了主要矛盾与次要矛盾的概念，并把它作为唯物辩证法的基本原理，进行了系统的研究。这主要表现在：

1. 他把主要矛盾与次要矛盾的原理，建立在关于矛盾的特殊性的理论基础上，认为主要矛盾与次要矛盾的区别、联系和转化，是由矛盾地位的特殊性决定的，或者说，主要矛盾与次要矛盾的差别，是矛盾的特殊性在地位上的表现。

2. 他对主要矛盾和次要矛盾的概念作了明确、科学的规定，论述了二者既相互区别，又相互联系、相互作用的辩证关系。他指出，主要矛盾就是在同时存在的若干矛盾中起领导性、决定性作用的矛盾，它的存在和发展，规定或影响其他矛盾的存在和发展。非主要矛盾则是处于次要和服从地位的矛盾。而在事物发展过程的各个阶段上，只有一种主要的矛盾。

3. 他认为主要矛盾与次要矛盾的区别是相对的，而不是绝对的。在一定条件下，二者可以相互转化，从而使事物的发展过程呈现出阶段性。

4. 他指出主要矛盾与次要矛盾区别的实质，是由矛盾力量的不平衡所引起的。

此外，关于矛盾的主要方面与矛盾的次要方面的问题、矛盾的同一性与斗争性问题、对抗在矛盾中的作用问题，毛泽东都作了专门而系统的研究。这对确立矛盾规律，亦即对立统一规律在辩证法体系中的核心地位，起了理论化的作用。

第二，阐述了对立统一规律与其他规律、范畴的关系，进一步肯定对立统一规律在辩证法中的核心地位。

对于对立统一规律与其他规律、范畴的关系，毛泽东作了十分深入的研究。比如，他在《矛盾论》中指出，质量互变规律是在对立统一规律的基础上发生作用的，"无论什么事物的运动都采取两种状态，相对地静止的状态和显著地变动的状态。两种状态的运动都是由事物内部包含的两个矛盾着的因素互相斗争所引起的"[①]。又如，《在省市自治区党委书记会议上的讲话》中，他又说，事物发展的螺旋式运动、波浪式前进，即否定之否定过程，也是在对立统一的基础上发生作用的。"世界上的事物，因为都是矛盾着的，都是对立统一的，所以，它们的运动、发展，都是波

①　《毛泽东选集》第 1 卷，人民出版社 1991 年版，第 332 页。

浪式的。"①

第三，把唯物辩证法应用于党的领导工作实际，制定了一系列闪烁着辩证法思想光辉的领导方法和工作方法。

毛泽东在领导中国革命的过程中，十分注重马克思主义的领导艺术，自觉地把辩证法化为思想方法与工作方法，反对主观主义、官僚主义和命令主义的领导方法与工作方法。比如：他根据共性与个性、一般和特殊的辩证法，提出了一般与个别相结合的工作方法。他说："任何工作任务，如果没有一般的普遍的号召，就不能动员广大群众行动起来。但如果只限于一般号召，而领导人员没有具体、直接地从若干组织将所号召的工作深入实施，突破一点，取得经验，然后利用这种经验去指导其他单位，就无法考验自己提出的一般号召是否正确，也无法充实一般号召的内容，就有使一般号召归于落空的危险。"② 因此，一般和个别相结合的方法，"必须普遍地提倡，使各级领导干部都能学会使用"③。

又如"弹钢琴"的工作方法。毛泽东根据中国革命的实际经验，运用主要矛盾和次要矛盾相互关系的原理，提出了中心工作与一般工作相结合的领导方法与工作方法。他把这种方法形象地比作"弹钢琴"。他在《党委会的工作方法》中说："学会'弹钢琴'。弹钢琴要十个指头都动作，不能有的动，有的不动。但是，十个指头同时都按下去，那也不成调子。要产生好的音乐，十个指头的动作要有节奏，要互相配合。党委要抓紧中心工作，又要围绕中心工作而同时开展其他方面的工作。"④

再如，毛泽东运用质与量的对立统一关系的原理，提出"胸中有数"的工作方法等。此外，他还提出过两分法、两点论、解剖麻雀、分类指导、抓两头带中间、抓三分之一、波浪式前进等辩证的思想方法与工作方法。

第四，他以马克思主义的军事理论丰富和发展了唯物辩证法。

毛泽东把唯物辩证法创造性地运用于军事领域，不仅揭示了战争的规律，制定了科学的马克思主义军事理论，而且通过对战争中诸矛盾的具体分析，丰富和发展了辩证法。这首先表现在他以自己的军事理论，进一步

---

① 《毛泽东文集》第 7 卷，人民出版社 1999 年版，第 200 页。
② 《毛泽东选集》第 3 卷，人民出版社 1991 年版，第 897—898 页。
③ 同上。
④ 《毛泽东选集》第 4 卷，人民出版社 1991 年版，第 1442 页。

丰富和证实了对立统一规律。

　　毛泽东在自己的军事著作中，系统地阐明了从建军到作战的一系列对立统一关系，并根据这种分析，制定了一系列正确的方针和原则。比如他对战争与政治的关系的分析。他指出，战争是流血的政治，政治是不流血的战争。战争是政治的特殊手段的继续。这就是说，政治发展到一定阶段，矛盾尖锐到不能以政治手段解决的程度，就必然会爆发战争。战争则以特殊的组织（即军队及其依附的一切东西）、特殊的方法（战略、战术）、特殊的过程（攻击或防御）来扫除政治上的障碍。障碍扫除了，政治的目的达到了，战争就会结束。障碍没有扫除干净，战争仍然会继续进行。所以，政治与战争的关系是相互联系、相互转化的辩证统一。只有了解了它们之间的辩证关系，才能认识战争的性质，揭示战争发展的规律，指明夺取战争胜利的道路。

　　又如他对战争中全局与局部关系的分析。他指出，一方面，全局高于局部，因此必须综观全局，有战略头脑，从总体上把握战争的特点和规律；这样，才能更深刻地理解局部及其在全局中的地位和作用，才能使战役、战术自觉地为战略服务，为全局服务。另一方面，局部构成全局，因此，也必须重视局部，特别是那些对全局有决定意义的局部。根据这个道理，他继续指出，要取得战略上的胜利，必须在战役中，特别是在关键性的战役中夺得胜利。因此，他告诉人们务必牢记"一着不慎，满盘皆输"的道理。

　　毛泽东还分析了战争中的保存自己、消灭敌人的关系，人民军队建设中军队与党的关系，军事工作与政治工作的关系、官兵关系、军民关系、军政关系等，提出了党指挥枪、官兵一致、军民一致、军政一致等原则。

　　其次，毛泽东还以自己的军事理论，丰富和发展了质量互变规律。

　　质量互变在战争中是普遍存在的。不论是一个具体的战役，还是一个战争的全过程，都存在着由量变到质变的转化。毛泽东运用质量互变规律原理分析战争和指导战争，揭示了在复杂的事物的发展过程中，量变的复杂性，并特别指出了在一个大的量变过程中有许多部分质变。关于总的量变过程中有部分质变的思想，他早在《矛盾论》中就已经提出来了。后来，在《论持久战》中，他又结合战争的实际，根据抗日战争中敌我双方力量对比的变化，把抗日战争划分为战略防御、战略相持和战略反攻三个阶段，进一步证明了在总的量变过程中存在着阶段性的、部分的质变的理论。

最后，毛泽东以自己的军事理论丰富和发展了否定之否定规律。

一切事物的前进、发展，都是曲折的。这在战争中表现得尤其明显。中国革命战争从开始到胜利，其道路之曲折，更是历史所罕见。毛泽东运用否定之否定规律，总结历史，分析战争，揭示了中国革命的曲折性以及它的波浪式前进运动的规律。比如，在《中国革命战争的战略问题》一书中，他指出：中国国内革命战争的特点是"围剿"和"反围剿"的长期反复。这种反复，是就战争的形式来说的。至于内容，则是每次都不相同。这种反复的周期性是受前进性制约和支配的，是波浪式前进、螺旋式上升的。因此，要指导战争，就要学会走曲折的路，就要有节奏、有起伏地促进革命战争的发展。因此，他尖锐地批判了那种"有进无退"的直线论，强调指出："事物是往返曲折的，不是径情直遂的，战争也是一样，只有形式主义者想不通这个道理。"

正如毛泽东的哲学是中国革命的哲学一样，毛泽东的辩证法也是中国革命的辩证法，它不仅具有浓厚的理论色彩，而且深深地打上了实践的烙印，它不仅在理论上继承了马克思、恩格斯、列宁、斯大林的唯物辩证法，而且在实践中丰富、发展了它。如果说，马克思恩格斯在创立唯物辩证法的时期，主要的任务在于批判改造前人的优秀思想成果，从理论上探索一条建立新的世界观的道路，那么，到了毛泽东阶段，主要的任务则在于将唯物辩证法的理论付诸实践，让它在实践中得到充实和发展。这是一个符合历史、同时也是符合逻辑的过程，当然也是一个曲折、漫长的过程，而在这个过程的终结处，又将是一个新的过程的开始。

本文收在赵光武著《辩证法的历史与逻辑》，广西人民出版社1987年版。

第 六 章

辩证法的对立统一观

对立统一规律是宇宙的根本规律。是否承认事物因对立统一而引起变化发展，是辩证法与形而上学的根本分歧。

辩证法作为一种发展观，不仅联系地、发展地看问题，而且以研究事物发展的原因、规律为己任。因此，研究事物的矛盾一直是辩证法的主要课题，对立统一观一直是辩证法的发展观。系统地、历史地考察一下对立统一思想的由来和发展，将会有助于我们更加深入地了解辩证法的实质，更加深入地把握辩证法与形而上学的斗争，完整、准确地理解对立统一规律及其实践意义。

一 古代辩证法的对立统一观

在欧洲，古希腊的米利都学派最早提出了对立面的思想。这是辩证法的对立统一观的萌芽。

在米利都学派中，最初提出对立面（即矛盾对立）思想的，是阿那克西曼德。阿那克西曼德认为，万物的本原是"无限"，在"无限"中存在着对立面，如冷和热、干和湿等。这些对立面是"借着分离作用"从无限里"跑出来的"。他说："对立物蕴藏在基质之内，基质是一个无限体，从这个无限体中分离出对立物。……'对立物'就是热和冷，湿和干等等。"① 这里，他已经提出对立面的思想。但是，他没有把这种对立当成运动的原因，而且认为这种对立是由一种不知从哪里来的"分离作用"分离的结果。

---

① 《古希腊罗马哲学》，北京大学哲学系编译，商务印书馆 1961 年版，第 8 页。

米利都学派的另一代表人物阿那克西美尼前进了一步。他明确地把冷和热的对立当作运动的原因。他认为气是万物的本原，用气的稀薄化和凝聚化，可以说明万物的形成。那么，是什么使气稀薄化和凝聚化呢？是由于冷和热的对立（矛盾）。他说："使物质集合和凝聚的是冷，使它稀薄和松弛的则是热。"①

米利都学派对于对立面的了解，总的来说是模糊的，并且带有明显的直观性和猜测性。

以后，哲学家们在探求万物本原的过程中，即在研究一与多的关系问题过程中，由于在感性世界找不到令人满意的答案，便转到人们的理性思维自身中去了。这样的典型便是毕达哥拉斯学派。毕达哥拉斯学派认为，只有在理性思维中，尤其是纯数学中，才能找到共同的东西，即所谓纯粹的圆、方、点、线等。圆、方、点、线等构成了秩序井然的"数"的世界。在这里，可以找到永恒的存在，找到万物的本原。于是，米利都学派的朴素唯物主义被毕达哥拉斯学派的"数"的唯心主义代替了。

把纯粹的数量关系作为世界的本原，当然是荒谬的。但是，他们在解释一与多的关系问题时，在说明世界上为什么存在着多样性的事物时，却比米利都学派前进了一步，提出了"对立是存在物的始基"的思想。同时，他们还提出了 10 个对立面，作为万物形成的原型。这 10 个对立面是：有限与无限，奇与偶，一与多，右与左，阴与阳，静与动，直与曲，明与暗，善与恶，正方与长方。

从这 10 个对立面来看，毕达哥拉斯学派对于矛盾对立的认识已不是模糊的、笼统的，而是明确的、具体的了。他们讲的对立，不仅仅限于自然界，已包括了社会的道德领域；不仅仅限于可感觉的事物，已包括了抽象概念领域。

不仅如此，他们还进一步提出了关于对立面的"统一"的思想。他们认为，不和谐构成了和谐，或者说，和谐是由不和谐构成的。而"和谐"也就是指对立面的"协和"。他们强调对立面的和谐，目的是从斗争中找到同一，从运动中找到静止。所以，在他们讲的对立范畴中，看不到什么运动和转化，而只是一些僵死的对立，也就是从矛盾的对立中排除了斗争和转化，把相对的统一绝对化了，正如黑格尔所批评的那样："这是

---

① 《古希腊罗马哲学》，北京大学哲学系编译，商务印书馆 1961 年版，第 13 页。

一些枯燥的、没有过程的、非辩证的、静止的规定。"①

从"和谐"中看到矛盾的对立，从对立中看到矛盾两方面的"和谐"、统一，是毕达哥拉斯学派的贡献。把相对的同一性绝对化，使之变成僵死的统一，则又是他们的局限。这为赫拉克利特进一步发展关于对立统一的思想提供了积极的思想材料和借鉴。

应该说，赫拉克利特作为"辩证法的奠基人之一"，其主要的贡献，就在于他关于对立面的统一的思想。

据记载，赫拉克利特已提出关于统一物是由两个对立面组成的思想。他说，在把统一物分为两半时，这两个对立面就立刻显露出来了。他从自然现象到社会现象，从政治领域到艺术领域，揭示了大量的对立面，说明统一物分为两个对立面是普遍的现象，诸如日与夜，直与曲，饥与饱，疾病与健康，冷与热，干与湿，存在与非存在，善与恶，正义与非正义，战争与和平等。这表明，他已经在一定程度上看到了矛盾的普遍性。不仅如此，在矛盾的对立、斗争和统一、依存问题上，他还"综合"并发展了米利都学派与毕达哥拉斯学派的积极思想成果。他不仅强调对立、斗争，也强调对立面的统一。比如，他说："上升的路和下降的路是同一条路"②，"相反者相成"，"没有疾病也就没有健康"，"正义从非正义得到理解"，"在我们身上，生与死，醒与梦，少与老，都始终是同一的东西"③。这样，在赫拉克利特那里，米利都学派僵硬的对立被统一的桥梁沟通了；毕达哥拉斯学派绝对的和谐在斗争中运动起来了，发生转化了。对立面的统一和斗争，第一次比较全面地被阐明了。当然，它是在直观的形式上被阐明的。如果说，对立统一思想，在米利都学派和毕达哥拉斯学派那里还处于孕育的状态，那么，在赫拉克利特那里就脱胎而出了。

此后，爱利亚学派的芝诺在用诡辩的方法论证"飞矢不动"等命题时，从反面揭示了客观存在于运动中的矛盾，推进了人们对于矛盾普遍性的认识。

再到后来，苏格拉底的学生柏拉图进一步揭示了思维领域中的对立统一。他通过对思维领域中的对立概念进行纯逻辑的推演，证明对立概念并

---

① 《列宁全集》第55卷，人民出版社1990年版，第209页。
② 《古希腊罗马哲学》，北京大学哲学系编译，商务印书馆1961年版，第24页。
③ 同上书，第27页。

不是绝对分裂的，而是互相联系、互相结合的。这比毕达哥拉斯学派将概念僵硬地对立起来大大地前进了一步。

最后，古希腊逍遥派"最博学的人"亚里士多德，几乎研究了当时的一切科学，并在这些研究中处处显露了对立统一思想。具体表现在以下几方面：

第一，他在总结历史经验的基础上，对矛盾的普遍性进行了一定的理论概括。在《形而上学》中，亚里士多德在谈到辩证法的研究对象时，比较集中地谈到了历史上一些哲学家的对立统一思想。他说，几乎所有的思想家都同意实体是由相反的东西构成的，并提出了相反的东西是最初的根源的思想，如有人提出奇和偶，有人提出冷和热，有人提出爱和憎，有人提出有限和无限，等等。他进一步指出："一切相反者"都可以归结"有"和"非有""一"与"多"。比如，静止属于"一"，运动属于"多"，"一与多乃是一切相反者的起点"。这说明，他在总结历史经验的基础上，以世界的整体为对象，以抽象出矛盾共性的形式，论证了矛盾的普遍性，亦即对矛盾的普遍性作了理论概括。

第二，他提出并比较详细地探讨了概念之间的对立统一关系。在《形而上学》中，亚里士多德研究了有与无、一与多、种与属、整体与部分、个别与一般、质料与形式、潜能与现实等范畴的关系。就在这些研究中，包含了关于概念的对立面相互联系、依存和转化的对立统一思想。而其关于潜能与现实的联系和转化的思想，更是具有极大的理论力量和逻辑力量。

第三，他明确提出"产生和消灭"是由矛盾引起的。亚里士多德在具体地考察了各种矛盾形式的基础上，明确提出了"产生和消灭乃是从对立面中来，到对立面中去，所有的东西彼此之间有一种对立"的思想。

可见，亚里士多德的确是综合、概括了前人关于对立统一的思想，并提出了自己的许多独到的见解，从而把古希腊关于对立统一的思想向前大大推进了一步。正因为这样，恩格斯称赞他是"古代世界的黑格尔"。

在中国古代的辩证法中，对立统一思想也是十分丰富的。早在《周易》中就有了集中的论述。

《周易》本是一部通过八卦形式，亦即象征天、地、雷、风、水、火、山、泽八种自然现象，推测自然和社会变化的书。而进行这种推测的基本原则，便是认为阴阳两种势力的相互作用是产生万物的根源。

　　阴阳作为解释事物的性质和事物之间的关系的概念，是《周易》一书的基本概念，曾被广泛用来说明世界上的对立现象，而"一阴一阳之谓道"的著名命题，便是集中的体现。所谓"一阴一阳之谓道"，意思是说，阴阳这两种相反势力的"相摩""相荡"，是引起事物变化发展的根本原因，同时也是一切事物变化发展的根本法则，用我们现在的话来说，就是一条普遍的规律。这表明，我国古代人已经从直观中猜测到了事物运动变化是由矛盾着的对立面引起的这一客观规律。

　　我国周朝的人民也是用阴阳两气的对立来解释四季的变化和万物的繁茂、凋零的。他们认为，冬去春来之际，气从地下向上蒸发，万物随之发芽生长；如果气沉滞不发，万物便不能茁壮地生长。阴气的性质是沉滞下降的，阳气的性质是蒸发上升的。这阴阳二气相互协调，配合有序，流转正常，就风调雨顺，否则就要发生灾变。这些思想，与《周易》相似。

　　从《周易》以及以后不久的一些著作可以看出，当时，中国人对运动的原因的了解，与古希腊的米利都学派一样，只是开始指出了对立的两种势力即矛盾的两个对立面是运动的原因，并且带有明显的直观性和猜测性，而从总体上讲，则是笼统的、模糊的。

　　到了春秋时代，老子对对立统一规律的了解进了一步。他不仅肯定了事物中包含着对立面，而且从自然现象和社会现象中概括出了一系列对立的范畴：如有、无；难、易；长、短；高、下；多、少；敝、新；洼、盈；曲、直；福、祸；等等。可见，他对对立的认识已经比较明确、比较具体了。他讲的对立，不仅仅限于自然，而且进入社会；不仅仅限于可感觉的事物，而且有了抽象的概括。

　　老子还着重论述了对立面的统一。他认为对立面是相互依存的，如他说："有无相生，难易相成，长短相形，高下相倾，声音相和，前后相随。"他也看到了对立面是相互转化的。他说："祸兮福所倚，福兮祸所伏。"然而，从根本上来说，老子强调的是对立面的调和、不争，目的是防止转化，正如他说："曲则全，枉则直，洼则盈，少则得，……夫唯不争，故天下莫能与之争。"意思就是，只有委曲才能求全，只要不与人争，别人也就没法与你争。这实际上是片面强调统一，排斥斗争。并且，他所讲的对立面的变动，也都是指一些具体的暂时的现象，从"道"的高度看，静是动的根本，静支配动。他最终追求的是一个取消一切差别和斗争，永远不变，永远"玄同"一致的抽象精神实体。可见，老子的观点同古希腊的毕达哥拉斯学派的观点是十分相似的。

战国时期的名家代表人物惠施，是个著名的相对主义哲学家。惠施提出过"合同异"的学说。他认为，一切事物的差别、对立都是相对的，进而夸大事物的相对同一性一面，作出了"万物毕同毕异""天地一体"的结论，结果陷入了相对主义的泥坑。但是，他在论证过程中，不自觉地大量地揭露了对立的统一，在一定程度上猜测到了事物中所包含的矛盾。如他说的"日方中方睨，物方生方死"，就是对机械位移和生命运动本身就是矛盾的一种直观猜测。这表明，他已经察觉到简单的机械位移之所以能够实现，就是因为物体在同一瞬间既在这个地方又在那个地方的道理，只是将其过分夸大，陷入了相对主义。但从总体上来说，他的这个思想，在古代是难能可贵的。

战国末期的著名唯物主义哲学家荀况，是此前哲学的集大成者。他批判、总结了先秦诸子的学术思想，既发展了古代的唯物论，又丰富了辩证法。

荀况的辩证法思想，主要表现在他批评唯心论与诡辩论时，揭示并阐述了客观存在的矛盾。这可以从以下几个方面来看：

第一，他认为事物的变化是由矛盾引起的。荀况认为，自然界的一切现象都是自然而然的，都是自然界自身变化的结果，用他的话来说，就是"天地之变，阴阳之化"的结果。变化的原因是什么呢？在他看来，变化是由自然界对立的阴阳二气相互作用引起的。他把这一思想概括为"阴阳接而变化起"。荀况虽然还没有抽象出矛盾这个范畴，但这个命题已经是矛盾引起变化的辩证观点的一个朴素的表述。

第二，他用对立统一的观点阐述了人与自然的关系。荀况在批判天命论时，一方面，针对天命论和天人合一的唯心主义观点，强调自然界的运动变化有自己的规律，社会的治乱、人间的吉凶祸福与自然界的变化没有关系，提出了"明天人之分"的思想。另一方面，他又讲了人在自然面前并不是完全消极被动的，人可以发挥自己的主观能动性，去驾驭自然、战胜自然，提出了"制天命而用之"的思想。在他看来，人不是自然的奴隶，人对自然应该是"制之""用之""使之""化之"。荀子的这些思想，表明了人与自然之间既相互区别又相互联系的思想。这在古代，是难能可贵的。

第三，他阐述了对立面转化的思想。荀况不仅认为客观事物本身存在着对立面，而且认为对立面是可以转化的，并对转化的条件作了较深入的研究。他说："凡百事之成也，必在敬之，其败也必在慢之，故敬胜怠则吉，怠胜敬则灭。"这就是说，成功与失败是可以相互转化的，关键要看条件。敬（即认真谨慎的意思）是失败转化为成功的条件，慢（懈怠、马虎、松散的意思）是成功转化为失败的条件。

第四，他十分强调全面地看问题，反对"蔽于一曲"的片面性。他说："凡人主患蔽于一曲，而暗于大理。"意思是说，人在认识上的大毛病就是为事物的某一方面所蒙蔽，看不到事物的全面的大道理。他还把善与恶，始与终，远与近，博与浅，古与今以及万物的差异，都看做对立统一，每一个方面都是一个片面，都同对立面相联系。如果只看一面，看不到另一面，就是片面性，就是蔽。而要克服认识上的片面性，达到全面认识事物的目的，必须掌握全面地权衡事物的标准。这个标准就是"道"。道即是事物相反相成的道理和运动变化的规律。根据这些观点，荀况批评了当时各家的片面性："墨子蔽于用而不知文，宋子蔽于欲而不知得，慎子蔽于法而不知贤，申子蔽于势而不知知，惠子蔽于辞而不知实，庄子蔽于天而不知人。"他认为这些"有见于"此"无见于"彼，或者是"蔽于"此"而不知"彼的看法，都是一种片面性，是对"道"的无知，或者是"观于道之一隅"的"曲知"。

第五，他在批判名家的一些诡辩论时，论述了共性与个性的区别和联系。他说，事物的类有大小、种属关系，所以概念也有大小、种属关系。他把概念的基本种属关系分为两级：高一级的类概念，叫做"共名"，低一级的叫做"别名"。共名与别名是有区别的，但又是有联系的。他特别强调它们的区别具有相对性，指出"共"上还有"共"，一直可以推到最高最普遍的类概念——"大共名"；同样，"别"下也还有"别"，以至于不可再分。也就是说，在一定的范围内为普遍性的东西，在另一范围内则成为特殊性的东西；另一范围内为特殊性的东西，在这一范围内则成为普遍性的东西。所以，共性与个性之间的区别始终是相对的。这表明，荀况对于共性与个性的区别与联系的认识，已经有了相当的理论深度。

从以上的分析，我们可以看到，在荀况以前，中国古代辩证法中关于对立统一思想的产生和发展，大致经历了这样一个过程：《周易》比较笼统地指出了事物中存在着矛盾对立，并认识这种对立会引起事物的运动变化，还未涉及对立面之间的同一与斗争的关系。老子具体地列举了自然界和社会中存在的一系列对立，并着重论述了对立面之间的相互依赖、相互转化的同一性问题。名家惠施、公孙龙的诡辩不自觉地从不同侧面揭露了事物的矛盾，分别从不同的侧面强调了矛盾的统一性或斗争性，割裂了同一与斗争的关系。荀况在总结以往哲学成果的基础上，指出了对立统一的关系的两方面，即同一性和斗争性，对对立统一关系的内容作了比较完整的表达。到这时，也只有到这时，荀况的学生，战国末年的哲学家韩非，才有可能提出"矛盾"这一名称。这是一个相当长的历史过程，但也是一个合乎逻辑的过程。

从春秋战国时期到宋代，中国封建社会经历了一个曲折、复杂的发展过程，社会上的各种矛盾，如阶级矛盾、民族矛盾、地主阶级中不同阶层的矛盾、政治上不同集团的矛盾等日趋激烈，形成了复杂的社会局面。而哲学经历了一个相当长时期的积累后，也发展到了一个新的阶段。北宋时期著名的唯物主义哲学家张载，正是在这样的社会历史背景和哲学背景下，通过对封建社会现实矛盾的分析以及对自然现象的研究，在反对佛教和老庄玄学的斗争中，进一步发展了《易传》中的朴素辩证法思想，把我国古代朴素辩证法的对立统一观提高到了一个新的水平。

第一，他第一次把对立统一明确地概括为"一物两体"。他认为，每一种事物中都包含着两个部分，这两个部分既相互对立又相互联结，共处在一个统一的实体之中，由两体构成的统一物就叫做"参"。张载着重阐述了"两"与"一"的关系。他指出：从一方面说，没有对立面，也就没有统一体；从另一方面说，如果对立面不存在统一体中，也就不会发生相互作用了。这就是他所说的"两不立，则一不可见；一不可见，则两之用息。两体者，虚实也，动静也，聚散也，清浊也，其究一而已"。

第二，他认为"一物两体"，即对立统一是运动变化的源泉。张载指出，整个物质世界的变化，无非是阴阳两个对立面相互作用的结果。

第三，他从总体上肯定了矛盾的普遍性。他说："万物虽多，其实一，物无阴阳者，以是知天地变化，二端（阴阳）而已。"意思是说，具体事物虽然是多种多样的，但都有一个共同点，都包含着阴阳两个方面；宇宙万物之所以有变化，不过是由于阴阳两方面的相互作用而已。这是以全称判断的形式，肯定了矛盾的普遍性。

第四，他还认识到对立的双方有一个斗争的过程。他说："有象斯有对，对必反其为。有反斯有仇，仇必和而解。"也就是说，有现象就有对立，对立双方的运动必然互相违反，相互违反就相互斗争。"仇"即是斗争。斗争的结果导致调和。他肯定对立双方必然相互斗争是正确的，但又认为斗争结果必然归于调和，就由正确转向错误了。

张载把对立统一概括为"一物两体"，从总体上肯定"一物两体"是运动的源泉，"一物两体"具有普遍性，都是十分可贵的合理思想。但是，他没能认识到对立面的斗争是无条件的、绝对的，因而导致了调和论，从这里滑到了形而上学。这又是他的局限性。

张载的思想，对明清之际的唯物主义哲学家王夫之有很大的影响。王夫之特别推崇张载，并直接继承和发展了张载的唯物主义思想和辩证法的观点，进一步论述了朴素的对立统一观。这表现在：

第一，他继承和发挥了张载的"一物两体"的观点。王夫之把"一物两体"即对立统一思想，表述为"大辨"与"至密"关系。所谓"大辨"，就是指矛盾双方的差别、对立、排斥；所谓"至密"就是矛盾双方的相互联结、相互依存、互为前提。这也就是我们讲的斗争性与同一性的关系。他认为，任何矛盾都是既大辨又至密的。他说："大辨体其至密，而至密成其大辨。"这种表述，直接指出了矛盾双方既对立又统一的本质关系。如果说，张载提出了反映对立统一关系的"一物两体"概念，那么，王夫之的"大辨"与"至密"则进一步揭示了这个概念的内涵和实质。

第二，他继承和发挥了张载关于矛盾普遍性的观点，认为一切事物都是矛盾的统一体。王夫之指出："物物有阴阳"，"阴阳行乎万物之中"。对立的双方既互相联系，"物物相依"；又相互斗争，"相反必相仇"，从而引起事物的变化、发展。他还指出："天地万物，恒生于动而不生于静"，强调了物质运动的绝对性。他同时提出了"太虚本动"的命题，从总体上肯定了运动、矛盾的普遍性。

第三，他依据矛盾普遍性的思想，提出了要正视矛盾、利用矛盾的观点，强调了"一物两体"思想的方法论意义。他认为，"惊于相反"即在矛盾面前惊慌失措，是愚蠢的，而应当"乐观其反"，即应当乐于正视矛盾，并"利用之"。在中国哲学史上，像王夫之这样敢于正视矛盾，对于矛盾采取乐观态度的人是少见的，这反映了处在社会大动荡中的，地主阶级的进步思想家希图利用矛盾来促成改革的进步要求。

第四，他着重论述了对立面之间的相互贯通与相互转化问题。王夫之针对邵雍、朱熹等人宣扬的天下事物都是截然分割、地位不变的形而上学观点，列举了大量的事实，对矛盾的同一性作了具体论证。特别是他对于尊卑、上下、进退、存亡、是非、善恶等对立的双方可以相互转化的论述，不仅是深刻的，而且是大胆的，是对朱熹等宣扬的"君臣上下定位不移"一类的形而上学的勇敢挑战，也为他提倡改革政治提供了理论依据。他还揭露了老子以至程朱陆王之所以一贯宣扬"主静""禁动"的"妄说"，都是出于他们那种"避祸畏难之私"，鼓励改革之士应发扬"不知进退存亡"的战斗风格以及"不惮玄黄之血"的牺牲精神。

第五，他直接继承了张载的"有象斯有对，对必反其为，有反斯有仇，仇必和而解"的观点，承认斗争最终归于和解，滑向了形而上学。这反映了王夫之在政治上既要改革，又要竭力维护行将灭亡的封建制度的二重性的立场。

以上便是欧洲和中国的古代朴素辩证法的对立统一观的概况。从这里，我们可以看到三点：

第一，在古代，对立统一规律各方面的内容，几乎都涉及了并被提出来了。换句话说，从古代的这些思想材料中，差不多可以找到关于对立统一学说的各种观点的胚胎、萌芽。

第二，古代的对立统一观，是以感观取得的直接经验为基础的，是朴素的、直观的、带有猜测性的，还没有达到严格的、系统的理论化程度，也缺乏科学的论证。

第三，由于时代的局限、阶级的局限，古代思想家虽然看到了斗争在矛盾运动中的重要作用，但还没有认识到斗争的绝对性，因而古代的对立统一观是不彻底的，最终陷入了矛盾调和论。

二 近代辩证法的对立统一观

在欧洲，从 15 世纪到 18 世纪，辩证法思想虽然未曾停止发展，但整个来说这是形而上学占统治地位的时期。只是到了 18 世纪末 19 世纪初，自然科学的新成就动摇了僵死的形而上学观点，才为人们系统地研究辩证法提供了材料，提供了可能性，使得辩证法的发展进入了第二个形态，这就是从康德到黑格尔的德国古典哲学时期。

在这个时期，辩证法的对立统一观是怎样发展的呢？

我们先谈谈康德。

前面讲到，康德第一次明确指出了人的理性思维发生矛盾的必然性。这个必然性，集中表现在他所提出的四个二律背反中。这种二律背反，在康德看来，也就是所谓"纯粹理性之自然的不可避免的辩证法，……与人类理性不可分离之辩证法"①。

康德关于二律背反的学说，对对立统一思想的发展有什么贡献呢？可以归纳为以下几点。

一、它以思辨的形式揭露了思维领域中的对立统一；

二、它在论证思维中的矛盾时，在一定程度上不自觉地揭示了客观存在的矛盾；

三、在形而上学长期占统治地位的情况下，它对摆脱形而上学的束缚，促进辩证法，尤其是促进对立统一观的发展起了很大的推动作用，直接影响了黑格尔对矛盾普遍性的认识。

康德的局限性在于，他虽然揭露了矛盾，但又把矛盾双方割裂开来，片面夸大了排斥、对立，否认了联结、同一、转化，结果把既斗争又同一的矛盾双方，当成了彼此孤立的东西。此外，他认为矛盾只存在于人的理性认识中，而不存在于现象世界和科学认识中。它只是理性企图超出现象的范围，要求认识自在之物的结果，不过是一种"幻相"。可见，他既否认了矛盾的普遍性，又否认了矛盾的客观性。

费希特在继承康德的唯心主义过程中，克服了康德的某些形而上学弊病，发展了对立统一思想。费希特的主要贡献表现在以下几个方面：

第一，他克服了康德割裂对立面的倾向，在主观唯心主义的基础上，注意到了对立面的统一。

费希特认为，对立面是既相互对立，又相互依存、相互转化的。这表现在：①他在分析偶然事件与其根据的关系时指出，偶然事件与它的根据"既是相互对立的，又是相互依存的，因此前者才能从后者得到解释"②。②在论述自我与非我的关系时，费希特提出了三条原理，这三条原理，揭示了自我与非我既对立又统一的关系。第一条原理即所谓"自我设定自我自身"。这是不证自明的，表明"自我"是本原。第二条原理即"自我

① ［德］康德：《纯粹理性批判》，蓝公武译，生活·读书·新知三联书店1957年版，第244—245页。

② 《西方哲学原著选读》下卷，北京大学哲学系编译，商务印书馆1982年版，第321页。

设定自己的对立面——非我"。在这里，非我是作为自我的对立面出现的，表明了自我与非我的对立。第三条原理："自我设定自我与非我。"在这里自我与非我继对立之后，又统一起来了，并使自我更趋于完善。这便是一个自我创立非我，自我与非我对立，进而达到统一的过程，表明了自我与非我之间相互对立、相互统一的辩证联系。

第二，他不像康德那样把矛盾看做是理性的谬误，是消极的东西，而是对矛盾持肯定的、积极的态度，不仅认为"自我"与"非我"的矛盾是必然的、不可避免的，而且认为矛盾是整个世界以及"自身"得以存在和发展的根据。这里，费希特表达了矛盾是发展的源泉的思想。费希特还强调了斗争在发展中的作用，认为"自我"是行动的主体，能够克服"非我"这一障碍，并用行动来和"非我"作斗争。"自我"就是通过斗争，才获得知识，达到自由的。可见，费希特也注意到了对立面的斗争在发展中的重要作用。不过，他的所谓发展，归根结底只是意识范围内的发展，因为"矛盾"来自"自我"，矛盾只能是意识范围内的矛盾。这是因其主观唯心主义立场所致。

费希特的学生谢林，继承了费希特的辩证法思想，并从客观唯心主义的立场出发，力图克服费希特的主观辩证法的局限性，对矛盾学说作出了新的贡献。

第一，他继承了费希特关于矛盾引起发展的思想，进一步明确肯定了矛盾是运动的源泉。他说："对立在每一时刻都重新产生，又在每一时刻被消除。对立在每一时刻这样一再产生又一再消除，必定是一切运动的最终根据。"①

第二，他认为矛盾不仅存在于主观意识范围内，而且存在于整个自然界之中，在较大的范围内肯定了矛盾的存在。费希特也讲矛盾的普遍性，但只是"自我"范围内的矛盾，只是主观意识范围内的矛盾，客观世界是不属他的矛盾之说的。谢林力图克服费希特的这一局限，把注意力也放到了"客观"方面，并以自然科学为根据，考察了自然界的矛盾。谢林认为，自然界是一个辩证的发展过程，自然界中没有任何一个物体是孤立静止、停滞不动的，这是"由于在自然界本身中包含着对立"，充满着矛盾。这较之费希特，不能不说是一大进步。

---

① ［德］谢林:《先验唯心论体系》，梁志学等译，商务印书馆 1976 年版，第 148 页。

第三，他以自然科学知识为根据，把对立统一规律概括为"极性规律"。谢林在考察自然界中的各种矛盾时，试图把自然界的矛盾区分为不同的层次。他认为，属于第一个层次的是磁，在磁体中，对立的两极（对立的力）存在于同一个物体中；第二个层次是电，电的矛盾双方被分配在不同的物体上；第三个层次是化学现象，在化学现象中，矛盾双方的关系也同磁（力）的因素的关系一样。除了这三个层次外，谢林还考察了有生命的东西，即有机体。他认为"机体的根本特点就在于它同它自己交互作用，既是进行创造的东西，同时也是创造的产物，这种概念或观点是一切有机自然学说的根本原理，从中可以（先验地）推演出机体的其他一切规定来"①。

谢林在分层次研究自然界的各种矛盾时，力图把纷纭复杂的各种物质运动形式理解为各种一般的自然力的表现，并力图找到其中共同的东西，用同一个原因来解释一切。他发现磁是表现着一切自然力的极性的（即两极对立的）第一个形式，最简单的形式，也是最基本的形式。在宇宙间能够观察到的各种对立，只不过是表现在磁现象中的原始对立的各个分支。所以他说："磁并不是个别物质的机能，而是整个物质的机能，因而是一个真正的物理学范畴。"② 于是，谢林把磁体的突出特性（即对立的力存在于一个统一体中）当做一切矛盾的共性，当做他的哲学原则的基础。因此，他把对立统一规律叫做"极性规律"，说"极性规律"既是"一般的世界规律"，又是"关于自然界的哲学学说的第一个原则"③。

第四，他继费希特以后，进一步论述了对立面之间的相互依存与相互转化。比如，他在谈到主体与客体的对立时指出："两者互相扬弃，然而离开对方任何一方都不可能存在。主体只有和客体对立，才能保持其存在，客体只有和主体对立，才能保持其存在。……每一方只有同另一方对立，才能成为自己所是的东西。"④ 又如，他在谈到发展时说："在任何变化中都会发生从一种状态向其矛盾对立的状态的转化，比如一个物体从向A方向的运动转化为向－A方向的运动。"⑤ 这表明，谢林总是力图把对

①　［德］谢林：《先验唯心论体系》，梁志学等译，商务印书馆1976年版，第54页。

②　同上书，第109页。

③　转引自［苏］奥伊泽尔曼《辩证法史：德国古典哲学》，人民出版社1982年版，第171页。

④　［德］谢林：《先验唯心论体系》，梁志学等译，商务印书馆1976年版，第58页。

⑤　同上书，第174页。

立的双方联结起来，从对立中找到同一。

第五，他论述了矛盾斗争的必然性。谢林认为，只要存在着对立的双方，而双方又进行着方向相反的活动，必然存在着斗争。他说：斗争"根源于对立活动的不同方向"①。

不过，由于他所说的矛盾发展开始于绝对的无差别的同一，又复归于绝对的无差别的同一，所以他讲的斗争不是贯彻始终的，也不是导致一方克服另一方的，而是以调和结束的。这实际是没有认识到斗争的绝对性。

黑格尔作为德国古典哲学最伟大的辩证法家，第一个系统地阐述了辩证法的一切基本特征，这突出地表现在他对矛盾学说的贡献方面。可以说，黑格尔第一次在总结历史经验的基础上，把辩证法的对立统一观系统化了，或者说，他在唯心主义的形式下，第一次以比较完整的理论形态，把对立统一规律表述出来了。具体来说，那就是：

第一，他去掉了谢林给"矛盾"打上的自然哲学的烙印，也就是去掉了所谓"极性规律"上残存的磁学的烙印，赋予了"矛盾"以明确的辩证含义。他以毋庸置疑的语气说："它们既对立而又统一，这就是矛盾。"②

黑格尔还指出，谢林讲的无差别的绝对同一是不存在的，这种看法是错误的。在他看来，同一中本来包含着差别和对立，矛盾、差别、对立是由同一发展而来的，因此，同一、差别和对立都可以用"矛盾"这个概念来表达。这就是说，同一不是无差别的绝对同一，而是矛盾的统一体，即对立面的统一和斗争。

这样看来，按照黑格尔的观点，把矛盾定义为对立面的统一和斗争，定义为既对立又统一，不仅可以概括自然、社会、思维各个领域中的各种具体矛盾，而且可以概括处于各种不同发展阶段的、包括不同激化状态的矛盾。

第二，他明确肯定了矛盾的普遍性。黑格尔说："矛盾是推动整个世界的原则，说矛盾不可设想，那是可笑的。"③ 他又说："一切事物本身都自在地是矛盾的。"④ 他断言："天地间绝没有任何事物，我们不能或不必

① ［德］谢林：《先验唯心论体系》，梁志学等译，商务印书馆1976年版，第56页。
② ［德］黑格尔：《美学》第1卷，朱光潜译，商务印书馆1979年版，第154页。
③ ［德］黑格尔：《小逻辑》，贺麟译，商务印书馆1980年版，第258页。
④ ［德］黑格尔：《逻辑学》下卷，杨一之译，商务印书馆1976年版，第65页。

在它里面指出矛盾或相反的规定"①，"可以在一切种类的对象中，在一切的表象、概念和理念中发现矛盾。认识矛盾并且认识对象的这种矛盾特性就是哲学思考的本质"②。在马克思主义以前，像黑格尔这样明确地论述矛盾普遍性的是从来没有的。

第三，他比较充分地论述了矛盾是发展的源泉以及事物自己运动的思想。黑格尔说：矛盾"是一切运动和生命力的根源；事物只因为自身具有矛盾，它才会运动，才具有动力和活动"③，矛盾"是一切运动的根本，而自己运动不过就是矛盾的表现"④。黑格尔在他著作的许多地方都论述了事物自己运动、事物因矛盾引起发展的观点。他的这些思想使费希特、谢林已有的观点更明确、更系统化了。

第四，他进一步论述了对立面之间相互依存、互为存在前提的关系。他指出，对于对立双方的相互依存不能简单地、机械地理解为相互派生、相互决定，而应理解为对立双方的内容、特点彼此规定，相互照应。如上与下，左与右，父与子等，就是这种关系。他说："父亲是儿子的另一方，儿子也是父亲的另一方，……父亲除了对儿子的关系以外，就其自身说，也还是某种事物，但那样他便不是父亲而是一般的人；正如上与下、左与右除了关系而外，……也是某种事物，但那样就仅仅是一般位置了。"⑤

第五，他深刻地阐述了对立面互相转化的思想。黑格尔认为，矛盾双方在一定条件下是可以相互转化的。他的整个哲学体系就是论述绝对观念不断转化的过程的。在他的《逻辑学》中，有、无，生成、质、量、度、同一、差异、矛盾、本质和现象、必然和偶然、可能和现实等范畴，都是由一个概念转化为另一个概念，从而构成一个连续的概念系列，构成《逻辑学》体系。所以，列宁说："对黑格尔来说，……不仅是（1）一切概念和判断的联系、不可分割的联系，而且是（2）一个东西向另一个东西的转化，并且不仅是转化，而且是（3）对立面的同一——这就是黑格

---

① ［德］黑格尔：《小逻辑》，贺麟译，商务印书馆1980年版，第132、200页。
② 同上。
③ ［德］黑格尔：《逻辑学》下卷，杨一之译，商务印书馆1976年版，第66页。
④ 同上。
⑤ 同上书，第68页。

尔的主要的东西。"①

第六，他还把对立统一思想运用于辩证法的其他规律和范畴，阐明了量变和质变、肯定和否定、本质和现象、原因和结果、可能和现实、必然和偶然、必然和自由等的对立统一，具体显示了对立统一规律在辩证法中的核心地位，在一定程度上接触到了对立统一规律是辩证法的实质的问题。这突出地表现在他关于矛盾是发展的源泉、事物自己运动的论述方面。所以，列宁在《谈谈辩证法问题》中指出，"统一物之分为两个部分以及对它的矛盾着的部分的认识（……），是辩证法的实质（……）。黑格尔也正是这样提问题的（……）"②。

然而，黑格尔的对立统一观也有明显的局限性。这突出地表现在，他虽然也谈了对立面的斗争，但是没有充分地理解对立面的斗争在矛盾运动中的作用，没有看到斗争的绝对性，而主张通过矛盾双方的互相调和来解决矛盾，就像他将自己的唯心主义体系看成一个封闭的圆圈，圆圈的矛盾运动最后以调和告终一样。所以，他说："哲学的最后的目的和兴趣就在于使思想、概念与现实得到和解。"③ 这终于使得唯心主义体系窒息了辩证法，结果是把斗争取消了，矛盾调和了，陷入了形而上学。

从以上的叙述来看，从康德到黑格尔的近代辩证法的对立统一观的发展，大致经历了这样一个过程：首先是康德指出了理性思维领域矛盾存在的必然性，但又割裂了对立面的联系，引出了消极的结果。费希特在主观唯心主义基础上，肯定了对立面的相互联系（自我与非我的关系等），并涉及矛盾是发展的源泉的思想，但仅限于主观与客观、认识与实践等关系。谢林进一步把矛盾推广到自然界和社会历史领域，并把自然界的矛盾分为不同的层次。但是他的"绝对同一性"又明显具有形而上学的性质。黑格尔作为唯心辩证法的集大成者，在客观唯心主义的基础上，从包含差别的同一出发，全面阐述了自然界、社会和精神领域的矛盾发展过程，系统地论述了对立统一的学说。但是，由于"体系"的需要，他的辩证法没有能够贯彻到底。

以上情况表明，这时期的对立统一思想具有下列特点：

---

① 《列宁全集》第55卷，人民出版社1990年版，第148页。

② 同上书，第305页。

③ ［德］黑格尔：《哲学史讲录》第4卷，贺麟等译，商务印书馆1978年版，第372页。

第一，对于对立统一规律从理论上作了比较系统、严密的论述，其中包括关于矛盾的定义、矛盾的普遍性、矛盾的同一性和斗争性以及矛盾是发展的源泉等问题，使以往的关于对立统一规律思想的萌芽、胚胎、零碎观点，进一步系统化、理论化了，或者说，将对立统一规律以理论的形式表述出来了。

第二，这时期的对立统一思想是在近代实验科学的影响下形成的，吸取了大量的自然科学的材料，以自然科学知识作了理论的论证，从而摆脱了古代的朴素性、自发性。

第三，这时期的对立统一思想是与唯心主义结合在一起的。谢林、黑格尔虽然也讲到自然、社会，但那不过是客观精神的外化。他们讲的矛盾归根结底是思维矛盾，是把思维的规律强加给自然界和人类社会。这样，唯心主义的体系便造成了对立统一思想的不彻底性。

三　唯物辩证法的对立统一观

马克思主义产生以前，人类对于对立统一规律的认识已经经历了漫长的过程，直到黑格尔，才达到比较系统、全面的水平。马克思主义唯物辩证法吸取了人类历史上关于对立统一思想的优秀成果，特别是批判改造了黑格尔唯心主义的对立统一学说，使对立统一观第一次以完备的、科学的、彻底的形态出现。

我们先谈谈马克思恩格斯创立唯物辩证法的对立统一观的过程。

马克思由唯心主义向唯物主义转变，是从批判黑格尔的法哲学开始的。他创立唯物辩证法的对立统一观的过程，也是从这里开始的。

1843 年 3 月底至 8 月，马克思写了系统批判黑格尔的法哲学的著作《黑格尔法哲学批判》。在这部著作中，马克思初步论述了矛盾问题，尤其强调了对抗性矛盾在现实社会中的存在与作用，强调了这类矛盾"在本质上是互相对立的。它们彼此之间没有任何共同之点，它们既不相互需要，也不相互补充"①。对于对立面的统一问题，他谈得较少，对于对立与统一两者间的关系，甚至尚未谈到。尽管如此，他在这里已经同黑格尔的矛盾调和论有了分歧，就如他同黑格尔法哲学的分歧一样。

①　《马克思恩格斯全集》第 3 卷，人民出版社 1995 年版，第 110 页。

接着，马克思在 1844 年写的经济学哲学手稿中，在分析劳动与资本的矛盾时，明确肯定了对立面相互促进、相互推动、相互转化，实际已论及矛盾的同一性，反映了他对对立统一规律认识的进步。马克思指出：在私有制还不发达的阶段，一个人既是生产者，又是资本的拥有者。这是劳动与资本的直接统一。而到后来，劳动与资本分离，劳动一方丧失资本，资本一方丧失劳动。然而，此时的资本与劳动不仅互相依赖，而且还作为积极条件相互促进、相互推动。这便是资本与劳动的间接统一。在这里，马克思研究的实际是资本与劳动的同一性问题。

在与恩格斯合著的《神圣家族》中，马克思分析了资本主义社会中资产阶级和无产阶级的矛盾，研究了矛盾双方在矛盾统一体中的不同地位和作用。他说："无产阶级和财富是两个对立面。它们本身构成一个整体。它们是私有财产世界的两种形态。"① 马克思又接着分析说，它们两者虽然都是由资本主义世界产生的，但各自的地位和作用又是不同的。作为资产阶级来说，它不能不保持自身的存在，因而也就不能不保持自己的对立面——无产阶级的存在。这是对立的肯定方面，是得到自我满足的私有制。相反地，作为无产阶级来说，不能不消灭自身，因而也就不能不消灭制约着它而使它成为无产阶级的那个对立面——私有制。这是对立的否定方面。通过以上的分析，马克思得出结论说："因此，在这种对立内，私有者是保守的一方，无产者是破坏的一方。从前者产生保持对立的行动，从后者则产生消灭对立的行动。"② 这里强调了矛盾本身包含着解决矛盾的力量；矛盾双方斗争的结果，必然导致矛盾的转化。

在 1847 年上半年写的《哲学的贫困》中，在批判蒲鲁东的形而上学观点时，马克思全面地阐述了矛盾双方既统一、又斗争，并通过斗争发展成为新的统一体的辩证运动。他说："两个相互矛盾方面的共存、斗争以及融合成一个新范畴，就是辩证运动的实质"③，并以此批判了蒲鲁东主张的所谓"辩证运动"是有始有终的矛盾调和论。在蒲鲁东的"经济矛盾的体系里"，经济范畴的演变，是从"分工"开始到"所有制"终结的；在其关于价值问题的论述中，是从交换价值开始，到"综合价值"

---

① 《马克思恩格斯文集》第 1 卷，人民出版社 2009 年版，第 260 页。
② 同上书，第 261 页。
③ 同上书，第 605 页。

结束的。蒲鲁东之所以这样做，是因为在他看来，建立体系就是为了消除一切矛盾。矛盾消除了，经济范畴的演变也就结束了，"辩证运动"也就"终结"了。针对蒲鲁东的这种观点，马克思明确指出了辩证运动的实质不是有始有终，而是对立面的共存、斗争，并融合成一个新的范畴。这对于马克思主义的矛盾学说，无疑是一个重要贡献。

《资本论》是马克思毕生研究的成果和最主要的著作。在《资本论》中，马克思从理论到实际，全面展现了唯物辩证法的对立统一观。

在《资本论》中，马克思用对立统一的观点，具体分析了资本主义社会。他首先从商品的二重性入手，进而分析了劳动的二重性，并通过对劳动二重性的分析，揭示了社会劳动与私人劳动的矛盾，并进而剖析了资本主义社会的基本矛盾，得出了"生产资料的集中和劳动的社会化，达到了同它们的资本主义外壳不能相容的地步。这个外壳就要炸毁了。资本主义私有制的丧钟就要响了。剥夺者就要被剥夺了"①这样的科学结论。揭示矛盾、分析矛盾，是《资本论》的根本点。它抛弃了唯心主义辩证法的思辨的、神秘的外壳，以及矛盾最终走向调和的观点，真正显示了辩证法的批判性、革命性。正因为这样，它才是一部活的"逻辑"，一部关于资本主义从产生、发展到灭亡的活的"逻辑"。

恩格斯对唯物辩证法的对立统一观的创立，也是作了杰出贡献的。他尤其是在反对机会主义的斗争中，在总结自然科学新成果的基础上，进一步从理论上阐述了对立统一规律。

恩格斯第一次明确指出，对立统一规律是唯物辩证法的一条基本规律。对于对立统一规律在辩证法体系中的重要地位和作用，也作了明确的阐述，把辩证法称之为"矛盾辩证法"。此外，他在批判杜林否认矛盾的形而上学观点时，揭示了矛盾的客观性和普遍性，并以自然科学的成果，证实了各个领域中存在的现实的矛盾。这些，都进一步从理论和实践两方面丰富和完善了唯物辩证法的对立统一观。

列宁在一生的革命活动与理论活动中，十分重视对辩证法，尤其重视对对立统一规律的研究与运用，并作了许多独创性的贡献。

第一，他明确地确定了对立统一规律在辩证法中的地位，指出对立统一规律是辩证法的实质与核心。他在《辩证法的要素》中明确说："可以

---

① 《马克思恩格斯文集》第5卷，人民出版社2009年版，第874页。

把辩证法简要地规定为关于对立面的统一的学说。这样就会抓住辩证法的核心。"①

第二，他把对立统一规律明确地表述为"统一物之分为两个互相排斥的对立面以及它们之间的互相关联"②。这就是我们通常所说的"一分为二"的理论来源。它明确地指出了矛盾双方既有相互排斥、相互对立的斗争性，又有相互关联、相互依赖的同一性。

第三，他进一步论述了矛盾的普遍性与客观性。列宁强调，矛盾的普遍性必须由科学史来检验，不能当做事例的总和。他认为，为了通俗化，举一些例子说明对立统一规律是必要的、可以的。但是，这一普遍规律不是一些具体例子的堆积。它有最大的概括性、普遍性。要论证它的普遍性，单靠举例不行，必须运用抽象思维的力量，从实践中、从科学史中、从个别与特殊中找出一般，从有限中找到无限，从暂时中找到永久，也就是通过实际的材料，进行逻辑的论证、理论的论证。

第四，他具体地论述了同一性与斗争性的关系，指出"对立面的统一（一致、同一、均势）是有条件的，暂时的、易逝的、相对的。相互排斥的对立面的斗争则是绝对的，正如发展、运动是绝对的一样"③。

第五，他第一次阐述了矛盾斗争的两种基本形式。在1920年5月写的《对布哈林〈过渡时期的经济〉一书的评论》中，他第一次提出"对抗和矛盾完全不是一回事。在社会主义下，对抗将会消灭，矛盾仍将存在"。意思是说，对抗只是矛盾斗争的一种形式，而不是矛盾斗争的所有形式。矛盾斗争的形式应有对抗与非对抗的区别。因此，不同的矛盾只有采取不同的形式才能解决。这于我们分析矛盾、解决矛盾无疑有着十分重要的意义。

毛泽东的辩证法理论是紧紧围绕着对对立统一规律的研究和运用展开的。他根据列宁关于发挥对立统一规律的题目，在总结中国革命经验的基础上，以其特有的风格和气派，全面、系统地阐述了对立统一规律。这表现在：

第一，他从不同的角度进一步阐述了对立统一规律是辩证法的实质和

①　《列宁全集》第55卷，人民出版社1990年版，第192页。
②　同上书，第305页。
③　同上书，第306页。

核心，并根据列宁的思想，把矛盾简要地概括为"一分为二"，使之更为通俗，更易于被人们接受。

第二，他全面地阐述了矛盾的普遍性与特殊性及其相互关系。在《矛盾论》中，毛泽东全面分析了什么是矛盾的普遍性，什么是矛盾的特殊性。在关于矛盾特殊性的分析中，他概括了矛盾特殊性的表现以及分析特殊矛盾的方法。在这里，他进一步发挥了列宁关于具体问题具体分析的思想，并把这一思想提到了"马克思主义的活的灵魂"的高度。这是他对矛盾问题的研究最富于特色的地方。同时，毛泽东还结合中国革命的实际，具体分析了矛盾的普遍性与特殊性的关系，提出了矛盾的普遍性与特殊性的关系是矛盾问题的精髓的论断。

第三，他第一次明确了主要矛盾与次要矛盾、矛盾的主要方面与次要方面的概念的内涵，为我们具体分析矛盾、解决矛盾提供了理论的根据和方法论的根据。

第四，他具体地阐述了矛盾的同一性、斗争性及其辩证关系。在关于同一性问题的分析中，他指出了同一性的两种表现，即所谓"相互依存""相互转化"；在关于斗争性问题的分析中，他指出斗争性是贯穿于过程的始终的，并是使一过程向它过程转化的力量；在关于同一性与斗争性辩证关系问题的分析中，他明确指出同一性与斗争性是同时存在、紧密结合的，斗争性寓于同一性之中，没有同一性就没有斗争性，同一性中包含有斗争性，同一性依赖于斗争性，没有斗争性也就没有同一性。

第五，他明确提出了对抗性矛盾与非对抗性矛盾的概念，进一步将列宁的对抗与矛盾不是一回事的思想明确化、具体化了，并根据对抗性与非对抗性矛盾的思想，提出了人民内部矛盾与敌我矛盾两类不同性质的社会矛盾的学说，告诫人们在社会主义条件下，务必正确处理两类不同性质的矛盾。

毛泽东关于对立统一规律的学说，是对马克思、恩格斯、列宁的直接继承和发展。在实践中，毛泽东运用这一规律总结中国革命的经验、教训，分析国内、国际形势，为中国革命的胜利提供了强大的理论武器，充分显示了理论的巨大力量。从马克思、恩格斯、列宁到毛泽东，辩证唯物主义的对立统一观经历了一个从不完善到完善的过程，也经历了一个从理论到实践的过程。这两个过程本质上是同一的。

从历史与逻辑统一的观点来看，它既是辩证唯物主义的对立统一学说从创立到发展、从不完善到完善的历史过程，又是辩证唯物主义的对立统一学说的不断展开，它的各个相互联系的概念不断转化以至逐渐形成完整体系的逻辑演变过程。这两个过程在本质上也同样是统一的。

本文收在赵光武著《辩证法的历史与逻辑》，广西人民出版社 1987年版。

第 七 章

辩证法的绝对、相对观

一 绝对、相对范畴的特点以及研究它的意义

绝对相对问题不是一个枝节性、局部性的问题，而是贯穿整个哲学理论、整个哲学史的问题。古往今来的哲学家们都曾着力探讨这个问题，而又往往从这里误入歧途。在马克思主义哲学的各个原理、原则、规律、范畴中，也同样存在绝对相对的关系，如有条件、无条件，有限、无限，普遍、特殊，局部、整体，同一、斗争，至上、非至上，平衡，不平衡，运动、静止，前进、曲折，永恒、非永恒，本原、万物，必然、偶然，第一性、第二性等。可见，绝对、相对本是概括性大、综合性强的总体性范畴。如何理解它、处理它，其中既存在辩证法与形而上学的对立（如把同一的相对性绝对化就是形而上学；把斗争的绝对性绝对化，割裂斗争性与同一性的联系，也是形而上学），也存在唯物主义与唯心主义两条认识路线的对立（如否认认识的绝对性，夸大认识的相对性就会否认客观真理，走向唯心主义）。可见，它是一个涉及世界观与方法论的极其重要的问题。

从实践方面来看，研究绝对观、相对观也具有十分重要的意义。

按照辩证唯物主义的基本原则，我们做任何事情都必须从实际出发，而客观实际本身都是绝对与相对两个方面的内在统一，任何事物、任何过程都不是单独存在的绝对，也不是纯粹的相对，从实际出发，也就是从这两方面的真实关系出发。因此，在实践中坚持绝对相对辩证统一的观点，也就是坚持唯物主义的思想路线和工作路线。反之，如果割裂了绝对与相对的内在联系，或是歪曲了二者的辩证关系，搞相对主义或绝对主义，就不可能坚持实事求是，就会在行动中导致失败。这是因为，坚持绝对主义

的观点，就会把复杂的事情简单化，强调某一方面，就会否定另一方面，好就是绝对的好，坏就是绝对的坏，这就难免犯"左"的错误；坚持相对主义的观点，判断是非就没有定见、没有标准，就会以为什么都不可信，什么都不可靠，甚至会对社会、人生持一种消极、冷淡、虚无的态度，使人们陷入实用主义、市侩主义、虚无主义，直接妨碍人们充分发挥主观能动性。可见，绝对相对的观点，无论在理论上还是在实践上，都是有着极其重要的意义的。但是，对于这样一个重大的理论问题，我们还研究得不够。在以往的哲学教学与研究中，往往是在讲到或论及运动与静止、有限与无限、相对真理与绝对真理、实践标准的绝对性与相对性、同一的有条件性与斗争的无条件性等问题时，把它作为相关论点顺便提及，很少把它当做总体性的范畴，进行全面系统的讲解和研究，以致每当谈到这个问题，就会碰上一大堆"为什么"。这种状况应该有所改变。这也就是我们现在专门来研究这一问题的意义所在。

二　绝对、相对范畴的由来与实质

绝对相对问题，是哲学史上的一个极其古老的问题，可以说，当哲学家们开始思考世界的本原和基础的时候，它就被提出来了。哲学家们在这个问题上的探索和贡献，促进了人类理论思维的发展；也有不少哲学家在这里失足，对哲学的发展产生了消极的影响。

那么，绝对相对范畴是怎样出现的呢？历史上不同哲学家对它是怎样理解的呢？他们提供了哪些经验教训？绝对相对范畴的实质究竟是什么？这些都是我们所应研究的问题。

据了解，"绝对"一词来源于拉丁文 absikytus，意思是：①完全的，完满的；②无条件的。"相对"一词来源于拉丁文 relativus，意思是：①带回来；②传达、交付。在希腊哲学中，没有与"绝对"或"绝对者"完全相同的术语。

古希腊哲学家赫拉克利特初步看到了运动变化的绝对性，认为万物皆动、皆变、皆灭，或者说，一切皆流，一切皆变。这表明他已有了运动变化的绝对性的思想，但"绝对"这个术语，他还没有明确使用过。

智者派的代表人物普罗泰哥拉继承了赫拉克利特的万物皆变的思想，认为"万物都是由于运动变化和彼此间的混合而产生的""没有什么东西是永远长存的，一切事物都在变化之中"。在认识论上，普罗泰哥拉过分强调了感觉的作用，过分夸大了感觉的主观性和相对性，认为事物的真假、是非，都是由主观感觉决定的。他有一句名言："人是万物的尺度，是存在的事物存在的尺度，也是不存在的事物不存在的尺度。"这就是说，万物存在与否，都是依人的主观感觉而定的。这表明了他的哲学的相对主义倾向。相对主义者的特点是以说出相对为满足，所以只谈相对，不直接谈绝对。然而，客观上相对与绝对是不能分的。因此，他们也必然从否定的方面，即从否定绝对真理存在的角度涉及绝对问题。尽管如此，普罗泰哥拉也还是没有明确地用过"相对"与"绝对"的术语。后期的智者派走得更远，逐步从相对主义者演变成玩弄逻辑概念、歪曲真理、论证谬误的诡辩论者，至于"绝对"，仍然是他们的一个不曾正面涉足的问题。

埃利亚学派的代表人物巴门尼德提出"存在"是世界的本原，认为存在是唯一的、永恒的、不变的。他讲的"存在"，可以说是本体论上的"绝对者"，但他自己却不曾这样说。而"相对"术语，他也同样没有使用过。

柏拉图也是从本体论方面谈绝对的。他认为感觉世界是不真实的，在它之外有一个永恒不变的、独立的、真实存在的理念世界。理念世界中最高的理念就是"善"。他讲的"善本身""美本身""自在"等都包含有"绝对"的意思，善本身也可以说是"绝对的善"。柏拉图在谈到认识和存在等问题时，在较多说法中，"善本身"都是指的"无条件""包罗万象"或"全"。它是处于感觉世界之外、处于万物之外的本原。不真、不善、不美的感觉世界，是由绝对的理念世界派生出来的，是相对的。不过，他也未曾明确使用过"绝对"与"相对"的术语。

后来，亚里士多德提出了著名的"四因说"。他对"四因说"论证的结果，导致了承认有一个没有质料的"形式"即"形式的形式"的存在，认为它是一切事物所追求的最高目的，即"隐德莱希"，也是一切运动的终极原因、初始原因，一个不动的推动者。这无疑是唯心主义的、形而上学的。从这个没有质料的"纯形式"的特性，我们可以看到，它与柏拉图的"善本身""自在"相近，也有"绝对""绝对者"的意思。但他的著作中，未曾用过"绝对"这一术语。

到了中世纪，经院哲学围绕着上帝观念，提出了"绝对"问题，出现了"绝对"这个用语，当时的意思是：没有任何条件，不依赖其他，完全没有任何关系或关联等。从那以后，经院哲学中便常常提到所谓"上帝的绝对意志"。中世纪经院哲学的代表人物阿奎那曾断言上帝的存在就是因为上帝在他自身之中，并力图"论证"这种"断言"。阿奎那认为，一切皆动背后必有个第一推动者；一切原因背后必有一个第一原因；一切必然性背后必有一个绝对必然。第一推动者、第一原因、绝对必然，是万物的根源和创造者，它只能是上帝。上帝不依赖其他，只能在他自存中，是绝对的。这种证明方法，就是把宇宙万物的存在和属性都看做是相对的，并从这种相对性推出绝对者的存在。这个绝对者不可能是别的，只能是上帝。阿奎那的"绝对"一词，仅限于讲上帝时使用。他虽然有宇宙万物都是相对的意思，但没有使用"相对"一词。在宗教神学中，有所谓消极神学或否定神学一派。这一派将作为绝对的上帝与相对的有限者之间的对立极端化，认为关于上帝不能正面讲他是什么，只能说他不是什么，说他是什么就不是绝对了。这就把绝对与相对割裂了开来，截然对立起来，把绝对神秘化了。

从古希腊到中世纪，人们所研究的"绝对"、"相对"有以下几个特点：

第一，关于绝对。这时期，人们主要是从本体论方面谈到绝对，还未从认识论方面直接谈到。具体地说，人们是在研究运动、存在、创造万物的上帝（神）时，才谈到所谓"绝对""绝对者"。他们起初并未明确使用"绝对"这一术语，只是到了中世纪的经院哲学才明确使用。这时期，绝对的含义（内涵）主要是指无条件的、无限的、至高无上的，其外延主要是指运动、万物的本原等。

第二，关于相对。这时期，人们主要是从认识论方面谈相对，还未从本体论方面谈到。早期智者学派的普罗泰哥拉在夸大感觉的主观性和相对性时涉及了"相对"。后期的智者学派走得更远，从相对主义者逐步演变成玩弄概念、歪曲真理、论证谬误的诡辩论者，否定了真理与谬误的原则界限，把真理看做只是相对的。但这时期还不曾使用"相对"这一术语，而相对的含义主要是指有条件的，即指受一定条件局限的。其外延主要是指真理的相对性。

第三，关于绝对与相对的关系。这时期，人们在谈绝对与相对时，往往是孤立地就"绝对"谈"绝对"，就"相对"谈"相对"，不从两者的彼此规定、相互照应来谈。有时不得已，也只是从否定的方面涉及另一方。这在柏拉图的理念论和中世纪的经院哲学中表现得十分突出。

总之，这一时期的人们，大凡研究绝对的，就是想找一个绝对的绝对，即离开相对的绝对，导致了绝对主义；大凡研究相对的，就是想找一个绝对的相对，即离开绝对的相对，所以导致了相对主义。

文艺复兴以后，哲学家们对绝对、相对问题有了进一步的了解。

文艺复兴时期较早的自然哲学家尼古拉（1401—1461），从新柏拉图主义出发，过渡到泛神论。他承认上帝创造万物，但对"创造"作了异端的解释。他说："上帝创造万物，和说上帝是万物，乃是一回事。"上帝是万物的"本质"，是使万物成为万物的"绝对实体"。它包含着万物，万物都在它之中，它展现为万物，它就在万物之中。不过，他的泛神论并没有达到把神和自然完全合一的地步。他在承认上帝的无限性时，又把上帝和有限的万物区别开来，认为上帝是某种超出一切有限物的对立和差异的绝对同一、绝对完满、不动不变的东西。他认为上帝是绝对的、至大无比的，是绝对的存在，是绝对的统一。尼古拉比较突出地讲到绝对，使绝对成为一个哲学上的基本范畴。从这些思想来看，宗教唯心主义对他的影响还是比较大的。但是，他的泛神论观点，确实表现了唯物主义的倾向。他虽然没有把上帝和自然界完全等同起来，但他认为自然界或宇宙作为万物的总和，也是无限的。与上帝的超越一切差异和对立的绝对的无限性不同，宇宙的无限性是包含着差异和对立的具体的无限性，是在时间和空间中运动变化着的无限性。根据这种无限性的观点，他在宇宙论问题上提出了一些很有价值的思想。比如，他指出，无限的宇宙没有边缘，没有中心，在哥白尼之前就驳斥了地球中心说。

尼古拉讲的绝对、无限比过去要充实得多。他讲的上帝也不再是一个抽象的人格化了的上帝，而是一个包含万物又超出万物的"绝对实体"。

尼古拉在谈到作为万物总和的自然界时，进一步表现了他关于有限与无限、绝对与相对统一的可贵思想。他认为自然界、宇宙的无限性是包含着差异和对立的具体的无限性，绝对是与相对统一的绝对。整个中世纪，经院哲学家们把绝对与相对截然分开，尼古拉则自觉不自觉地把两者统一起来。这当然是一个有意义的转变。

在近代，荷兰的唯物主义哲学家斯宾诺莎（1632—1677）关于"绝对"的思想是比较深刻的。斯宾诺莎认为，自然界或物质世界就是"绝对"。它是无限的、无所不包的唯一实体。它以自身为原因，同时也是它自身存在的根据。世界上的个体事物都是由这个实体所派生的，是实体的变形。他把由实体派生的个体事物、实体的变形称之为"样式"，认为实体与样式的关系是整体与部分、原因与结果、本质与现象、无限与有限的关系；样式作为部分存在于实体之中，作为结果由实体所产生，作为现象又表现着实体；无限的有限样式的总和构成无限的实体。这些看法表明，斯宾诺莎在一定程度上看到了上述诸范畴的辩证关系。但是，他又认为实体是不动不变的，而样式是运动变化的，把实体与样式又割裂开来了。

可见，斯宾诺莎对"绝对"的了解，又前进了一步："绝对"不仅包括无限、无条件，而且包括唯一、整体。他认为整体是由部分构成的，无限的有限样式的总和构成无限的实体，表达了绝对与相对统一的思想，但又认为样式是运动的，实体是不动的，存在着把整体与部分、绝对与相对割裂开来的倾向。

18世纪的法国唯物论在反对宗教神学和唯心主义的斗争中，一方面发挥了物质自然论，物质唯一实体论的思想；另一方面，肯定了意识是物质发展到一定程度的产物，是大脑的特性，把精神归属于物质，论证了唯物主义的一元论，进一步否定了精神实体和上帝创世说。

在这里，法国唯物论肯定了永恒的物质是绝对的。他们的"绝对"，不仅包括前面讲的无限、无条件、唯一、整体等，而且肯定了它是物质实体的无限性、唯一性、整体性。这无疑是一个巨大的进步。

在关于物质与意识的关系问题上，法国唯物主义明确主张物质派生意识，意识反映物质，肯定了无限的物质世界的绝对性以及作为物质的反映的意识的相对性，进一步表达了绝对与相对统一的思想。

从文艺复兴时期的尼古拉，到18世纪法国的唯物论，哲学家们对绝对、相对的了解，大致有以下几个特点：

第一，关于绝对。这时期，哲学家们也主要是在本体论范围内谈"绝对"，在认识论范围内则不曾直接涉及。具体来说，或是在讲泛神论的上帝、或是探讨自然界、或是探讨物质时，哲学家们讨论了绝对。他们不仅明确使用了"绝对"这一概念，而且有的研究得比较具体，比较深入，使绝对的含义进一步得到充实，在原有的无条件、无限、至高无上等基础上，增加了"整体""第一性"等内容。其之所以能够如此，是因为这时期的"绝对"不是指上帝，而是指自然或物质世界。

第二，关于相对。这时期，哲学家们也主要在认识论范围内谈"相对"，主要是讲认识阶段的相对性，在本体论范围内则不曾谈到。原因在于这时期还没有真正认识到绝对与相对的辩证关系。"相对"概念也没有明确使用。

第三，关于绝对与相对的关系。这时期，哲学家们虽然在不同的范围内分别谈到或直接涉及绝对、相对问题，但已不像过去将两者截然分割，而是已经开始注意两者的联系。如斯宾诺莎讲的实体与样式，就在有限与无限、整体与部分、现象与本质的范围内把两者联系起来了。当然，也还存在着将两者割裂的倾向，在认识论方面，有关认识阶段的相对性绝对化的问题，表现得很明显。总之，这时期已从两者的截然分割转向注意两者的联系，但仍然存在"割裂"的倾向，仍然未能真正解决两者的辩证关系问题。可以说，这个时期是从"截然分割"转向"辩证统一"的过渡阶段。造成这种状况的原因当然是多方面的，主要则在于，这时期的哲学家们有了唯物主义的世界观，但又缺乏辩证思维的能力。唯物主义的世界观决定了他们能够在一定范围内认识到物质实体与具体物质形态之间的联系，认识到物质的绝对性；由于缺乏辩证思维的能力，他们还不可能自觉地认识到绝对与相对的辩证关系，不可能真正解决两者的辩证联系问题。

18世纪末19世纪初的德国古典哲学，对绝对、相对问题的研究大大前进了一步。

德国古典哲学的创始人康德，不再把本体论与认识论分开，因而得以在本体论领域和认识论领域辩证地研究绝对相对问题。

康德的研究是从认识论入手，继而进入本体论领域的。在本体论领域中，他深刻地研究了绝对，同时也论及了相对。

康德在调和唯理论和经验论、建立自己的"批判哲学"体系时指出，唯理论与经验论都有片面性，都只是抓住了认识的一个环节，并据此断言自己掌握了真理，究其原因，是因为他们在认识之前，没有"批判"、审查人的认识能力。于是，他提出，在开始认识活动之前，必须对人的认识能力进行一番批判的考察。经过一番批判的考察后，康德认为，只有莱布尼茨的天赋的普遍性、必然性，或只有休谟的感觉经验，都不能构成知识；一切知识都是感觉材料和普遍性、必然性的结合。为了论证这个问题，他具体分析了人的认识能力，把人的认识能力分成感性、知性、理性三个环节。在分析感性时，他承认在我们之外存在着"物自体"或"自在之物"，"物自体"或"自在之物"刺激我们的感官引起感觉。这是他的哲学中的唯物主义因素。但是，康德认为，只有感觉材料本身还不能形成认识，要形成认识，必须有先天的认识形式（空间和时间）整理这些感觉材料。感性认识就是感觉材料和先天的感性直观的纯形式（时间空间）的结合。在这里，他开始滑向先验唯心主义。康德进一步说，感性阶段的知识仍然是零散的知识，缺乏普遍性和必然性。因而认识必须从感性进入知性，经过知性进一步综合整理。其综合的形式就是实体、因果、必然等12个知性范畴，而进行这种综合整理的，则是"我思"，即先验的统觉。经过知性范畴的综合整理，感性材料便具备了普遍性、必然性，从而提供了严格意义的科学知识。康德说，经过知性范畴整理过的感觉表象就是现象界。现象界既是被先验的认识形式一再整理过的，就会越来越远离"物自体"，而人的认识只能停留在现象界，"物自体"是认识所不能达到的；"物自体"是绝对的，现象是相对的。这是康德在绝对相对问题上独特的见解和独特的论证方式。

康德也依据本体论来讨论认识论，在认识论范围内着重谈到了相对，也涉及了绝对。康德说，理性不满足于认识有限的、相对的、有条件的东西，而要求认识无限的、无条件的"物自体"；又由于"物自体"本来是不可认识的，当理性用知性范畴去认识它时，就必然会陷入二律背反。这表明，人的认识能力是有限的、相对的。由于人的认识能力永远不可能达到"物自体"，所以，它又是绝对的有限的、绝对的相对的。这样，康德又不自觉地把绝对与相对截然对立起来了。

在实践理性方面，康德认为最高的善——道德与幸福的结合，也是不能达到的彼岸，也是绝对的。不过，这种绝对的东西，却是推动人们在实践中实现其天职的动力、目标。

费希特从康德哲学出发，同时又清洗了康德哲学中的唯物主义因素（"自在之物"），抓住了康德的"自我"或"自我意识"，将其发展成为彻底的唯心主义。费希特认为，哲学就是要说明一切经验的根据，为一切知识确立基本原则，找到关于一切知识的绝对在先的和无条件的根据或出发点，这个出发点就是能动的、具有创造性的"自我"或"自我意识"，而"自我"也就是所谓"绝对"。在费希特看来，"自我"或"自我意识"这个"绝对"，不是物质的自然的产物，不依赖任何东西。它自己规定自己，自己产生自己，因而说它是无条件的、绝对的。这个绝对的

"自我"同时还创造"非我"，创造世界上的一切事物，"自我"是第一性的，"非我"是第二性的，因而也是相对的。

"自我"是"绝对"的，"非我"是"相对"的；"自我"创造"非我"，"绝对"派生"相对"，这就是费希特的绝对、相对理论。

谢林在建立自己的"同一哲学"的过程中，认为费希特清除康德的"自在之物"是对的，但承认"自我"内部有一个"非我"则是不彻底的。他认为，"自我"和"非我"，主体和客体，思维和存在，都来源于一个不自觉的更高的精神力量，这就是"绝对"，或者说，"绝对"本身就是"自我"和"非我"二者的"绝对同一"，或"无差别的同一"，主体和客体、思维和存在、自我和非我的差别和矛盾以及世界上的万事万物，都是从"绝对同一"中产生出来的。

那么，谢林的"绝对"究竟如何产生宇宙万物呢？谢林说，他的绝对起初是一种不自觉的精神，后来变为自觉的精神实体，精神实体的原始冲动产生了原始对立，在原始对立的基础上，便产生了万事万物。由绝对派生出来的宇宙万物，在谢林看来，都是有条件的、有限的，因而也是相对的。

谢林在本体论的范围内讨论了"绝对"，并通过绝对如何产生万事万物的论证，讨论了相对。他认为"绝对"就是世界的本原，"相对"就是由"绝对"派生出来的宇宙万物；或者说，世界的本原就是"绝对"，宇宙中万事万物就是"相对"；绝对派生相对，相对依赖于绝对。这就是谢林的绝对、相对观。

继康德、费希特、谢林之后，黑格尔提出了"绝对精神"的概念，并以此作为自己哲学的出发点。黑格尔认为，"绝对精神"是世界的本质和基础。"绝对精神"作为世界的本质和基础，便是所谓"实体"。同时，实体也即是"主体"。说它是主体，是因为它是一个具有创造性的、处于运动变化过程之中的实体，世界上的一切事物都不过是"绝对精神"自身运动内在过程的体现。他从实体即是主体的思想出发，把绝对精神的发展分作三个阶段，而他的哲学体系不过是绝对精神辩证发展过程的描述。在他看来，绝对精神发展的整个过程就是"绝对"，绝对即是"全"，即是整体；而绝对精神发展过程中的各个阶段、各个侧面则是"相对"。绝对是无数相对的内在的结合，有机的统一，绝对精神的整个发展过程即是它的各个发展阶段、侧面的内在的结合，有机的统一。

黑格尔还批判了康德割裂思维与存在的关系的形而上学，论证了思维与存在的同一性。黑格尔认为，思想不仅是我们的思想，同时是事物的本身，或对象的本质。因此，绝对精神既是客体，又是主体；既是存在，又是思维；绝对精神的辩证运动过程同时也就是思维与存在的矛盾发展过程。在这里，黑格尔把本体论、认识论、逻辑学三者统一起来了。因而，他关于绝对相对的思想，不仅体现在本体论中，而且也体现在认识论中。

从这些情况来看，德国古典哲学对绝对与相对的了解有以下几个特点：

第一，不再是在本体论、认识论中分别讨论绝对相对问题，而是开始将本体论、认识论结合起来展开讨论。

第二，"绝对"概念的内容更加丰富了。它不仅包括了本体论方面的绝对（本原，运动，全体等），而且包括了认识论方面的绝对，如康德讲理性要追求绝对（"物自体"），黑格尔讲绝对精神要达到绝对（"绝对观念"）。

第三，"相对"概念的内容也更加丰富了。它不仅包括了认识论范围内的相对，而且包括了本体论范围内的相对，如谢林的"绝对同一"的"展开"，黑格尔绝对精神内在发展过程中的各个阶段等。

第四，对绝对与相对的关系有了辩证的了解，进一步解决了绝对与相对结合的问题。从尼古拉到斯宾诺莎，已有了将两者结合起来的趋势，谢林、黑格尔等将其向前大大推进了一步，把绝对与相对看做是一种内在的联系、内在的结合；相对中包含有绝对，绝对则通过无数相对体现出来。

马克思主义哲学产生以后，在总结历史经验的基础上，对绝对相对问题作了更加深入的研究，使这一理论真正建立在辩论唯物主义的基础上。

下面，分作几个问题来谈。

第一，关于相对绝对范畴的外延问题，或者应用范围问题。

辩证唯物主义既不像唯心主义、怀疑论那样，把相对绝对范畴的应用范围限于理念、上帝、精神实体、主观感觉等狭小的圈子里，也不像旧唯物主义那样只局限在自然、物质实体、物质、认识阶段等较小的领域里，而是在辩证唯物主义的基础上，全面地揭示了这对范畴的外延，指出了它广泛的应用范围，具体表明了它是一对普遍性极大、综合性极强的整体性范畴。辩证唯物主义认为，绝对相对这对范畴，就其开始的意义来说，或者就其最基本的意义来说，绝对是指世界及其发展过程的总体，相对是指世界及其发展过程中的一切具体事物和具体过程。但是，这绝不意味着它只能用来说明这些，在其他地方就不适用了。从马列主义经典作家的论述来看，这对范畴并不只限于说明世界总体与其部分之间的关系、总的过程与阶段之间的关系，而是经常被用来分析、说明其他问题。比如，用它来分析运动及其状态，于是有了静止的相对性和运动的绝对性的理论；用它来分析认识的发展过程，于是有了相对真理与绝对真理的理论；用它来说明实践对认识的检验过程，于是有了实践标准的相对性与绝对性的理论；用它来分析同一性、斗争性在矛盾运动中的地位和作用，于是有了同一性是相对的、斗争性是绝对的理论。此外，我们还经常用它来说明普遍与特殊的关系，认为普遍是绝对的，特殊是相对的；用它来说明局部与整体的关系，认为整体是绝对的，局部是相对的；用它来说明物质与意识的关系，认为物质是第一性的，是绝对的，意识是第二性的，是相对的；用它来说明平衡与不平衡的关系，认为不平衡是绝对的，平衡是相对的；它来说明无限与有限的关系，认为无限是绝对的，有限是相对的；用它来分析有条件与无条件的关系，认为无条件是绝对的，有条件是相对的；等等。

总之，绝对相对是贯穿于客观过程、认识过程、实践过程各个方面的普遍性的范畴。它的外延广，适用的范围大，概括性大，综合性强。所以，现有的辞书和哲学论著一般都以列举外延的办法，对它进行规定，如，相对是指有条件、特殊、暂时、有限等，绝对是指无条件、普遍、永恒、无限等。

第二，关于相对绝对范畴的内涵问题。

这是一个难题。在经典著作以及现有的哲学教科书、辞书、哲学专著中，都没有对相对绝对范畴的内涵作明确的规定。近来有同志开始探讨这个问题，认为绝对的内涵就是指事物运动的绝对性、永恒性，相对的内涵就是指事物的静止的相对性。

我认为，相对、绝对范畴，就其外延来说，包括绝对运动与相对静止，但不能把它的内涵也归结为此。

所谓外延，指的是概念所反映的一类事物；所谓内涵，则是指一类事物的共同本质。经典作家对相对绝对范畴外延的全面揭示，为我们从中抽取其共同本质，分析其内涵提供了可靠的理论依据。那么，贯穿在前面所讲的作为外延的一系列的辩证联系的共同本质特征是什么呢？

第一，从绝对运动与相对静止看。所谓"绝对运动"，是说运动在任何情况下都存在，不受任何时间、地点、条件限制，具有不受限制的特性；所谓"相对静止"，是说静止是在一定条件下、一定范围内、一定时间内存在，受一定的时间、地点、条件的限制，具有受限制的特性。

第二，从绝对真理与相对真理看。绝对真理是贯穿于人类整个认识过程中的正确认识。它存在于任何时间、地点、条件下，不受一定时间、地点、条件的限制，具有不受局限的特性。相对真理存在于认识过程的某一阶段，是对客观世界的某一事物或某一阶段的正确认识，受一定的时间、地点、条件的限制，具有受限制的特性。

第三，从同一的相对性与斗争的绝对性看。斗争性在一定条件下存在，但不受一定条件的局限，通过它创造转化的条件，冲破依存的条件，因而是无条件的、绝对的，具有不受局限的特性。同一性在一定条件下存在，只能体现一定条件的作用。它既不能创造转化的条件，也不能冲破依存的条件，因而是有条件的、相对的，具有受限制的特性。

第四，从无限与有限看。无限是绝对的。无限就是在空间、时间上都没有界限，无边无际，无始无终，不受任何时间、地点、条件的局限，具有不受限制的特性。有限是相对的。有限就是在空间、时间上有一定的界限，受一定的时间、地点、条件的限制，具有受限制的特性。

类似的范畴，我们还可以举出很多，情形都大体相似。

从以上几个方面的分析看，这些范畴都存在这样的共同特性：不受限制的特性与受限制的特性。这是贯穿于绝对相对范畴全部外延中的共同本质特性。因此，绝对相对的内涵应该是：无限制性或不受限制性与有限制性或受限制性。也可以说，绝对性是指世界上的任何事物和认识所包含的不受限制的方面，相对性是指世界上的任何事物和认识所包含的受限制的方面。

三　绝对相对的辩证关系

列宁说："相对和绝对的差别也是相对的。"① 绝对相对是统一过程的两个方面，当然是有差别的，不能混淆。但是，它们又是相互包含、相互

---

① 《列宁全集》第 55 卷，人民出版社 1990 年版，第 306—307 页。

渗透、不可分割的，只能在彼此的相互制约、相互规定中存在，因此，它们的差别又是相对的。

那么，它们的相互制约、相互规定的联系具体表现在哪些方面呢？

第一，绝对存在于相对之中，并通过相对表现出来。脱离相对孤立地谈绝对，就会把绝对性绝对化，导致绝对主义。在这方面，哲学史已经为我们提供了不少的经验教训。

第二，相对总是同绝对相联结的。如果离开绝对谈相对，就会把相对性绝对化，甚至加以主观任意地运用，导致相对主义，甚至诡辩论。这方面的经验教训也是不少的。

总之，绝对相对是内在的辩证的统一，只能在相互制约和相互规定的统一联系中存在。如果把它们割裂开来，截然对立起来，就会陷入绝对主义或相对主义的错误。

有的同志认为，绝对与相对的关系与其他的对立统一关系不同，它们不是一对一的关系，而是一对多的关系。理由是无数相对在运动过程中的统一联系才构成绝对，即才构成与相对对立的另一方。这种看法，有一定的道理。它能反映像相对真理与绝对真理、有限与无限、局部与整体等这样的相对绝对关系。但是，它不能反映像同一性与斗争性、共性与个性、运动与静止等这样的相对绝对关系。因此，"一对多"之说，作为特例是可以的，作为一般的特征，以概括相对绝对的全部关系，则是不够妥当的。

四 绝对相对范畴的实践意义

绝对相对作为应用范围极广的范畴，在哲学史上曾引起人们的极大兴趣，吸引了很多人的注意力，有的用它来解决某些理论问题，有的则用它来支撑整个哲学体系。遗憾的是，很多人都失败了。因此，研究它的方法论意义，也是十分必要的。

那么，它究竟具有哪些方法论的意义呢？

第一，正确理解和掌握它们的辩证关系，有助于我们在认识和实践中做到原则性与灵活性的统一。相对中包含有绝对，这就要求我们在认识中坚信科学的原理、原则的正确性，不能模糊真理与谬误的界限；在实践中，则要有原则的坚定性，而不可以人云亦云。绝对不能离开相对，要求我们在认识中，不能把一定的科学原理、原则、正确认识凝固化、极端化、使真理变成谬误；在实践中，则要求我们对于原则的运用必须因地制宜、因时制宜，在不同的情况下，根据不同的时间、地点、条件，灵活掌握，否则，就可能陷入教条主义。

第二，正确理解和掌握它们的辩证关系，有助于我们从思维方法上，正确认识和处理一系列重要的辩证关系问题。

比如认识和处理平衡与不平衡的关系问题。任何事物都是在平衡与不平衡的矛盾中、在二者的交替和转化中存在和发展的。不平衡是绝对的，平衡是相对的。根据这个道理处理国民经济的关系，我们就可以做到使国民经济的各部门按一定的比例关系，协调发展，并及时地组织调整，以求得绝对不平衡中的相对的协调和平衡，或是达到更高水平的平衡；也不因为不平衡是绝对的，就不思进取，不图改革，把经济秩序维持在原有的状态。此外，它对于正确认识和处理共性与个性、变与不变、统一与斗争等辩证关系，都有方法论的指导意义。

绝对相对问题既有如此重大的方法论意义和实践意义，我们就必须认真地研究历史上的经验教训，认真地研究经典作家的思想，使这一理论更加完善化、更加科学化。

本文收在赵光武著《辩证法的历史与逻辑》，广西人民出版社 1987 年版。

第 八 章

辩证法与物质本质一元论的统一

一 从何谓本体论与辩证法说起

无限多样的世界有没有统一性，是哲学作为世界观的学问理当探讨的本体论问题。本体论（on－tology）来自拉丁文，本意是关于存在的理论，可译为存在论。一般辞书上说："本体论"一词最早是德国哲学家郭克兰纽（1547—1628 年）在他著作中使用的。他把本体论当做形而上学的同义语。后来，又被 18 世纪德国哲学家沃尔夫所采用。沃尔夫试图通过纯粹的抽象的思辨途径建立一套完整的关于一般存在和世界本质的形而上学，即独立的本体论体系。"本体论"作为存在的理论，由于它所研究的存在不是一个个具体的存在物、存在形式，而是要探求作为一个个具体存在物之根据的存在，即作为存在的存在。一个个具体的存在物都是有限的、有条件的，而作为万物存在根据的存在则是无条件的、绝对的，对于具体存在来说具有"本原""根据"的含义，是对具体存在的终极考察。因此，把它叫做"本体"，关于存在的理论也就成了本体论。本体论在中国古代哲学中称为"本根论"（张岱年：《中国哲学大纲》，中国社会科学出版社 1982 年版，第 8 页）。《辞海》中讲：本体论大体上是指哲学中研究世界的本原或本性问题的部分。所谓本原是指宇宙万物的根源和存在的根据，是关于存在之存在。

本体论是哲学理论大厦的基石。哲学中的发展观、认识论、历史观都建立在它的基础之上。本体论问题说到底是关于物质与精神的关系问题，是关于物质与精神谁是世界的本体、万物的本原问题。

在哲学史上，不同哲学派别由于对物质与精神的关系问题回答不同，形成了不同的本体论：凡是认为物质为万物本原的，即世界以物质为本体的哲学派别形成了物质本体论，也叫物质一元论；凡是认为精神为万物本原的，即世界以精神为本体的哲学派别形成了精神本体论，也叫精神一元论。在哲学史上唯物主义的物质一元论，经历了三种形态：第一种是古代朴素唯物主义的物质一元论，它把某一种物质实体，如水、火、气等当做万物的本原，宇宙的本体，称做物质实体一元论。第二种是近代机械唯物主义的物质一元论，它把物质结构的原子层次当做万物本原，宇宙的本体，称做物质结构一元论。第三种是现代辩证唯物主义的物质一元论，它既不是把某种实体当做万物本原，又不是把物质结构的原子层次当做万物本原，更不是把主体与客体中介——实践当做万物本原，而是把整个世界从根本性统一起来的本质特性——客观实在性，即物质性当做万物本原、宇宙本体，明确肯定了世界的真正统一性在于物质性，故称做物质本质一元论。

现实世界不仅是客观存在的，具有物质统一性，而且是充满联系、不断运动，由矛盾构成的，具有辩证性。哲学作为世界观的学问，要阐明对整个世界的总的根本的看法，既需要研究世界的物质性，即万物本原问题；又需要探讨世界的辩证性，即联系、发展与运动的源泉（矛盾）问题。围绕着对世界辩证性问题的回答，一直存在着辩证法与形而上学两种发展观的对立。

辩证法是关于世界发展和普遍联系的学说。"辩证法"一词来源于希腊文，意思是对话、辩论。在古希腊，人们把揭露对方议论中的矛盾及克服矛盾求得真理的艺术，叫做辩证法。据记载，最初提倡掌握这种艺术的是古希腊著名的哲学家苏格拉底，后来苏格拉底的学生柏拉图把"辩证法摆在一切科学之上，作为一切科学的基石或顶峰"[①]。再往后，人们不仅运用这种方法揭露议论中的矛盾，而且运用这种方法研究外界事物的联系、发展与矛盾，从而构成了关于世界发展和联系的学说。它的特点是用联系、发展、全面的观点看世界，核心是用矛盾的观点看问题。

总之，哲学围绕着对世界物质统一性与辩证性的探索一直存在物质本体论与精神本体论的对立，以及辩证法与形而上学的对立。一有哲学就有这两个对立，它们又总是密切联系交织在一起的。

[①] 《古希腊罗马哲学》，北京大学哲学系编译，商务印书馆1961年版，第206页。

二　辩证法与本体论的内在联系

在哲学史上，从来没有以纯粹形态单独存在的辩证法，它不是与唯物主义结合，就是与唯心主义结合。在古代，有朴素的唯物辩证法，辩证法与唯物主义结合；在近代，有唯心辩证法，辩证法与唯心主义结合；在现代，则有科学的唯物辩证法，辩证法又与唯物主义结合。辩证法之所以必定与唯心主义或唯物主义结合，实际上是反映了辩证法与本体论之间的内在联系。

辩证法作为关于世界发展和普遍联系的哲学学说，是从总体上研究世界的联系、发展和矛盾的。也可以说，是对整个世界的辩证性的一种宏观把握，具有世界观意义。

世界上的具体事物、具体现象虽然纷繁复杂相互交织，但归根结底不外物质现象与精神现象两大类。辩证法既然是从总体上对世界辩证性的一种宏观把握，就得既研究物质现象的辩证性，又研究精神现象的辩证性，即通常所说的既研究外部世界的辩证法又研究人类思维的辩证法。

辩证法在其发展过程中，在对世界的辩证性从总体上进行宏观把握时，尽管不同时期，可能对某一类现象的辩证性（外部世界的或人类思维的）有所侧重，但总的来说，都不能不涉及这两类现象的辩证性及其相互关系。换句话说，都必须自觉或不自觉地解决这两类现象的辩证性，解决谁是本原的问题，即对这两类辩证性的相互关系作出本体论的回答。

凡是认为精神现象的联系、变化、发展是物质现象的联系、变化、发展的反映，世界上一切变化、发展的最终根源在于物质自身的矛盾的，就是辩证法与物质本体论相结合，以物质本体论为基础，表现为唯物辩证法。凡是认为精神现象的联系、变化、发展是根本的，物质现象的联系、变化、发展是派生的，就是辩证法与精神本体论相结合，以精神本体论为根基，表现为唯心辩证法。

可见，辩证法必定与本体论相结合，以本体论为基础，是哲学发展中具有规律性的东西，是历史中的逻辑。因此，那种主张辩证法应脱离本体论的见解，那种企图建立一种拒斥本体论的纯粹的辩证法的努力，所谓把辩证法非本体论化，是不可取的。

三 辩证法与本体论相互结合的演化过程

辩证法与物质本体论在本质上是一致的。从根本上说，这是因为：世界的物质统一性是包含着联系、发展、矛盾的辩证统一性；世界的辩证性是以物质为本体的辩证性。物质与运动不能分开。物质与运动的不可分性就决定了辩证法与物质本体论在本质上的统一性，就决定了它们之间存在一种相互结合的内在必然性。

然而它们的结合不是抽象的，而是具体的、历史的，总是在一定的历史条件下，通过一定的具体途径实现的，因而不同时期的结合会有不同的特点。

第一阶段，在古代，辩证法与物质本体论实现了最初的结合，形成了朴素的唯物辩证法。

这种结合是在人类认识的低级阶段上，以直观经验为基础进行的。这时的结合有以下特点：

第一，不完备性。这一时期哲学研究的重点是外部世界，以及从外部世界来探讨万物的本原，还未把重点转向主体，研究思维现象所必需的有关思维活动的资料和思维经验还比较缺乏；此外，当时人们还未能从社会历史自身来寻找历史发展的动力、根源、规律，社会历史的本质还在人们研究的视野之外。所以，在当时，辩证法与物质本体论相结合的范围，不能不只限于自然领域，尚未进入思维领域与社会领域，因而是不全面、不完备、范围比较狭窄的，具有不完备性。

第二，自发性。由于古代哲学思维不仅具有直观性，而且没有与具体知识分化开来，对于哲学理论自身所应包括的本体论、发展观、认识论、历史观等方面的内容及其相互关系缺乏认识，因而不可能对辩证法与物质本体论的统一问题，从逻辑上进行论证，将辩证法与物质本体论的结合以自觉的形式体现在逻辑体系之中，而只能是在概括直观经验的过程中自发地实现的，因而具有自发性。

虽然古代的朴素辩证法与朴素的物质本体论的结合有内在的必然性，朴素的唯物辩证法是一种实质上正确的世界观，但是这种结合又有明显的历史局限性。

其一，它对世界的辩证图景只是提供了一个轮廓的说明，而对构成这个图景的细节缺乏研究，这种总的说明没有具体的科学的论证，所以抵挡不住以对局部分析见长的形而上学的进攻。

其二，朴素的物质本体论把辩证发展的主体（载体）归结为某种具体的物质实体，这就使得作为万物本原的物质统一性，不但没有舍掉具体的东西，反而体现为具体的东西，用有限的具体的存在物来代替所有具体物质形态的客观实在性，把特殊当成了一般，具有以偏概全的缺点，所以只能概括有限多样性的统一性，不能反映无限多样性的统一性。以有限的基础难以容纳无限开放的辩证法思想，必然给辩证法的发展带来障碍。

随着科学知识的增长和人类视野的不断扩大，再把宇宙万物都说成是由某种具体东西演化而来的，其荒谬性是显而易见的。所以，人们必然要进一步从一般中去探求本原。而一般、共性，是人们通过抽象思维的作用，从现实对象中抽象概括出来的，总是直接表现为一定概念、范畴，因而人们很容易把一般概念、范畴，不是看做思维的把握，而是当做思维中的实有，当成独立的本质，当成万物存在的根据。这种做法在一定程度上适应了辩证法发展的需要，于是就出现了辩证法与精神本体论的结合，形成了辩证法发展的新的形态，进入了辩证法与本体论结合的第二阶段。

第二阶段，在近代，辩证法与精神本体论的结合，形成了唯心辩证法。

其结合的条件是：

第一，从哲学自身的发展来看，哲学的状况是实现结合的最直接背景。到了近代，哲学从神学的统治下解脱出来以后，伴随着近代实验科学的产生、发展，逐渐将研究的重心从客体转向主体，即从本体论转向了认识论，思维与存在的同一性问题成了哲学思考的主题。近代实验科学产生发展对哲学提出了两个问题：其一，它要求哲学不要代替自然科学和其他具体科学，要结束用自然哲学、历史哲学、法哲学等代替具体科学的局面，哲学应成为对自然知识、社会知识的概括和总结，而不是包罗万象的"爱智慧"或"科学的科学"。这就是说，实验科学的产生与发展加速了具体科学与哲学的分化，促使哲学更加明确了自己的研究对象，自己的任务和功能，注意从世界观与一般方法论的高度观察问题、解决问题。其二，自然科学的发展意味着人们获得了越来越多的自然科学真理，即获得了越来越多关于自然规律的知识。这迫切需要哲学从认识论高度进行分析概括、理论升华，以进一步揭示具体科学在发展过程中，在实践的基础上，发现真理、证实真理、发展真理的认识规律，揭示在实践与认识过程中，理论与实践、主观与客观的矛盾统一的一般规律。所以，认识论问题，思维与存在同一性问题，被大多数哲学家提到研究工作的首位，认识论问题逐渐成了哲学研究的重点。

从本体论到认识论的转向就会使得：一方面，由于人们偏重主体的研究，容易夸大主体的作用以及主体思维的能动性，从而陷入精神本体论；另一方面，由于人们偏重思维活动自身的研究，思维运动的辩证法就容易引起人们的注意，进入人们的视野，被人们所揭示，因而形成概念辩证法。这样的背景为辩证法与精神本体论的结合提供了现实的可能。

第二，从科学的发展来看，18世纪末19世纪初自然科学的发展正处于从经验分析阶段向辩证综合阶段的过渡时期，各领域取得了巨大的成就。一方面，在很大程度上动摇了形而上学的世界观，预示人们对自然的认识面临着新的飞跃；另一方面，尚未达到从本质上揭示自然界的辩证规律的程度。同时，与历史的发展相适应，这时人类已经有了相当多的思维经验，积累了相当丰富的思维活动的资料。比如，以文本形式表现出来的有德国哲学家、逻辑史家普兰托19世纪中叶撰写的《西方逻辑史》共4卷，提供了大量原始资料，比较系统地记载了从亚里士多德到15世纪末的逻辑史史料。这就为人们对思维活动进行辩证的考察，提供了一定条件。

科学的发展，使得一些哲学家能够在一定程度上吸取自然科学的新成果，起来推翻形而上学的思想统治，把辩证法重新提到显要的地位。同时，由于自然科学发展还未能为他们揭示客观辩证法奠定坚实的科学基础，这就在一定程度上导致了他们通过发挥思维的能动性，从概念的辩证法中推出外部世界的辩证法，把人们运用概念来反映事物的本质说成是决定事物的本质、创造事物的本质。沿着这种思路下滑的结果便是，他们发展了辩证法，但却是发展了思辨性的唯心主义辩证法；辩证法被他们提到了显要的地位，但却是以唯心主义面貌出现的。

近代德国的辩证唯心主义哲学家们就是在上述哲学研究的背景下，利用近代实验科学成果提供的条件，沿着发挥思维能动性的思路，通过论述概念、思维的辩证发展的途径而有意识地阐述了辩证法的，从而实现了辩证法与精神本体论的结合。这样的结合有两个突出的特点：

第一，思辨性、神秘性。

在这种结合中，精神本体论以辩证法为工具赋予精神本体以能动性、创造性，来建构体系，来解决宇宙万物如何从精神本原中派生的问题。比如，谢林把"绝对同一"的原始冲动引起的"原始对立"看成精神矛盾的起点，然后通过种矛盾运动派生万物。黑格尔把谢林的无差别的"绝对同一"改造成包含差别的"绝对观念"；"绝对观念"由于自身的矛盾而外化为自然界、人类社会，并从人身上返回自身。这样做的结果使他的唯心主义辩证法具有明显的思辨性、神秘性。

第二，不彻底性。

在这种结合中，辩证法以精神本体论为基础来展现自己，就显露了辩证法与精神本体论在本质上的矛盾。这就是说，唯心主义辩证法以某种有限的精神实体为载体，而排斥了无限的物质世界，所以必然出现这种情况：在体系的展开过程中贯穿着辩证法，而在体系的起点和终点上陷入形而上学，有限的唯心主义体系窒息了无限发展的辩证法思想，使辩证法具有不彻底性。严重阻碍着辩证法的进一步发展。随着科学与哲学的进一步发展，辩证法冲破了精神本体论的束缚，又在新的基础上与物质本体论结合起来了，辩证法的发展进了第三个阶段。

第三阶段，现代的马克思主义的科学的唯物辩证法。

恩格斯指出："随着自然科学领域中每一个划代的发现，唯物主义也必然要改变自己的形式。"[1] 这个论断也完全适用于辩证法，也揭示了辩证法与科学发展的深刻联系。科学发展的历程，从经验分析进入辩证综合阶段之后，使马克思主义哲学能够在总结理论思维的历史经验和新的科学成果的基础上，进一步解决了世界的物质统一性问题，超越了近代的物质结构一元论，建立了物质本质一元论，实现了物质本体论发展史上一个飞跃。物质本质一元论，彻底克服了以往物质本体论的以偏概全的缺点，具有最大的概括性和普遍性，不仅能概括自然物质，而且能概括社会存在；在自然界不仅能概括宇宙物质层次、宏观物质层次，而且能概括微观物质

---

[1]　《马克思恩格斯文集》第4卷，人民出版社2009年版，第281页。

层次。总之，它科学地论证了世界的物质统一性是包罗万象的统一性，是包含联系、发展和矛盾的辩证统一性，即世界的物质性内在的包含着辩证性。另外，马克思主义哲学也能在总结哲学与科学成果的基础上，全面认识到，外部世界的运动与人类思维的运动都存在着关于联系、发展和矛盾的辩证性。差别只是外部世界的辩证规律以不自觉的、外部必然的形式，通过无数表面的偶然性表现出来的；而思维的辩证规律是人的头脑可以自觉地应用的。如人的头脑可以通过自我意识、自我控制，自觉地运用联系的、发展的、一分为二的观点看问题，而避免用孤立的、静止的、片面的观点看问题。上述两者虽然表现形式不同，但本质上却是同一的，前者是后者的基础，后者是前者的反映，客观辩证法决定主观辩证法，物质现象的辩证性决定精神现象的辩证性。无论是外部世界的辩证性还是认识过程的辩证性都具有唯物主义性质。总之，它又科学地论证世界辩证性是以物质性为本体的辩证性，即表现为客观过程的辩证性和以客观过程为本原的精神过程的辩证，即辩证性存在于物质性之中，物质性是辩证性的基础。综上可见，在马克思主义哲学形成过程中，进一步实现了辩证法与物质本体论的内在结合与有机统一。

这种结合有以下特点：

第一，是深入的科学的结合。

这种结合，不像古代那样，是在直观经验基础上自发实现的浅层次的结合，而是在坚实的科学基础上，自觉实现的深入的科学结合，这种结合以自觉的形式，体现在统一的自洽的逻辑体系之中，并有相应的理论论证。如马克思在讲到自己的辩证法与黑格尔的辩证法的根本区别时指出，他的辩证法不是头脚倒立的，而是有现实基础的，这个现实基础就是唯物主义，强调了辩证法与唯物主义（物质本体论）的结合统一。恩格斯在讲到马克思主义的新唯物主义时，明确指出："本质上都是辩证的。"① 总之，这种结合是深入的科学的结合。正如恩格斯在《自然辩证法》中所指出的："在我们这里则是以实验为依据的严格科学的研究的结果，因而其形式更加明确得多。"②

---

① 《马克思恩格斯文集》第9卷，人民出版社2009年版，第28页。
② 同上书，第418页。

第二，是全面的完备的结合。

这种结合，也不像古代那样，其视野仅限于自然领域的不全面、不完备的结合，而是以整个物质世界为视野的，包括自然界、人类社会和思维在内的全面而完备的结合，使辩证法真正成了关于自然、人类社会和思维运动和发展的普遍规律的科学。

四　辩证法与本体论相互结合的发展趋势

从辩证法与本体论相互结合的历史来看，它经历了一个肯定、否定、否定之否定的过程。即由辩证法与朴素的物质本体论的最初的直观的结合，开始的肯定阶段，到辩证法与精神本体论的矛盾结合，从肯定到否定，再到在新的历史条件下，实现辩证法与物质本质论的内在结合，有机统一，即由否定到否定之否定，在更高的基础上，仿佛回到了原来的出发点。

在理论思维发展的这个螺旋运动中积淀起来的真理性认识表明：

第一，辩证法与本体论存在着不可分离的内在联系，辩证法作为一种发展观，必定同本体论相结合，以本体论为基础，因为讲联系、发展、矛盾，必须回答是什么东西的联系、发展和矛盾。

第二，辩证法与物质本体论在本质上是一致的，它们存在着相互结合的内在必然性，这是因为客观世界既有物质统一性，又有充满联系、不断运动，由矛盾构成的辩证性，物质与运动不能分。

第三，辩证法与精神本体论本质上是矛盾的，它们虽然存在着结合的可能与条件，但结合的结果定使辩证法扭曲变形，失去生机，最终被唯心主义体系所窒息。

第四，实现辩证法与物质本质一元论的内在结合有机统一，使辩证法真正成为关于自然、人类社会和思维运动与发展的普遍规律的科学，是哲学发展的必然趋势。

由此，我们可以得到一个重要的理论原则：那就是要坚持与发展唯物辩证法，必须坚持辩证法与物质本体论的统一，必须坚决反对用割裂辩证法与物质本体论的内在联系的办法来歪曲否定唯物辩证法，特别要警惕有人打着"发展""创新"的旗号，大肆宣扬将辩证法非本体论化，排除辩证法的客观基础，使辩证法主观化的图谋。与此相联系的，我们在认识与实践中学习、运用辩证法时，时刻要注意坚持客观性原则，切忌将辩证法主观应用。把辩证法主观应用就会导致形而上学诡辩论。

从以上的分析来看，坚持辩证法与物质本质一元论的统一，不仅符合哲学发展的必然趋势，而且在理论上和实践中都有重要的现实意义。

本文发表在《高校理论战线》2003 年第 2 期。

第 九 章

人的意识的社会性

人的实践活动都是有目的、有意识的，因此，意识问题是人的问题的重要组成部分。

作为人的本质的"一切社会关系的总和"，是多方面、多层次的。它不仅包括经济关系、政治关系，而且包括思想关系。人的意识，在社会发展中，表现为人们之间的思想关系、社会的精神生活过程。它与经济关系、政治关系一样，离开了人类社会是无从产生和发展的。可见，探讨意识的社会性，对于我们从一个具体的侧面深入地了解人的本质是十分必要的。

那么，意识的社会性表现在哪里呢？

马克思恩格斯在《德意志意识形态》中曾经作过这样的论断。他们说："意识一开始就是社会的产物，而且只要人们还存在着，它就仍然是这种产物。"[①] 意思是说，意识是社会的产物、社会的现象，具有与生俱来的社会性。事实不正是如此吗？

一 意识不仅是物质反映特性长期发展的结果，而且是社会劳动的产物

意识作为人脑这块复杂的物质的机能，是物质的高级反映形式。它的起源是与物质反映特性的发展相联系的。

物质的反映特性是怎样从低级到高级的向前发展呢？

最低级的反映特性是无机物的反应形式，其中包括机械的反应、物理

---

① 《马克思恩格斯文集》第 1 卷，人民出版社 2009 年版，第 533 页。

的反应和化学的反应。这种反应是事物自身改变其存在状态或转化为其他事物的过程。

随着生物的产生，出现了生物的反映形式。最原始的生物反映形式是刺激感应性。这种反映是生命体为了吸取营养、获取食物或躲避有害刺激，对外界的作用作出的简单的回答。

随着生物的发展，出现了专门进行反映的器官，即主要由神经细胞组成的神经系统。在此基础上产生了通过神经系统对外界刺激所发生的有规律的反应活动——反射。

神经系统开始出现的时候，是由神经细胞分布在全身或身体的一部分而构成的简单的神经网络，还没有形成神经细胞比较密集、起集中调节作用的中枢神经，这叫网状神经或神经网。腔肠动物门的水螅、海蜇已有网状神经。网状神经出现后，生物的反应能力有显著提高。它能够使刺激迅速传导到全身，较快地引起反应。但是，由于没有中枢神经，不能把全身各部分有效地统率起来，因此不能进行有分化、有选择地反应，而是全身各部一起进行同样的散漫性的反应。

中枢神经产生以后，随着它的发展，动物的反应能力越来越强。以脊椎动物为例，它的低等类群鱼类，因为具备由脑和脊髓组成的中枢神经管，就已经有了比较发达的听觉、视觉、触觉和嗅觉。

从鱼类经过两栖类，进化到爬行类，因为中枢神经在发展中，出现了大脑两半球和初步的大脑皮层，反映能力提高了一步。比如，属于爬行类的蛇，其嗅觉相当灵敏，它能够根据老鼠脚印留下的气味跟踪追击。

从爬行类进化到哺乳类，随着大脑皮层的进一步发展，反映能力又有了明显的提高。哺乳动物已经能在感觉的基础上形成知觉了。比如属于哺乳类的狗，由于有了知觉能力，所以能认识主人了。

类人猿是哺乳类的最高等动物，它的中枢神经已经得到了高度的发展，脑容量有 600 毫升左右，大脑皮层和大脑沟回都相当发达。所以类人猿不仅有灵敏的感觉和知觉，而且能在活动中反映事物之间的简单关系，概括事物的表面特征，有了意识的萌芽。

随着神经系统的进一步发展，猿脑转化为人脑，意识就产生了。意识是物质反映特性长期发展的结果。既然如此，又为什么说意识是社会劳动的产物呢？

这是因为，人的意识的产生，不仅在生理方面与高级神经系统的发展密不可分，而且同劳动是紧密相连的。劳动是使猿脑转化为人脑的决定力量。正如恩格斯所说："首先是劳动，然后是语言和劳动一起，成了两个最主要的推动力，在它们的影响下，猿脑就逐渐地过渡到人脑。"①

猿脑是怎样在劳动的推动下变为人脑的呢？

大约在一千多万年以前，亚洲、欧洲和非洲的森林里生活着许多森林古猿。那时由于气候的变化，使东半球北部和南部的森林面积大大缩减，而热带的森林仍然很茂盛。在这种情况下，森林古猿的发展必然走向两个不同的方向。在热带森林里的古猿仍然生活在树上，至今它们的后代仍然生活在相似的条件下。在森林枯竭地区的古猿，不是由于不能适应环境的变化而死亡，就是被迫从树上的生活方式转变为地上的生活方式。

森林古猿从树上到地上生活之后，主要是用后肢支撑身体，逐渐学会了用两足直立行走，从而把前肢解放出来，使前肢的活动大大地增加了。在经常活动中，前肢越来越灵巧，活动能力越来越增强。

起初是利用天然的木棒和石块等，延长自己的器官钩取食物，开始出现了积极利用自然和改造自然的活动特点，这就是劳动的萌芽。后来，随着经验的积累，逐渐学会把天然石块、木棒等进行改造，如把石块磨薄、木棒搞尖，从而制造出最初的工具来。从利用自然工具到制造工具，由劳动萌芽发展到劳动，逐渐代替了猿的活动。

猿的活动是一种消极地适应自然的活动，而劳动则是积极地利用、改造自然的活动。要积极地改造自然，就需要认识自然规律，按规律办事，才能达到预期目的。比如，种庄稼就得懂得农作物的生长需要什么条件，知道四季气候的变化与作物生长的关系。可见，在从猿到人的转化过程中，由劳动的萌芽发展到劳动，越来越需要大脑具有反映本质的抽象思维能力。这就是说，劳动使意识的产生成为一种迫切的需要。

不仅如此，劳动也使意识的产生成为现实的可能。

具体来说，首先，在劳动过程中手的发展促进了脑的完善。在劳动中，手的活动，一方面要求大脑更精确、更细微地反映客观事物；另一方面也要求大脑更好地协调身体各部分之间的动作，这就促进了大脑机能的加强和结构的变化，即促进了大脑的完善化。有何证明？我们知道大脑皮层是一个非常复杂的物质结构，它的不同区域具有不同的构造和机能。比

---

① 《马克思恩格斯文集》第9卷，人民出版社2009年版，第554页。

如，头顶的前部为运动区，是指挥各种器官进行各种活动的神经中枢。在劳动中，由于手的活动，特别是大拇指的活动，对于生产具有很大的意义。因此，在人脑的运动区中，手的代表区尤其是大拇指的代表区占有很大的面积。而猿的手和大拇指在它的大脑皮层中的代表区则很小。这就是劳动促进大脑逐渐完善化的一个证明。

手的劳动推动了脑的发展，脑的发展又推动着手的劳动。在劳动过程中，手脑相互为用，为意识的产生创造着物质条件。

其次，在劳动过程中，语言的产生也为意识的形成提供了必要的条件。最初的劳动是一种集体的联合的活动。在这种联合活动中，劳动的目的与当前的具体活动之间，往往存在着一定的距离，每个参加者都应该知道这个目的与自己当前活动的关系，以及与别人活动的关系。在集体劳动中，为了达到共同的目的，就需要通过各种表情、手势和声音，要求别人和自己协作，并表示自己对别人的配合。这样，一定的声音就逐渐与一定的动作联系起来，从而使得一定的声音获得一定的意义，经过反复实践，声音与意义的联系逐渐巩固起来，不同声音代表不同的意义，作为交流思想的工具的语言就逐渐产生了。这就是说，人类在形成过程中，由于集体劳动彼此交往的迫切需要，已经达到彼此间有些什么非说不可的地步了，猿的不发达的喉头和口部也就逐渐改造成为能说话的器官了。

词和语言是思维的形式，没有它们就不能进行抽象思维，不能反映事物的本质。所以，在劳动过程中，语言的产生，为意识的形成创造了一个不可缺少的条件。

综上可见，人的意识虽然是从物质的反映特性发展而来的，但是与其他一切物质反映形式有着本质的不同，这种不同，这种质的飞跃正是劳动决定的。劳动不仅使意识的产生成为迫切的需要，而且为意识的产生创造了必要的条件，成为现实的可能。所以，我们说意识是劳动的产物。

而人的劳动一开始就是以一定的组织形式，集体地、社会地进行的，脱离集体、社会的单个人的孤立的鲁滨逊式的劳动，在人类历史上是根本不存在的。因此，社会性不仅是劳动的基本特征，而且正是劳动本身的这种性质决定了它的产物"意识一开始就是社会的产物"，具有与生俱来的社会性。

岂止如此，只要人类社会存在，意识就是社会的产物，它始终具有社会性。

二　意识是社会现象，精神生活过程是社会运动的组成部分

人类出现以前，不管进化程度多高的动物都是自然界的一部分，都没有从自然界中分化出来。这时，整个自然界中各种物质形态的反映特性，包括高等动物的感觉知觉和意识的萌芽，都是自然的属性，即都是自然原因引起的，自然因素对自然因素的反映。

随着人类的产生，出现了一个高于自然界的人类社会，人的意识情况就不同了。人的意识就其物质承担者来讲，虽然是人脑这块复杂的物质的机能，也是物质的反映特性。但是，对于意识产生发展的动因问题、意识的内容问题、意识的反作用问题等，是从人脑的生理活动中找不到答案的，只有从社会存在中才能得到说明。这就是说，人的意识不是自然的属性，而是社会的现象，精神生活过程是社会运动的组成部分。具体说：

第一，从意识的产生发展来看，在社会生活中，人们总是从一定的实践地位出发，为了满足一定的社会需要，在实践中反映一定的客观事物，从而形成某种意识的。在社会发展中，任何一种新的意识、新的理论，都是伴随着某种客观需要而产生、发展的。

比如，在资本主要上升时期，资产阶级之所以关心自然科学的发展，并将它物化为技术设备，是为了打败竞争的对手，牟取高额利润。资本主义从自由竞争发展到垄断以后，垄断资本家一旦控制了某些部门生产的绝大部分，就力图用规定的垄断价格谋求高额利润，而不愿意对庞大的工业装备实行更新。这时，他们宁肯把新的科学发明收买过来锁到保险箱里，也不让它投入生产。19世纪末20世纪初，英国许多垄断资本家就是这样干的。19世纪70年代英国生铁产量占全世界50%左右，1875年英国人托马斯发明了碱性炼钢的新技术，解决了含磷矿石炼铁的问题。按理说含磷矿石占整个矿石产量90%的英国，应该欢迎这种新技术。可是，那时钢铁工业的资本家已经建成了许多酸性炼钢炉，他们宁可从国外进口低磷矿石来维持酸性炼钢的生产，而不愿意采用碱性炼钢新技术。直到第一次世界大战，由于低磷矿石原料供应不足，才不得不采用碱性炼钢法，这就使这种技术的应用推迟了几十年。

相反，在社会主义制度下，剥削阶级消灭了，人们发展自然科学，广泛开展技术革新和技术革命，不断提高劳动生产率，是为了满足人民群众经常增长的物质、文化生活的需要。因此，科学技术就能不受资本主义制度下那种人为的障碍所束缚，比较顺利地得到应用和发展。

总之，意识产生发展的动因，不是人脑的生理活动，而是社会存在。

第二，从意识的内容来看，意识不是人脑分泌出来的特殊的物质，而是通过人脑的生理活动对客观实在进行的反映。"意识在任何时候都只能是被意识到了的存在"①，"观念的东西不外是移入人的头脑并在人的头脑中改造过的物质的东西而已。"②

意识作为客观存在的反映，不仅反映自然现象、自然规律、人与自然的关系，而且反映社会关系、社会规律，比如有政治观点、法律观点、哲学、经济学、文学、艺术、伦理思想，等等。

反映社会关系、社会规律的社会科学真理，在阶级社会里有鲜明的阶级性。比如，马克思主义的哲学、政治经济学、科学社会主义理论就是如此。它们既正确反映了客观规律是真理，具有高度的科学性，又集中代表着无产阶级的根本利益，公然声明为无产阶级服务，具有党性、阶级性。

社会科学真理的阶级性和它的客观性一样，是它本身固有的规定性。不管人们是否认识它、承认它、喜欢它，它照样存在着。谁要否认它，除非他完全不面对现实，只要稍微面向现实，就会陷入不可自拔的逻辑矛盾之中。有的人不正是如此吗？比如，当他以现实的态度对待马克思主义的时候，也承认马克思主义是真理且有阶级性。殊不知，在这个命题中就已经蕴含着有些真理是有阶级性的这样一个判断。可是，当他讨论真理问题时又说一切真理都是没有阶级性的，客观性是真理的唯一规定性。此时此刻，作为真理的马克思主义又没有阶级性了。又如，当他实事求是地论述历史唯物主义关于社会意识的原理时，也讲在阶级社会里，阶级性是反映社会关系的社会意识的一个重要特点。殊不知，由于社会意识中有真理与谬误之分，所以，在这个命题中已包含着有些真理是有阶级性的这样一个结论。可是，当他探讨认识论问题时，又一味地强调一切真理都是没有阶级性的。此时此刻，阶级性又不能成为社会意识的重要特征了。看来，要

---

① 《马克思恩格斯文集》第1卷，人民出版社2009年版，第525页。
② 《马克思恩格斯文集》第5卷，人民出版社2009年版，第22页。

否定社会科学真理的阶级性是办不到的，因为它的存在是一个事实。

反映自然规律的自然科学真理，在阶级社会里它本身虽然没有阶级性，但是，又总是同社会科学真理紧密联系在一起的，与社会科学真理相互作用、相互影响。比如，自然科学给哲学提供材料。而哲学又转过来影响自然科学的发展。可见，反映自然规律的意识也是一种社会意识形态，属于社会的精神文明，而不是自然属性。

第三，从意识的反作用来看，意识对存在的反作用不仅有性质不同而且有大小之别。其作用的大小，除了和它的内容有关以外，主要取决于社会存在的需要。"理论在一个国家的实现程度，总是决定于理论满足这个国家的需要的程度。"[①] 比如，代表先进阶级的正确思想，由于它体现着未来，反映着广大群众的根本利益，适合广大群众解放斗争的需要，能在广大群众中得到广泛的传播，因而对社会的发展能起很大的推动作用。在没有革命理论就不会有革命运动的情况下，革命理论的创立和提倡，对历史的前进就起着非常巨大的作用。又如，历史上历代统治阶级的思想之所以能成为占统治地位的思想，就是由于统治阶级依仗他们在经济上、政治上的优势，利用其手中掌握的国家机器、宣传工具、文人学者以及进行精神生产的各种资料，制造舆论、控制舆论，从而取得了思想上、精神上的优势地位。在欧洲的封建中世纪，宗教神学之所以具有至高无上的地位，成了各种思想的出发点和基础，长期地禁锢人们的头脑，严重地阻碍着科学和生产的发展，就是由于它适应了封建统治阶级的需要，成了他们麻醉群众，维护反动统治的重要思想武器。

综上所述，人的意识是随人类社会的产生而产生，随社会的发展而发展的，离开人的社会性，离开人的历史发展，就没有而且也不可能有人的意识。社会性是意识本身所固有的本质属性。

我们紧紧抓住意识的社会性，一则可以从一个侧面具体地透视人的社会本质；二则能够正确地了解意识产生发展的动因、意识的内容、意识对存在的反作用；三能看到意识总是具体的、历史的，抽象的、超时代的、永恒不变的意识是不存在的。

马克思主义关于人的本质以及人的意识之社会性的原理，具有十分重要的理论意义与实践意义。当前，它是我们分析和解剖西方人本主义思潮

---

① 《马克思恩格斯文集》第 1 卷，人民出版社 2009 年版，第 11 页。

的锐利思想武器。

把马克思主义歪曲为人本主义。用资产阶级人性论和人道主义来"解释""修正"马克思主义，使其资产阶级人道主义化，是当代资产阶级思想家反对马克思主义所广泛采用的一种手法。以萨特为代表的存在主义者们尤为突出。萨特说，马克思主义起初的是一种以"个人的实践"为基础的"人学"，可是后来变成了"非人主义"，出现了"人学空场"，于是就僵化了、停滞了；为了使马克思主义重新成为一种有生命力的哲学，就必须重新"发现人""探究人"，"把人恢复到马克思主义之中去"，使马克思主义成为一种真正的人道主义。为此，必须用存在主义来"医治"补充马克思主义。

众所周知，人道主义也叫人文主义，本来是 14 世纪到 16 世纪欧洲文艺复兴时期，资产阶级的先进思想家为了反对经院哲学和封建统治而创立的一种思想体系，主张以"人道"反对"神道"，以"人权"反对"君权"。到 18 世纪资产阶级又把人道主义具体化为"自由、平等、博爱"的政治口号，为自己夺取政权服务。人道主义在资产阶级上升时期，曾广泛反映在哲学、政治和文学艺术等方面，起过反封建的积极作用。在资产阶级取得统治地位以后，随着无产阶级登上政治舞台，人道主义就逐渐丧失了进步性，成为掩饰、调和阶级矛盾，麻醉人民斗志，反对无产阶级革命，维护资产阶级统治的工具。人道主义与其他意识形态一样，也是具体的历史的，绝不是抽象的永恒的。

尽管马克思主义在对旧的文化遗产进行辩证否定时，人道主义的某些观点经过改造可以被马克思主义所吸取，无产阶级也主张救死扶伤，实行革命的人道主义。但是，人道主义与马克思主义作为两种思想体系是有原则区别的：一个是以资产阶级世界观为基础的理论观点系统，另一个是以无产阶级世界观为基础的理论观点系统；一个着眼点是个人，抽象的人，否认人的社会性，否认在阶级社会中人有阶级性；另一个着眼点是具体的人，生活在一定社会关系中的人，肯定人的社会性，肯定在阶级社会中人有阶级性。两者界限分明，不容混淆。

现代资产阶级思想家们，特别是存在主义者们，有意把水搅浑，硬把马克思主义归结为人道主义，把人道主义当做一个永恒的主题竭力宣扬。很显然，这种做法就是离开了意识的社会性，离开了意识的历史发展，把具体的历史的人道主义抽象化、绝对化了，在理论上是错误的；其目的无非是用资产阶级人道主义来歪曲、否定和取消马克思主义，用资产阶级的世界观来消融、同化无产阶级的世界观。

　　本文收在北京大学哲学系编《马克思主义与人》，北京大学出版社1983年版。

第 十 章

自觉意识能动作用新探

一 从意识对物质的依存性说起

辩证唯物主义认为，世界的真正统一性在于其物质性，世界以物质为本体，不是以精神为本体，更不能以实践为本体。"物质是一切变化的主体。"① 世界统一于物质。意识是怎样出现的呢？

意识不是世界上从来就有的，意识是物质高度发展的产物，是物质在发展中产生了人，产生了能思维的人脑，人的意识这一世界上最美丽的花朵才出现了。意识作为人脑对外界的反映，是物质的一种高级反映特性，它的产生是同物质反映特性的发展直接相联系的。列宁曾指出，断言一切物质都有意识是错误的，"但是假定一切物质都具有在本质上跟感觉相近的特性、反映的特性，这是合乎逻辑的"②，科学发展的成果已经证实了辩证唯物主义的论断。它告诉我们，物质的反映特性经历了一个由低级到高级的长期演化过程，这就是从最初的无机物的机械的、物理的和化学的反应，到生物的初级反映形式——刺激感应性，随着神经系统的产生和发展又经历了：泛化反射阶段、感觉阶段、知觉阶段，以及类人猿的意识的萌芽，继续向前发展才出现了人的意识。

这里特别需要指出的是，意识的产生不仅在生理方面与高级神经系统的发展密不可分，而且同劳动紧密相关。恩格斯说："首先是劳动，然后是语言和劳动一起，成了两个最主要的推动力，在它们的影响下，猿脑就逐渐地过渡到人脑。"③ 随着从猿脑到人脑的转化，意识就产生

① 《马克思恩格斯文集》第1卷，人民出版社2009年版，第332页。
② 《列宁全集》第18卷，人民出版社1988年版，第90页。
③ 《马克思恩格斯文集》第9卷，人民出版社2009年版，第554页。

了。总之，意识不仅是物质反映特性长期发展的结果，而且是劳动的产物。

关于意识的本质，辩证唯物主义是从以下三个方面进行阐述的：

第一，从意识的物质承担者来说，意识是人脑这块复杂的物质的机能。意识是在人脑的生理活动的基础上即在大脑皮层的兴奋与抑制的生理活动的基础上形成的心理活动，它既不是唯心论者所说的那种脱离人脑的寄居在肉体中的灵魂，又不是庸俗唯物论者所说的那种由大脑分泌出来的特殊的物质。意识既依赖于物质又不等于物质，是物质的机能。

第二，意识是对客观存在的主观映象。就其内容来说，意识根源于客观存在，来自客观存在，是对客观存在的映象，人脑是个加工厂，原料半成品都来自外界。马克思说："观念的东西不外是移入人的头脑并在人的头脑中改造过的物质的东西而已。"① 就其反映形式来说，意识在反映客观存在时，所采取的感觉、知觉、表象、概念、判断、推理等形式又是主观的，所以说，意识是对客观存在的主观映象。其实，这些主观的反映形式，也不是头脑里固有的，天上掉下来的，这个问题，从意识本身也不能得到答案，只有从客观世界中才能找到根据。归根结底这些形式是在主观反映客观的过程中，适应着客观内容的需要逐步形成的。比如，感觉是对客观事物某一个特别性的直接反映，知觉是对客观事物各种属性的综合反映，表象是知觉形象在记忆中的再现。

由于客观事物具有各种具体特性，而不同特性又是相互联系的，因此，人们在反映客观世界的过程中，才能相应地形成感觉、知觉、表象等反映形式。列宁说得好，这些反映形式，是客观事物的特点、关系，因"人的实践经过亿万次的重复，在人的意识中以逻辑的式固定下来。这些式正是（而且只是）由于亿万次的重复才有着先入之见的巩固性和公理的性质"②。这就是说，主观的反映形式，归根到底来源于客观，这就从更深的层次上证明了意识是存在的反映。如马克思恩格斯在《德意志意识形态》中指出的："意识在任何时候都只能是被意识到了的存在。"③

---

① 《马克思恩格斯文集》第5卷，人民出版社2009年版，第22页。
② 《列宁全集》第55卷，人民出版社1990年版，第186页。
③ 《马克思恩格斯文集》第1卷，人民出版社2009年版，第525页。

　　第三，意识具有社会性。人类出现以前，不管多么高等的动物都是自然界的一部分，整个自然界的各种物质运动形态的反映特性，无论是机械的、物理的、化学的反应形式也好，生物的刺激感性也好，动物的感觉知觉，类人猿的意识的萌芽也好，都是自然界的属性，随着人类产生，出现了一个高于自然界的人类社会。人的意识不再是一般的物质反映特性，而是随社会的产生而产生，随社会的发展而发展的，是社会的人的意识，离开了社会就没有也不可能有的人的意识。所以，"意识一开始就是社会的产物，而且只要人们存在着，它就仍然是这种产物"[①]。

　　综上，可以把意识的内涵界定为：它是人脑在社会实践基础上对客观存在的主观映象。

　　从意识的起源、意识的本质来看，是物质派生了意识，物质决定意识，而不是意识派生了物质，意识决定物质；是物质第一性意识第二性，意识对物质具有依存性。

　　但是，这仅仅是物质与意识的相互关系中的一个方面。它还有另一个重要方面，意识对物质有巨大的反作用。物质与意识是辩证关系。

　　在物质与意识的相互关系问题上，不同的哲学派别存在着激烈的争论：唯心主义否定物质对意识的根源性、决定性，片面夸大意识能动作用，宣扬意识决定论、精神万能论，把精神当成万物的本原，认为世界统一于精神，根本颠倒了物质与精神的关系，其结果是对意识能动性的歪曲与否定。

　　形而上学唯物论即机械唯物论肯定了物质对意识的根源性，却否定了意识的能动性。它忽视了人的意识是在改造世界的实践中产生的，又是为改造世界的实践服务的；把物质的决定性与意识的能动性形而上学地割裂开来，以否定意识能动性为代价，来坚持物质的决定性。其结果，就把唯物主义应当占领的阵地让给了唯心主义。

　　辩证唯物主义在总结理论思维历史经验的基础上，克服了上述两种片面性，在承认物质决定意识的前提下，又承认意识在认识世界、改造世界中有巨大的能动作用，从而把物质的决定性与意识的能动性辩证地统一起来，在唯物主义的基础上坚持了辩证法。

――――――――――

①《马克思恩格斯文集》第 1 卷，人民出版社 2009 年版，第 81 页。

二　再谈意识对物质的能动性

意识在认识世界中的能动作用主要表现在：它能使人的认识活动具有自我意识和自我控制的自觉性；具有在掌握规律的基础上，提出新概念，作出新判断，并进行合乎逻辑的推理，进行认识创新。

意识在改造世界中的能动作用集中表现在：它能使人们从客观现实中引出概念、思想、计划等来指导自己的行动，使行动具有目的性、方向性、预见性，并通过实践把观念的东西变成物质力量，所以列宁说："人的意识不仅反映客观世界，并且创造客观世界。"①

意识在改造世界的能动作用中所显现的意识对物质能动性，大体包括三个层次：（1）意识通过指导人的实践活动，转化为物质力量，对物质世界发生作用。（2）意识必须先通过对人体生理活动的控制，即作用于第一类物质，然后才能作用于客观物质世界，即第二类物质。（3）由于人体生理活动受脑的神经活动支配，因此，意识更须先通过对脑的作用然后才能作用于第一类物质以及第二类物质。

意识对物质的反作用之所以具有层次性，这是因为人的意识不同于一般动物的心理活动，它具有自觉性，是一种自觉的心理活动，是有意识的反映。

所以，也可以把意识称做自觉意识。自觉意识包括对象意识和自我意识两个方面：所谓对象意识是指人能够自觉地在自己的意识中把外部世界的一定事物作为自己活动的对象，从而形成关于外部对象的意识，即对象意识。所谓自我意识是指人能够自觉地在自己的意识中，把自己认知活动、情感活动、意志活动当做对象加以对待，进行自我意识、自我控制，从而形成关于自我的意识，即自我意识。对象意识与自我意识相互联系、相互制约，构成统一的自觉意识。

三　现代科学技术对意识能动性的实证

现代科学技术从不同角度、以不同方式、在不同层次上，进一步实证

---

① 《列宁全集》第55卷，人民出版社1990年版，第182页。

了意识对物质的能动作用。

重点谈谈第二、第三层次情况。先说心理活动对人体生理活动能动作用问题。

近年来，现代医学出现了一个新的分支叫做心身医学。心身医学认为任何时候，只要有情绪活动就会有生理上的变化，如情绪紧张时心跳加快、呼吸急促、肌肉紧张等。如果这种生理反应持续过长，就会导致躯体疾病，叫做心身疾病。目前已发现的属于心身疾病的有数十种，其中有高血压、偏头痛、心律不齐、支气管哮喘、胃炎、脱发等。心身医学具体论证了心理活动对人体生理活动的反作用。

再说第三层次的反作用问题。

前边已提到，由于人体生理活动受脑的神经活动支配，因此意识更须先通过对脑的作用然后才能作用于第一类物质以及第二类物质。这就是说，意识对物质的反作用，还有第三层次的，即意识对大脑的反作用。

近年来，世界上有些科学家和哲学家对于意识对脑的作用问题进行着新的探索，提出了一些新的理论观点和假说。最突出的有澳大利亚神经生理学家艾克尔斯、匈牙利学者先塔戈泰，他们都主张意识对脑有反作用。但是，艾克尔斯把精神和脑看做两个独立的实体则是错误的。

医学心理学告诉我们，一个人的情绪如果长期处于苦恼、忧愁的状态，或是由于受了某种强烈的刺激，使大脑皮层的兴奋抑制过程失常，久而久之，会导致大脑功能失调，引起神经官能症。神经官能症虽未达到对大脑皮层的器质性的损害程度，但足以表明意识对人脑具有能动作用。

又如，人工智能（思维模拟）不仅能在一定范围内、一定程度上，把人的思维模拟出来，再现出来，使思维物化，进一步证实了意识是人脑的机能、物质的属性。而且深化了意识对物质的能动性原理：人工智能是人类意识自我认识的产物，计算机的出现，意味着人类意识已经发展到意识活动部分地从人脑这个原来唯一的意识器官中分化出来，物化为机械的物理的运动，延长了意识器官。也可以说这是按照某种意识去思考人脑、并"创造"着人脑。可见，它是意识对人脑的一种巨大的能动作用。这就从意识与人脑的相互关系的角度进一步实证了意识对物质的能动作用。

本文发表在《高校理论战线》2010 年第 7 期。

第十一章

人工智能与意识论

人工智能是 20 世纪中期科学技术发展所取得的重大成果之一。它的诞生与发展对于社会生活的许多方面以至于整个人类文明都产生了巨大的影响和效益，对辩证唯物主义的丰富与发展也是多方面的。因此，对其进行思考，在理论和实践上具有十分重要的意义。本文仅就它对意识论的充实与深化进行一些探讨。

一　人工智能是对人类智能的模拟

人工智能是对人类智能而言的。它是指用机械和电子装置来模拟和代替人类的某些智能，也称"机器智能"或"智能模拟"。

人工智能的发展主要有两条途径：一条是利用电子技术成果和仿生学方法，从大脑的结构方面模拟人脑的智能活动，即结构模拟。

人脑是智能活动的物质基础，是由上千亿个神经元组成的复杂系统。结构模拟是从模拟单个神经元入手的，先用电子元件制成神经元模型，然后把神经元模型连接成神经网络（脑模型），以完成某种功能，模拟人的某些智能。比如，有 1957 年美国康奈尔大学罗森·布莱特等人设的"感知机"，1975 年日本的福岛设计的"认知机"（自组织多层神经网络）。

这条途径虽取得了一定的进展，但由于一方面，科学家们对人脑的思维机制还远远没有搞清楚；另一方面，从结构上模拟人脑，需要制作一个有上千亿个神经元的自组织系统，这在目前的技术条件下也是难以办到的。因此，这条途径在理论上和技术上都遇到了重重困难，很难深入进行下去，从而使人工智能的发展主要是沿着另一条途径前进的。

　　这另一条途径是以控制论、信息论为理论基础，采取黑箱的方法，用电子计算机从功能或行为上模拟和代替人的某些智能，即功能模拟。

　　黑箱是指具有某种功能但其内部构造尚不清楚或不甚清楚的系统。黑箱方法是从外部观测分析系统的信息输入与输出关系和它的动态过程，研究系统的功能与特性，而不需要直接把黑箱打开。功能模拟就是把大脑当做一个不可打开的黑箱，根据所有系统的共同的信息与控制的规律，用电子计算机从功能或行为上来模拟人的智能活动。

　　电子计算机是智能模拟的物质技术工具。它是一种自动、高速处理信息的电子机器，它用 5 个与大脑功能相似的部件组成了电脑，来模拟人脑的相应功能。这就是：①输入设备。模拟人的感受器（眼、耳、鼻等），用以接收外来的信息。人通过输入设备将需要计算机完成任务、课题、运算步骤和原始数据采用机器所能接受的形式，告诉给计算机，并经输入设备把这些存放到存储器中去。②存储器。模拟人脑的记忆功能，将输入的信息存储起来，供随时提取用，是电子计算机的记忆装置。③运算器。模拟人脑的计算、判断和选择功能，能进行加减乘除等算术运算和逻辑运算，④控制器。模拟人脑的分析综合活动以及通过思维活动对各个器官协调工作的控制功能，根据存储器内的程序，控制计算机的各个部分协调地工作，它是电脑前神经中枢。⑤输出设备。模拟人脑的思维结果和对外界刺激的反应，把计算的结果报告给操作人员或与外部设备联结，指挥其他机器动作。

　　由以上 5 部分组成的电脑是电子模拟计算机的基本部分。其中存储器、运算器、控制器又是基本部分的主要部分，称电子计算机的主机。除基本部分外，还有控制台和电源，统称硬件或硬设备。只有硬件，计算机还不能有效地模拟和代替人脑的某些功能，还必须有相应的软件或软设备。所谓软件就是一套又一套事先编好的程序系统。

二　人工智能的产生是机器进化的结果

　　人类的发展史是人们利用各种生产工具有目的地改造第一自然（自然造成的环境，如江河湖海山脉森林等），创造第二自然（即人化自然，人创造的环境如房屋、车辆、机器等）的历史。人类的生产斗争越深入越广泛，人的生理机能与劳动对象的矛盾就越尖锐，因而也就越需要用物质手段扩大人的体力和智力。人类为了克服自身劳动器官的局限，生产更多的物质财富，在主体与客体之间的矛盾的推动下，使生产工具不断向前发展。

最初是简单的手工工具，靠手工操作，人以自己的体力作为动力，通过手工工具直接作用于劳动对象。但是，人的体力是有限的，不能适应生产不断发展的需要。顺应着生产发展的需要并随着关于自然规律知识的迅速增加，人们改造自然的物质手段也发展了。于是简单工具经过不断地改进和发展演化为新的机器。在手工业生产中，人是直接运用工具进行操作的，在机器生产中，则把人的身体直接把握的工具，转移到由人创造的机器上去，因而人不再用手直接握持工具生产，而是通过操纵一个装有工具的机构去生产。机器可以大大减轻人的体力劳动，延伸和扩展了人的手脚功能，但是，还不能完全代替人的手脚，人对机器的操作和指令还是通过手脚去执行的。这时的机器是物质和能量组成的系统，还没有信息处理的能力，机器的控制和管理完全由人来进行。但是，随着机械化程度的提高，庞大的、复杂的、高速运转的机器设备的出现，引起了人对机器系统操作管理的需要，加上人们对信息的认识，又推动人们在操作人员和一般机器系统之间增加了新的机器，这就是控制机，控制机则是以物质和能量为基础的信息与控制系统。虽然现代控制机有许多优点，但仍然不能满足生产高度发展的需要。为了克服现代控制机的局限，使机器与环境之间，机器内部各部分之间能够"通信"，以自行适应内外环境的变化，于是，随着人与控制机这对矛盾的发展，就产生了新的机器系统——人工智能机，用机械和电子的装置模拟和代替人的某些智力活动。这种智能机可以根据需要具有自适应、自学习、自修复等性能。它进一步扩大了现代控制机的能力和应用范围。

可见，人工智能，是随着科学技术的发展，在人们创造了各种复杂的机器设备，大大延伸和扩展了自己的手脚功能，迫切需要相应地延伸思维器官和放大智力功能的情况下产生发展起来的，它是机器进化的结果，也是人类智能的物化。

三　人工智能的哲学基础与科学依据

人工智能的产生，"智能模拟"的可能，是有哲学基础与科学依据的。

从哲学上看，物质世界不仅在本原上是统一的，而且在规律上也是统一的。不论是机器、动物和人，都存在共同的信息与控制规律，都是信息转换系统，其活动都表现为一定的信息输入与信息输出。拿人们认识世界、改造世界来说，认识世界与人们在实践中获取和处理信息的过程相联系，改造世界与人们依据已有的信息对外界对象进行控制的过程相联系。总之，一切系统都能通过信息变换与反馈进行自我调节，以抵抗干扰和保持自身的稳定。因此，可以由电子计算机运用信息与控制原理来模拟人的某些智能活动。

从科学上来说，控制论与信息论就是运用系统方法，从功能上揭示了机器、动物和人等不同系统所具有的共同规律。以此为根据，把实际问题的描述形式化，即为现象和行为建立一个数学模型，把求解问题的方式机械化，即根据数学模型，制定某种算法和规则，以便机械地去执行，把解决问题的过程自动化，即用符号语言把算法和规则编成程序，交给智能机去执行某种任务，使电子计算机模拟人的某些思维活动。控制论信息论是"智能模拟"的科学依据，"智能模拟"是控制论、信息论在实践中产生的最重要的实践结果。

最近，北京中医医院、中国科学院自动化研究所、北京第三医院等单位联合研制成功的中医电子计算机诊疗系统，就是用形式化方法进行功能模拟的一个例证。而这套电子计算机诊疗系统的研制，是根据我国著名的中医肝病治疗专家关幼波大夫的丰富的诊疗经验、有关著作和大量的门诊活动，分析理解他的辩证施治的主要思想，并在此基础上制定了数学模型，把诊断经验形式化，进而编制逻辑演算公式，把诊断处方过程机械化，最后，再用计算机的语言编写计算程序，把诊断处方过程自动化。将此编好的程序系统输入给计算机，使它模拟关大夫诊疗的思维活动，具有关大夫一套诊断、处方的本领。而且全部过程只需要 13 秒钟。关幼波大夫曾对计算机诊断的 281 例病历进行了检查、核对，结果证明：计算机的诊断和处方效果良好。这套中医电子计算机诊疗系统的研制成功，在国内外都是首创。它不仅具体表明了功能模拟的可靠性、有用性，而且能使名医的辨证诊治思想永久保存，传诸后世，对丰富祖国的传统医学宝库有着特殊的意义。

四　人工智能与人类智能的联系与区别

人工智能是人类智能的必要补充，有效地延伸了人脑，放大了人的智力功能，和人脑功能相互联系、相互促进，使人类的认识范围能不断地向微观和宏观两极扩展，使人能通过间接方式达到对事物的更深层次的本质的认识，使意识的内容得到极大丰富和增长。它已成为人类科学认识和社会实践活动不可缺少的技术"助手"。

但是，在人工智能与人类智能之间仍存在着本质区别。具体来说，有以下几点

1. 人工智能是无意识地机械的物理的过程，不具备由世界观、人生观、情感、意志、兴趣、爱好等心理活动所构成的主观世界，而人类智能则是在人脑生理活动基础上产生的心理活动，能使人形成一个主观世界。因此，计算机与人脑虽然在信息的输入和输出的行为和功能上有共同之处，但在这方面两者的差别也是十分明显的。同一件事，对于两台智能机具有相同的信息量，而对于两个不同的人从中获取的信息量却大不相同。"懂行的看门道，不懂行的看热闹。"从信息的输出方面来看，两台机器输出同一信息，其信息量相等。而同一句话，从饱经风霜的老人和天真幼稚的儿童嘴里说出，其含义却大不相同。

2. 人工智能在解决问题时，绝不会意识到这是什么问题，它有什么意义，会带来什么后果，没有自觉性；而人脑智能，人的意识却有目的性、计划性、可控制，即自觉性。

3. 计算机必须接受人脑的指令、按预定程序进行工作。它不能输出未经输入的任何东西，所谓结论只不过是输入程序和输入数据的逻辑结果。它不能自主地提出问题，创造性地解决问题，在遇到没有列入程序的"意外"情况时，就束手无策或中断工作，人工智能没有创造性。而人脑功能则能在反映规律的基础上，提出新概念，作出新判断，创造新表象，具有丰富的想象力和创造力。

4. 人工智能是机器进化的结果，没有社会性。人作为社会的存在物，

人脑功能是适应着社会生活的需要而产生和发展的。人们的社会需要远远超出了直接生理需要的有限目的，是由社会的物质文明与精神文明的发展程度来决定的。因此，作为人脑功能的思维能力，是通过社会的教育和训练，通过对历史上积累下来的文化的吸收逐渐形成的。人的内心世界之所以丰富多彩，是由于社会联系是丰富的和多方面的，人类智能具有社会性。所以，要想把人脑功能完全模拟下，就需要再现人的思想发展的整个历史逻辑。这是无论多么"聪明"的计算机都做不到的。随着人的认识能力和科学技术的发展，思维模拟的范围会不断发生变化，今天不能形式化的东西，明天有可能形式化。计算机在功能上会不断向人脑接近。但是，从本质上看，它们两者之间的关系，只能是一条渐近线，它们之间的界限是不会消除的。模拟是仿真，而不是原型，模拟是类似，而不是等同。

人工智能与人脑智能的关系是局部上超过，整体上不及。我们知道，每当人们在创造某种机器能代替自己劳动时，在一定程度上都放大了自己的部分功能，同时也培养出自己控制这种机器的能力。随着人工智能的发展，人类智能将向更高级更复杂的水平迈进，从这个意义上说，智能机器人永远也不会赶上和超过人类。那种所谓"机器人将超过人、奴役人"，"人将成为计算机思想家的玩物或害虫，……被保存在将来的动物园里"的"预言"是不能成立的。它抹杀了人与机器的根本界限。

五　人工智能对意识论的充实与深化

人工智能与人类智能既有紧密联系又有本质区别。从它们的联系与区别来看，人工智能的产生与发展，进一步充实与深化了辩证唯物主义的意识论。表现在：

1. 它进一步表明了意识是人脑的机能，物质的属性。考察计算机对人脑某些智能活动的模拟，不难发现人脑起码包括以下4种与计算机相对应的功能，即感受、记忆、演绎、选择。当然，人脑的思维能力绝不限于以上4个方面，而是说目前人脑思维这4种基本功能已在计算机中得到了物化，可以用精确的物质手段来加以再现和验证。随着人工智能的发展，人脑思维功能的更多的方面还会得到物化，思维的奥妙还会得到更全面、更深刻的揭示。既然计算机能逐步地在不同的范围和不同的程度上把人的思维模拟出来，再现出来，使思维物化，这就具体表明了意识并不是神秘的不可捉摸的东西，不是寄居在肉体之中脱离人脑的灵魂，也不是人脑分泌出来的一种特殊的物质，而是人脑的机能。这就进一步充实了关于意识的本质的原理。

2. 它深化了意识对物质的反作用的原理。人工智能是人类意识自我认识的产物。计算机的出现意味着人类意识已经发展到把意识活动部分地从人脑这个原来唯一意识器官中分化出来，物化为机械的物理的运动，延长了意识器官，也可以说这是按照某种意识去思考人脑并创造着人脑。可见，它是意识对人脑的一种巨大的反作用。这就从意识与人脑的相互关系的角度进一步深化了意识对物质的反作用原理。

3. 它引起了意识结构的变化，扩大了意识论的研究领域。计算机作为人脑的延伸，在一定意义上说，它是一种新形态的意识的机器，它已进入意识器官的行列。它能够帮助人完成一部分意识活动，而且在某些功能上还优于人脑，突破了人类自然器官的许多限制，弥补和克服了人类思维的许多短处。如人脑处理信息和采取行动的速度慢，记忆和动作的准确性差。人的记忆会随着时间变迁逐步消失，记忆中的信息相互干扰，相似的事物往往会张冠李戴，造成判断错误。因此，可以说，在现代科学认识活动中，没有人工智能，就不会有人类认识能力的突破性发展和认识范围的不断扩大。从这个意义上说，不仅计算机依赖于人，而且人也依赖于计算机。这就使得在意识论的结构上增加了对人工智能的探讨这个部分，并出现了人工智能与人脑功能的关系问题，以及研究这一关系的人机互补原理。这就扩大了意识论的研究领域。

4. 思维模拟突出了思维形式在思维活动中的作用，为意识论的研究提出了一个重要课题。计算机只能"理解"信息的形式，模拟思维的形式，把问题的描述形式化，把求解问题的方式机械化。但它实质上只是一部符号代换机，只是表现脱离思维内容的纯形式的方面。但是，正是通过这些形式化的作业活动，按照信号与意义之间严格的一一对应的关系，把一种形式的符号链输入进去，经过变换，又把另一种形式的符号链输送出来，不仅成功地模拟了人脑进行某些逻辑演算，而且能重新发现物理学定律。这就充分揭示了思维形式和思维规律在思维活动中的重要性，及其对思维内容的相对独立性。

思维形式和思维规律不是先验的、头脑里固有的，是在实践的基础上形成的，是客观事物之间的相互联系在人脑中的有条理的复写。它们一经形成就成了人们进行思维的工具，反过来为人们的思维活动服务。

思维模拟的产生和发展，把思维形式在思维中的作用问题突出地呈现在我们面前，为意识论的研究突出了这个重要的课题。

本文发表在《人文杂志》1986 年第 1 期。

第十二章

人工智能的哲学问题

　　人工智能（这里仅就电子计算机应用前沿而言）的研究与发展面临两大问题，即技术问题与理论问题。理论问题又有科学层次的问题与哲学层次的问题两个部分。笔者仅就哲学层次的问题做些研讨。

　　我理解所谓哲学层次的问题乃哲学与人工智能的相互关系问题。它包括不可分割的相互关联的两个方面：一方面，哲学作为一种宏观的分析工具，对于人工智能的研究发展有方法论的指导作用，能对智能模拟的可能性与局限性，即对电子计算机能做什么，不能做什么，从原则上进行论证。另一方面，人工智能的科学技术成果作为哲学发展的一个重要基础，能为哲学提供新的生长点，使之进一步充实、精确与深化，即对它进行哲学思考，理论升华，可以从中思考出哲学。本文拟从这两个方面进行阐述。

一　智能模拟在原则上的可能性与局限性

　　对此问题拟以辩证唯物主义的物质统一性原理与唯物辩证法原理作分析工具，分两方面从原则上进行论证。

　　第一，从物质统一性原理谈起，辩证唯物主义认为世界的真正统一性在于物质性，大千世界中的形形色色的各种现象不过是物质运动的各种形式而已，精神是人脑这块复杂的物质的机能，世界以物质为本体。运动是物质的根本属性，物质与运动密不可分，物质运动的永恒性决定了物质形态的无限多样性。人们认识物质就是认识物质的运动形式。

　　物质运动的各种形式不仅可以在一定条件下相互转化，而且存在着一种包含关系，即高级运动形式包含着低级运动形式，复杂的运动形式包含着简单的运动形式。如，电磁运动包含有机械运动和热运动；化学运动包含有电磁运动、机械运动和热运动；生命运动包含有化学运动、电磁运动和机械运动；等等。

世界上物质运动形式的这种包含关系，表明了高级运动形式是由低级运动形式转化而来的，反映了各种运动形式由低级到高级构成了一个相互联系的递进的发展系列。

人的思维活动作为人脑的机能，是物质反映特性长期发展的结果，是自然界发展到社会运动形式的产物，是一种高级的运动形式，它必然包含着许多低级运动形式，并以低级运动形式作为自身存在的必要条件。

正是由于不同运动形式之间存在着转化与包含的关系，所以，物质世界不仅在本原上是统一的，而且在规律性上也具有统一性，即不同的运动形式之间在不同层次上、不同范围内，在规律性上存在一致性、相似性。

比如，无论是机器、动物和人，都是由一些相互联系、相互制约的要素组成的物质系统，机器是技术系统，动物是生物系统，人是生活在社会环境中的生命系统。这些系统尽管由于具体的物质运动不同而各具特色，但从系统的角度来看，它们都是通过信息的传递与加工，利用反馈来进行控制，以保持系统自身的稳定，都是一个信息转换系统，相应的都遵循着共同的信息与控制的规律。因此，电子计算机可以运用信息变换与反馈原理，来从功能上模拟人脑的某些智能活动。

控制论与信息论就是运用系统方法，从功能上揭示了机器、动物和人等不同系统所具有的信息与控制规律。以此为依据，把实际问题的描述形式化，即为现象和行为建立一个数学模型，把求解问题的方式机械化，即根据数学模型制定某种算法和规则，以便机械地去执行，把解决问题的过程自动化，即用符号的语言把算法和规则编成程序交给计算机去自动执行某种任务。这样，计算机就可以按着制定的程序，用电脉冲的有和无、电器开关的开与闭，模拟人的思维过程，进行数学演算与逻辑演算。

可见，世界在规律性上具有统一性的原理，是人工智能在原则上具有可能性的哲学基础，控制论、信息论是智能模拟的科学依据。

同时，也必须看到，虽然高级运动形式中包含着各种低级运动形式，并以它们作为自己存在的基础，但是，不能把高级运动形式归结为低级运动形式，或当做各种低级运动形式的简单相加。这是因为，它在各种低级运动形式的相互联系、相互制约的基础上，已经形成了新的性质、新的特征，新的起主导作用的规律。整体大于部分的总和，它具有非加和性，它与自身包含的低级运动形式不仅有量的区别，而且有质的不同。比如，大脑皮层的思维活动虽然包含着化学运动、物理运动、机械运动，但是，决不等于这些运动形式的机械相加。恩格斯曾经深刻地指出"正如化学反应不能没有温度变化和电的变化，有机生命不能没有机械的、分子的、化学的、热的、电的等变化一样。但是，这些次要形式的存在并不能穷尽各种主要形式的本质。终有一天我们可以用实验的方法把思维'归结'为脑子中的分子的和化学的运动；但是这样一来难道就穷尽了思维的本质吗？"①

计算机和人脑，两者的物质结构大不相同，有质的差别。一个是无生命的机器，属于机械的、物理的过程；一个是由上千亿个神经元组成的活体，属于生命的过程。大脑的每个神经元又伸出许多支叉用突触联向其他神经元。每个突触好像电子计算机中的一个开关。目前，电子计算机中的开关都是固定的，而人脑中的突触的联结却是不断变化着的。计算机的元件不会分裂或死亡，而人脑神经元突触是可以生长和移动的，神经细胞是可以分裂和死亡的。人在一生中，每小时约有一千个神经元失去作用，人活到100岁时，就损失掉近十亿个神经元，占其总数的百分之一，但人脑仍能正常工作。而对一台计算机来说，只要失掉一个或几个元件，就不能正常运算，甚至完全停止运转。

可见，人脑比计算机接收和处理信息的机构要灵活得多，完善得多。众所周知，任何事物都是质与量的统一，量总是一定质的量，质能够规定量的活动范围，不同质的事物、不同质的运动都有不同的量的活动范围，计算机毕竟不是人，而是人的工具。它的质就规定了它的量的活动范围，它虽然可以模拟人的某些思维功能，但它本身不能思维。人工智能既有可能性，又有局限性。

第二，从辩证法的原理来说，唯物辩证法认为，相对与绝对是贯穿于客观过程、认识过程、实践过程的各个侧面，具有极大的普遍性的辩证关系。

人的意识就其实现的方式来说，是逻辑的与非逻辑的统一。它具有形式化、逻辑化与非形式化、非逻辑化的两方面的特征。意识的形式化、逻

①　《马克思恩格斯文集》第9卷，人民出版社2009年版，第532页。

辑化特征是事物的相对确定性在认识中的反映，是以事物的相对确定性以及思维内容与思维形式的相对可分性为依据的。意识的非形式化、非逻辑化特征则根源于事物的变动性，以及思维内容与思维形式的不可分离性。

正如相对静止是绝对运动的一种特殊状态一样，事物的确定性是有条件的、相对的，而变动性则是无条件的、绝对的；建立在事物的确定性基础之上的思维内容与思维形式的可分离性是有条件的、相对的，而两者的不可分割性则是无条件的、绝对的。可见，在意识活动中的形式化、逻辑化特征，与非形式化、非逻辑化特征之间，也逻辑、必然地存在相对与绝对的辩证关系。

计算机正是依据和利用了人脑意识活动可形式化、逻辑化的特征，通过形式化的作业活动成功地模拟人的逻辑运算的。但是，这毕竟是有条件的、相对的。它不能取代能够在事物的确定性与变动性的统一中，在思维内容与思维形式的有机联系中去把握认识对象的人脑的智能，这是无条件的、绝对的。

人的意识活动中形式化、逻辑化与非形式化、非逻辑化的相对与绝对的关系，又从一个侧面表明了人工智能的可能性与局限性。

唯物辩证法还认为整个宇宙是无限的，宇宙中一切具体事物又都是有限的。但无限不是孤立于有限之外、脱离有限而存在的彼岸，而是存在于有限之中、通过有限来存在的。任何有限都是无限的组成部分，都有无限的性质。这就是说，所谓有限就是一种限制，而一切限制又都是以超越为前提的，如果不能超越也就无所谓限制。所以，只要有限存在，它就意味着超越，超越有限就是无限，有限中就包含着无限的性质。整个宇宙是由无数的具体事物构成的，是有限与无限的对立统一。

计算机是在相对孤立的系统中进行工作的，它只能解决那些人们已经认识清楚，并且可以形式化、能计算的、关于有限事物的问题。它不能输出未经输入的任何东西。所谓结论，只不过是输入的程序和数据的逻辑结果。它不具备认识无限的能力，不能透过有限把握无限。

而人脑则经常在一个很大的、开放的环境中活动，在这样的环境中，事物之间的直接联系是有限的，间接联系则是无穷的。因此，对于人脑来说，环境中有什么，会新出现什么，它很难预料，也不允许它把环境中的情况、条件完全假定死。在这样的环境条件下，形成与发展起来的人脑的抽象思维能力，与人工智能不同，能够透过个别认识一般，透过有限把握无限，具有认识无限的能力。正如恩格斯所说："我们在思想中把个别的东西从个别性提高到特殊性，然后再从特殊性提高到普遍性；我们从有限中找出和确定无限，从暂时中找出和确定永久。"①

面对着客观过程中存在的有限与无限的矛盾，计算机与人脑相比，只能模拟有限而不能把握无限，而人脑则能透过对有限的超越把握无限。这就又从另一个侧面表明了人工智能的可能性与局限性。

以上，从唯物论与辩证法两个角度论证的人工智能的可能性与局限性，就等于从根本上分析了人工智能与人类智能的联系与区别。

具体地说，先就联系来看，计算机是一个信息处理机器，人脑也是信息处理与加工的器官，它们在信息的加工与处理上有相似之处。不过，计算机作为机械的电子的装置，在数学运算与逻辑运算范围内，因为没有像人脑生理条件的那些局限，所以，不仅能够以敏捷的运算速度、巨量的储存信息、精确的逻辑判断力和不会遗忘的记忆力来模拟人脑的思维活动，甚至能在局部上超过某些思维活动。

再就区别来看，大脑是活动于社会关系之中的生命体，它作为一种高级的运动形式与机械的物理的运动有质的区别。它的智能具有人工智能不会有的主观能动性、创造性与社会性。

具体来说，人脑对外界事物的反映不是机械的、呆板的，而是积极的、能动的，它能把大量的感性材料升华为理性认识，在思维中观念地再现事物的本质与规律，并能在反映规律的基础上，提出新概念，作出新判断，创造新表象，具有丰富的想象力和创造性。

电子计算机是无意识的、机械的、物理的过程。它的活动没有主观能动性和目的，它必须接受人脑的指令，按预定的程序进行工作，不能自主地提出问题，更不能创造性地解决问题，在遇到没有列入程序的"意外"情况时，就束手无策或中断工作。

人脑的活动，在社会实践的基础上，在社会关系中，能够形成一个包括世界观、人生观、情感、意志、兴趣、爱好等心理活动的主观世界。人们总是根据自己的主观意向和对事物的理解，从各自不同的角度，用不同的方式来反映客观事物的。所以，具有不同主观世界的认识主体对同一客观过程所输入和输出的信息，不但有量的不同，而且有质的区别。

----

① 《马克思恩格斯文集》第9卷，人民出版社2009年版，第498页。

人脑的功能是适应着社会生活的需要而发展的。人们的社会需要又是由社会的物质文明与精神文明的发展程度决定的。因此，作为人脑功能构思维能力，是通过社会的教育和训练，通过对历史上积累下来的文化的吸收逐渐形成的；人的内心世界之所以丰富多彩，则是由社会生活的丰富性、社会联系的多样性决定的。

人工智能，是随着科学技术的发展产生发展起来的。它的出现是机器长期进化的结果。但它毕竟属于机器发展的系列，是人的工具而不是人。它无意识、无目的、无主观世界。它解决问题时，无所谓主观的意图、主观的好恶，不能主观地、有选择地进行，更不会理解问题的意义，预料解决问题会带来什么后果。从人工智能与人脑智能的联系区别来看，人工智能对人脑功能来说，是局部上超过，整体上不及。随着人类认识能力和科学技术的发展，尽管思维模拟的范围会有所扩大，今天不能形式化的东西，明天可能形式化。但是，从本质上看，它们之间的界限是不会消除的。模拟只是近似，而不是等同。

历史经验表明：每当人们在创造某种机器代替自己的劳动时，在一定程度上放大了自己的部分功能，同时也培养出自己控制这种机器的能力。随着人工智能的发展，人类智能也将向更高级、更复杂的水平迈进。从这个意义上说，人工智能永远也不会赶上、超过人类。近代机械唯物主义认为人是机器，抹杀了人与机器的本质差别，是错误的；今天，有的人宣扬机器是人，甚至超过人，也是抹杀了人与机器的本质差别，同样是错误的，不足取的。

二　人工智能对哲学发展的推进

人工智能作为人脑智能的模拟，它的产生发展与辩证唯物主义的意识论联系最直接也最紧密。因此，这个问题，先从人工智能对意识论的发展的推进谈起。人工智能，对意识论的推进，集中表现在它对意识论的充实与深化上，具体表现是：（请看本书的"人工智能与意识论"一文中有关论述，不再赘述）

认识论是关于认识发生发展的哲学理论。它不像意识论那样着重从本原上说明人的精神活动，而是着重从发展过程以及发展过程中的根本矛盾上，说明人的精神活动的。它与意识论与人工智能的联系都是比较直接、紧密的。因此，继意识论之后，再谈谈人工智能对认识论的影响。

关于这方面的问题学术界早有研讨，而且出现过不同观点的争论。

有的论者认为，人工智能产生以后，人不再是唯一的认识主体了，又出现了电子计算机这个新的"人工认识主体"，或"人工机认识主体"。

有的论者不同意这种见解，认为电子计算机毕竟是人的工具而不是人，它可以模拟人的某些思维活动，但其本身不能思维，所以不能成为认识主体。

笔者根据对各种不同观点的反思，认为人工智能对认识论的推进主要表现在下述两点：

1. 虽说电子计算机没有主观能动性，不能与作为认识主体的人相提并论。但是，人工智能的出现却开始了从外部模拟人脑思维活动的进程。这一进程，与脑科学、神经生理学与心理学的发展相结合，就能进一步揭示人脑思维活动的"秘密"。因此，它的产生意味着人类的认识开始深入到认识认识主体的新阶段。也就相应地引起了认识论的深化。

2. 在认识过程中，在主体系统与客体系统之间存在着中介系统。在中介系统中又有物质工具系统与精神工具系统。电子计算机的出现，意味着在原有的各种作为延长感觉器官的感觉物质工具，如望远镜、显微镜等之外，又增加了作为延伸思维器官的思维物质工具，即意味着引起了中介系统的变化，扩大了认识论的研究领域。

此外，再谈谈人工智能对辩证法的推动作用。人工智能的产生发展，从不同的角度、用不同的方式比较深入地揭露了一些领域中的矛盾，甚至于可以说它是一个揭露矛盾的能手。它揭露的矛盾主要有：

1. 电子计算机是机器长期进化的结果。而机器的进化，是人们改造自然过程中，在主体与客体的矛盾斗争的推动下逐步实现的。电子计算机作为矛盾长期发展的产物，对它进行回溯性的研究，以果求因，通过分析阐明机器演化的轨迹，就可以系统地深入揭示生产发展过程中存在的主、客体之间的矛盾。从而促进人们从这个角度进一步去探索这一矛盾，及其矛盾运动的规律。

2. 电子计算机采取形式化的作业方法，从外部模拟人脑的形式化、逻辑化的思维活动，这就使得人的思维过程中的形式化、逻辑化与非形式化、非逻辑化的矛盾明显地暴露出来，从而促使人们去研讨这对矛盾产生的客观基础，以及矛盾双方之间存在的辩证关系。

3. 在现实世界中，有许多事物可以根据精确的标准把它们分为彼此界限分明的类别。这是以事物本身形态的确定性为依据的。事物的这种特性叫做清晰性，具有清晰性的事物叫做清晰事物。此外，还有一类性态不确定、类属不清晰的模糊事物。

计算机是在精确科学的土壤中培育出来的一朵科技之花。它解决问题的高速度与高精度是人脑比不了的。有了它，精确方法的可行性大大提高了。但是，也正是在使用计算机的实践中，人们认识到人的头脑具有远远超过计算机的能力。

人脑能够接收和处理模糊信息，依据少量的模糊信息对事物作出足够准确的识别判断，灵活机动地解决复杂的模糊性问题。凭借这种能力，画家不用精确地测量而画出栩栩如生的风景人物，甚至儿童可以辨认潦草的字迹，听懂不完整的语言。这一切都是以精确性制胜的计算机不可比拟的。

电子计算机问世以后，"电脑"与人脑的比较，就使得客观过程中的清晰事物与模糊事物的矛盾，以及思维过程中模糊思维机制与清晰思维机制的对立统一逐步显露出来，并促使人们去研讨。

黑格尔说过："认识矛盾并且认识对象的这种矛盾特性就是哲学思考的本质。"① 矛盾规律是辩证法的本质与核心。揭露矛盾是分析矛盾、解决矛盾的前提。矛盾本身就包含着解决矛盾的力量。

人工智能的产生与发展，从不同的角度以不同的方式，比较深入地揭露了存在于客观过程、实践过程、认识过程中的一系列矛盾。这等于为辩证法的发展提供了许多新的生长点，对辩证法的进一步充实、精确与深化是一个重大的推动。

哲学只有随着生活前进才能指导生活前进。总结新的科学技术成果是哲学发展中所面临的一个十分重要的课题。而要完成这一艰巨的任务，迫切需要加强哲学社会科学与自然科学、技术科学的横向联系，迫切需要采取切实的措施，通过各种具体的途径与方式，建立与加强哲学工作者与自然科学技术科学工作者的联盟。

本文发表在《北京社会科学》1988 年第 1 期。

---

① ［德］黑格尔：《小逻辑》，贺麟译，商务印书馆1980年版，第132页。

第十三章

实践出真知，学习长才干

一　从何谓实践，以及实践是认识之源说起

所谓实践，不是指人们头脑里的看法、想法、志向等精神活动，而是指在各种看法、想法指导下进行的改变周围事物的一切实际行动，也就是改造客观世界的物质活动。它的基本内容有如下几项：

第一，改变各种自然事物的实际行动，如地质考察、采矿、冶炼、机器制造、修桥、筑路、盖房、治山、治水、改良土壤、种植庄稼、酿造、纺织、食品加工，等等。这些活动可以制造生产工具、生产设备，并生产人们生活必需的各种物品，解决衣食住行问题，我们通常把它叫做生产实践。离开了它，人类便不能生存，社会便不能存在和发展。所以，人类的生产活动是最基本的实践活动。

第二，改变社会事物的实际行动，如经济改革、政治活动、军事行动和文化艺术活动，等等。这些活动能改变旧的社会制度，建立和改进新的社会制度，以适应生产发展的需要。在阶级社会里，这些活动包括不同阶级之间的经济斗争、政治斗争和思想斗争，阶级斗争实践是改造社会实践的主要组成部分。

第三，利用一定的仪器、设备，比如望远镜、显微镜、加速器、高能探测器等来变革自然事物，从而精密地观察、研究事物，认识事物的规律。这种活动是从生产实践的母体中分离出来的一项独立的社会实践，我们通常把它叫做科学实验。它能大大延长人们的四肢和眼耳鼻舌身等感觉器官，使人类对自然界的认识能超出肉体能力限制而达到更大的范围和更深的层次。比如，肉眼只能看清 0.1—0.2 毫米的东西，对更小的东西就不灵了。16 世纪发明了光学显微镜以后，用它能看到细胞和细胞的内部

结构。20 世纪 30 年代又出现了电子显微镜，它的效力比光学显微镜提高了上千倍，用它进一步看到了比细胞更小的非细胞状态的活蛋白体——病毒。又如，我们要认识物质的结构就必须分割它。想把原子中的电子和原子核分开是比较好办的，用一块绸子擦玻璃棒，就能使玻璃棒表面失去一些外层电子而带正电。但是要分割结合得比较结实的原子核就没有那么容易了，如果没有 800 万电子伏的能量，休想从任何原子核中打出质子或中子来。由于发明了加速器，用它可以生产速度很高、能量极大的粒子流，以高速粒子来做"炮弹"轰击原子核就能把它"敲碎"，从而认识它的内部结构和演变规律。科学实验使人的认识能力大规模地向自然界的深度和广度进军，它是人类探索自然、认识自然和改造自然的重要实践活动。

生产斗争、社会斗争和科学实验是人们改造世界的三项基本实践活动。这些活动有一个突出的特点，就是它能够直接引起客观现实的变化，给人们提供现实的成果。它可以依据自然规律，利用自然界的物质材料，制造出自然界原来没有的东西；也可以按照社会发展规律，并根据实际可能创建新的社会制度。总之，它是一种物质力量，这个特点，在哲学上叫做直接现实性。

正是这些社会实践成为科学知识的根源。人的知识好比照相底片上的影像，是人脑对外界事物的反映。这个反映之所以能够产生，首先是因为具备了这样两个条件：第一，被反映的客观世界是可以认识的，本质可以通过现象表现出来，本质不是不可知的。19 世纪德国唯物主义哲学家费尔巴哈就说过：自然界好比一本不隐藏自己的大书，只要我们认真去读它，总是能够读得懂的。第二，人脑是有认识能力的，人脑就是反映的器官。虽然就每一代人或每一个人来说，认识只能达到一定的水平，认识能力是有限的，但是就整个人类的世代相传来说，认识水平是逐步提高的，认识能力是不断增长的，只有尚未认识的东西，没有不能认识的东西。

对于认识的形成来说，这两个条件是不可缺少的、必要的，但是单凭它们是不够的。这是因为，尽管世界可以认识，人脑也有认识能力，如果主观与客观彼此隔离，不发生任何联系，反映的可能不会变成反映的现实，知识还是不能产生。正如毛泽东所说："一个闭目塞听、同客观外界根本绝缘的人，是无所谓认识的。"①

要形成认识，获得知识，还必须具备什么条件呢？前面说过，实践是改造世界的物质活动。它不仅是一种物质力量，而且具有把人的感觉器官与客观世界联系起来的特性，它好比一座沟通主观与客观的桥梁。而人脑不过是一个加工工厂，从头脑里绝不会自动地冒出知识来，只有通过实践，架起了沟通主观与客观的桥梁，使人脑与客观外界发生联系，外界事物才能反映到头脑中来，从而获得知识。所以毛泽东同志说："无论何人要认识什么事物，除了同那个事物接触，即生活于（实践于）那个事物的环境中，是没有法子解决的。"② 我们强调社会实践在认识过程中的意义，就因为只有社会实践才能使人的认识开始发生，实践是知识的源泉。

事实正是这样。种地知识是从农业实践中得来的，一些老农常说"节气不饶人"，他们十分懂得播种必须赶上节气，错过了一定时节，庄稼就不能生长。关于播种的季节，在华北地区流传着这样的顺口溜："谷雨前后，种瓜点豆"（春种）；"过了芒种，不可强种"（夏种）；"白露早，寒露迟，秋分种麦正当时"（秋种）。这些反映作物生长规律的农谚，是经过长期生产实践而积累起来的经验。

又如，几何学的知识是从丈量土地的实践中产生的，求正方形或长方形的面积比较简单，人们从实践中比较早就得到了长乘宽这个公式。但土地的形状是多种多样的，不只是正方形或长方形，那些地边不齐的地块就较难测量，但是，如果把它们分成若干三角形然后测量就不难了。学会了求三角形面积的方法，就能测量多种形状的土地了，由于一个正方形可以分成两个相等的三角形，在实践的推动下，在这一认识的启发下，人们就逐步从求正方形面积的公式中进一步得到了求三角形面积的公式——底乘以高除以二。因为几何学的道理是从丈量土地的实践中逐步得来的，所以在希腊文中"几何"一词是由"土地"和"测量"两个字组成的，它的原意是"测地术"。这个意思生动地体现了几何知识与实践的直接联系。

不仅如此，就连大家都熟悉的那些生活方面的普通常识，最初也是

---

① 《毛泽东选集》第 1 卷，人民出版社 1991 年版，第 290 页。

② 同上书，第 286—287 页。

从实践中得来的。你要知道梨子的滋味，你就得变革梨子，亲口吃一吃。现在大家都知道西红柿营养丰富，酸甜可口。据说，它最初是生长在南美洲秘鲁的一种野生植物，人们称它为"狼桃"。16 世纪英国一位公爵把它当做观赏植物，才由野生转入室内培养，当时人们对它的性质仍然没有认识。又过了 100 多年，到了 18 世纪法国一位画家以很大的勇气冒着生命危险，将西红柿尝了一口，以后又经过不断实践，人们才逐渐认识到西红柿不仅可以吃，而且含有大量维生素 C，营养相当丰富。

以上这类例子是很多的，总之，一切真知都是由实践发源的。自然科学是从生产实践和科学实验中产生的，社会科学是从改造社会的实际斗争中得来的。哲学作为自然知识和社会知识的概括和总结，也扎根在实践之中。

二　就每个人取得知识的具体途径而论

但是，这里谈的是知识的总根源或最后的来源问题，而不是每个人取得知识的具体途径问题。每个人求得知识的具体路子有两条：一条是通过亲身实践获得直接经验；另一条是通过看书、听讲等方式得到间接经验。实际上一个人的大部分知识是间接经验，他不可能通过直接经验去获得他的全部知识。社会越向前发展，人们越是靠学习获得更多的间接经验。如果事必躬亲，每一代人或每一个人要获得关于火的知识都要从钻木取火开始，人类的知识怎能积累和发展呢？人类的智慧和才能怎能不断提高呢？可见学习间接经验是很重要的。只有认真学习前人积累起来的知识，我们才能避免再走前人走过的弯路，能够以前人认识的终点为起点，把精力、时间用在新的探索上。现代的一个儿童甚至可以比古代一个大学问家的知识还多，就是因为后代比前代能学到更多的间接经验。现代人的知识大部分都来自这种间接经验。牛顿说过，他之所以看得远，就是因为他站在巨人的肩上。

现代的教育制度就是根据这些认识论原理，有组织、有计划地向儿童和青年传授间接经验。一个人在接受现代教育的十多年中，将在某一方面走完人类几千年探索研究的过程，这实际上百倍、上千倍地加快了他获得知识的速度，怎么能说学校教育没有多大意义呢？当然，不可能人人都受高等教育,但书本学习总是人人都可以做到的,自学成才也是接受间接经验的一个重要途径。而且,一个人在受过高等教育之后,仍然要继续不断地通过书本学习来掌握别人从实践中获得的知识。当然,还应该指出,学习间接经验不能纯粹通过书本,而必须同实验、实习、验证、运用等实践活动结合起来,才能真正把别人的知识变成自己的知识,而不致陷入一知半解、似是而非,或空洞抽象、谬误百出的泥坑。

既然每个人的大部分知识不是来自亲身实践,而是间接经验,还能不能说实践是知识的根源呢?能。间接经验绝不是脱离实践而凭空产生的,"在我为间接经验者,在人则仍为直接经验"[1]。学习间接经验是属于知识的交流、传递和积累问题。如果把知识的发展过程比做一条流动的长河,学习间接经验就属于知识之流,而不是知识之源。就知识的总体、知识的来源而言,所有知识都来自实践,不是来自自己的实践,就是来自别人的实践,实践是知识的唯一源泉。由此可见,学习间接经验,重视间接经验,在本质上是尊重他人的实践、群众的实践。

实践出真知,学习长才干,这是一个科学真理。它对于我们端正思想路线,做好工作,少犯错误,有着重要的指导意义。

新时期的总任务是实现四个现代化,而我们要搞的现代化不是资本主义的现代化,也不是殖民地半殖民地的现代化,而是中国式的社会主义现代化。我们的国家大,人口多,资源丰富,但经济、技术和教育比较落后,搞四个现代化,有许多困难需要克服,有很多新情况需要研究,有不少新问题有待解决。

怎样才能根据我国特点闯出一条中国式的现代化道路来呢?闭关自守,不行。机械照搬别人的经验,也不行。怎么办?实践是认识的源泉,学习是吸取他人长处的途径。坚持实践第一的观点,以马克思列宁主义、毛泽东思想的普遍真理为指导,勤于实践,又善于总结经验。从过去的实践吸取经验教训,同时着重从当前的实践中总结新的经验,使它带上条理性、综合性,上升成为理论,虚心学习他人的长处,使之同我国实际情况结合起来。并根据新情况、新经验去制定或完善我们的方针、政策,这些方针、政策在付诸实践的过程中经受检验,并依据检验结果再来修正、补充和发展。实践、认识、再实践,这样循环往复地坚持下去,才能使我们

---

[1]　《毛泽东选集》第1卷,人民出版社1991年版,第288页。

的主观认识符合客观实际，使我们的智慧不断发展，在实践中不断开辟认识真理的道路，在实践中不断造就实现四个现代化的一代新人，使四个现代化的道路越走越宽广。

　　本文收在赵光武著《哲学的学习与应用》，北京大学出版社 1988 年版。

第二编

历史唯物主义与革命和建设的实践

第 一 章

"两个归结"与社会发展的自然历史过程

列宁在《什么是"人民之友"以及他们如何攻击社会民主主义者?》一文中，谈到马克思恩格斯用什么方法创立唯物史观时，这样讲过：他们"把社会关系归结于生产关系，把生产关系归结于生产力的水平，才能有可靠的根据把社会形态的发展看做自然历史过程。"① 这就是我们通常所说的"两个归结一个过程"。

通过"两个归结"，怎样才能达到"一个过程"呢？

第一个归结，"把社会关系归结于生产关系"，是说马克思恩格斯研究社会问题时，不像唯心史观那样把认识停留在引起人们活动的思想动机上；而是深入一步，进一步考察引起思想动机的物质原因，从社会思想和人的目的背后找出决定它们的物质的社会关系来，即"从一切社会关系中划分出生产关系来，并把它当做决定其余一切关系的基本的原始的关系"。这样，由于在社会关系领域中具体地贯彻了社会存在决定社会意识的原则，分清了什么是第一性的东西，什么是第二性的东西，因此就可以从复杂的社会关系中理出一个头绪来，从迷离混沌的社会现象中找出社会发展的基本线索来。即可以根据生产关系的类型，把处于不同历史时期，不同地区的民族国家，归在几个共同的社会形态之中，从而发现人类社会的发展经历的基本过程是：原始社会、奴隶社会、封建社会、资本主义社会、社会主义社会和未来的共产主义社会。使我们有可能把主观主义者认为不能应用到社会学上来的一般科学的重复规律应用到这些关系上来。

可见，第一个归结，意味着揭示了社会发展中的经济基础与上层建筑这一基本矛盾，以及上层建筑一定要适合经济基础发展需要的客观规律。

① 《列宁选集》第1卷，人民出版社1995年版，第8—9页。

第二个归结，"把生产关系归结于生产力的水平"，是说马克思恩格斯在分析社会问题时，寻根溯源，进一步从全部历史中找出生产力这个物质力量，认识到生产力是全部历史的基础，是社会发展的最终决定力量。生产关系是在生产力的推动下由低级到高级不断向前发展的，因而它才能经历上述基本过程，以及由低到高递进的必然趋势。社会发展到了今天的时代，正如资本主义必然代替封建主义一样，社会主义代替资本主义也是不可避免的，社会主义是当代历史的前沿。

可见，第二个归结，意味着揭示了社会发展中的生产力与生产关系这一基本矛盾，以及生产关系一定要适合生产力性质的客观规律。

既然通过"两个归结"，揭示了社会发展的基本矛盾，弄清了社会发展的基本过程和基本规律，当然就有可靠的根据把社会形态的发展当做一个可以用精确的自然科学眼光看待的有规律发展的客观过程，就可以使人们对社会发展做全面的历史的了解，把对社会的认识变成科学。

本文收在赵光武著《哲学的学习与应用》，北京大学出版社 1988年版。

第二章

人民群众是历史的创造者

人民群众是对历史发展起推动作用的社会势力，通常包括人口的大多数。但它不是单纯的数量概念。在不同国家和同一国家的不同历史时期，人民群众有着不同的内容。在阶级社会中，人民群众是划分为阶级的，即属于人民群众范畴的社会势力是分属于不同阶级的，其中包括在一定历史时期内起进步作用的剥削阶级。人民群众也是一个历史范畴。但是，无论任何时期，直接生产物质财富的劳动人民始终是人民群众的主体。劳动知识分子是劳动人民的一个组成部分。在我国目前，知识分子是工人阶级的一部分。

人民群众之所以能够成为历史的创造者，从根本上来说是因为人类社会与自然界具有本质的差别。众所周知，人类社会虽然不能脱离自然界，但又不同于自然界，人迹未到的纯自然是由日月星辰、山河大地、花草鸟兽等自然物组成的，而人类社会的存在与发展是同人们的各种实践活动分不开的，人们在运用劳动工具改造自然的生产实践中形成社会生产力，与此同时，人们在各种社会关系实践中形成社会的经济基础与上层建筑。这样才有由生产力、经济基础、上层建筑三大层次构成的人类社会。马克思说："社会生活在本质上是实践的。"①

正因为这样，自然的规律，无论是机械运动的规律、物理运动的规律、化学运动的规律；还是生物运动的规律，都是以各种自然的物质条件作为起作用的舞台的。而社会规律则是以人们的各种实践活动作为起作用的舞台的，没有各种实践活动就谈不到社会规律的作用。

那么，谁是社会实践的主体呢？是广大的人民群众。历史的活动是群

---

① 《马克思恩格斯文集》第1卷，人民出版社2009年版，第501页。

众的事业，群众既是社会历史的实体，又是社会历史的主体，只有群众才能从总体上体现历史发展的必然性，任何个人都不可能。所以，人民，只有人民，才是世界历史的创造者，才能成为历史发展的决定力量。

事实也正是如此，人民群众是物质财富的创造者、精神财富的创造者、实现社会变革的决定力量。

本文收在赵光武著《哲学的学习与应用》，北京大学出版社 1988年版。

第 三 章

社会科学真理的阶级性

真理是对客观事物及其规律的正确反映，即正确思想。自然科学与社会科学中经过实践证实的公式、定理和理论就是真理。

真理是客观的。它的客观性在于它同客观规律相符合。客观规律是客观存在的必然性，根本谈不到正确与错误，不具有真理或谬误的属性，也用不着实践去检验。人们的认识之中才有正确与错误的问题，它的真理性才需要经过实践来证实。可见，真理是属于认识的范畴，整个人类的认识史、科学史都表明了这一点。

既然真理属于认识的范畴，那么，真理就和其他认识一样，都是在实践、认识、再实践、再认识的循环往复过程中产生和发展的。

众所周知，在阶级社会里，每个人都在一定的阶级地位中生活，都属于一定的阶级，人们都是从一定的阶级地位出发，根据一定的社会需要，去从事各种实践活动，并在实践中获得各种认识的。而认识一经形成之后，又用以指导自己的实践。从实践与认识的辩证关系来看，在阶级社会中人们的认识是不能摆脱阶级和阶级斗争的制约与影响的。只要承认实践—认识—再实践—再认识这一认识运动的总规律，就得正视这个基本事实。

至于这种制约和影响达到什么程度、表现在什么地方，不同的认识却有不同的情况。在一般的情况下，对自然的认识，关于自然科学的真理，它本身是没有阶级性的，而只是在自然科学的研究和运用过程中受阶级斗争的制约，反映一定阶级的利益。

对于社会的认识，关于一些社会科学的真理情况就不同了，阶级斗争对它的影响就更深了。这种影响能达到这样的程度：使一些社会科学的真理，不仅是对客观事物及其规律的正确反映，具有客观性；同时又反映一定阶级的意志，代表一定阶级的利益，并只能为一定阶级服务（这是一个事物或一种理论具有阶级性的根本标志），因而又具有阶级性。比如，马克思主义的哲学、政治经济学和科学社会主义理论就是如此。它们既正确反映了客观规律是真理，具有高度的科学性，又集中代表着无产阶级的根本利益，公然申明为无产阶级服务，具有鲜明的阶级性。

一些真理的阶级性和它的客观性一样，也是其本身固有的规定性。不管人们是否认识它、承认它、喜欢它，它照样存在着。谁要否认它，除非他完全不面对现实，只要稍一面向现实，就会陷入不可自拔的逻辑矛盾之中。有些人不正是这样吗？比如，当他们以现实的态度对待马克思主义的时候，也承认马克思主义是真理且有阶级性。殊不知，在这个命题中就已经蕴含着有些真理是有阶级性的这样一个判断。可是，当他们讨论真理问题时，又说一切真理都是没有阶级性的，客观性是真理的唯一规定性。此时此刻，作为真理的马克思主义又没有阶级性了。又如，当他们实事求是地论述历史唯物主义关于社会意识的原理时，也大讲阶级性是社会意识的一个重要特点。殊不知，由于社会意识中有真理与谬误之分，所以在这个命题中已包含着有些真理是有阶级性的这样一个结论。可是，当他们探讨认识论问题时，又一味地强调一切真理都是没有阶级性的。此时此刻，阶级性又不能成为社会意识的重要特征了。

看来，要否定一些社会科学真理的阶级性是办不到的，因为它的存在是一个事实。既是这样，我们进一步要问：同样都是人的认识，同样要受阶级斗争的影响，为什么自然科学真理没有阶级性，而一些社会科学真理则有阶级性呢？

为此，我们必须进一步把认识主体与认识对象联系起来进行考察。谁都知道，自然界是由日月星辰、山河大地、花草鸟兽等自然物组成的，自然规律的作用是以各种自然物质条件为舞台的。而人类社会就不同了，它的存在和发展是与人们的实践活动分不开的，"全部社会生活在本质上是实践的"。① 社会规律的作用是以人们的实践活动为舞台的。

因此，在阶级社会里，自然规律的作用对不同的阶级不会造成不同的后果。比如，能量守恒与转化规律的作用不会导致资产阶级灭亡和无产阶级解放。所以，在一般情况下，不同阶级对自然规律都能去正确地认识

_____

① 《马克思恩格斯文集》第 1 卷，人民出版社 2009 年版，第 501 页。

它，并运用它为自己服务，自然科学真理并不同时反映某一阶级的意志，代表某一阶级的利益，并只能为某一阶级服务，它对各阶级一视同仁，因而没有阶级性。

而社会规律与自然规律不同，它的作用对不同阶级则要引起不同后果。比如，在资本主义制度下，生产关系一定要适合生产力性质的规律的作用，则要求社会主义公有制代替资本主义私有制，以解决社会化大生产与资本主义私人占有制的矛盾。这就意味着资产阶级的灭亡和无产阶级的解放。所以不同阶级对社会规律的态度是有区别的。与历史发展趋势背道而驰的反动势力，被它的立场所决定，是不能正确地认识与运用这类规律的；只有与社会发展趋势一致的代表未来的革命阶级，才能做到这一点。革命阶级也正是在对社会规律的正确反映中，包括对自己的阶级地位、历史使命以及进行斗争的战略策略的正确了解。因此，一些社会科学真理在正确反映客观规律的同时，也反映着一定阶级的意志，代表着一定阶级的利益，并只能为一定阶级服务，因而是有阶级性的。它是科学性与革命性的统一。

既然社会科学真理的阶级性与社会规律起作用的特点直接相关，由此能不能说社会规律也有阶级性呢？当然不能。

这是因为，社会规律的作用虽然对不同的阶级具有不同的后果。但是，它的作用绝不是按着某个阶级的意志发生的，也不是由于它对不同阶级的态度不同造成的；而是由"许多单个的意志的相互冲突"，"无数互相交错的力量"形成的"一个总的合力"，产生的"一个总的合力"。①这个总的结果虽然存在于大量的带阶级性的阶级斗争现象之中，它却是不以任何阶级和个人的意志为转移的客观的必然趋势。对它，不但反动阶级不能违抗，革命阶级也必须遵循，只有认识必然并按必然性办事才能获得自由。可见，阶级社会的规律，绝不是反映某个阶级意志的，是某一阶级的规律。

马克思列宁主义教导我们，研究社会历史不能只考察引起人们活动的思想动机，必须进而探求引起思想动机的经济原因。这样我们就能发现，不同阶级之间的斗争，"首先是为了经济利益而进行的，政治权力不过是

①《马克思恩格斯文集》第 10 卷，人民出版社 2009 年版，第 593 页。

用来实现经济利益的手段"①。在错综复杂的社会关系中，生产关系决定政治关系、思想关系，而生产关系的变化与发展又必须适应生产力的性质，生产力是全部历史的基础，是社会发展的最终决定力量。

因此，只要把社会关系归结到生产关系，把生产关系归结到生产力的水平，就有可靠的根据把社会形态的发展看做一个自然历史过程。社会运动也是物质运动的一种基本形式。阶级社会是社会发展中的一个历史阶段，阶级社会的发展规律与其他物质形态的运动规律一样，都是物质运动本身所固有的本质的必然的联系，同属于物质范畴。所以，社会规律本身是无所谓阶级性的。

本文收在赵光武著《哲学的学习与应用》，北京大学出版社 1988年版。

---

① 《马克思恩格斯文集》第 4 卷，人民出版社 2009 年版，第 503 页。

第 四 章

浅谈物质利益在社会发展中的作用

生产关系实质上是经济关系，是人们之间的物质利益关系。人们对生产资料的关系不同，决定着他们对产品的分配不同，即他们的物质利益不同。

经济地位决定人们的政治态度、思想观念，经济基础决定上层建筑。物质利益是人们活动的客观动因。承认生产关系在社会发展中的作用，就意味着肯定物质利益在社会发展中的作用。物质利益原则是一个与生产关系概念紧密相关的、历史唯物主义的重要范畴，也是马克思主义十分重视的问题。

马克思说："人们奋斗所争取的一切，都同他们的利益有关。"① 恩格斯说："土地占有制和资产阶级之间的斗争，正如资产阶级和无产阶级之间的斗争一样，首先是为了经济利益而进行的，政治权力不过是用来实现经济利益的手段。"② 列宁说："我国的对内和对外政策归根结底是由我国统治阶级的经济利益和经济地位所决定的。这个原理是马克思主义者整个世界观的基础……"③

总之，马克思列宁主义是很重视物质利益原则的，充分肯定物质利益在社会发展中的作用。那么，物质利益对社会发展起什么作用呢？

第一，在以生产资料私有制为基础的生产关系中，两大基本阶级之间的经济地位、物质利益是根本相反的。比如，在资本主义生产关系中，资本家的利益与无产者的利益是截然对立的。在这种条件下，阶级斗争是以经济利害的冲突为根源的，经济利害的不可调和性决定了阶级斗争的必

---

① 《马克思恩格斯全集》第1卷，人民出版社1956年版，第82页。
② 《马克思恩格斯文集》第4卷，人民出版社2009年版，第503页。
③ 《列宁全集》第34卷，人民出版社1985年版，第306页。

然性。

进步阶级为了自己的经济利益而进行的变革旧的生产关系、建立和巩固新的生产关系的斗争，适合生产力发展的需要，对历史的发展起推动作用，因而是革命的。而没落的、反动的阶级为了保持其既得的经济利益而进行的维护旧的生产关系、破坏瓦解新的生产关系的斗争，阻碍生产力的发展，对历史发展起促退作用，因而是反动的。

第二，在以生产资料公有制为基础的社会主义生产关系中，工人、农民、知识分子之间不存在物质利益的根本冲突。当然，在人民内部也还存在长远利益与眼前利益、整体利益与局部利益、个人利益的矛盾。如何解决呢？

无产阶级十分懂得仅靠个人奋斗是没有出路的，只有作为一个阶级并联合其他劳动阶级团结战斗，推翻并最终消灭一切剥削制度，才能逐步实现个人的物质利益，并使全人类获得解放。马克思主义正是从阶级的整体利益出发，来考察、对待个人的物质利益的，认为整体利益、长远利益高于个人利益、局部利益和眼前利益。但也不是说只强调整体利益、长远利益，而不考虑群众的个人利益、局部利益和眼前利益。而是要统筹兼顾，适当安排，处理好国家、集体、个人三者之间的关系。所以，以马克思主义为指导的社会主义国家，既应引导广大群众胸怀大局，维护服从整体利益、长远利益，又要关心群众生活，给群众以看得见的物质利益；在发展生产的基础上逐步提高人民群众的物质文化生活水平。这样才有利于调动一切积极因素，挖掘一切潜力，充分体现并发挥社会主义制度的优越性，推动生产力的发展。

可见，正确地对待并满足人民群众的物质利益，对于推动社会主义事业的发展具有十分重要的意义。物质利益的原则是不容忽视的一个重要范畴。不能误认为讲物质利益就是搞修正主义，搞资本主义。综上可见，马克思主义同资产阶级、修正主义的区别，不在于讲不讲物质利益，而在于讲哪个阶级的、什么人的物质利益。正如毛泽东所说："唯物主义者并不一般地反对功利主义……世界上没有什么超功利主义，在阶级社会里，不是这一阶级的功利主义，就是那一阶级的功利主义。我们是无产阶级的革命的功利主义者，我们是以占全人口百分之九十以上的最广大群众的目前利益和将来利益的统一为出发点的，所以我们是以最广和最远为目标的革命的功利主义者，而不是只看到局部和目前的狭隘的功利主义者。"①

历史唯物主义重视物质利益原则，但并不否定政治和思想的作用。列宁在批判俄国经济派时指出："根据经济利益起决定作用这一点，决不应当做出经济斗争（即工会的斗争）具有首要意义的结论，因为总的说来，各阶级最重要大的、'决定性的'利益只有通过根本的政治改造来满足，具体说来，无产阶级的基本经济利益只能通过无产阶级专政代替资产阶级专政的政治革命来满足。"②

这就是说，由于上层建筑对经济基础有反作用，精神对物质有反作用，所以，无产阶级政党在为实现人民群众的经济利益而斗争时，绝不能放弃或忽视政治斗争与思想斗争；同时也只有通过政治斗争与思想斗争，才能保证获得经济利益。

在今天，同样如此。我们要贯彻各尽所能、按劳分配的原则，就必须坚持不懈的政治思想工作，动员广大群众发扬主人翁精神，各尽所能地为社会主义劳动，对社会主义事业多做贡献；教育广大群众摆正个人与集体、国家的关系。我们不仅要有高度的物质文明，而且要建设高度的精神文明。这样才能使国富民强，个人的眼前利益和长远利益得以实现。

可见，我们主张在发展生产的基础上，不断满足人民群众的物质文化生活需要，绝不是提倡"向钱看"。这同剥削阶级宣扬的"人不为己，天诛地灭"的处世哲学是根本不同的。

本文发表在《教学与研究》1982 年第 12 期。

---

① 《毛泽东选集》第 3 卷，人民出版社 1991 年版，第 864 页。
② 《列宁选集》第 1 卷，人民出版社 1995 年版，第 333 页。

第 五 章

生产资料所有制为什么能成为
生产关系的基础?

斯大林根据马克思、恩格斯和列宁的一贯思想,对生产关系包括的具体内容,在《苏联社会主义经济问题》中,作了明确的规定。这就是:"(一) 生产资料的所有制形式,(二) 由此产生的各种社会集团在生产中的地位以及他们的相互关系,或如马克思所说的,'互相交换其活动',(三) 完全以它们为转移的产品分配形式。"① 在这里,他不仅把所有制单独列出来,而且排在第一,以表示它在生产关系中的重要地位。岂止如此,斯大林在《论辩证唯物主义和历史唯物主义》之中,就曾明确指出所有制是生产关系的基础。

斯大林的这个观点与马克思主义的一贯思想是一致的。比如,早在《共产党宣言》里,马克思恩格斯就把消灭旧的生产关系,归结为同传统的所有制关系实行最彻底的决裂。马克思在《资本论》里,把资本主义经济制度的必然灭亡,归结为资本主义私有制的丧钟就要响了,剥夺者就要被剥夺了。

这个观点正确地反映了客观事实。所有制作为生产关系的基础地位,是它本身所固有的。它能够决定生产关系的性质,充当生产关系的标志,就有力地表明了这一点。

可见,弄懂弄通所有制是生产关系的基础,不论在理论上和实践上都有重要的意义。所以毛泽东同志指出:"斯大林说,生产关系的基础就是所有制。这一点同志们必须弄清楚。"② 要弄清楚就不能满足于知其然,

---

① 《斯大林选集》下卷,人民出版社 1979 年版,第 594 页。
② 《毛泽东文集》第 6 卷,人民出版社 2004 年版,第 305 页。

不知其所以然，必须问个为什么。

生产资料所有制为什么能成为生产关系的基础呢？

根本原因在于，劳动力只有与生产资料相结合才能生产使用价值，创造物质财富。关于这一点马克思曾经进行过深刻的论述。他在《哥达纲领批判》中，批判拉萨尔派空谈劳动是一切财富的源泉，而回避所有制问题的机会主义观点时尖锐指出，劳动不具有"超自然的创造力"。这就是说，人们要生产使用价值，必须进行劳动，要进行劳动，必须具备生产资料，即劳动资料（工具厂房等）和劳动对象（原料、材料等）。如纺织工人纺纱织布，必须有棉花、机器等。农民种田，必须有土地、种子和农具等。只有具备这些物质条件，劳动才能创造使用价值，才能解决人们的衣、食、住、行问题。离开了物质条件，劳动者赤手空拳就不可能创造物质财富，也就不可能解决人们的衣、食、住、行问题。

因此，一个人如果只有劳动力，没有任何生产资料，就不能生产物质资料，并解决衣、食、住、行问题，被生活所迫，就不得不为掌握生产资料的他人去做工。所以，马克思说："因为正是由于劳动的自然制约性产生出如下情况：一个除自己的劳动力外没有任何其他财产的人，在任何社会的和文化的状态中，都不得不为另一些已经成了劳动的物质条件的所有者的人做奴隶。他只有得到他们的允许才能劳动，因而只有得到他们的允许才能生存。"①

可见，掌握了生产资料就等于掌握了支配劳动力的权力，即生产资料的占有权，决定着劳动者为谁劳动和以什么样的身份进行劳动。

具体来说，首先，生产资料的所有权，能决定人们在生产过程中的地位和相互关系，能决定劳动者以什么身份从事劳动。比如，在资本主义制度下，资本家占有厂房、机器和原材料等生产资料，广大工人一无所有，只能靠出卖劳动力维持生活，因此在劳动组织中，资本家便处于组织生产和指挥生产的地位，工人则不得不在资本家的监督下从事繁重的体力劳动。资本家与工人的关系是统治与被统治的关系。资本家之所以居支配地位，绝不是因为他们天生高人一等，而只是由于他们占有生产资料。马克思说得好："资本家所以是资本家，并不是因为他是工业的管理者，相

---

① 《马克思恩格斯选集》第 3 卷，人民出版社 1995 年版，第 298 页。

反，他所以成为工业的司令官，因为他是资本家。"①

其次，生产资料的所有权能决定劳动产品的分配方式，即决定产品归谁所有。比如，在以私有制为基础的社会里，一些阶级或集团，由于占有大部分或全部生产资料，并以各种方式支配劳动力，因此能够不劳而获地占有绝大部分劳动果实。而广大劳动群众，因为不占有或很少占有生产资料，被人支配，所以只能得到仅够维持生命，甚至难以维持生命的生活资料。在这种生产资料占有关系的基础上，就相应地形成了剥削与被剥削的分配关系。所以，马克思说："消费资料的任何一种分配，都不过是生产条件本身分配的结果。"② 生产条件的分配就是生产资料的分配，就是生产资料归谁所有。这就是说，产品的分配方式是由生产资料的占有关系决定的。

综上所述，生产资料的所有制既决定生产过程中人们的相互关系，又决定产品的分配关系。所以，它能够成为生产关系的基础。抓住了所有制就抓住了生产关系的根本，就能够弄清生产关系的本质。

本文收在赵光武著《哲学的学习与应用》，北京大学出版社 1988 年版。

---

① 《马克思恩格斯文集》第 5 卷，人民出版社 2009 年版，第 386 页。

② 《马克思恩格斯文集》第 3 卷，人民出版社 2009 年版，第 436 页。

第 六 章

新旧制度更替从旧制度薄弱
地方开始是一般规律

《共产党宣言》发表以来一百几十年间，俄国革命、中国革命和其他一些国家革命的胜利，证明无产阶级领导人民夺取政权是能够成功的。近年来，由于资产阶级自由化思潮的泛滥和影响，特别是由于前几年东欧的剧变和苏联的解体，人们不断地思考着这样一个问题：社会主义首先在经济上比较落后的国家取得胜利是否具有历史必然性，是空想的产物、历史的误会，还是合乎逻辑的发展、历史的必然？这就从现实中提出了一个重大历史课题——关于社会主义的历史命运问题。

考察这个问题，首先应从近代的历史事实说起。

资本主义从14、15世纪在地中海沿岸萌芽，经过16世纪尼德兰革命、17世纪英国革命、18世纪法国革命，到19世纪上半叶，历时300多年，资本主义在全球范围内取得了统治地位。人类历史进入资本主义时代以后，与过去相比有一个明显的不同，那就是由于资本主义有了社会化大生产和发达的商品经济，资产阶级开拓了世界市场，使一切国家的生产和消费都成了世界性的，从而把整个世界连成一个整体，形成了一个世界资本主义体系。

这时，在世界上，由于历史发展的不平衡，虽然还有许多国家民族仍保存着大量的前资本主义生产关系，但是，资本主义生产关系却在全世界范围内居主导地位，起支配作用，它成了"一种普照的光"，使其他一切色彩都隐没其中。

世界资本主义体系形成以后，它的一个基本特点就是把全世界的民族分为压迫民族和被压迫民族，把全世界的国家分为资本主义宗主国和附属国、殖民地半殖民地。

随着资本主义从自由竞争到垄断的发展，资本主义经济、政治发展的不平衡性更加突出，国际垄断资产阶级的竞争日益尖锐，帝国主义国家为了争夺殖民地重新瓜分世界，到了 20 世纪初，形成了两大对立集团，一个是由德国、奥匈帝国、意大利组成的"同盟国"，另一个是由英国、法国、俄国组成的协约国。双方积极扩军备战，矛盾迅速激化，以 1914 年 6 月 28 日奥匈帝国皇太子在受"协约国"支持的塞尔维亚境内萨拉热窝被刺为导火线，爆发了第一次世界大战。这次战争历时 4 年 3 个月，参战国家 33 个，卷入战争旋涡的人口在 15 亿以上。其中死亡 2000 余万人，伤残 2000 余万人。上述情况必然导致以下两种结果：

其一，帝国主义国家之间在争夺中，尤其是在激烈的战争中必然彼此削弱。在第一次世界大战中，不仅资本主义世界体系开始削弱，而且在资本主义链条上出现了薄弱环节。这个薄弱环节不是资本主义实力最强的国家，而是经济上相对落后，各种矛盾比较尖锐复杂的国家。

在这个环节上，如果资产阶级统治比较薄弱，无产阶级政治上比较成熟且力量比较强大，历史的发展就可能首先从这里冲破资本主义的链条向社会主义过渡，开辟人类历史的新纪元。

十月革命前夕的俄国就是这样的薄弱环节，成了实现历史转折的一个突破口。依据历史条件的变化，列宁坚持并发展了无产阶级革命的理论，及时地作出了"社会主义可能首先在少数甚至在单独一个资本主义国家内获得胜利"的科学结论。俄国无产阶级就是在"一国胜利论"的指导下，因势利导，夺取了社会主义革命的胜利，建立了人类历史上第一个社会主义国家。

其二，资本主义从自由竞争到垄断的发展，不仅在资本主义国家内部加剧了两极分化，使社会财富迅速地向少数垄断寡头手中倾斜，而且在全世界范围内造成了经济发达国家与经济落后国家的两极分化。

第二次世界大战以后，这种两极分化有了进一步发展，20% 的发达国家集中了全世界 80% 以上的财富。

这种两极分化使得经济落后国家的无产阶级和劳动人民，不仅要受本国地主阶级和资产阶级的剥削和压迫，而且还要受到发达国家的剥削阶级的剥削和压迫，处在整个世界资本主义体系的最底层。特别是每当经济发达国家发生经济危机与政治危机时，它们又总是不择手段地将危机转嫁给落后国家，这样就使经济落后国家成为整个世界资本主义体系各种矛盾的焦点。矛盾是运动的源泉，有矛盾有斗争才有发展，而且矛盾本身就包含着解决矛盾的力量。所以，无产阶级革命运动的重心就逐渐地转移到了经济比较落后的国家。因此，在具备了一定生产力基础的不发达国家，在各种矛盾比较尖锐、无产阶级和广大群众在政治上比较成熟的条件下，通过无产阶级领导下的革命斗争，就可以比较早地走上社会主义道路。

旧中国的情况就属于这一类。中国虽然没有经过独立发展的资本主义阶段，但是在半殖民地半封建的社会中已经有了资本主义：有本国的民族资本、官僚资本，还有外国帝国主义的资本。因此，在社会的阶级结构中才有了无产阶级、资产阶级、官僚资产阶级和小资产阶级。

中国的无产阶级和劳动人民不仅受地主阶级、官僚资产阶级的剥削与压迫，而且也受帝国主义的剥削与压迫，处在社会最底层，三座大山压在中国人民头上。半殖民地半封建的旧中国，是近代东方矛盾的焦点，随着矛盾的激化而逐渐成了无产阶级革命运动的重心。

灾难深重的中国人民，在中国共产党的领导下，经过长期艰苦卓绝的斗争，终于夺取了新民主主义革命的彻底胜利，掌握了政权；既然无产阶级是革命的领导阶级，广大劳动群众是革命的主力军，加之"这种革命，是彻底打击帝国主义的，因此它不为帝国主义所容许，而为帝国主义所反对。但是它却为社会主义所容许，而为社会主义国家和社会主义的国际无产阶级所援助"①。所以，革命后建立的新中国就不可能是资产阶级统治的国家，不可能是在资产阶级统治下向资本主义方向发展的国家，而只能是"为社会主义的发展扫清更宽广的道路"。

事实上，无产阶级和广大群众掌握了政权以后，通过上层建筑的反作用，经过对农业、手工业和资本主义工商业的社会主义改造（三大改造），逐步实现了由新民主主义向社会主义的过渡，从而走上了社会主义道路。这是客观规律性与主观能动性的辩证统一，是合乎逻辑的。

我们再扩大眼界，放眼以往全部历史发展过程，看看首先突破薄弱环节实现历史转折是否具有普遍性。

追溯人类社会发展的历史过程，人类的历史，已经经历了从原始社

---

① 《毛泽东选集》第 2 卷，人民出版社 1991 年版，第 668 页。

会、奴隶社会、封建社会到资本主义社会的前进历程。从这一历程可以看到，一种新的社会制度取代旧的社会制度不一定是从旧制度最发达的国家开始。历史发展往往出现这样的情形：一种社会制度在某个国家发展得越充分、越成熟、越完美，新社会制度突破旧制度的外壳就越困难，历史的变革就越不容易实现，新旧制度的更替从旧制度的薄弱地方开始是一般规律。

比如，从奴隶制度向封建制度的过渡。

古希腊与古罗马是历史上奴隶制度发展程度最高和最典型的国家。

公元前 5 世纪到公元前 4 世纪，希腊的奴隶制经济、政治均达到高度发展，同时产生了丰富多彩的文化。早期有《荷马史诗》（叙事诗）及萨福、平达的抒情诗，后来演进为戏剧和散文。在艺术领域内，造型艺术（雕刻、浮雕）最有成就，雅典娜神像的雕刻家菲狄亚斯享有盛誉。在哲学方面，德谟克利特创立的原子论与柏拉图创立的理念论，对欧洲唯物主义与唯心主义的发展产生了极大的影响。古希腊哲学家中最博学的人物亚里士多德不仅是形式逻辑的奠基人，而且研究了辩证思维的最基本形式，被恩格斯称为"古代世界的黑格尔"。在科学领域特别是数学、物理学和天文学方面，欧几里得、阿基米德等为后世留下了重要的研究成果。

公元前 3 世纪中叶到公元前 2 世纪中叶，古罗马通过布匿战争、马其顿战争，征服迦太基（北非）、西班牙大部分及马其顿、希腊诸地区，并设立若干行省。由于大庄园制的形成，奴隶劳动的广泛使用，意大利的农业、工商业和高利贷业兴盛，奴隶制经济获得巨大发展。

综上可见，古希腊与古罗马，无论在经济上、政治上和文化上，它们都把奴隶制度推向了鼎盛时期。甚至可以说，奴隶制的历史光彩是从古希腊古罗马那里充分放射出来的。

但是，与古希腊、古罗马相比，奴隶制不够发达的中国却远远先于古希腊、古罗马过渡到封建社会，而且这种过渡所引起的社会震荡比古希腊、古罗马要小得多。古罗马过渡到封建社会是通过包括著名的斯巴达克起义在内的大规模奴隶起义和日耳曼族的征服才最后实现的。

中国，在战国时期就已经开始由奴隶制向封建制过渡，以地主土地所有制代替了奴隶主的井田制。西欧在公元前 73 年斯巴达克起义时，古罗马正处于奴隶制的罗马共和国末期，古罗马到公元 476 年西罗马帝国灭亡才宣告奴隶制的终结。

又如，封建制向资本主义制度的转化。

中国进入封建社会以后，逐步把封建制度推向了鼎盛时代，创造了汉唐盛世。而西欧的封建社会却没有达到这个水平。在政治上，西欧没有形成像中国那样高度统一的中央集权的封建大帝国。西方很多国家在中世纪的大部分时间，处于封建割据状态，只有到13—15世纪时，才开始产生了中央集权的倾向。中国封建社会开始不久，秦始皇统一中原以后就建立了专制主义中央集权制，情况与西方迥然不同。专制主义中央集权体制对中国多民族国家的形成有很重要的作用。西欧的面积与中国大略相当，在近代却形成很多单一民族的国家，未能联合成统一的、领土辽阔的多民族国家，原因就在于中世纪时西欧处于封建割据状态。

在经济上，西欧没有形成像中国那样典型化的一家一户的"男耕女织"的自然经济。两千多年来，在中国封建社会里，不论是自耕农还是佃农，都是既耕且织，使农业与手工业紧密结合在一起。西欧盛行领主庄园制，自然经济单位是领主庄园。领主在庄园内不但拥有从事农业生产的农奴，而且拥有从事各种手工业生产的农奴手工业者。他不必求助市场，就能通过劳动地租或产品地租占有，"从他的农奴那里取得他所需要的一切"。当时"每一座封建庄园都自给自足，甚至军费也是征收实物。没有商业来往和交换，用不着货币"①。

在思想文化方面，西欧也没有形成像中国那样以儒家学说为代表的系统完整的封建主义思想体系。

至于中国封建时期，关于造纸技术、火药、印刷术和指南针四大发明，在世界上遥遥领先，以后传到亚洲、非洲和欧洲，对世界文化的发展作出了巨大的贡献。马克思认为"这些都是资产阶级发展的必要前提"②。

由此可知，封建制度的历史光彩是从中国等东方国家充分放射出来的。而封建制度的发展不如中国的西欧国家却率先实现了从封建社会到资本主义社会的转化。19世纪40年代，1840年鸦片战争以前，中国还处在封建社会的时候，欧洲的资本主义制度已经在全球范围内取得了统治地

① 《马克思恩格斯全集》第21卷，人民出版社1965年版，第449页。
② 《马克思恩格斯文集》第10卷，人民出版社2009年版，第200页。

位，已处于从自由竞争向垄断过渡的前夕。

上述历史事实为什么会这样？需要从社会基本矛盾运动的特点来找原因。

人类社会是一个复杂的巨系统。它包含着三个层次：其一，是人类在运用劳动资料改造自然过程中形成的社会生产力；其二，是人们在发展生产过程中结成的经济关系，即生产关系；其三，是在生产关系的基础上产生的，并与之相适应的政治法律制度、社会意识形态，即上层建筑。

那么，社会矛盾运动的什么特点是突破薄弱环节的内在原因呢？

第一个特点是，生产力决定生产关系的性质与变化，经济基础决定上层建筑的性质与变化，生产力是全部历史的基础，是社会发展的最终决定力量。所以，生产力与生产关系的矛盾，是社会革命即社会形态更替的根源。随着生产力的发展，生产关系对生产力发展的要求从基本上适应到基本上不适应，社会革命的时代就要到来了，但生产关系从基本上不适应需要变革到非改变不行，其中有一个幅度。在这个幅度内是早些时候变革，还是晚些时候变革，以怎样形式变革，有多种可能性，而不是一种可能性。这是第一个特点及其在社会变革中的作用。

第二个特点是，由于生产关系对生产力有反作用，上层建筑对经济基础（生产关系）有反作用，上层建筑总是维护自己的经济基础的，这就使得落后的生产关系不会依据生产力发展的需要自行变革。所以，虽然社会革命的根源是生产力与生产关系的矛盾；但社会革命的发动往往从上层建筑领域开始。社会革命的过程往往是：制造舆论，夺取政权，改变生产关系，解放生产力。这就是说，在生产关系从基本不适应到非改变不行的幅度内，无论实现哪种可能性，都必须通过政治思想领域里的斗争、上层建筑的反作用。这是第二个特点及其在社会变革中的作用。

综合以上两个特点及其在社会变革中的作用，必然导致这样的结果：革命不一定首先在生产力最发达的国家实现，在具备了一定生产力基础的不发达国家，由于各种矛盾比较尖锐复杂，使得统治阶级的力量比较薄弱，革命阶级在复杂激烈的斗争中，政治上容易成熟，力量上容易强大。在这种情况下，可以通过政治思想领域里的斗争、上层建筑的反作用，比较早地进行社会革命，较早地实现新旧制度的更替。

因此，如果不考虑具体的历史环境和不同国家的国情，撇开上层建筑的反作用，仅仅用一个国家生产力发展高度同其他国家作横向比较，是无法理解革命发展之不平衡性的，无法理解为什么革命往往不是在生产力发展水平最高，而是在经济上比较落后的国家首先发生。

综上所述，我们可以得出一个确定无疑的结论：新旧制度的更替，从旧制度薄弱的地方开始，是一般规律。

本文发表在《当代思潮》2002 年第 3 期。

第 七 章

马克思论无产阶级专政下不断革命

一 马克思在《共产党宣言》中规定了共产党的 基本任务和奋斗目标,阐述了无产阶级 革命和无产阶级专政的思想

在《共产党宣言》这一纲领性文献中,马克思、恩格斯说明了共产党的性质和特点,规定了党的基本任务和奋斗目标,阐述了无产阶级革命和无产阶级专政的思想,批判了当时流行的各种诬蔑、诽谤共产主义的谬论。指出,党的最近目的是"使无产阶级形成为阶级,推翻资产阶级的统治,由无产阶级夺取政权","使无产阶级上升为统治阶级,争得民主"。而共产主义革命必须同传统的所有制关系和传统的观念实行最彻底的决裂。在反对资产阶级的各个发展阶段上,共产党人强调和坚持共产主义大目标,代表整个运动的利益和未来,在无产阶级夺取政权后,首先必须"利用自己的政治统治,一步一步地夺取资产阶级的全部资本",尽可能快地发展生产力,并采取一系列措施逐步把工业和农业结合起来,把教育同物质生产结合起来,消灭城乡之间的对立,逐步消灭阶级对立和阶级差别以及阶级赖以产生和存在的条件。到那时,"代替那存在着阶级和阶级对立的资产阶级旧社会的,将是这样一个联合体,在那里,每个人的自由发展是一切人的自由发展的条件"①。

以上论述,蕴含着两个重要思想:其一,无产阶级专政的建立不是革命的结束,而是在新的历史条件下的开始,在无产阶级专政条件下,要不断革命,继续革命,彻底革命,直至实现两个彻底决裂,彻底消灭阶级以

---

① 《马克思恩格斯文集》第 2 卷,人民出版社 2009 年版,第 53 页。

及阶级产生的根源。其二，无产阶级专政是达到消灭一切阶级和进入无阶级社会的过渡。在从资本主义到共产主义的整个历史阶段，无产阶级专政都是必要的。

二　为了实现从阶级到无阶级的过渡，在《1848年至1850年的法兰西阶级斗争》中马克思第一次提出了无产阶级专政下的不断革命的理论

继《共产党宣言》之后，在《新莱茵报·政治经济评论》上连载了马克思写于1849年年底至1850年3月底和1850年10月至11月1日的光辉著作《1848年至1850年的法兰西阶级斗争》。恩格斯在为马克思的《1848年至1850年的法兰西阶级斗争》一书写的导言中说："目前再版的这部著作，是马克思用他的唯物主义观点从一定经济状况出发来说明一段现代历史的初次尝试。在《共产党宣言》中，用这个理论大略地说明了全部近代史；在马克思和我在《新莱茵报》上发表的文章中，这个理论一直被用来解释当时发生的政治事件。……马克思由于准确了解法国在二月革命以前的经济状况以及这个国家在二月革命以后的政治事件，所以对当时的事变作出的叙述，对其内在联系的揭示能达到至今还无人达到的程度，并且光辉地经受住了后来由马克思自己进行的两度检验。"[①]

事实正是如此，马克思在这部著作中，对法国1848年革命前后的整个一段历史时期作了科学的阐释；以丰富的史实揭示了各个政治事变的内在联系；深刻地论述了阶级斗争和社会革命对历史发展的推动作用，首次提出了"革命是历史的火车头"的光辉论断；[②] 高度地赞扬了工人阶级的革命气概和英勇斗争的革命精神；进一步阐述了无产阶级革命和无产阶级专政的一系列重要原理。这集中体现在如下论述中："这种社会主义就是宣布不断革命，就是无产阶级专政，这种专政是达到消灭一切阶级差别，达到消灭这些差别所有产生的一切生产关系，达到消灭和这些生产关系相适应的一切社会关系，达到改变由这些社会关系产生出来的一切观念的必

---

① 《马克思恩格斯文集》第4卷，人民出版社2009年版，第564页。
② 《马克思恩格斯文集》第2卷，人民出版社2009年版，第161页。

然的过渡阶段。"①

在这段经典论述中，向我们着重表明了如下几点：

其一，第一次提出了无产阶级专政下不断革命的理论，对《共产党宣言》中已经蕴含着的不断革命、彻底革命的思想作出了明确的表述。

其二，对于无产阶级专政下不断革命、彻底革命的内容、步骤作了简明扼要的论述。无产阶级夺取政权推翻剥削阶级的统治，只是消灭剥削消灭阶级的先决条件，要完成消灭阶级的历史任务，需要经历一个长期复杂的斗争过程。不断革命理论告诉我们主要包括三个步骤：

所谓阶级，是在生产关系中处于不同地位的社会集团，阶级对立的根源在于经济基础，消灭剥削消灭阶级的决定性的第一步，是无产阶级利用自己的政治统治剥夺剥削阶级的生产资料，消灭私有制，建立社会主义公有制。即"达到消灭这些差别所有产生的一切生产关系"。

由于阶级不仅仅是一个经济范畴，而且是一个社会范畴，阶级划分的根源在经济基础，但阶级对立却广泛地表现在经济关系、政治关系、思想关系上，阶级斗争有经济斗争、政治斗争与思想斗争三种基本形式，阶级不仅仅是一个经济组织经济实体，而且是一个社会集团或社会组织。一个阶级的经济地位、政治立场、意识形态这几个方面总和起来构成这个阶级的全部特征。要消灭剥削消灭阶级，必须"达到消灭和这些生产关系相适应的一切社会关系"，在政治、思想领域进行不断革命，这是消灭剥削消灭阶级必走的第二步。

社会主义所有制改造基本完成以后，主要是政治战线思想战线上的阶级斗争，由于思想文化领域是剥削阶级的一块世袭领地，在这里他们有传统优势，无产阶级和资产阶级之间在意识形态方面的谁胜谁负问题还没有真正解决，要消灭剥削消灭阶级就必须"达到改变由这些社会关系产生出来的一切观念"，与"传统的观念实行最彻底的决裂"，这是从阶级社会向无产阶级社会过渡必走的第三步。

其三，初次使用无产阶级专政是达到消灭一切阶级和进入无产阶级社会的过渡的概念，表明了无产阶级专政的历史使命和阶级本质，对《共产党宣言》中蕴含的这种思想作了明确的表述。

此后，马克思在 1852 年 3 月 5 日写给魏德迈的信中，在阐述马克思

---

① 《马克思恩格斯文集》第 2 卷，人民出版社 2009 年版，第 166 页。

主义的阶级、阶级斗争学说时，从阶级斗争产生、发展、消亡的客观规律的高度进一步论述了这个问题。

　　情况是这样的：1848 年欧洲革命后，马克思主义得到了进一步传播，特别是马克思主义的阶级斗争学说越来越为无产阶级所掌握，资产阶级为维护其阶级统治，竭力攻击马克思主义的阶级斗争和无产阶级专政学说。1852 年年初，流亡到美国的德国小资产阶级政治家海因岑对马克思主义阶级斗争理论进行严重挑战，说什么阶级的存在只同政治特权相联系，资产阶级统治的社会条件是历史的最后产物，妄图证明资本主义制度是永世长存的。当时，马克思的战友魏德迈在美国纽约创办《革命》杂志，积极宣传马克思主义。他怀着极大的义愤，写了反驳海因岑的文章，并把它寄给马克思、恩格斯审阅。马克思看后，在回信中痛斥了海因岑的谬论，精辟地阐明了马克思主义关于阶级斗争和无产阶级专政的学说。

　　信中说，"至于讲到我，无论是发现现代社会中有阶级存在或发现各阶级间的斗争，都不是我的功劳。在我以前很久，资产阶级的历史编纂学家就已经叙述过阶级斗争的历史发展，资产阶级的经济学家也已对各个阶级作过经济上的分析。我所加上的新内容就是证明了下列几点：（1）阶级的存在仅仅同生产发展的一定历史阶段相联系；（2）阶级斗争必然导致无产阶级专政；（3）这个专政不过是达到消灭一切阶级和进入无阶级社会的过渡"①。

　　"阶级的存在仅仅同生产发展的一定历史阶段相联系。"这就是说，阶级的存在是一种历史现象。在人类社会发展史上，不是压根就有阶级，在漫长的原始氏族社会里并不存在阶级，只是在社会生产力有了一定程度的发展，又不十分发达的情况下，出现了生产资料私有制和剥削时，才产生了阶级。到了未来的共产主义社会时，阶级存在的客观基础被扬弃了，阶级也就随之消灭了。

　　"阶级斗争必然导致无产阶级专政。"这就是说，在资本主义社会，无产阶级反对资产阶级的阶级斗争，是资本主义社会基本矛盾的体现，无产阶级只有推翻资产阶级统治，建立无产阶级专政，才能获得解放。无产阶级专政是资本主义社会内阶级斗争的必然结果。马克思主义的阶级斗争学说科学地阐明了无产阶级的阶级本质和历史使命，认为阶级斗争必然导

---

① 《马克思恩格斯文集》第 10 卷，人民出版社 2009 年版，第 106 页。

致无产阶级革命和无产阶级专政。而马克思以前的一些资产阶级思想家虽然发现了现代社会中有阶级和阶级斗争存在，但由其阶级本质所决定，他们否认或掩盖无产阶级和资产阶级之间的阶级斗争，反对无产阶级革命和无产阶级专政。比如，亚当·斯密认为，在资本主义社会中，一切阶级的利益都是一致的。随着国民财富和资本积累的增长，不仅地租和利润的数量会增加，而且工资也会提高。法国复辟时期的历史学家虽然承认第三等级反对僧侣、贵族的斗争是合理的，是推动历史发展的动力。但是，他们或者否认第三等级内部存在阶级斗争，特别否认无产者反对资产者的斗争；或者只承认过去资产阶级反对僧侣、贵族的斗争是进步的，根本否认无产阶级反对资产阶级斗争的进步性，把这种斗争看成是"社会灾难"，诬蔑为"疯狂的举动"。特别是在欧洲 1848 年革命以后，资产阶级已由革命的阶级转为保守的、反动的阶级了，资产阶级思想家就由宣传阶级斗争转入宣传社会和平了。比如，基佐在《民主论》中说："我们社会的各种阶级斗争贯穿着我们的历史。1789 年的革命是这种斗争的最普遍最强有力的表现。贵族和第三等级，贵族和民众，资产阶级和工人，有产者和无产者，所有这些只是社会斗争的各种形式和各种阶段，这种斗争使我们受到长久痛苦……这是一种灾难，这是一种耻辱，它是和我们的时代不相称的。国内和平，各种阶级公民之间的和平，社会和平！这是法国最迫切的需要，这是救世的呼声！"① 这就是说，基佐等人承认阶级斗争是有限度的。当阶级斗争对资产阶级有利的时候，他们宣传和提倡阶级斗争。当无产阶级这个当时社会的第三战士勃然兴起，以独立的政治力量登上历史舞台，要用革命的暴力手段推翻资产阶级统治，建立无产阶级专政的时候，他们就对这种阶级斗争持坚决的反对态度了。马克思主义的阶级斗争理论和资产阶级思想家的阶级斗争理论的最根本的区别就在这里。所以列宁说："阶级斗争学说不是由马克思，而是由资产阶级在马克思以前创立的，一般说来，是资产阶级可以接受的。谁要是仅仅承认阶级斗争，那他还不是马克思主义者，他还可以不超出资产阶级思想和资产阶级政治的范围。把马克思主义局限于阶级斗争学说，就是阉割马克思主义，歪曲马克思主义，把马克思主义变为资产阶级可以接受的东西。只有承认阶级斗

① 转引自《普列汉诺夫哲学著作选集》第 1 卷，曹葆华译，生活·读书·新知三联书店 1961 年版，第 533—534 页。

争，同时也承认无产阶级专政的人，才是马克思主义者。马克思主义者同
庸俗小资产者（以及大资产者）之间的最大区别就在这里。必须用这块
试金石来测验是否真正了解和承认马克思主义。"①

"这个专政不过是达到消灭一切阶级和进入无产阶级社会的过渡。"
这就是说，在从资本主义到共产主义的整个历史阶段，无产阶级专政都是
必要的。无产阶级专政是消灭阶级进入无阶级社会的过渡。前边已提到阶
级是在生产力有了一定程度的发展，又不十分发达的情况下，伴随着私有
制的出现而产生的，也就是说，阶级的产生是自发的。资产阶级是人类历
史上最后出现的一个剥削阶级，他们作为人格化的资本，绝不会自愿放弃
剥削，自动退出历史舞台。阶级是不会自行熄灭的，阶级斗争必然导致无
产阶级革命、无产阶级专政，无产阶级怎样运用无产阶级专政的武器，来
实现从阶级到无阶级的过渡呢？那就是必须遵循消灭阶级的客观规律，坚
持无产阶级专政下不断革命、继续革命和彻底革命。

三　在新历史条件下，列宁、毛泽东继承了马克思的无产专政下的不断革命的思想

列宁在 1919 年为纪念苏维埃成立两周年而撰写的《无产阶级专政时
代的经济和政治》一文中，直接承续了马克思关于无产阶级专政下不断
革命的思想。他指出：社会主义就是消灭阶级。但消灭阶级是不能一下子
办到的。无产阶级在推翻资产阶级夺取政权以后，剥削者已被击溃，可是
还没有被消灭。他们还有国际的基础，即国际资本，他们是国际资本的一
部分。他们还保留着某些生产资料，还有金钱，还有广泛的社会联系。他
们反抗的劲头正由于他们的失败而增长了千百倍。在无产阶级专政条件
下，阶级斗争并未消灭只是采取了新的形式。列宁说："在资本主义制度
下，无产阶级是被压迫阶级，是被剥夺了任何生产资料所有权的阶级，是
唯一同资产阶级直接对立、完全对立的因而也就是唯一能够革命到底的阶
级。"② 无产阶级要完成消灭阶级这一事业，就应当利用国家政权机关来
继续进行阶级斗争，不断革命、彻底革命。

①　《列宁选集》第 3 卷，人民出版社 1995 年版，第 199 页。
②　《列宁选集》第 4 卷，人民出版社 1995 年版，第 92 页。

毛泽东在新的历史条件下，进一步继承并发展了马克思、列宁的关于在无产阶级夺取政权后的不断革命的思想，在我国生产资料所有制改造基本完成以后，他强调指出阶级斗争并没有结束，阶级斗争除了继续存在于经济战线外，在政治战线与思想战线的斗争更为突出了。他于1957年3月12日《在中国共产党全国宣传工作会议上的讲话》中说：主要是政治战线和思想战线上的阶级斗争，"无产阶级和资产阶级之间在意识形态方面的谁胜谁负问题，还没有真正解决"。斗争的核心问题仍然是政权问题，是颠覆与捍卫无产阶级专政的斗争问题。为了坚持无产阶级专政，防止资本主义复辟，必须继续革命、不断革命。

本文收在《38位著名学者纵论马列主义经典著作》，中国社会科学出版社2012年版。

第 八 章

略论社会主义社会的矛盾

19 世纪，马克思恩格斯预计社会主义将在一些先进的资本主义国家同时取得胜利。如恩格斯在 1847 年撰写的《共产主义原理》中指出：社会主义革命将在一切文明国家里，即至少在英国、美国、法国、德国同时发生。

20 世纪上半叶，世界历史的实际进程超出了他们的估计。经济比较落后、版图最大的俄国与人口最多的中国先后走上了社会主义道路，而先进的资本主义国家非但没有走上社会主义道路，反而使资本主义制度得到了一定的发展。

十月革命后的 70 年，是高度成熟的资本主义与处于幼年阶段的社会主义对峙的 70 年。制度上先进的社会主义国家在经济上落后于发达的资本主义国家。这种状况就使得新生的社会主义制度必须在千难万险中为自己开辟前进的道路。

当今，资本主义社会又一次处于和平发展时期，由于新的科技革命和对落后国家的经济掠夺带来的经济的巨大发展，使得它的社会矛盾和危机能够得到某种程度的缓解；也便于它以经济实力为后盾对社会主义国家加紧进行渗透、颠覆与和平演变。国际关系虽然趋于缓和，但社会主义与资本主义两种制度的矛盾却很突出，社会主义又一次面临着严重的挑战。

在这种情况下，半个多世纪前曾经争论过的一个课题今天又成为不少人思考的热点，那就是社会主义首先在经济上比较落后的国家胜利，是否符合社会发展的客观规律？社会主义制度有无优越性、生命力？社会主义能否战胜资本主义并最终实现共产主义？总之，这就是人们关注的关于社会主义的历史命运问题。

唯物辩证法认为矛盾的存在是普遍的、绝对的。矛盾本身就包含着解决矛盾的力量。用对立统一观点观察社会主义社会，科学地分析研究社会主义社会的基本矛盾、阶级矛盾、两类不同性质的社会矛盾，是从总体上正确认识社会主义历史命运的一个基本思路。

社会主义社会的基本矛盾，即生产力与生产关系的矛盾、上层建筑与经济基础的矛盾，反映在人们的相互关系上，表现为一定范围内的阶级矛盾与非阶级矛盾；阶级矛盾与非阶级矛盾因性质不同，区分为敌我与人民内部两类社会矛盾。

从根源上研究社会主义社会的各个层次的矛盾，就得由分析社会主义社会的基本矛盾入手，从阐述社会主义生产关系的建立开头。

一   以公有制为基础的社会主义生产关系是在无产阶级专政的条件下自觉建立起来的

生产力是全部历史的基础、社会发展的最终决定力量。生产关系与生产力的矛盾是社会革命的根源。但这并不意味着革命必须首先在生产力最发达的国家实现。

由于世界资本主义体系的形成与发展，由于世界经济一体化趋势的增强，资本主义生产力与生产关系矛盾运动的规律，不仅在资本主义国家内部发生作用，而且会超越国家界限，在整个世界范围内起作用。资本主义的发展不仅在资本主义国家内部造成资产阶级与无产阶级两极分化，而且也在全球范围内造成经济发达国家和经济落后国家的两极分化。这样，落后国家的无产阶级和劳动人民不仅受本国资产阶级和其他剥削阶级的剥削与压迫，而且受发达资本主义国家资产阶级的剥削与压迫，处在整个世界资本主义体系的最底层。每当发达国家发生经济危机和政治危机时，它们总是不择手段地将危机转嫁给落后国家，这样就会使落后国家成为整个世界资本主义体系各种矛盾的焦点。伴随着资本主义从自由竞争向垄断的发展，无产阶级革命运动的重心也由发达资本主义国家转移到了经济比较落后的国家。因此，在具备了一定生产力基础的不发达国家，在资产阶级的统治比较薄弱，无产阶级的力量比较成熟的条件下，通过社会主义革命，可以首先建立社会主义制度。这是客观规律性与主观能动性的辩证统一，是合乎历史规律的。

追溯人类社会发展的历史过程，还可以看到，一种新的社会制度取代旧的社会制度，不一定是从旧制度最发达的国家开始。历史的发展往往出现这样的情形：一种社会制度在某个国家发展得越充分、越成熟、越完善，新社会制度突破旧制度的外壳也就越困难，历史的变革也就越不容易实现。社会形态的更替和演进不是直线进行的，而是一个非常复杂和曲折的过程。

更何况社会主义的生产资料公有制不可能自发地从私有制中产生出来，不可能像资本主义那样先在旧制度内获得了较大的发展，再取得统治地位。

可见，社会主义革命首先在一些经济比较落后的国家发动，在无产阶级夺取政权后，通过上层建筑的反作用，自觉地把以公有制为基础的社会主义生产关系建立起来，这是新旧体制更替的一个重要历史特点。

所谓"社会主义早产论"并不是什么新货色，这是第二国际首领伯恩施坦、考茨基等早就宣扬过的反对十月革命、妄图扼杀社会主义制度的机会主义谬论。这种理论孤立地强调生产力发展水平是革命的前提，无视历史条件的变化，抹杀生产关系、上层建筑的反作用，把马克思主义关于生产力是社会发展的最终决定力量的理论庸俗化，是以庸俗的生产力论，即斯大林所说的"考茨基先生的'生产力'论"为理论基础的。这种理论，在无产阶级夺取政权以前，是机会主义者们反对社会主义革命，维护资本主义制度的思想武器；在无产阶级夺取政权并建立了社会主义制度以后，又是他们散布取消主义，妄图取消社会主义、复辟资本主义的重要理论依据。

所以，要真正了解社会主义首先在经济上比较落后的国家取得胜利，不是历史的误会而是历史的必然，就必须深入批判庸俗生产力论，并与之划清思想界限。

社会主义制度诞生之后，有无生命力、优越性？能否存在发展下去？需要进一步从社会主义社会基本矛盾的性质特点这一根本问题的高度进行研讨，给予回答。

二　社会主义社会的生产关系和生产力、上层建筑与经济基础是既相适应又相矛盾的

这种既相适应又相矛盾的状况，与旧制度的社会基本矛盾相比，具有不同的性质特点：

其一，在社会主义社会的基本矛盾中，一般来说，相适应的一面是基本的、主要的。

就我国目前的情况来看，以公有制为主导的生产关系与生产力的状况基本上是相适应的，对生产力的发展能起促进作用。

当前我国生产力的状况总的来说还比较低，发展也很不平衡。用静态观点，从现状来看，它是一种比较低水平的多层次的生产力。其中，有自动化机械化的先进生产力；也有一定机械化程度的中等水平的生产力；还有主要靠手工工具劳动的比较落后的生产力。生产力的这种状况要求所有制也应该是多层次的、多种经济形式同时并存。在生产关系体系中，应有与自动化、机械化的先进生产力相适应的国营经济；与一定机械化程度相适应的城乡集体经济；与主要靠手工工具劳动的生产力相适应的农村集体经济和城乡个体所有制（小手工业，修理服务业）。用动态观点，从发展趋势看，我国目前生产力水平虽然比较低，但是发展速度是比较快的，发展趋势是迅速地用现代的科学技术改造、武装国民经济各个部门。生产力这个发展趋势决定了多种经济形式同时并存必须以国营经济为主导，而不能以其他经济形式为主导，只有国营经济才能集中体现并代表这一发展趋势。

社会主义上层建筑与社会主义经济基础在根本上也是相适应的。

人民民主专政的政治法律制度，政治法律设施是维护和发展社会主义经济基础的强有力工具。我们的国家机器保卫着社会主义国家财产和集体财产，保卫着人民群众的合法权益。

中国共产党是社会主义上层建筑的领导力量，是革命和建设事业取得胜利的根本保证。没有共产党就没有新中国，这是不容篡改的历史事实。党能够以马克思主义为指导，依据社会发展规律制定方针政策，调整上层建筑和经济基础的关系，使上层建筑各个方面适应经济基础发展的需要，

充分发挥社会主义上层建筑的积极作用。

这就是社会主义制度具有生命力与优越性的内在根据。

既然生产关系与生产力，上层建筑与经济基础基本上是相适应的，它们就需要在一定时期内相对稳定下来。在这种新的上层建筑与生产关系下面保护与发展生产力。所以，改革必须以坚持社会主义制度为前提，改革是为了巩固和发展社会主义制度，而不是从根本上改变社会主义制度。在改革中，在解决不相适应方面的问题时，不能破坏相适应方面的相对稳定性；在纠正"超前"的"左"的问题时，必须注意维护和巩固以往发展取得的成果。

今天，如果我们处理不好相对稳定与必要变革，纠正超前与巩固已有成果的关系，势必给社会主义事业造成严重危害。

其二，在社会主义社会的基本矛盾中，一般来说，不相适应的方面是非基本的，不相适应的矛盾是非对抗性的。

从生产关系的状况来看，社会主义生产关系还很不完善，还有不少缺陷。这些方面与生产力的发展是相矛盾的。

就所有制来说，全民所有制企业的主要弊端是政企职责不分，企业一切活动听命于国家机关的行政指令，把企业变成了行政机构的附属物，压抑了企业的生机和活力。因此，政企分开，增强企业的活力是以城市为重点的整个经济体制改革的中心环节。在改革中，就应该根据所有权同经营权可以适当分开的原则，赋予企业自主权。使企业在服从国家计划和管理的前提下，有权选择灵活多样的经营方式，有权安排自己的产供销活动，有权拥有和支配自留资金，等等。总之，要使企业真正成为相对独立的经济实体，成为自主经营、自负盈亏的社会主义商品生产者和经营者。

计划体制是由公有制决定的。公有制的建立，使我们有可能实行计划经济，这是历史的进步，社会主义制度优越性的表现。但是，我国的计划体制也存在不完善的方面，需要进行改革。其主要弊端是，实行高度集中统一的指令性计划，企图把各种社会经济活动统统纳入统一计划，并且单纯依靠行政命令加以实施，忽视经济杠杆和市场调节的作用，把计划经济同商品经济对立起来，这就不可避免地使计划同实际严重脱节。为此，在改革中首先要突破把计划经济同商品经济对立起来的传统观念，建立计划经济与市场调节相结合的体制。

从交换关系来看，我国现行的价格体系，由于过去长期忽视价值规律的作用和其他历史原因，存在相当紊乱的现象。其主要弊端是：同类商品的质量差价没有拉开，不同产品之间的比价不合理，特别是某些矿产品和原材料的价格偏低；主要农副产品的购销价格倒挂。不改革这种不合理的价格体系，就不能正确评价企业的经营效果，不能保障城乡物资的顺畅交流，不能促进技术进步和生产结构、消费结构的合理化，就必然造成社会劳动的巨大浪费，并严重妨碍按劳分配原则的贯彻执行。

从分配关系来看，平均主义严重，企业吃国家的"大锅饭"，职工吃企业的"大锅饭"，严重压抑了企业和广大职工群众的积极性、主动性、创造性，使社会主义经济在很大程度上失去了活力。

从社会主义上层建筑与经济基础的关系来看，人民民主专政的政治法律制度、政治法律设施也存在许多不完善的地方和环节上的缺陷，这些与经济基础发展的需要也是不适应的。比如，在党和国家领导体制中过去存在的权力过分集中、兼职副职过多、机构重叠、职责不明、人浮于事、党政不分，以及社会主义民主的本质和实现形式的矛盾等，都是与经济基础的发展要求相矛盾的。

综上所述，在社会主义社会的基本矛盾中，矛盾双方确实存在不相适应的相互联系的方面和环节。这都是需要改革的内容。

不过，这些问题属于社会主义经济制度、政治制度本身的不完善与生产力的发展、经济基础的需要不相适应造成的矛盾。这种矛盾与资本主义社会的基本矛盾相比具有根本不同的性质，这不是对抗性矛盾，而是非对抗性矛盾。它反映在人们的相互关系上不是阶级的对抗，而是在根本利益一致的基础上的人民内部的矛盾。同时，这种矛盾，也不像阶级对抗那样相对固定地存在于两类人之间，而是不断变动地存在于人们之间。因此，改革绝不是一部分人革另一部分人的命，更不是所谓一个阶级推翻另一个阶级的斗争，而是广大群众为了自身的根本利益、长远利益，促进社会主义制度的完善和发展。

其三，社会主义社会的基本矛盾，可以通过社会主义制度本身不断地得到解决。

在资本主义制度下，资本主义私人占有制和社会化大生产的发展要求是背道而驰的。而生产资料的公有制是适合社会化大生产的性质的。在社会主义社会里，社会化大生产的发展趋势，不是要求废除公有制，而是需要发展公有制。这样不仅能够不断提高人民群众的物质文化生活水平，而且可以使劳动群众从旧的社会分工下逐步解放出来。因而掌握生产资料和国家政权的广大群众，要求自己的国家根据生产力发展的需要自觉地、不断地调整和发展社会主义生产关系和上层建筑。

社会主义国家政权以马克思主义为指导，以无产阶级政党为领导，其本质自身具有自觉地揭露和解决上层建筑与经济基础的矛盾、建立自我调节和自我更新机制的能力。它能够依据社会发展规律制定正确的方针、政策，不断促进经济基础的巩固和发展，同时根据需要与可能进行上层建筑、生产关系领域里的改革，包括纠正自身的失误，以适应生产力发展的需要。

不断加强国家政权的建设及其党的领导核心自身建设，是实现其本质力量的关键，同时，清除在党的队伍和国家干部队伍中存在的腐败现象，是我们党的一个刻不容缓的任务。

无产阶级作为新生产方式的代表者，以消灭私有制实现公有制为己任。它的阶级内部，不会像资产阶级那样，存在与私有经济相联系的各种垄断集团。这是由它的经济地位决定的。因此，它实现自己的政治领导，也不可能像资产阶级那样，通过与各种垄断集团相联系的政党的轮流执政来体现，而只能通过它的先锋队——共产党来实现。所以，解决社会主义上层建筑与经济基础的矛盾的途径绝不是搞什么多党制、"政治多元化"，而是要加强与改善党的领导，实行共产党领导下的多党合作制。

改革必须是在党和政府的领导下，有计划、有步骤、有秩序地进行，是社会主义制度的自我完善和发展。改革的进行，只应该促进而绝不能损害社会的安定，生产的发展，人民生活的改善和国家财力的增强。

三　社会主义社会的阶级矛盾与阶级斗争

无产阶级专政的建立，社会主义制度的诞生，不是阶级斗争的结束，而是在新形势下的继续。社会主义就是要消灭阶级，而消灭阶级和阶级产生的根源，使阶级斗争最终退出历史舞台，要经历一个很长的过程。

现在看来，需要经历这样两个大的阶段：第一，从无产阶级专政建立到生产资料所有制的社会主义改造基本完成以前，剥削阶级虽然失去了政治统治地位，但其经济基础仍然存在，两个阶级、两条道路的斗争还是社会的主要矛盾。第二，社会主义改造基本完成以后，剥削阶级进而丧失了经济基础。阶级斗争不再是主要矛盾了。阶级斗争的形态不再是完整的两大对抗阶级之间的斗争，而是残余形态的阶级斗争。这种特殊形式的阶级斗争仍将在一定范围内长期存在。目前我国的阶级斗争就属于这个阶段。

其一，关于阶级斗争的存在范围问题。

基本矛盾是阶级矛盾的根源，剥削阶级失去了经济基础，阶级斗争下降为次要矛盾之后，阶级斗争就由原来广泛地存在于经济、政治、思想各个领域，转化为主要存在于政治、思想领域的一定范围。工人阶级进行阶级斗争的对象由原来的剥削阶级变为主要是在经济上、政治上、思想上、社会生活上破坏社会主义事业的形形色色的敌对分子。社会矛盾由广泛的具有阶级斗争的性质转化为部分具有阶级斗争的性质。

党的十一届三中全会以来，我国实行了以公有制为主体的多种经济形式同时并存的方针。1979 年以来，我国个体经济得到了迅速的恢复与发展，1988 年年底在工商管理部门登记的城乡个体户有 1453 万户，从业人员 2305 万人；加上名为合作经营实为私人合伙经营，名为集体企业实为私人经营，以及无照经营者，从业人员已达 3500 万人左右；近年来，私营经济也有了一定程度的发展，据国家工商管理局统计，1988 年年底我国雇工 8 人以下的私营企业有 23.5 万户，雇工 360 万人。

在现阶段，个体经济和私营经济在经济上和政治上都有两面性。

在经济上，一方面，它们的经营活动是公有经济必要的、有益的补充，对于发展社会生产、方便人民生活、扩大劳动就业等方面，具有重要的不可缺少的作用。另一方面，作为私有经济，它们又具有资本主义自发倾向。许多个体户和私营企业主在购销活动中采用回扣、贿赂等手段同公有制企业争夺货源和市场，用高薪挖走公有制单位的技术骨干，在销货活动中掺杂使假，短斤缺两，坑害消费者。更为普遍的是，他们之中 80% 左右有偷税漏税行为，损害国家利益。

在政治上，一方面，个体户和私营企业主是改革的受益者。他们的收入普遍高于其他阶层，大都拥护党的领导和改革开放的政策。另一方面，他们对国家加强管理，限制其经营范围，取缔其非法经营活动，有强烈的抵触情绪，有些人还采取分散和抽走资金，压缩经营规模，暂时歇业等消极抵制行为。

相应地，我们党对它们就应采取既鼓励又限制的政策。江泽民曾说："我们的方针，一是要鼓励他们在国家政策允许的范围内积极发展；二是要运用经济的、行政的、法律的手段，加强管理和引导，做到既发挥他们的积极作用，又限制其不利于社会主义经济发展的消极作用。"这样，就会在所有制结构方面，坚持以公有制为主体，把私人经济限制在补充作用的范围内。个体户和私营企业主就会沿着其消极的方面发展成一个独立的资产阶级。

相反，如果片面强调个体和私营经济的积极作用，避而不谈它们的消极作用，只讲扶持，不讲必要的限制，等等。私有经济将逐步排挤和代替公有经济，一个独立的资产阶级就会逐步形成并壮大起来。

今天，阶级斗争仍然在一定范围内存在，我们党的方针政策的制定与执行，不可能是一帆风顺的，没有任何干扰的。因此，不能说在恢复和发展私有经济的时候，个体户、私营企业主完全没有发展成一个资产阶级的可能性。

所以，在探讨现阶段阶级斗争存在的范围问题时，应该注意到：在主要矛盾转化以后，在多种经济形式同时并存的情况下，仍然存在着资产阶级的经济基础与阶级队伍恢复与重建的可能性与危险性。

其二，关于阶级斗争的主要战线和在党内的反映问题。

剥削阶级的经济基础失去之后，阶级斗争的主要战线转到了政治思想领域，1989年春夏之交发生的全国性的政治动乱与首都的反革命暴乱，作为四项基本原则与资产阶级自由化对立的激化形式，就是政治思想战线上阶级斗争的集中表现。斗争的核心问题仍然是政权问题，是颠覆与捍卫人民民主专政的斗争问题。那些长期顽固坚持资产阶级自由化立场的人，是当前国内外反动势力的政治代表人物。他们之中的大部分是混在我们党内的敌对分子。

剥削阶级的旧思想、旧文化、旧风俗、旧习惯不断地对我们党进行腐蚀侵袭，国内外敌对势力也总是千方百计地在我们党内寻找代理人。阶级斗争必然反映到党内来，甚至反映到党的最高领导层。党的十一届三中全会以来，在政治思想领域里，四项基本原则与资产阶级自由化发生了4次大的斗争。每次斗争主要问题都出在党内，出在干部队伍内部。

堡垒是最容易从内部攻破的。资产阶级自由化思潮如果严重地腐蚀了某些共产党人，特别是党的最高决策层中某些人，就潜伏着把共产党变成执行资产阶级政策的党、把社会主义政权变成资产阶级政权的极大危险性。混入党内的资产阶级代表人物是搞垮社会主义复辟资本主义的主要危险。

党内腐败现象的滋长过程，是剥削制度、剥削阶级思想对我们党的侵袭影响过程，是国内外敌对势力对我们队伍的瓦解过程，也是敌对分子产生的一条重要途径。反腐败斗争实质上是阶级斗争。我们党必须从这样的高度来认识反腐败斗争的尖锐性和紧迫性，自觉地领导人民、依靠人民开展这一斗争。

其三，关于阶级斗争的长期性问题。

社会主义就是要消灭阶级，阶级斗争能否在短期内消除呢？这不能由我们的主观感觉如何来定，而要由它存在的客观根源来决定。

阶级斗争在一定范围内将长期存在。这是因为有以下几方面的根源：

就国内来说，在上层建筑领域，特别是意识形态方面，是剥削阶级的世袭领地，是敌对势力与我们进行斗争的前沿阵地，对我们进行腐蚀侵袭的重要突破口，也是阶级斗争长期存在的重要根源；我们祖国的统一大业还没有完成，在台湾、香港、澳门仍存在着资本主义的经济制度、政治制度，就是将来按"一国两制"的构想实现统一以后，那里的制度还将在统一的中华人民共和国内，比较长时期地存在下去；我国生产力水平还比较低，经济和文化还比较落后，年轻的社会主义制度还有许多不完善的地方，还不可能完全防止某些社会成员以及我们党的某些党员发生腐化变质的现象，不可能杜绝极少数剥削分子和各种敌对分子的产生。

就国际条件来看，我们还处在复杂的国际环境中，国外资本主义势力以及其他敌视我国社会主义事业的势力，在他们灭亡之前，将长期、不断地通过各种途径，采取各种方式，变换各种策略，对我国进行侵蚀和破坏。特别值得注意的是，在它们对我采取扼杀、遏制的战略相继破产以后，现在更多地采用了以"和平演变"为主的战略，打"无硝烟战争"，把希望寄托在我们的和平蜕变上。

以上这些历史条件和客观根源，决定了阶级斗争的长期性。我们必须做好进行长期斗争的思想准备。

其四，关于阶级斗争的复杂性与曲折性。

主要矛盾转化以前，斗争的对象比较明确，他们又处在明处，敌我双方的营垒也比较清楚，相对来说，复杂的程度较小。剥削阶级丧失了经济基础、绝大多数旧的剥削分子改造成为自食其力的劳动者之后，极少数形形色色的敌对分子分散地隐藏在广大群众之中，而且他们的队伍在不断变化，敌我双方的阵线不很清楚，两类矛盾的性质不好分辨，阶级斗争比较复杂。

在1989春夏之交的风波中，这一特点表现得尤为突出。极少数敌对分子通过造谣、传谣和颠倒是非、混淆是非等手段，在群众中制造思想混乱，反过来群众的思想混乱又掩盖了少数敌人；极少数敌对分子的对抗性活动与情绪激动的群众的过激行动搅在一起，一时也难以分清；国内矛盾与国际矛盾交叉，人民内部矛盾与敌我矛盾交叉，党内矛盾与党外矛盾交叉。这些矛盾彼此渗透相互影响，紧密地交织在一起，呈现了高度的复杂性。这就要求我们在处理阶级斗争问题时，既要旗帜鲜明、坚决果断，又要谨慎细致、注意政策。

阶级斗争的情况是复杂的，进程是曲折的，像波浪运动一样，时起时伏，高一阵，低一阵，有时比较缓和，有时则比较尖锐激烈。1989年发生的动乱暴乱就是阶级斗争的激化形式。

阶级斗争的激化不是偶然出现的，而是在一定条件下形成的。

一般来说，造成阶级斗争的激化有国际与国内两方面的条件。就国际方面来说，大规模的外敌入侵，海外敌对势力的侵蚀和破坏；国际共产主义运动中发生异常的事件，都可能引起国内阶级斗争的激化。就国内条件来说，我们党在路线、方针、政策和工作中发生了重大的失误；各种敌对分子的破坏活动发展到一定程度也可能导致阶级斗争的激化。

阶级斗争的激化往往是各种条件综合作用的结果，不是单方面的条件造成的。这次动乱暴乱作为阶级斗争的激化形式，就是以下几个条件综合作用的结果。

第一，极少数人利用我们工作中的失误和我们队伍中存在的一些腐败现象，煽动群众制造事端，是造成矛盾激化的一个重要条件。我们党和政府的工作中确有失误。比如，由于缺乏必要的控制和管理而出现的通货膨胀与分配不公。在少数党员和干部中确有腐败现象，如贪污受贿、投机倒把、以权谋私等。对于这些问题，群众义愤、不满、有意见。在这种情况下，极少数别有用心的人打着反腐败、反"官倒"、反官僚主义的旗号进行煽动，一些不明他们意图的人，就被鼓动起来，跟着上街游行了。

第二，处于我们党的最高领导层中有人公开支持动乱分裂党，使动乱的组织者、策划者找到了后台，受到了鼓舞，更加有恃无恐，气焰越来越器张，活动越来越猖獗。这是使斗争升级、矛盾激化的一个十分关键的条件。

第三，舆论的错误导向，对这场动乱暴乱起了推波助澜的极为恶劣的作用。在一张报纸与广播的煽动下，一时间形成了这样一种气氛，似乎不参加游行就是"不爱国"，不表示声援就是"不关心学生死活"。从5月16日至19日，声援绝食学生的游行人数，一下子由几万扩大到十几万，全国各地还有20万学生赶来声援。在这种情况下，绝食的学生骑虎难下，欲罢不能。许多教师和学生家长给领导机关和新闻单位写信、打电话，要求报社、电台、电视台不要把学生逼上死路，要求发善心、救救孩子，停止这种"杀人舆论"，但没有取得什么效果。举世瞩目的中苏高级会晤受到严重干扰，一些活动日程被迫变更，有的被取消。与此同时，全国各大城市乃至所有省会城市游行的人数急剧增加，一些中小城市也出现了游行，波及面如此之广，骚扰如此之严重，是新中国成立以来没有过的。舆论的错误导向对阶级斗争的激化起了十分恶劣的作用。

在一般情况下，阶级斗争是次要矛盾，当阶级斗争激化的程度直接关系到我们党和国家的生死存亡时，像这次动乱暴乱，也会暂时上升为主要矛盾。国内外的现实斗争所提供的这方面经验是值得我们认真反思并铭记在心的。

四　社会主义社会的两类不同性质的社会矛盾

阶级矛盾与非阶级矛盾因性质不同区分为对抗性与非抗性两类不同性质的矛盾。

社会主要矛盾转化以后，即阶级矛盾下降为次要矛盾以后，阶级斗争主要表现在破坏社会主义事业的形形色色的敌对分子与广大群众的对立上，即阶级矛盾主要表现为对抗性的敌我矛盾。但是，也要看到主要不等于全部。阶级矛盾也在一定程度上、一定范围内，反映在人民内部。人民内部在思想观念方面的差异、矛盾中，既有科学上的是非之争，也有政治见解、伦理思想和哲学观点的不同，而政治、伦理与哲学是具有阶级性的社会意识。所以，人民内部在思想上的分歧，不可避免地打着不同阶级的烙印。某些人当其思想错误超出了观念的范围发展为错误的政治行动时，反映在人民内部的阶级斗争也会表现在政治领域。

在矛盾运动中，两类矛盾的性质和斗争方式不是固定不变的，而是在一定条件下相互转化的。要严格区分和正确处理两类不同性质的矛盾，就不能用孤立静止的观点看问题，必须在发展变化中，抓住矛盾性质和斗争形式的转化，及时采取相应的解决途径，因势利导，夺取胜利。

两类矛盾的性质和斗争形式的转化，大致有两种情形。

其一，在一般的条件下，随着矛盾性质的转化，斗争形式也相应发生转化。比如，敌特分子本来是敌我矛盾，在强大的人民民主专政的威力面前，在党的政策的感召下，经过劳动改造和思想教育，他认罪服罪洗心革面了。这样，就由对抗性矛盾转化为非对抗性矛盾了。我们就应该根据矛盾性质的转化及时给他摘掉敌对分子的帽子，给予公民的权利。这样用事实给敌对分子指出了由坏人变好人的出路，有利于对敌人的分化。

又如，有的党员、干部的问题本来属于人民内部矛盾，由于忽视自身的世界观改造，在剥削阶级腐朽思想和生活方式的腐蚀侵袭下，蜕化变质，成了贪污盗窃投机倒把的新剥削分子，由非对抗性矛盾转化为对抗性矛盾。我们必须根据矛盾性质的转化，在这类新的资产阶级分子产生出来或正在产生的时候就能及时地识别他们，揭露他们，对他们进行必要的处理。否则，让他们挂着党员和干部的招牌，蒙蔽群众，为非作歹，会给社会主义事业造成严重的损害。

其二，在一定条件下，矛盾的性质没变，但斗争的形式变了，反过来会影响矛盾的性质。这是因为矛盾斗争的形式不仅取决于矛盾的性质，而且受一定的条件所制约。

比如，对抗性矛盾，在一定条件下，采取非对抗的形式加以解决，如北京的和平解放。

矛盾的性质和斗争形式的转化，都是在一定条件下发生的。在这里，条件是重要的，没有一定条件，不会转化。

矛盾的性质和斗争形式的转化，有促进社会主义事业的、符合人民利益的有利的转化，也有阻碍社会主义事业发展的、违背人民利益的不利的转化。我们应该依据矛盾只有在一定条件下才能转化的规律，充分发挥主观能动性，积极创造或控制条件，使矛盾的性质和斗争形式向有利于人民的方向转化，防止向不利于人民的方向转化，调动一切可以调动的积极因素，团结一切可以团结的力量，并尽可能地化消极因素为积极因素，坚持以社会主义经济建设为中心，坚持四项基本原则与改革开放，充分发挥社会主义制度的优越性，这就能把我们的宏伟事业不断推向前进。只有社会主义才能救中国，也只有社会主义才能发展中国。

本文发表在《北京大学学报》1990 年第 2 期。

第 九 章

基本矛盾与体制改革

改革是实现"四化"的必由之路，是党的决策，人民的要求，是当前各行各业各条战线面临的一项首要任务。

改革什么？为什么进行改革？怎样进行改革？对于这些原则问题，《中共中央关于经济体制改革的决定》中已经作出了科学的论断："社会主义社会的基本矛盾仍然是生产关系和生产力、上层建筑和经济基础之间的矛盾。我们改革经济体制，是在坚持社会主义制度的前提下，改革生产关系和上层建筑中不适应生产力发展的一系列相互联系的环节和方面。这种改革，是在党和政府的领导下有计划、有步骤、有秩序地进行的，是社会主义制度的自我完善和发展。改革的进行，只应该促进而绝不能损害社会的安定、生产的发展、人民生活的改善和国家财力的增强。"

本文依据这一正确论断，运用关于社会主义社会基本矛盾的性质与特点的原理来说明体制改革的客观根据与基本原则。

一　在社会主义社会的基本矛盾中，矛盾双方在根本上是相适应的，因此，体制改革必须以坚持社会主义制度为前提

社会主义的生产关系与生产力，社会主义的上层建筑与经济基础，虽然既相适应又相矛盾，但是与旧社会的基本矛盾相比，相适应是基本的。

就我国目前的情况来说，以公有制为基础的生产关系与生产力的状况基本上是相适应的，对生产力的发展起促进作用。

当前我国生产力的状况总的来说还比较低，发展也很不平衡。用静态观点，从现状来看，它是一种比较低水平的多层次的生产力。其中，有自

动化、机械化的先进生产力；也有一定机械化程度的中等水平的生产力；还有主要靠手工工具劳动的比较落后的生产力。生产力的这种状况要求所有制也应该是多层次的，坚持多种经济形式同时并存。在生产关系体系中，应有与自动化、机械化的先进生产力相适应的国营经济，与一定机械化程度相适应的城乡集体经济，与主要靠手工工具劳动的生产力相适应的农村集体经济和城乡个体所有制（小手工业、修理服务业）。用动态观点，从发展趋势看，我国目前生产力水平虽然比较低，但是发展速度是比较快的，发展趋势是迅速地用现代的科学技术改造、武装国民经济各个部门。生产力这个发展趋势决定了多种经济形式同时并存，必须以国营经济为主导，而不能以其他经济形式为主导，只有国营经济才能集中体现并代表这一发展趋势。

社会主义上层建筑与社会主义经济基础在根本上也是相适应的。

人民民主专政的政治法律制度、政治法律设施是维护和发展社会主义经济基础的强有力工具。我们的国家机器保卫着社会主义的国家财产和集体财产，保卫着人民群众的合法权益。

中国共产党是社会主义上层建筑的领导力量，是革命和建设事业取得胜利的根本保证。没有共产党就没有新中国，这是不容篡改的历史事实。党能够以马克思主义为指导，依据社会发展规律制定方针政策，调整上层建筑和经济基础的关系，使上层建筑各个方面适应经济基础发展的需要，充分发挥社会主义上层建筑的积极作用。

我们正在进行的整党、改革以及精神文明的建设，就包含着完成这方面的任务。

既然社会主义生产关系与生产力、社会主义上层建筑与经济基础，基本上是相适应的，所以，改革必须在坚持社会主义制度的前提下进行。改革绝不是为了否定社会主义制度，而是为了发展社会主义制度，为了充分发挥社会主义制度的优越性。

在改革中要坚持社会主义方向，在经济基础领域，必须坚持以公有制为主体，走共同富裕的道路，在上层建筑领域，必须坚持不懈地进行以共产主义理想为核心的社会主义精神文明建设，同时以社会主义上层建筑这个强有力的工具坚决打击各种犯罪活动，有效制止各种不正之风，排除干扰。特别需要注意的是，越要搞活经济、对外开放，就越要注意抵制资本主义腐朽思想的侵蚀。

二　由于在社会主义社会的基本矛盾中，矛盾双方还存在不适应的方面，体制改革势在必行

从生产关系的状况来看，社会主义生产关系还很不完善，还有不少缺陷。这些方面与生产力的发展是相矛盾的。

就所有制来说，全民所有制企业的主要弊端是政企职责不分，企业的一切活动听命于国家机关的行政指令，把企业变成了行政机构的附属物，压抑了企业的生机和活力。因此，政企分开，增强企业的活力是以城市为重点的整个经济体制改革的中心环节。在改革中，就应该根据所有权同经营权可以适当分开的原则，赋予企业自主权。使企业在服从国家计划和管理的前提下，有权选择灵活多样的经营方式，有权安排自己的产供销活动，有权拥有和支配自留资金，等等。总之，要使企业真正成为相对独立的经济实体，成为自主经营、自负盈亏的社会主义商品生产者和经营者。

计划体制是由公有制决定的。公有制的建立，使我们有可能实行计划经济，这是历史的进步，社会主义制度优越性的表现。但是，我国的计划体制也存在不完善的方面，需要进行改革。其主要弊端是，实行高度集中统一的指令性计划，企图把各种社会经济活动统统纳入统一计划，并且单纯依靠行政命令加以实施，忽视经济杠杆和市场调节的作用，把计划经济同商品经济对立起来。这就不可避免地使计划同实际严重脱节。为此，在改革中首先要突破把计划经济同商品经济对立起来的传统观念，建立有计划的商品经济体制。这种体制的基本内容应该是：就总体来说，是有计划的商品经济，而不是那种完全由市场调节的市场经济；完全由市场调节的生产和交换，主要是部分农副产品、日用小商品和服务修理行业的劳务活动，在国民经济中起辅助作用。指令性计划与指导性计划（靠经济杠杆的作用来实现）是计划经济的两种具体形式。

从交换关系来看，我国现行的价格体系，由于过去长期忽视价值规律的作用和其他历史原因，存在相应紊乱的现象。其主要弊端是，同类商品的质量差价没有拉开；不同产品之间的比价不合理，特别是某些矿产品和原材料价格偏低；主要农副产品的购销价格倒挂。不改革这种不合理的价格体系，就不能正确评价企业的经营效果，不能保障城乡物资的顺畅交

流，不能促进技术进步和生产结构、消费结构的合理化；就必然造成社会劳动的巨大浪费，并严重妨碍按劳分配原则的贯彻执行。

从分配关系来看，平均主义严重，企业吃国家的"大锅饭"，职工吃企业的"大锅饭"，严重压抑了企业和广大职工群众的积极性、主动性、创造性，使社会主义经济在很大程度上失去了活力。

从社会主义上层建筑与经济基础的关系来看，人民民主专政的政治法律制度、政治法律设施也存在很多不完善的地方和环节上的缺陷，这些与经济基础发展的需要也是不适应的。比如，在党和国家领导体制中过去存在的权力过分集中、兼职副职过多、机构重叠、职责不明、人浮于事、党政不分、没有完整的科学决策系统等，都是与经济基础的发展要求相矛盾的。

综上所述，在社会主义社会的基本矛盾中，矛盾双方确实存在不相适应的相互联系的方面和环节。这就是需要改革的内容。

三　由于社会主义社会的基本矛盾可以通过社会主义制度本身得到解决；所以，改革是社会主义制度的自我完善和发展

上述问题是属于社会主义经济制度、政治制度本身的不完善，以及与生产力的发展、经济基础的需要不相适应造成的矛盾。这种矛盾与资本主义社会的基本矛盾具有根本不同的性质，这不是对抗性矛盾，而是非对抗性矛盾。它反映在人们的相互关系上不是阶级的对抗，而是在根本利益一致的基础上的人民内部的矛盾。同时，这种矛盾，也不像阶级对抗那样相对固定地存在于两类人之间，而是不断变动地存在于人们之间。因此，改革绝不是一部分人革另一部分人的命，更不是所谓一个阶级推翻另一个阶级的斗争，而是广大群众为了自身的根本利益、长远利益，促进社会主义制度的自我完善和发展。

社会化大生产的发展不是要求废除公有制，而是需要发展公有制。这样不仅能够不断提高人民群众的物质文化生活水平，而且可以使劳动群众从旧的社会分工下逐步解放出来。这是符合历史发展趋势和人民群众根本利益的。因而掌握生产资料和国家政权的广大群众就要求自己的国家根据生产力发展的需要，自觉、不断地调整和发展社会主义生产关系和上层

建筑。

　　作为上层建筑的领导力量的无产阶级政党能够以马克思主义为指导，依据社会发展规律制定正确的方针政策，不断促进经济基础的巩固与发展，同时根据需要与可能进行上层建筑、生产关系领域里的改革，包括纠正自身的失误，以适应生产力发展的需要。社会主义制度在解决自身矛盾方面，具有很强的自身调节、自我更新的能力。改革是在党和政府的领导下有计划、有步骤、有秩序地进行，是社会主义制度的自我完善和发展。改革的进行，只应该促进而绝不能损害社会的安定、生产的发展、人民生活的改善和国家财力的增强。

　　本文收在赵光武著《哲学的学习与应用》，北京大学出版社 1988年版。

第 十 章

社会主义社会的基本矛盾与构建和谐社会

实现美好的和谐社会，是自古以来人们向往的理想境界，也是包括中国共产党在内的马克思主义政党不懈追求的一个社会理想。

马克思主义用唯物史观观察人类社会，依据社会基本矛盾运动的普遍规律认为实现和谐社会是人类历史发展的必然趋势。但是，在对抗性矛盾占主导地位的剥削阶级统治的社会里，理想的和谐社会是无法建立的，现代的资本主义就是在种种不和谐的矛盾中产生和运行的，资本主义社会仍然是个畸形发展的社会。马克思恩格斯设想的最美好的未来的和谐社会，只有到共产主义才能实现。

社会主义作为共产主义的低级阶段，由于建立了生产资料的公有制，工人阶级和广大劳动群众掌握了政权，非对抗性矛盾居主导地位，才为构建和谐社会创立了基本条件。这是由社会主义社会基本矛盾的特点决定的。毛泽东在《关于正确处理人民内部矛盾的问题》中指出："在社会主义社会中，基本的矛盾仍然是生产关系和生产力之间的矛盾，上层建筑和经济基础之间的矛盾。不过社会主义社会的这些矛盾，同旧社会的生产关系和生产力的矛盾、上层建筑和经济基础的矛盾，具有根本不同的性质和情况罢了。"[1]

社会主义社会的生产关系与生产力、上层建筑与经济基础是既相适应又相矛盾的。其特点是：一般来说，相适应的一面是基本的、主要的；不相适应的一面是非基本的，不相适应的矛盾是非对抗性的；不相适应的矛盾又是可以通过社会主义制度本身不断得到解决的。

为什么说社会主义的基本矛盾是构建社会主义和谐社会的客观依

---

[1] 《毛泽东文集》第7卷，人民出版社1999年版，第214页。

据呢？

一　社会主义生产关系与生产力的基本适应、社会主义上层建筑与社会主义经济基础的基本适应，是社会主义和谐社会基本特征依存的基础

生产关系一定要适合生产力性质、上层建筑一定要适合经济基础发展的需要，是社会基本矛盾运动的普遍规律。

我国生产资料所有制的社会主义改造在1956年基本完成以后，经过近50年来社会主义的发展，历史的经验与教训告诉我们：我国以公有制为基础的社会主义生产关系与生产力的状况、发展趋势基本上是相适应的。

社会主义上层建筑与社会主义经济基础在根本上也是相适应的。人民民主专政的政治法律制度、政治法律设施是维护和发展社会主义经济基础的强有力工具。我们的国家机器保卫着社会主义国家财产和集体财产，保卫着人民群众的合法权益。

上述两个基本上相适应是我国社会主义制度具有生命力优越性的内在根据。实践已经证明了这一点。众所周知，我国社会主义制度确立起来以后，在短短的半个世纪的时间内，在各方面发生了巨大的变化。突出表现是：

第一，改变了旧中国穷困落后的面貌，在一穷二白的基础上迅速地建立起独立完整的工业体系和国民经济体系，工农业主要产品产量跃居世界前列，在近年来国民经济的增长速度平均每年9%左右，大大高于世界平均每年增长3%的速度，经济实力显著增强。

第二，我们在党和政府的统一领导组织下，能够以公有制为基础，集中人力、物力、财力办一些大事情，搞一些大项目，使我们的综合国力得到迅速提高。

第三，我国是个农业国，13亿人口，21亿亩土地，每人平均不到一亩六分地，每年新增人口约1000万，土地减少几百万亩。然而我们靠自己的力量，靠占世界7%的耕地面积养活了占全世界22%的人口，而且基本上解决了温饱问题，正在建设小康社会，这是举世公认的奇迹。

尽管 1958 年"大跃进"运动出现过失误使国民经济发展受到了挫折，10 年"文革""打倒一切，全面内战"，又使国民经济发展受到了很大的影响。但这不是社会主义基本制度造成的。究其原因，从根本上讲是指导思想冒进背离了社会主义原则、背离了党的正确路线所造成的恶果，不能把这笔账算到社会主义基本制度头上。综合正面经验与反面教训，我们有可靠根据认为社会主义的经济制度与政治制度，确有旧制度不可比拟的优越性与生命力。

这也正是我们要建设的社会主义和谐社会，应有的"民主法治、公平正义、诚信友爱、充满活力、安定有序、人与自然和谐相处"等基本特征依存的基石。具体来说，有以下几方面：

1. 在经济基础领域，公有制的建立为实现公平正义奠定了经济基础

《共产党宣言》中指出："共产党人可以把自己的理论概括为一句话：消灭私有制。"[①] 我国在生产资料私有制的社会主义改造基本完成以后，以公有制为基础的社会主义生产关系建立起来了。这就使劳动人民获得人身自由、人格独立、摆脱经济剥削、实现社会的公平正义有了最基本的保障。

第一，公有制的建立，使劳动者成了生产资料的主人。由于劳动者只有与生产资料相结合才能生产使用价值，创造物质财富，劳动不具有"超自然的创造力"，比如，纺织工人纺纱织布，必须有棉花、机器等；农民种田必须有土地、种子和农具等。只有具备了这些物质条件，劳动才能创造使用价值，才能解决人们的衣、食、住、行问题。离开了物质条件，劳动者赤手空拳就不能创造物质财富，也就不可能解决人们的衣、食、住、行问题。因此，一个人如果只有劳动力，没有任何生产资料，为生活所迫，就不得不为掌握生产资料的他人去做工。马克思说："正是由于劳动的自然制约性产生出如下的情况：一个除自己的劳动力外没有任何其他财产的人，在任何社会的和文化的状态中，都不得不为另一些已经成了劳动的物质条件的所有者的人做奴隶。他只有得到他们的允许才能劳动，因而只有得到他们的允许才能生存。"[②] 可见，掌握了生产资料就等于掌握了支配劳动力的权力，即生产资料的占有权决定着劳动者为谁劳动

---

① 《马克思恩格斯文集》第 2 卷，人民出版社 2009 年版，第 45 页。
② 《马克思恩格斯文集》第 3 卷，人民出版社 2009 年版，第 428 页。

和以什么样的身份进行劳动。所有制是生产关系的基础。

公有制的建立，改变了劳动者与生产资料相脱离的状况，终止了生产资料被少数剥削者垄断的局面，劳动者成了生产资料的主人，使生产的目的不再是为少数剥削者谋利益，而是为了满足社会和人民日益增长的物质文化生活需要。改变了过去在剥削阶级居统治地位的阶级社会里，长期存在的劳动者不掌握劳动资料"劳而不获"和剥削者掌握劳动资料"不劳而获"的不公平、不平等的局面。实现了在生产资料占有上的公平正义，是实现其他公平的前提和基础。

第二，由于公有制的建立，人们在生产过程中就相应地建立起一种新型的、互助合作的关系，改变了过去那种支配与被支配、统治与被统治的关系，使劳动群众摆脱了被压迫被奴役的地位。

第三，由于公有制的建立，分配以劳动为依据，实行"各尽所能，按劳分配"的原则，只要有劳动能力的人，社会都应为他们发挥才干提供平等的机会和条件。在做了必要的扣除后按劳动的质量与数量获得劳动报酬，克服了旧社会那种劳而不获、不劳而获的不公平不合理的现象，使劳动群众摆脱了被剥削的贫困境地。

第四，由于公有制的建立，在以公有制为基础的社会主义生产关系中，人民群众在根本利益上是一致的，不存在根本的利害冲突，内部虽然也存在长远利益与眼前利益、整体利益与局部利益、个人利益的矛盾，由于这是在根本利益一致前提下的非对抗性矛盾，它能够通过民主的方法、讨论的方法、批评和自我批评的方法，处理好国家、集体、个人三者之间的关系，和谐相处，协调发展。

2. 在上层建筑领域，人民民主专政的建立，为实现最广泛的民主奠定了政治基础

"我们的国家是工人阶级领导的以工农联盟为基础的人民民主专政的国家。这个专政是干什么的呢？专政的第一个作用……就是为了解决国内敌我之间的矛盾。……专政还有第二个作用，就是防御国家外部敌人的颠覆活动和可能的侵略。在这种情况出现的时候，专政就担负着对外解决敌我之间的矛盾的任务。……谁来行使专政呢？当然是工人阶级和在它领导下的人民。专政的制度不适用于人民内部。……在人民内部是实行民主集中制。我们的宪法规定：中华人民共和国公民有言论、出版、集会、结社、游行、示威、宗教信仰等等自由。……我们的这个社会主义的民主是

任何资产阶级国家所不可能有的最广大的民主。"①

任何国家都是一定阶级的专政，都必须用暴力镇压敌对阶级的反抗。这是一切国家的共同本质。但是，用暴力对付谁？是对付剥削阶级，还是对付被剥削阶级，这是区别无产阶级专政和一切剥削阶级专政的根本标志。

任何国家都有一定程度的民主，但是对谁实行民主？是少数剥削者的民主，还是广大劳动群众的民主？这是区分资产阶级民主和无产阶级民主的根本标志。资产阶级民主是供少数剥削者享受的民主。在不危及资产阶级统治地位的范围内，资产阶级有时也给无产阶级和劳动人民一定的民主权利。但是，一旦这种民主权利危及了资产阶级的统治地位，就会被剥夺。

如何看待资本主义的政治制度呢？他们实行的三权分立也好，不同政党轮流执政也好，只不过是政权的组织形式问题，即政体问题。政体不是自身存在的根据、独立的本质。政体是由国体决定的，即由居统治地位的资产阶级进行阶级统治的需要来决定的。

与无产阶级的阶级地位不同，资产阶级是同私有经济相联系的，是以资本主义生产资料私有制为经济基础的，随着资本主义从自由竞争向垄断的发展，它的阶级内部必定存在与私有经济相联系的各种垄断集团，而每个垄断集团又都积极进行政治参与，组成自己的政党，所以垄断资产阶级实现自己的阶级统治是以多党制和各个政党轮流执政的形式出现的。

从现象上看他们搞多党制，搞竞选，好像非常民主，实际上资本主义国家的竞选是财富与资本的较量，美国一次总统竞选全国耗资 10 亿美元，一个人竞选参议员要花 50 万到 100 万美元，竞选州议员也要花十几万到几十万美元，普通人根本没有当选的可能。在美国国会里没有一个工人、农业工人和店员。第二次世界大战后，美国历届总统、副总统背后都有垄断财团支持。这些人掌握了政权绝不会代表广大劳动人民的利益，只能代表垄断资产阶级的利益，它们的政治多元化，多党制，轮流执政，实质上是资产阶级统治的一元化，其一元化是以多元化的形式表现出来的。"这种所谓两党制不过是维护资产阶级专政的一种方法，它绝不能保障劳动人

---

① 《毛泽东文集》第 7 卷，人民出版社 1999 年版，第 207 页。

民的自由权利。"① 国体决定政体，政体必须与国体相适应，不管资产阶级国家在政体上有多大区别，在本质上都是资产阶级专政，都是资本压迫统治雇佣劳动的工具。我们必须保持清醒的头脑，不能被资本主义的政体所迷惑而看不清它的阶级本质。一些资产阶级思想家和工人运动中的一些机会主义者总是极力美化资产阶级的民主制度，说它是代表全体国民利益的，是"自由""民主"的最高形式，是全世界通行的民主原则。"匈牙利事件发生以后，我国有些人感到高兴。他们希望在中国也出现一个那样的事件，有成千上万的人上街，去反对人民政府。……他们以为在我们的人民民主制度下自由太少了，不如西方的议会民主制度自由多。他们要求实行西方的两党制，这一党在台上，那一党在台下。"②

近年来，不是也有些人在鼓吹"要废除一党专制"，主张"各党轮流坐庄"吗？他们认为只有这样做，政治体制改革才算彻底。

政体是由国体决定的，作为政体的政权的组织形式是由统治阶级的阶级地位及其统治阶级的需要决定的，不能离开实施专政的不同阶级的阶级本质的区别，随意把异己的政体机械地加以嫁接。

在工人阶级领导的以工农联盟为基础的人民民主专政的国体中，实施专政和民主的主导力量是无产阶级而不是资产阶级。

无产阶级作为新生产方式的代表者，是资产阶级的对立面、资本主义的掘墓人，它是以消灭私有制建立公有制，解决资本主义私人占有制与社会化大生产的矛盾为历史任务的。它的阶级内部，不会像资产阶级那样存在与资本主义私有经济相联系的各种垄断集团。这是由它的经济地位、阶级本质与历史使命决定的。因此，它实现自己的政治领导，也不可能像资产阶级那样，通过与各种垄断集团相联系的政党的轮流执政来体现，而只能通过它的先锋队——共产党的领导来实现。无论是从国体来看，还是从政体来说，"我们的这个社会主义的民主是任何资产阶级国家所不可能有的最广大的民主"③。这就为构建和谐社会实行最广泛的民主奠定了坚实的政治基础。

所以，我们进行政治体制改革必须做到：坚持和巩固工人阶级领导的

---

① 《毛泽东文集》第 7 卷，人民出版社 1999 年版，第 207 页。
② 同上。
③ 同上。

以工农联盟为基础的人民民主专政，绝不是削弱和放弃人民民主专政；坚持和完善人民代表大会制度，绝不是搞西方那种议会制度；坚持和完善中国共产党领导的多党合作和政治协商制度，绝不能削弱否定共产党的领导，搞西方那样的多党制。这也正是构建社会主义和谐社会的需要。

3. 在社会主义社会基本矛盾中蕴含着解决自身矛盾的本质力量，这是社会主义和谐社会具有生机活力的源泉

前边已提到，社会主义社会的生命力、优越性，不在于它有没有矛盾，而在于它在揭露和解决自身矛盾，进行自我调节和自我更新方面有很强的力量和功能。其内在机制如何呢？要从生产力、生产关系（经济基础）、上层建筑三者的交互作用中来寻找。具体来说，以公有制为基础的社会主义关系与社会化大生产的发展趋势相适应，是社会主义基本矛盾具有解决自身矛盾的本质力量的内在根据，这是由于在社会系统的三大层次之中，生产力是全部历史的基础，社会发展的最终决定力量，生产关系一定要适合生产力的性质。以资本主义私有制为基础的资本主义生产关系与社会化大生产的发展趋势背道而驰，它注定要被生产力的发展所否定，它在自身的范围内无法解决与生产力发展趋势的矛盾，它不具备解决自身矛盾的本质力量。

以公有制为基础的社会主义生产关系与生产力的发展趋势相适应，这虽然是社会主义制度具有解决自身矛盾的本质力量的内在根据，但是实现这一本质力量必须诉诸上层建筑对生产关系（经济基础）的反作用。因此，解决生产关系与生产力的矛盾，往往是从上层建筑领域开始的，政治是经济的先导。首先通过政治思想领域的斗争，解放思想，革新观念，确立并实施新的方针政策，使上层建筑反映并适应经济基础发展的要求，并以上层建筑的功能，改革生产关系中不适应生产力发展需要的相互联系的环节和方面，从而解放和发展生产力。

以共产党为领导、以马克思主义为指导的社会主义上层建筑，与社会主义经济基础在根本上是相适应的。从本质上说，它能够代表广大群众的根本利益和长远利益，能够依据社会发展规律和现实可能制定正确的方针政策，不断促进上层建筑与经济基础的完善与发展，以适应生产力不断发展的需要。所以，不断加强政权建设及其领导核心党的建设，是实现社会主义基本矛盾解决自身矛盾的本质力量的关键。

总之，在上述生产力、生产关系（经济基础）、上层建筑三者的交互

作用中蕴含着的社会主义制度的生命力，就是社会主义和谐社会具有生机活力的源泉。

二　社会主义社会的生产关系与生产力、上层建筑与经济基础还存在不协调、不适应的相矛盾的方面

1. 先说以公有制为基础的社会主义生产关系与生产力的发展不相适应的问题

就所有制来说，全民所有制企业的主要问题是政企职责不分，压抑了企业的生机和活力，因此，实行政企分开，增强企业的活力，是经济体制改革的中心环节。在改革中，就应该根据所有权与经营权可以适当分开的原则，赋予企业自主权，转换企业的经营机制，把企业推向市场，使企业在服从国家计划和管理的前提下有权选择灵活多样的经营方式，有权安排自己的产、供、销活动，有权拥有和支配自留资金，有权用工和进行人事安排，等等。总之，使企业真正成为自主经营、自负盈亏、自我发展、自我约束的法人实体和市场竞争主体，并承担国有资产保值增值的责任。

就人们的相互关系来说，由于社会主义条件下还存在三大差别，人们的体力、智力还不能得到全面的发展。受旧分工束缚，人们还不可能"根据社会的需要或他们自己的爱好，轮流从一个生产部门转到另一个生产部门"①。因此，在生产过程中人们之间的分工必定以相对固定形式存在着。一般来说，企业的领导人员、技术人员、管理人员，主要从事管理活动、脑力劳动，并掌握一定的社会权力，处于领导和组织的地位，工作条件和待遇也相对高一些。而工人群众则主要从事体力劳动，处于被领导地位。对于表现在这方面的矛盾应该根据生产力发展的要求，进行正确处理。如果处理不当，就是说不能做到既承认差别，又逐步缩小差别，而是扩大差别或否定差别搞平均主义，就要影响劳动群众的积极性创造性的发挥，阻碍生产力的发展。

就分配关系来说，在实行"各尽所能，按劳分配"的过程中，需要随着生产的发展，对分配当中的一系列复杂问题，如劳动定额、工资等

---

① 《马克思恩格斯文集》第 1 卷，人民出版社 2009 年版，第 689 页。

级、奖励制度、集体福利等及时加以正确解决，处理不当就会直接影响生产的发展，如搞平均主义会直接影响生产力的发展。又如，扩大差别，把差别搞得过于悬殊，同时又忽视思想教育，不强调各尽所能，这样会直接影响那些劳力弱、数量多的劳动者的积极性，像列宁所说："不愿比别人多做半小时工作，不愿比别人少得一点报酬。"① 当前我国，既存在体制内的工资分配上的平均主义，又有体制外的分配差距过于悬殊，不同行业不同部门的分配差距特大，而这方面的问题十分突出，且有愈演愈烈的趋势。这种分配不公的问题严重挫伤劳动者的积极性，妨碍生产力的发展。

2. 再说私有经济与生产力的发展相矛盾的方面

我国实行的是有中国特色的社会主义制度，目前正处于社会主义初级阶段，在生产关系领域建立的是以公有制为主体的多种所有制经济共同发展的经济结构。在现阶段，私有经济在经济上、政治上都存在着明显的两重性：一方面，在经济上它们作为公有经济的补充和助手，对于发展生产、繁荣市场、方便人民生活、扩大劳动就业等方面，都有一定的积极作用。另一方面，作为私有经济具有顽强的资本主义自发倾向。私营企业主为追求利润最大化，唯利是图，不惜损人利己、损公肥私。比如，他们在购销活动中采取回扣、贿赂等手段同公有企业争夺货源和市场，用高薪挖走公有制单位的技术骨干，在销售活动中搞欺诈行为，坑害消费者，他们之中许多人有偷税漏税行为，损害国家利益。

在政治上，私有经济的所有者是改革开放的最大受益者，他们的收入普遍高于其他阶层，一般都拥护党的改革开放政策；另外，他们对国家加强管理，限制其经营范围，取缔其非法经营活动，有强烈的抵触情绪，甚至采取抽逃资金、暂时歇业等手段进行抵制和对抗。

面对私有经济的两重性，我们党和政府就应该有针对性地采取既鼓励又限制的两面政策。

一是要鼓励他们在国家政策允许的范围内积极发展；二是要运用经济的、行政的、法律的手段加强管理和引导，做到既发挥他们的积极作用，又限制其不利于社会主义经济发展的消极作用。这样就会在所有制结构方面，在坚持以公有制为主体的格局下使多种经济成分沿着社会主义方向协调前进，私营企业主就不会沿着其消极方向发展成一个新的独立的资产

① 《列宁选集》第 3 卷，人民出版社 1995 年版，第 198 页。

阶级。

相反，如果片面强调私有经济的积极作用避而不谈它的消极作用，只讲扶持、不讲必要的限制，甚至任其无条件的无限的发展，私有经济势必逐步排斥代替公有经济，夺取公有经济的主体地位。这样，不仅会造成社会两极分化，而且一个新的独立的资产阶级就会逐步形成并壮大起来，本来是非对抗性矛盾就会转化为对抗性矛盾。为了构建社会主义和谐社会，我们必须坚持公有制经济的主体地位，绝不允许非公有制经济在整个国民经济中占据主体地位。必须全面贯彻党的十六大提出的两个"毫不动摇"的方针，即必须毫不动摇地巩固和发展公有经济，必须毫不动摇地鼓励、支持和引导非公有经济发展。要把坚持以公有制为主体，促进非公有制经济发展统一于现代化建设的进程中，使它们发挥各自优势，相互促进，协调发展。

3. 社会主义上层建筑与社会主义经济基础发展的需要也有不相适应的方面

人民民主专政的政治法律制度、政治法律设施也存在许多不完善的地方和环节上的缺陷，这些与经济基础发展的需要也是不适应的。比如，在党和国家的体制中存在的机构重叠、职责不明、兼职副职过多、人浮于事、党政不分、民主与法制不够健全等，这些都是与经济基础的发展要求相矛盾的。这就需要我们进一步有领导、有步骤地进行政治体制改革；建立健全民主的科学的决策制度和程序；进一步发扬社会主义民主，加强社会主义法制，切实保障人民群众依法管理国家事务、经济事务的权利和其他民主权利，保证各项事业在社会主义法制的轨道上健康发展。

上述社会主义生产关系与生产力的发展不相适应的方面、社会主义上层建筑与社会主义经济基础不相适应的方面，从根本上来说，是属于社会主义经济制度、政治制度本身的不完善与生产力的发展、经济基础的需要不相适应造成的矛盾。这种矛盾与资本主义社会的基本矛盾相比具有根本不同的性质，这不是对抗性的矛盾，而是非对抗性的矛盾。它反映在人们的相互关系上不是阶级的对抗，而是在根本利益一致基础上的人民内部矛盾。同时，这种矛盾，也不像阶级对抗那样相对固定地存在于两类人之间，而是不断变动地存在于人们之间。因此，解决这类矛盾的政治体制改革、经济体制改革，绝不是一部分人"革"另一部分人的"命"，而是广大群众为了自身的根本利益、长远利益，促进社会主义制度的完善和发展。解决这类非对抗性的人民内部矛盾，只能是根据矛盾的非对抗性质采取民主的方法、说服教育的方法加以解决。

三　发挥构建和谐社会的政治驱动作用，推动社会主义事业朝着共产主义方向稳步前进

马克思恩格斯以唯物史观和剩余价值学说为理论武器，立足于对资本主义社会的基本矛盾和阶级矛盾的现实分析，批判地汲取了空想社会主义的合理思想，创立了科学的社会主义。科学的社会主义又称科学的共产主义，它既是无产阶级的思想体系又是理想的社会制度。作为理想社会制度的共产主义，包括经济、政治、道德等方面发展程度不同的两个阶段，即处于低级阶段的社会主义社会和进入高级阶段的共产主义社会。社会主义和共产主义的生产关系都是以生产资料的公有制为基础的，它们共属于共产主义这一社会形态。

它们之间虽然有着阶段性的部分质的差别，但却存在内在的不可分割的本质联系。我们在认识和实践中必须正确地认识和处理它们的联系与区别，既不能强调联系抹杀区别，重犯超越历史阶段的错误；更不能强调区别割裂联系，阻碍历史车轮前进。

当今世界上其他的社会主义理论，尽管形形色色五花八门，但在一点上是相同的，它们不属于无产阶级的思想体系，不承认历史唯物主义所揭示的历史发展的普遍规律，也就从逻辑上必然地否认社会主义与共产主义的联系，否认社会主义以共产主义为发展方向。

与此根本不同，科学的社会主义所说的社会主义，作为共产主义的低级阶段，是正确地反映了社会发展的必然趋势的，是以共产主义为前途的社会主义。社会主义要为向共产主义过渡奠定物质基础和思想基础。在社会主义阶段就应该包含着、并不断积累着共产主义因素，经过量的积累达到一定程度引起部分质变，由低级阶段进入高级阶段。共产主义绝不是渺茫的可望而不可即的，共产主义渺茫论可以休矣。

我们党是最高纲领与最低纲领的统一论者。构建社会主义和谐社会的理念，使我们党又一次找到了最高纲领和最低纲领的结合点。具体来说，党的最高纲领是实现共产主义，但是，同时需要一个与现实结合的最低纲

领。而构建和谐社会是一个过程，它的最高目标是共产主义和谐社会，同时现在也可以说我们是在构建和谐社会，这就动态地把最高纲领与最低纲领结合起来了。

充分发挥构建社会主义和谐社会的政治驱动作用，把社会主义事业的总体布局由经济建设、政治建设、文化建设三位一体，发展为经济建设、政治建设、文化建设与和谐社会建设四位一体，在科学发展观的引领下，统筹城乡发展，统筹区域发展，统筹经济社会发展，统筹人与自然和谐发展，统筹国内发展和对外开放，使我们的社会主义事业得以全面的、协调的、快速的、可持续的发展。这样下去，经过我们的不懈努力，长期奋斗，量的积累定能引起质的变化。到那时，随着人的全面发展，社会生产力极大提高了，集体财富的一切源泉都充分涌流了，全体人民具有了高度的共产主义觉悟和道德品质，城乡差别、工农差别、体力劳动和脑力劳动的差别消除了，人们完全超出了资产阶级法权的狭隘的眼界，社会在自己的旗帜上写上了："各尽所能，按需分配"，作为"自由人联合体"的和谐社会的最高境界，即共产主义就实现了。

本文发表在《北京大学学报》（哲学社会科学版）2005 年第 6 期。

第三编

复杂性科学的兴起与复杂性新探

第一章

复杂性研究与辩证唯物主义的运用和发展

一　从当今世界两大思潮的对比说起

在当今世界的思想文化领域里，存在复杂性研究与后现代主义两大潮流。它们虽然共生于同样的社会历史条件、科学技术背景，共同面对着客观过程、实践过程与认识过程中的种种复杂性、复杂系统；但是，它们的认识方法、价值取向、哲学基础却有原则区别。

复杂性研究用还原论与整体论统一的方法，即系统的方法探索复杂性，既吸取还原论的合理思想，按还原的方向，从上到下，从大到小，把整体分解为部分，把高层次归结到低层次，精细地了解部分、层次及其相互关系的具体特点，又吸取整体论的合理思想，按照整体把握的方向，从下到上，把部分整合为整体，把低层次整合到高层次，从而产生组织效应，结构效应，在整体上，高层次上涌现出新的面貌、新的特性。这就是"把复杂性当做复杂性来处理"的原则。它反对简单化，重视非线性、随机性、不确定性、整体涌现性，从更大范围、更深层次、更复杂关系上考察事物，以期更精确、更深刻、更完整地反映客观规律，坚持客观性、辩证性原则，以辩证唯物主义为哲学基础。

后现代主义的一个基本理论倾向是反基础主义，具体表现在它质疑同一性、单一性、终极性，强调多样性、奇异性、非线性、不可穷尽性，反对将复杂性还原成简单性，这是与复杂性探索在方法论上相通的方面。但是，它把分析、分解绝对化了，一味地强调差异性、多样性、个性，否定同一性、共性、普遍性，非此即彼，这是与复杂性研究在方法论上主张的综合、整合、集成、整体涌现相对立的。从更高、更概括的哲学层次来看，它是把共性与个性、复杂性与简单性、统一性与多样性、确定性与不确定性，形而上学地割裂开来对立起来了。沿着这一思想路线，最终陷入了以强调主观性、相对性、不确定性为特征的唯心主义与形而上学。

两相比较来看，后现代主义与复杂性研究虽然有相似之处，但疑似之迹不可不察，深入加以考察即可发现它们确有不同哲学基础、思维方式与价值取向。

复杂性研究不是以唯心主义和形而上学为理论基石，而是以唯物论与辩证法为哲学基础的，作为复杂性研究的理论成果的复杂性科学与唯物主义的现代形态——辩证唯物主义有不解之缘。它们之间存在内在的共性与个性的联系。共性存在于个性之中并通过个性来存在；个性又总是与共性相联结。哲学来自非哲学，复杂性科学是辩证唯物哲学的科学基础；哲学是科学的向导，辩证唯物主义对复杂性科学研究、发展有指导作用。两者是相互依赖、相互促进的。不能把它们人为地对立起来，割裂开来。马克思主义哲学、辩证唯物主义只有随着科学前进，才能指导科学前进。

世界范围的复杂性研究的兴起与高涨，是辩证唯物主义哲学运用和发展的大好机遇。关心辩证唯物主义命运的人必然关心和参与复杂研究。

怎样在复杂性研究中运用与发展辩证唯物主义呢？这在复杂性科学与辩证唯物主义的相互关系上具体表现为两个方面：一方面，是辩证唯物主义对复杂性研究的指导作用；另一方面，是复杂性科学对辩证唯物主义在实证、充实、深化与发展等方面的推进作用。

二　辩证唯物主义对复杂性研究的指导作用

辩证唯物主义哲学对具体科学的指导作用一般有两种方式：直接的与间接的。先从间接的说起。所谓间接的，是指哲学往往要通过一定的科学研究方法来实现对科学的指导作用。科学研究方法往往是联结哲学和科学的纽带（中介）。由于科学研究方法有哲学基础，其中蕴含着哲学思想，共性存在于个性之中并通过个性来存在，所以在运用科学方法进行科学研究时，就同时实现着蕴含在方法之中的哲学思想对科学研究、科学发展的指导作用。这种以科学研究方法为中介的间接指导作用，在科学研究中是大量存在的、普遍的。

辩证唯物主义对复杂性研究、复杂性科学的间接指导作用就是如此。我们知道复杂性研究是以还原论与整体论的辩证统一，系统论为方法论的，这一方法论是以辩证唯物主义的整体与局部、形式与内容这两对范畴以及世界的物质统一性原理，为直接理论依据的。它蕴含着"整体与局部"和"内容与形式"的相互贯通与内在统一，也蕴含着物质统一性的层次性以及不同层次的逻辑相容性。由于共性存在于个性之中并通过个性来存在。所以，在用还原论与整体论统一的方法，即系统的方法探索复杂性时，就同时实现着蕴含在系统方法中的辩证唯物主义哲学思想对复杂性研究、复杂性科学的间接指导作用。

再说直接指导作用。这种作用是指导科学工作者、科学家在从事具体科学研究时，直接以哲学的概念范畴、原理原则为指导，分析问题解决问题。由于辩证唯物主义的原理原则正确地反映了自然社会思维的普遍规律；又由于这些规律的作用具有普遍性、客观性，反映这些规律的概念范畴具有极大的普遍性、概括性，而范畴概念的普遍性、概括性越大就越能频繁地进入人们的思维之中规范人们的思维活动；所以人们在实践的基础上，在同外界事物打交道的过程中，随着经验知识的积累能够形成朴素的唯物论和辩证法思想，但不能不经自觉地学习锻炼，就会成为天生的辩证唯物主义者。所以，实现这种指导作用的形式也往往有两条道路：自发的道路与自觉的道路。

自发的道路就是科学家在科学研究中，通过科学方法的选择与运用，自发地体现了辩证法的指导作用。比如，俄国著名化学家门捷列夫用比较的方法研究化学元素，发现元素的性质随着原子量的递增而发生周期性的变化，从而提出了化学元素周期律，在这里他自发地运用了量转化为质的辩证法。正如恩格斯所说："门捷列夫通过——不自觉地——应用黑格尔的量转化为质的规律，完成了科学上的一个勋业。"① 自发的道路由于缺乏明确的指导思想，往往在走过很多弯路，付出很大的代价之后，才在辩证法的指导下，找到正确的方向。

自觉的道路，就是科学家在科学研究中，不仅注意系统地学习辩证唯物主义，而且有意识地把辩证唯物主义普遍原理与具体的科学实践活动结合起来，在科研中加以运用。比如，德国化学家卡尔·肖莱马，他作为有机化学的奠基人，是一个在科学研究中自觉地应用唯物辩证法的科学家。他认真地学习了恩格斯的《反杜林论》，并在自己的著作中引用了恩格斯

---

① 《马克思恩格斯文集》第9卷，人民出版社2009年版，第469页。

关于有机化合物中质与量的辩证关系的论述。他认为自然界是辩证的，所以我们必须辩证地对待事物。他以辩证法为指导，从分析脂肪烃的矛盾与发展入手，揭示有机物的内部联系，终于使有机化学从零星的、不完备的资料变成了一门系统的科学，在化学领域内完成了一些划时代的发现。又如，我国卓越的地质学家李四光以唯物辩证法为指导，批判地吸取了地质学的积极成果，把一切地质构造和地质作用看成是地壳运动的产物和表现，揭示了地球内部的矛盾运动是地壳发展的根本原因，阐明了地壳内部各种矛盾和矛盾的各个方面在其运动发展过程中的联系和转化，创立了地质力学。

还有，我国杰出的生物学家、实验胚胎学家童第周教授，在细胞遗传学研究中，自觉地以辩证法的矛盾学说为指导进行的核质杂交试验，取得了辉煌的成果。情况是这样的：基因论者认为生物性状的遗传决定于细胞核染色体中的化学物质脱氧核糖核酸（DNA），与细胞质无关。童第周教授认为细胞核与细胞质是矛盾的统一体。细胞核是主要方面起主要作用，但也不能忽视细胞质作为次要方面的作用。他以矛盾学说为指导做了核质杂交的实验，即把鲤鱼胚胎细胞的细胞核移植到鲫鱼的去掉核的卵细胞质之内核质杂交，结果发育出来的鱼长得很快，半年重一斤多，并有中间性的特点，如嘴角有须像鲤鱼，侧线鳞片数目又接近鲫鱼。

上边举的是化学、地质学、生物学的例子。

现在要着重说说辩证唯物主义对复杂性研究、复杂性科学的直接指导作用问题。实现这种指导作用的形式，也有两条道路：自发的道路和自觉的道路。

自发的道路：也是科学家在科学研究中，通过科学方法的选择与运用，自发地体现了辩证法的指导作用。比如，一般系统论的创始人、复杂性科学的先驱贝塔朗菲就是如此。他作为一位理论生物学家，针对当时生物学理论和研究中存在的还原论方法，认为只有把生命当做有机整体（系统）来考察，才能正确地解释生命现象。于是他把辩证法中早已有之的整体性思想作为中心思想突出起来，有意识地把系统作为研究对象，运用类比同构的方法，对于各种现实系统进行全面考察和比较研究，找出了适合综合系统或子系统的模式、原则和规律，并借助数学和逻辑工具，把它们定量化、精确化、模型化，从而创立了一门称之为一般系统论的新学科。他在这个过程中就自发地体现了辩证法的指导作用。在 1972 年贝塔朗菲临终那年发表的《一般系统论的历史和现状》中，就提到了这点。其中说：亚里士多德"整体大于它的各部分总和"的论点，至今仍然是基本的系统问题的一种表述。这就是在辩证法思想指导下取得的理论成果。

又如，耗散结构论的创立者、复杂性研究欧洲学派的著名代表人物普利高津，他不仅提出过"探索复杂性"的响亮口号，而且在探索复杂性的实践中深有体会地说："我们需要一个更加辩证的自然观。"[①] 这反映了他在探索复杂性的指导思想上，开始出现了从自发到自觉的转向。

自觉的道路，就是科学家在科学研究中不仅认真学习辩证唯物主义，而且有意识地把辩证唯物主义普遍原理与具体的科学实践活动结合起来。世界著名科学家、中国科学院院士和中国工程院院士钱学森就是杰出的代表。他在几十年的科学研究历程中，在力学、工程控制论、航天科学、系统工程、思维科学、管理科学、系统科学、地理科学、建筑科学、人体科学、社会科学、技术美学和哲学等领域都进行了开创性的工作，对推进现代科学事业的发展作出了突出的贡献。他不仅学识渊博，涉猎广阔，而且以辩证唯物主义为指导，创造性地构筑了现代科学技术体系，开拓并创立了许多交叉学科和边缘学科。在现代科学技术体系构想图中，他认为有11大门类，分6个层次：哲学（辩证唯物主义）、桥梁（部门哲学）、基础理论、技术科学、应用技术、前沿科学。马克思主义哲学处于最高层，下边以部门哲学为桥梁与各门具体科学的基础理论、技术科学、应用技术分层次地联系起来。这具体体现了：哲学来自非哲学，具体科学是哲学的基础，哲学是具体科学的向导，对具体科学有方法论的指导功能。形象地表达了哲学与具体科学的相互依赖与相互促进的辩证关系。

20世纪80年代末以来，钱学森通过对系统科学及其应用的探索和研究，特别是在建立系统学的过程中逐步认识到复杂性研究的重要理论意义与实践意义。他说：复杂性问题，现在要特别地重视。因为我们讲国家的建设、社会的建设，都是复杂的问题，解决这些问题，科学技术就会有一个很大很大的发展。我们要跳出几个世纪以来开始的一些科学方法的局限进行复杂性探索。钱学森早在70年代末80年代初开始思考研究现代科学

---

① ［比］普利高津：《确定性的终结》，湛敏译，上海科技教育出版社1988年版，第145页。

体系时，其出发点就是建立起一个科学体系，并运用这个科学体系来解决实际问题，主要是依据体系中所反映的哲学与科学之间的"科学是哲学的基础，哲学是科学的向导"之"基础与向导"的相互依赖、相互促进的关系，自觉地以辩证唯物主义为指导，探索复杂性。他指导的持续多年的系统讨论班始终是这样做的。在一次讨论班上他说过这样一段话给我留下了极为深刻的印象。他说：在我们国家搞开放复杂巨系统研究能够成功，因为有两个基本条件：第一，在哲学上我们以辩证唯物主义为指导；第二，在经济制度上以公有制为基础，公有制使我们能够集中人力、物力、财力办一些大事情，搞一些大项目。

就是在这个讨论班上，在研究了范围广泛的横跨自然科学和社会科学的问题的基础上，提炼出了"开放的复杂巨系统"范畴，以及处理这类系统的超越还原论的方法。钱学森认为所谓复杂性是开放复杂巨系统的动力学特性，解决这类复杂系统问题用还原论方法不行，必须用"从定性到定量综合集成方法"。综合集成的实质是专家经验、统计数据和信息资料、计算机技术三者的有机结合，构成一个以人为主的高度智能化的人—机结合系统，发挥这一系统的整体优势去解决问题。我们知道：所有事物都有一定的质（即一事物区别于他事物的内在规定性），一定的量（即事物的存在规模、发展程度），都是质和量的统一，都有决定事物性质的数量界限（度）。人们认识事物首先认识它的质，进而认识它的量，在此基础上进一步把质与量统一起来掌握它的度。从定性到定量综合集成，就是质量对立统一的客观辩证法，在认识过程中有条理地复写，或叫程序性的展现。

电脑作为人脑的延伸，它能够帮助人脑完成一部分意识活动，而且在某些功能上还优于人脑，如敏捷的运算速度，精确的逻辑判断力，永久的记忆力，可以突破人类自然器官的许多限制。综合集成探索复杂性必须依靠电脑帮助，但电脑毕竟是思维的工具，它本身不能思维，必须接受人脑的指令，按预定程序进行工作，不能自主地提出问题，创造性地决定问题，人工智能与人脑功能的关系是局部上超过、整体上不及。实行人机结合，使人脑智能与人工智能相互联系、相互促进就会使人类认识不断向微观和宏观两极扩展，使人能通过间接方式达到对事物更深层次的本质的认识，破解复杂性。在人机结合上，即在人机的对立统一关系上，一般来说，人是矛盾的主要方面，在矛盾中居主导地位，起支配作用。人机结合以人为主。这具体地体现了唯物辩证法的两点论与重点论统一的思想。综上可见，以钱学森为代表的中国学派创立了处理开放复杂巨系统的理论与方法，不仅是在辩证唯物主义的直接指导下进行的，而且其中具体贯穿着唯物辩证法的思想，如前面提到的质、量对立统一的思想，两点论与重点论统一的思想，等等。

所以，我们说钱学森的复杂性研究有三个特点：

第一，以马克思主义哲学辩证唯物主义为指导，特别是以《矛盾论》《实践论》为指导；第二，把复杂性纳入建立系统学、完善系统科学的工作，明确地用系统概念解释复杂性；第三，以给中国社会主义事业发展提供科学理论和实践方法为目标研究复杂性。开辟了复杂性研究的一条独特途径。

三　复杂性科学对辩证唯物主义的推进

苗东升教授在《复杂性研究的现状与展望》一文中说："一种新的科学思潮出现，必然有一种新的哲学思潮跟进。世界范围的复杂性研究的兴起和高涨，很快就会有相应的哲学研究出现……复杂性研究的兴起是辩证唯物主义哲学发展的新机遇：宇宙观、物质观、运动观、规律观、时空观、因果观、科学观、本体论、认识论、价值论、审美论、方法论，等等，都会随之发生大变化。关心辩证唯物主义命运的人必须关心和参与复杂性研究。"①

哲学来自非哲学，辩证唯物主义哲学只有随着科学前进才能指导科学前进。哲学是以科学为直接反思对象的，对科学进行反思，就要反思出哲学。所以，经常关注科学的发展，特别是关注科学对哲学的推进，是哲学工作者的重要任务。复杂性科学对辩证唯物主义又有哪些推进呢？

（一）复杂性科学对辩证唯物主义世界观的推进

什么叫哲学？哲学是世界观的学问。世界观即宇宙观。哲学是对整个世界的宏观把握，是对整个世界的根本看法；它观的是整个世界，所以叫世界观。马克思主义哲学就是辩证唯物主义历史唯物主义世界观。这似乎

---

① 苗东升：《复杂性研究的现状与展望》，《系统辩证学学报》2001 年第 9 期。

是一个无可非议不证自明的问题。为什么重提进一步论证问题呢？这不是无病呻吟。

近年来，在马克思主义哲学研究中，有些论者对马克思哲学的理论形态是辩证唯物主义历史唯物主义持否定态度，特别对认为马克思主义哲学是辩证唯物主义的观点更是反对，其论据主要有两方面：其一，是在文本上做文章，说马克思没有辩证唯物主义方面的专门著作，所以，辩证唯物主义不是马克思的哲学。因为马克思是马克思主义第一创始人，所以也不能说是马克思主义哲学。其二，是在科学前提下做文章，说马克思主义哲学从 19 世纪中叶产生以来至今已 150 多年了，现代科学已经有了很大的发展，辩证唯物主义已经过时了，需要改变理论形态了。

事实如何呢？众所周知，马克思主义哲学产生后现代科学的确有了很大的发展，现代科学取得了巨大成果。这些巨大成果，是否定了辩证唯物主义？还是进一步论证了辩证唯物主义呢？众所周知，科学的发展从古代的直观思辨，经过近代的经验分析阶段以后，到了 19 世纪中叶，开始进入了以"整理材料"（恩格斯语）为标志的辩证综合阶段，一些以研究发展过程为特点的自然科学已相继出现并发展起来。如地质学、胚胎学、动植物生理学、有机化学等，其中具有代表性的是细胞学说、能量守恒和转化定律，以及生物进化论，即所谓科学上的三大发现。这些新的科学成果，不仅沉重打击了唯心主义的神创论和否认联系、发展、矛盾的形而上学世界观，而且主要在宏观层次上，从不同侧面初步地揭示了自然界的辩证联系和物质统一性。自然科学发展开始向辩证综合阶段的跨入，就使唯物主义发展从近代机械唯物论开始转向了辩证唯物论。

20 世纪以来，在科学发展历程中，又出现了相对论、量子论和遗传基因的双螺旋结构"三大发现"，开辟了认识自然的新天地，即从宏观向微观和宏观领域进军，进一步揭示了微观领域的辩证联系：如 20 世纪初首先发现，光在光电效应等现象中显示出粒子性，在干射、衍射等现象中显示出波动性；因此得出具有波粒二象性的结论。其后，到 20 年代，又发现原来认为只有粒子性的实物粒子，如电子等也能发生衍射现象，说明它们也具有波动性。从此，就认为一切微观粒子都具有波粒二象性，都是粒子性与波动性的对立统一。粒子的质量或能量越大，波动性越不显著，所以日常所见的宏观物体实际上可以看做只具有粒子性。

20 世纪以来的"三大发现"也进一步提示了宏观领域的辩证联系。

如爱因斯坦 1905 年提出的狭义相对论和 1916 年提出的广义相对论，直接否定了牛顿的把空间、时间与物质割裂开来的绝对时空观。牛顿这种时空观认为，空间、时间可以离开物质而存在，是一种与物质无关的空洞形式，"是一切事物的贮藏所"。狭义相对论证明空间、时间特性，会随着物体运动的速度和变化而变化，当速度接近光速时，物体内部的时间就会延缓，物体沿运动方向的长度就会缩短，这就是所谓的"钟慢""尺缩"，物质与时间空间不能分。广义相对论还揭示了空间、时间和物质也是对立统一体。物质以时空的形式存在和运动，反过来物质的存在和运动又决定时空结构。物体质量越大，分布越密，引力场越强，其空间曲率越大，引力场越强，时间流程也越慢。新的三大发现进一步揭示了微观、宏观领域的辩证联系，奠定了分子生物学、核物理、凝聚态物理、天体物理、电子学、光子学的理论基础，并形成了宇宙大爆炸模型、地球板块模型、基本粒子夸克模型、地球圈层共生演化的生态模型等不同层次的自然系统的科学图像。科学发展沿着辩证综合的路径，大大前进了一步，但辩证综合的特征尚未全面展现。

20 世纪中叶以来，现代科学沿着辩证综合的路径取得了突飞猛进的发展，在全球范围内进行着以微电子学和计算机技术为主要标志的新的科技革命，形成了一系列高新科学技术部门。其中有三大前沿：天体演化理论、生命起源科学、基本粒子理论；三大支柱：信息科学、生命科学、材料科学；三个重要标志：人工智能、空间技术、原子能利用。新的科学技术革命的一个突出特征是，现代科学技术的发展呈现出了既高度分化又高度综合，而以高度综合为主的一体化趋势。科学知识的综合性、整体化，比较全面地从总体上展现了现代科学进入辩证综合阶段以后的整体特性。

60 年代以来，在物理、化学、天文、地学、生物、数学等学科领域开展了大量有关复杂性或复杂系统的跨学科研究，不同学科的交叉结合逐步聚集在复杂性探索上，以交叉结合为直接研究领域、以复杂性探索为中心内容的复杂性科学，应运而生。先后出现了欧洲学派、美国学派和中国学派。复杂性研究、复杂性科学，集中体现着现代科学发展的辩证综合的总体特征和发展的大趋势。可见，复杂性研究、复杂性科学不但没有否定辩证唯物主义，而是在新的历史条件下，从实证的角度进一步论证了这种以现代科学为基础的科学的世界观。

（二）复杂性科学充实了辩证唯物主义运动观

辩证唯物主义运动观是以现代科学为依据的，在总结旧唯物主义（机械唯物主义）运动观经验教训的基础上形成的，它是唯物主义与辩证法相统一的科学的运动观。

复杂性研究、复杂性科学怎样充实了运动观呢？

其一，辩证唯物主义运动观认为，新陈代谢是宇宙间普遍的永远不可抗拒的规律，世界运动的总趋势是从简单到复杂、从低级到高级的螺旋式上升进程，是前进，是进化。

生命科学与人文社会科学所提示的大量科学事实无可争辩地表明，生命运动与社会运动的确是从简单到复杂、从低级到高级的进化过程。

至于无生命的物理运动、化学运动其演化趋势是进化还是退化，则是现代科学史上曾出现的一个激烈争论和不容易解决的问题。这就是19世纪著名的达尔文（生物进化）和开尔文（物理退化）的论战。具体来说，德国物理学家克劳修斯1850年提出了热力学第二定律。这个定律是关于在有限空间和时间内一切和热运动有关的物理、化学过程的发展具有不可逆转性这样一个事实的经验总结。其表述方式有：

（1）热量总是从高温物体传到低温物体，不能作相反的传递而不带有其他的变化。

（2）功可以全部转化为热，但任何热机不能全部地、连续不断地把所受的热量转变为功（即无法制造第二类永动机）。

（3）在孤立系统内实际发生的过程，总使整个系统的熵的数值增大，这个定律也称为熵的增加原理。自从克劳修斯提出热力学第二定律以来，物理学界普遍认为无生命系统总是自发地从有序变为无序，从不平衡到平衡，朝着均匀简单、消除差别的退化方向演变。如果把这一定律（无条件地）外推到整个宇宙，就会逻辑地必然地认为，随着宇宙的熵趋于极大，宇宙万物便会达到热平衡，一切宏观运动就会停止了，宇宙的末日就会来临了。克劳修斯就是由于把热力学第二定律不恰当地引用到整个宇宙范围，提出了"热寂说"，把对于有限孤立系统所获得的经验推广到全宇宙，把相对平衡绝对化，因而，是形而上学的、错误的。恩格斯在《自然辩证法》中批判了热寂论。他指出："克劳修斯的第二原理等等，无论以什么形式提出来，都不外乎是说：能消失了，即使不是在量上，也是在质上消失了。"① 并深刻指出："发散到太空中去的热一定有可能通过某种途径（指明这一途径，将是以后某个时候自然研究的课题）转变为另一种运动形式，在这种运动形式中，它能够重新集结和活动起来。因此，阻碍已死的太阳重新转化为炽热的气团的主要困难便消失了。"②

20 世纪 70 年代比利时的物理学家普利高津从热力学第二定律出发，提出了耗散结构理论。这一理论认为非平衡是有序之源，一个远离平衡态的开放系统，通过不断与外界进行物质和能量交换克服混乱，维持稳定；当外界条件的变化达到一定的阈值时，系统就会通过涨落而发生突变，由原来的无序状态转变为一种在时间、空间或功能上有序的结构。普利高津把这种靠能量流和物质流来维持的，通过自组织形成的新的、稳定的、充满活力的结构称为耗散结构。并认为自组织形成有序结构是发展演化的基本形式。科学地回答了，无生命的远离平衡态的开放系统如何从无序走向有序的问题，也是对恩格斯所预言的"通过某种途径"能够使能量"重新集结和活动起来"的一种科学说明。肯定了包括无生命的物理运动、化学运动在内的一切运动变化过程，其总趋势都是从简单到复杂、从低级到高级的进化过程，使"生物进化与非生物退化"的论争画上了句号。也就进一步充实了辩证唯物主义运动观。

其二，辩证唯物主义运动观认为，在物质运动形态从低级向高级的进化过程中，有生命的物质是从无生命的物质进化而来的。这是物质运动形态演化中的一个重大的飞跃，也是历来为科学与哲学共同关注的重大问题。现代关于生命起源的研究，既不同于古代的直观思辨，如说生命产生于水等；又不同于巴斯德式的实验，即法国微生物学家化学家巴斯德曾用肉汤作灭菌实验，证明生物"自然发生"是不可能的，主张生命只能来自生命的"生源论"。而是用历史的眼光，从发展的角度提出问题，形成假说，安排实验，进行检验。

自从巴斯德的著名实验否定了生命的"自然发生"观点之后，许多进化论者都认为巴斯德的实验并没有解决生命起源问题，他们相继提出了有生命的物质起源于非生命物质的假说。比如，德国的植物学家，细胞学说的创立者之一的施莱登，在其 1863 年论文中就提出最初的细胞"可能

---

① 《马克思恩格斯文集》第 9 卷，人民出版社 2005 年版，第 545 页。
② 同上书，第 425 页。

是在年轻的地球根本不同于现在的大气条件下形成的"①。此后不久，德国的博物学家海克尔在 1866 年发现了一些简单的生物——他命名为胶腺生物之后，提出：最原始的、最简单的胶腺生物只能由无机物发生出来。这是进化论必不可少的假定。特别需要提到的是，英国的博物学家，进化论的奠基人达尔文在 1871 年的一封私人通信中谈道："通常认为活的有机体最初产生的全部条件现在依然存在，并且这些条件会一直保持下去。但是假如（天呀！多大的一个假如！）我们能够想象某些具有氨、磷酸盐、光、热、电等的温暖小池塘里，在这里蛋白质化合物得以形成并随之经历了复杂的变化。在今天这样的蛋白质会立刻被吞食或被吸收掉，而在生物形成之前的情况下却不会这样。"②

在这样的科学技术背景下，恩格斯在《反杜林论》中作出如下论断："关于生命的起源，自然科学到目前为止能明确地断定的只是：生命的起源必然是通过化学的途径实现的。"③

"经过 19 世纪下半期的许多学者的努力，生命起源问题的提法改变了，完全摆脱了过去的思辨的色彩，也不再限于生物是否只来自生物的证实或实伪之争。然而有关生命的起源思路的方向虽然正确，可是仍然没有形成一个可以操作的假说。还未上升到科学假说的阶段。"④

苏联的生物化学家奥巴林撰有《地球上生命的起源》与《生命起源和进化》专著。他不仅创立了生命起源的化学学说，而且提出一个可以具体进行实验的工作假说，他认为，生命起源的化学途径，经历了一个长期持续的、多阶段的过程，其中有从无机元素到有机化合物，从有机物到有生命的物质三个阶段。他说，地球早期是一个炽热的球体，不具备产生生命的条件，当地球冷却到一定程度时，一些原子状态的物质发生化合反应，生成了碳氢化合物，这属于第一阶段；碳氢化合物又和水汽、氨等进行化合，生成碳、氢、氧、氮四种元素组成的简单有机物，简单有机物发展到复杂有机物，这是第二阶段；复杂有机物在原始海洋里溶于水中，经过长时间的一系列化学变化，形成了更为复杂的生物大分子——蛋白质和核酸，许许多多的生物大分子在原始海洋里聚合，成为悬浮在水里的胶状

①　胡文耕：《生物哲学》，中国社会科学出版社 2002 年版，第 160—161 页。

②　同上书，第 161 页。

③　《马克思恩格斯文集》第 9 卷，人民出版社 2005 年版，第 78 页。

④　胡文耕：《生物哲学》，中国社会科学出版社 2002 年版，第 162 页。

的"凝胶体"，奥巴林将它命名为"团聚体"，他认为这是生命起源过程中的一个重要阶段，即进入了生命物质诞生的第三阶段。这种"团聚体"能够从外界吸收其他物质，把其他物质转化为自己的一部分，即具有同化作用，又能够不断地把自己体内的一部分进行分解，排出体外，即具有异化作用，这就是蛋白体化学成分的自我更新，即新陈代谢。在此基础上，又经过了漫长的发展过程，才出现了简单的生命物质。上述三个阶段都可以进行模拟实验，有可操作性。

分子生物学的研究成果进一步告诉我们，蛋白质是由氨基酸组成的。一个蛋白质分子可以含有几十、几百，甚至几千个氨基酸。蛋白质执行着代谢运动、免疫等生理功能。核酸分子则由许多核苷酸组成，每个核苷酸又由碱、糖、磷酸组成。核酸是生物遗传的物质基础，核酸通过遗传信息去控制蛋白质的代谢，二者相互作用共同完成生命运动。

奥巴林创立的生命起源的化学学说，提出的生命起源的"团聚体"模式，和可以具体进行实验的工作假说，使生命起源的假说得以上升到科学假说阶段，对生命起源的研究作出了重要贡献。但是，他对生命内在机制的研究注意的重点是代谢而非信息，是蛋白质而不是核酸，忽视核酸在生命起源时的作用，这当然是一个缺憾。

关于生命起源的研究，在生物学上已提出过的一些不同的理论模式，诸如奥巴林的"团聚体"模式、福克斯的"微球体"模式等，都是试图从分子的自组织特性来说明由化学进化过渡到生物进化的可能性。

从分子水平上去研究进化，进一步寻求化学进化与生物进化之间的联系是一个重大课题，这对进一步弄清楚如何从非生命系统产生生命系统有重要意义。这里，需要特别提到的是"超循环"理论。该理论是由德国柏林大学生物学家艾根于1971年正式提出的，是当前非平衡系统的自组织理论的一个重要流派。如果说"协同学"是研究物理世界的自组织现象，然后把它推广到生物界和社会领域中的理论，那么几乎与"协同学"同时产生的"超循环"理论，则是直接从生物领域入手来研究非平衡系统的自组的问题的。其"中心思想是要说明在生命起源和发展的化学阶段和生物进化阶段之间，有个分子自组织阶段。在这个阶段中，形成了今日人们发现的具有统一的遗传密码的细胞结构。这种统一的遗传密码的形成并不在于它是进化过程中唯一可以进行的选择，而是因为在这一阶段形成了一种超循环式的组织，这种组织具有'一旦建立就永存下去'的选择机制"。艾根认为，"进化原理可理解为分子水平上的自组织"。① 这就阐述了，在宇宙的化学进化阶段产生的大分子基础上，如何通过超循环这种自组织机制克服信息危机，产生出最初的生命细胞，表明了生物复杂性是怎样从物理简单性中产生出来的。这有助于揭示生命起源的奥秘，也是复杂性研究对辩证唯物运动观的一个充实。

　　复杂性科学对辩证唯物主义的推进是多方面的，以上所述只是较为突出的两个例证。适应着科学发展高度综合的大趋势，复杂性探索、复杂性科学蓬勃发展，方兴未艾，辩证唯物主义哲学会随着科学的前进不断前进，永葆其美妙之青春。

　　　　　　　　　　本文发表在《系统辩证学学报》2005 年第 4 期。

---

① 王雨田主编：《控制论、信息论、系统科学与哲学》，中国人民大学出版社 1986 年版，第 471 页。

第 二 章

复杂性科学的哲学反思

哲学来自非哲学，科学是哲学的基础；哲学作为科学的理论升华，有方法论功能，是科学的向导。辩证唯物主义哲学只有随着科学前进，才能指导科学前进。当今，世界范围的复杂性科学的兴起与高涨，必然从更大范围、更深层次、更复杂的关系上，触及哲学的世界观、本体论、发展观、历史观、认识论等根本性问题，为马克思主义哲学的运用与发展提供了大好机遇。

哲学作为时代精神的精华，应以科学发展的前沿成果当做直接的研究对象，通过对科学成果的哲学反思，反思出哲学。这样，既可以对哲学进行充实深化，又能夯实科学的哲学基础。

一 复杂性科学的兴起

现代科学技术的发展，在高度分化的基础上呈现了高度综合的大趋势，其中蕴含着从简单性科学向复杂性科学的转向。具体来说，在生产实践和科学实验的推动下，从 20 世纪中叶开始，世界上兴起了一场以微电子学和电子计算机为主要标志的新的科学技术革命。这次技术革命不同于以往的机械化过程，其质的飞跃在于发明和使用电子计算机。电子计算机用机械和电子的装置模拟和代替人脑的某些智能，是人脑的延伸。把电脑装在现代控制机上，就能使它克服原有的局限性，具有自适应、自学习、自修复等自动控制的功能。有了电脑和自动控制机就能实现生产过程和管理过程的自动化，从机械化飞跃到自动化。

可见，新技术革命时期的新机器，已发展到由工具机、传动机、动力机和控制机、计算机等几部分组成的机器系统。现代机器的主要性质与功能是整体性的，比如，信息流、反馈这些性质是整体性的，自调节、自适应的控制功能更是整体性的，只有在动态的相互联系、相互作用中，才能存在，才能被把握。一旦将它分解拆卸，这些性质和功能就不复存在了。如果说第一次技术革命时代要求人们具有机械观和分析方法，那么新技术革命则要求人们并训练人们具有整体观念和综合方法。

这不仅是客观需要，也有实现的可能。首先应该看到，电子计算机就特别能帮助人们综合地、普遍联系地考虑问题。从前人们考虑问题受智力条件的限制，不能同时考虑大量的因素，不得不用少数的原因来解释一些现象。这种方法尚能应付第一次技术革命时期的一些相对简单的问题，但却解决不了当代各种特别复杂的问题。电子计算机延伸了人脑，它能以敏捷的运算速度、精确的逻辑判断力、巨量的储存信息和不会遗忘的记忆力，帮助人们"记住"大量的原因，并把它们联系起来加以综合的筛选，提出解决问题的方案。

其次，还应看到，新技术特别要求进行跨学科的研究。对于像制造蒸汽机、汽车、电动机的工业技术，只要受到专门训练的专家、工程师就能驾驭了。可是解决像航天、环境污染那样复杂的问题就不能不进行跨学科的研究，打破狭隘的专业分工界限。比如，阿波罗登月飞行计划就是一项十分庞大复杂的系统工程。"1961 年 5 月，美国总统肯尼迪提出了 60 年代末宇航员登上月球的任务，并正式批准了'阿波罗'计划。为此，美国专门设计了'阿波罗'飞船和'土星—V'火箭，动员了 2 万多家厂商，约 120 所大学，参加人员 400 多万，共耗资 250 亿美元，终于在 1969 年 7 月 21 日，由'阿波罗 11 号'把两个宇航员阿姆斯特朗和奥尔德林送上了月球。"① 正是新技术革命所需要的跨学科综合研究和科学发展的一体化趋势，进一步增强了人们的整体观念，促进了系统科学的发展。第二次世界大战以后，各类系统工程学科犹如雨后春笋般迅速发展起来。这些学科都带有跨学科的性质，都是以一般的系统整体，特别是以开放复杂的巨系统为研究对象的。

在新技术革命的推动下，20 世纪 70 年代左右，面对着各种开放复杂的巨系统，不同国家、不同学科的研究人员，从不同的角度用系统方法在

---

① 黄顺基、李庆臻：《震撼社会的新技术革命大杠杆》，山东大学出版社 1985 年版，第 201 页。

物理、化学、生物、天文、地理、数学、经济等学科领域开展了一系列有关复杂性或复杂系统的跨学科交叉研究。于是一个用系统方法，以复杂性探索为中心内容的新的科学形态，即复杂性科学应运而生了。

复杂性研究，目前已遍及所有发达国家，以及中国、巴西、俄罗斯等国，成为一种具有世界规模的科学思潮，一种文化运动。按照钱学森关于现代科学技术体系结构的观点，每门科学都有三个层次（基础科学、技术科学、工程技术）、一座桥梁（科学通向哲学的桥梁）。到了今天，复杂性研究已不只是某个学科层次的现象，而是从工程技术到技术科学、到基础科学，再到科学通向哲学的桥梁，四个层次都有大量工作。

随着复杂性探索、复杂性科学的产生、发展，人们的学术视野向宇宙的广度、深度大大地拓展了，人们逐步领悟到：在世界上，虽然存在着大量可以用还原论方法认识、解决的简单性问题，但同时存在着无数不能用还原论方法认识、解决的复杂性问题。人们面对着世界在演化过程中不断涌现出的日益增多的复杂系统与复杂性问题，即所谓"规模巨大的、组成要素差异性显著的、按照等级层次组织起来的、具有各种非线性相互作用的、对环境开放的动态系统"。总之，开放的复杂巨系统比比皆是。诸如，人体系统、人脑系统、经济系统、社会系统、地理系统、天体系统、天地人系统等。所以从根本上说，世界是复杂多变的，绝不是恒定简单的。因此，我们对宇宙的奥秘，越是进行广泛、深入地探索，越是走向科学发展的深处，就会越来越多地发现复杂性问题。

对待复杂性问题，在原则上有两种不同的简化方法：一种是把复杂性约化为简单性来处理。例如，把模糊性约化为清晰性，把非线性约化为线性关系，把混沌性约化为周期运动，把分形对象约化为整形对象。这是传统科学处理复杂性的还原论方法。另一种则是把复杂性当做复杂性来处理，即在保留复杂性的本质特征前提下加以简化。例如，把模糊性当做模糊性来处理，把非线性当做非线性来处理，把混沌当做混沌来处理，把分形当做分形来处理。这是复杂性研究的方法论原则。

所谓复杂性科学就其外延来说，就是运用系统论的方法，研究各类复杂系统、各种复杂性问题取得的理论成果。大致包括三个部分：①各学科领域进行复杂性研究取得的理论成果。②跨学科领域在一定学科范围内进行复杂性研究取得的理论成果。③关于对复杂性研究的理论方法与技术的探索取得的理论成果。复杂性科学已形成学派林立、观点纷呈、新见迭出的繁荣局面，代表现代科技发展的一种全局性的新动向。其主要流派有：欧洲的有包括比利时普利高津的耗散结构论、德国哈肯的协同学和德国艾根的超循环论在内的自组织理论，即所谓欧洲学派；美国的新墨西哥州圣菲研究所，以盖尔曼、霍兰为代表的复杂适应系统（CAS）理论，即所谓美国学派；我国以钱学森院士为代表的开放的复杂巨系统理论，即中国学派。还有，作为复杂系统的高度抽象（把要素抽象为节点、把关系抽象为边、把节点连边的多少抽象为度）和形式化的描述方法的复杂网络理论，是研究复杂系统的一种新的角度，了解相互作用拓扑结构的一种新的途径。

21世纪科学技术发展的最主要特点是：科学是研究复杂性的科学，技术是调控复杂系统的技术。复杂性探索、复杂性科学集中体现着现代科学发展的辩证综合的总体特征与发展大趋势。探索复杂性的价值取向与思维方式已日益渗透进社会存在与社会意识的方方面面。正如法国当代著名哲学家、社会学家、复杂性研究思潮的开拓者埃德加·莫兰在《复杂性思想导论》中所说："复杂性的观念在日常生活的语汇中比在科学的语汇中使用得更普遍，它总是带有一种警告理智，当心作出过于仓促的说明、简化、归纳的含义。事实上，复杂性也有它首选的地盘（虽然在那里这个词本身没有被使用），那是在哲学中：在某种意义上它是辩证法；在逻辑的层面上，黑格尔辩证法曾是它的领域，既然这个辩证法把矛盾和变化引入了同一性的核心。"①

复杂性科学的兴起，意味着科学的发展，从古代的直观思辨，中经近代的经验分析进入现代的辩证综合阶段之后，在当今正沿着辩证综合的方向蓬勃发展，呈现着既高度分化又高度综合，而以高度综合为主的一体化趋势。

在整个科学发展进程中，都贯穿着科学研究方法论的演化。所谓科学研究方法论是指一切具体科学的研究共同遵循的方向与路线，既不同于各门具体科学从事研究活动的具体方法，又不同于对理论与实践有普遍指导意义的更高层次的哲学方法，它是哲学方法与具体科学的具体研究方法的中介层次，内在于整个科学发展过程之中，随着科学前进并直接制约着科

---

① ［法］埃德加·莫兰：《复杂性思想导论》，陈一壮译，华东师范大学出版社2008年版，第30页。

学前进。

在古代的直观思辨阶段，由于科学尚未与哲学分化开来，通常与不同哲学派别的自然哲学掺和在一起，用哲学思辨方法整理直观经验，所以在它对现象知识的经验总结中常常渗透着猜测性思辨，用逻辑推理的思辨的方法，来弥补具体知识之不足，因而具有直观思辨的特点。这时科学与哲学混在一起作为"爱智慧"的内容，直接受哲学的影响，其探索自然的主导方法是整体论的，基本思路是强调对自然现象的比较笼统的整体把握，是直观的、朴素的，没能把整体把握建立在对部分的精细了解上，特别是对部分之间相互关系的精确了解上，既没有精密的科学实验，又未形成严密的逻辑体系。科学发展从古代直观思辨进入近代的经验分析阶段之后，随着以还原论作为方法论基础的近代实验科学的兴起，这种直观笼统的整体论就被超越了。

近代的还原论否定了古代的整体论（从肯定到否定）。在科学的发展进入现代辩证综合阶段以后，还原论对于认识解决复杂性问题又无能为力了，不灵了。怎么办？系统科学则在揭露、克服还原论的片面性、局限性过程中应运而生了。

众所周知，在生物学的发展中，曾一度出现过机械论（还原论）和活力论。机械论力图用分析的方法，把生物运动简化、还原为机械运动、物理运动和化学运动，用物理和化学原理来说明生命的生理现象和心理现象。它虽然正确地指出了要搞清生命现象的奥秘，必须研究生命现象赖以发生的机械的、物理的、化学的过程，但是把生命现象归结为机械的、物理的、化学的过程则是错误的。恩格斯在《自然辩证法》中曾经指出："终有一天我们可以用实验的方法把思维'归结'为脑子中的分子的和化学的运动；但是这样一来难道就穷尽了思维的本质吗？"[1] 意识和思维是人类大脑这个开放的复杂巨系统的整体涌现性，不是物质原子、分子本身固有的，它是物质的一种组织特性。

贝塔朗菲（一般系统论的创始人）早在1924—1928年，为了反对当时在生物学理论和研究中的机械论方法，就强调应当把生物机体当做一个整体或系统来考察。20世纪30年代，他进而提出了机体系统论概念以及用数学和模型来研究生物学的方法。这就是他的一般系统论萌芽。到40

---

[1] 《马克思恩格斯文集》第9卷，人民出版社2009年版，第532页。

年代贝塔朗菲把他的萌芽思想推而广之，有意识地把系统作为研究对象，运用类比同构的方法，对于各种现实系统，如社会集团、个人、技术结构等进行全面考察和比较研究，提出了"适用于综合系统或子系统的模式、原则和规律"① 并借助数学和逻辑工具把系统的因素、层次以及系统与系统之间的综合复杂联系定量化、精确化、模型化，从而创立了一门称之为一般系统论的新学科。这就是他的一般系统论由萌芽到诞生。

自贝塔朗菲创立并倡导系统论以来，已有几十年的历史。此间，由于研究者们各自的出发点不同，建立理论的目的与方法不同，解决问题的深度不同，先后形成了几种一般系统论。

20 世纪 40 年代以后贝塔朗菲针对当时生物学理论和研究中存在的还原论方法，认为只有把生命当做有机整体（系统）来考察，才能正确解释生命现象，他说："我们被迫在一切知识领域运用'整体'或'系统'概念来处理复杂性问题。"② 认为系统科学本质上是研究复杂性的科学。

"20 世纪 60 年代以来，随着科学转向复杂多变量系统的深入研究，各种关于非线性复杂系统的研究才取得了实质性进展。耗散结构理论探索了远离平衡态系统的非线性相互作用的自组织特性；协同学研究了系统从一种组态向另一种组态转化过程中各组成部分协同行为的规律性；超循环理论研究了类似生物催化循环的自催化系统的非线性模型；分形论从非线性的角度探讨了多样化与统一性的关系问题；突变论研究了各种系统出现突变的众多非线性模型；混沌学则将决定性与非决定性在非线性关系中统一起来。最近的研究表明，在自然、社会、思维中更为普遍存在的是非线性。"③

系统科学是通过揭露和克服还原论的片面性和局限性而产生发展起来的。而朴素的整体论没有也不可能产生现代科学方法，但是它包含着还原论所缺乏的从整体上认识和处理问题的方法论思想。理论研究表明，随着科学越来越深入到更小尺度的微观层次，我们对物质系统的认识越来越精细，但对整体的认识反而越来越模糊。而社会实践越来越大型化、复杂

---

① ［奥］冯·贝塔朗菲：《一般系统论的历史与现状》，王兴成译，《国外社会科学》1978年第 2 期。

② ［奥］冯·贝塔朗菲：《一般系统论：基础、发展和应用》，林康义等译，清华大学出版社 1987 年版，第 2 页。

③ 赵凯荣：《复杂性哲学》，中国社会科学出版社 2001 年版，第 4 页。

化，特别是一系列全球问题的形成，也突出强调要从整体上认识和处理问题。

可见，实践与科学的发展迫切需要超越还原论，发展整体论，把还原论与整体论结合起来。

系统科学的产生发展表明："不要还原论不行，只要还原论也不行；不要整体论不行，只要整体论也不行。不还原到元素层次，不了解局部的精细结构，我们对系统整体的认识只能是直观的、猜测性的、笼统的，缺乏科学性。没有整体观点，我们对事物的认识只能是零碎的，只见树木，不见森林，不能从整体上把握事物，解决问题。科学的态度是把还原论与整体论结合起来。"① 系统科学的使命在于超越还原论、发展整体论，实现还原论与整体论的统一。按钱学森的说法，"系统论是还原论和整体论的辩证统一"。辩证统一，绝不是两者的机械相加，而是在对两者实行"辩证否定"基础上的有机结合。所谓辩证否定，用黑格尔的说法叫"扬弃"，就是既克服又保留，所谓对还原论、整体论实行辩证否定基础上的有机结合，就是在克服抛弃它们的片面的消极的东西的同时，保留和发扬它们的有益的积极的东西，并把这些积极的东西在新的形态（系统论）中有机地统一起来。可见，系统论超越了还原论、发展了整体论，实现了还原论与整体论的有机结合与内在统一。这就是说，从古代的朴素整体论到近代的还原论（从肯定到否定），从近代的还原论到现代的系统论（从否定到否定之否定），正、反、合，在更高基础上回到了原来的出发点，螺旋式上升。任何事物的发展都不是直线前进的，也不是首尾衔接团团转的，而是螺旋式上升的，或称做波浪式前进的。由肯定、否定、否定之否定所表示的螺旋式上升运动，是自然界、人类社会和思维发展的普遍规律，即唯物辩证法所揭示的"否定之否定"规律。我们通过对整个科学发展过程中，科学形态演化的正、反、合，以及科研方法论演化的正、反、合的哲学反思，不难发现，现代科学技术的飞速发展所凸显的从简单性科学向复杂性科学的转向，直接体现着客观世界辩证发展的普遍规律的作用，即唯物辩证法的否定之否定规律所揭示的普遍必然性。

① 许国志主编：《系统科学》，上海科技教育出版社 2000 年版，第 34 页。

二　自组织与他组织（或称被组织）

自组织是描述动态系统由于其内部组成部分之间相互作用而产生的一种有序状态，是复杂性科学的一个基本范畴。他组织是自组织的对应范畴，在内容、特点上与自组织是彼此规定相互照应的。

自组织作为复杂性科学的基本范畴，它的产生绝不是偶然的，而是在实践经验、理论思维经验积累到一定程度的基础上，在一定的科学技术背景下形成的。对此，吴彤、曾国屏在《自组织思想：观念演变、方法和问题》一文中进行了考察和论述。就实践经验与理论思维经验的准备来说，该文指出：近代最重要的德国哲学家康德首先在哲学上提出了"自组织"的概念，从自组织观点看，康德理论的现代意义之一，就是其中蕴含的自组织思想。他认为，自组织的自然等物具有这样一些特征：它的各部分既是由其他部分的作用而存在，又是为了其他部分、为了整体而存在；各部分交互作用，彼此产生，并由于它们间的因果联结而产生整体。只有在这样的条件下而且按照这样规定，一个产物才能是一个有组织的并且是自组织的物，而作为这样的物，才称为一个自然目的。他比较准确地界定了自组织的性质，对自组织的理解与现代意义的自组织理解几乎一样。康德明白自组织所带来的自然演化过程中的趋向目的性，在自组织中，他特别指出一个系统内部的各个部分的相互依存性，它们通过相互作用而存在、成长，又通过相互作用而联结成整体。这里，他虽然没有使用"无序""有序"这样的词汇，但是自发地由无序转化为有序的思想已经呼之欲出。从康德之后，一些哲学家对自组织问题虽然没有像康德那样准确的说法，但是认识关于如何发生、如何演变的问题一直就是哲学家思考的重要问题。

关于实践经验的准备问题，文中着重阐述了工程技术科学的自组织控制概念问题。维纳1948年创立控制论时，自动控制已经成为控制中最重要的问题；其中，根据目标或对象的运动进行反馈，从而调节控制系统的反馈过程已经包含了一定意义上的自组织思想。与此同时，阿希贝在1948年出版了一部著作名曰《自组织原理》，因此现代意义的自组织概念似乎可以追溯到阿希贝这里。控制科学界大致在20世纪50—60年代开展了自组织控制的研究。现在计算机科学领域中特别是智能研究领域的

"自复制""自适应""自学习"等概念与"自组织"概念具有较大的关联。现在在计算机科学领域，自组织已经成为使用频率最高的词汇之一。

关于自组织范畴形成的科学技术背景，该文做了这样阐述：[①] 历史进入 20 世纪 70 年代，当代科学前沿出现了一大批研究演化的科学理论，如"耗散结构理论""协同学""超循环理论""突变论""混沌理论""分形理论"。由于这些演化理论的诞生，研究演化的科学家队伍一下子壮大起来。通过这些理论的卓越研究，"一种新的统一性正在显露出来，在所有层次上不可逆性都是有序的源泉"。这使得我们的自然观……在过去几十年这相对来说较短的时间间隔里就发生了如此根本的转变。"经典科学不承认演化和自然界的多样性"，而现代科学正发生"向非永恒性、向多样性过渡的根本性转变"。现在，物理学或自然科学关于自然界的观念已经发生了根本变革，演化的观念正在成为新物理学或新自然科学的主流观念。

在这种科学技术背景下，对具有非线性的复杂系统的研究，使人们更深刻地认识到，在这类复杂系统中尤其引人注目的是自组织系统及其特性。自组织系统无须外界指令而能自行组织、自行创生、自行演化，即能自主地从无序走向有序。自组织系统不仅极为普遍，而且与人类关系密切。于是，复杂性科学的自组织理论就应运而生了。

通常讲的复杂性科学的自组织理论，一般包括比利时普利高津的耗散结构论、德国哈肯的协同学和德国艾根的超循环论，即所谓欧洲学派。

普利高津探索了远离平衡态系统的非线性相互作用的自组织特性。他准确地反映了如贝纳尔流、B—Z 化学波和化学振荡反应，以及生物演化周期等自发出现有序结构的本质。哈肯的自组织思想主要源于对激光理论的研究。他发现诸多相互独立发光的原子及其所产生的光电场在一定的约束条件下，能产生出相位和方向都协调一致的单色光——激光。进而把激光研究中得到的一般原理，运用于解释其他自组织现象。通过与其他的物理学、生态学、经济学、社会学中的典型现象的类比分析，发现了完全不同的系统之间的惊人的类似性，认识到自组织系统从无序到有序的演化，不论它们属于什么系统，都是大量子系统之间协同作用的结果，都可以用类似的理论方案和某几种数学模型进行处理。并于 1976 年第一次在科学

① 　参见许国志主编《系统科学与工程研究》，上海科技教育出版社 2000 年版，第 86 页。

意义上提出了"自组织"概念，用一个通俗的例子解释了自组织与组织的区别。他说："比如说有一群工人，如果每一个工人都是在工头发出的外部命令下按完全确定的方式行动，我们称之为组织，或更严格一点称它为有组织的行为"，"如果没有外部命令，而是靠某种相互默契，工人们协同工作，各尽职责来生产产品，我们就把这种过程称为自组织。"艾根研究了生命系统的自组织问题，1971 年提出了超循环理论。他认为在化学演化与生物演化之间存在一个分子自我组织阶段，通过生物大分子自组织，建立起超循环组织并过渡到原始的有细胞结构的生命。

自组织范畴是与自组织理论同时形成的。"经过协同学、耗散结构理论创始人们的努力，'自组织'概念定义和内涵已比较清晰，哈肯的定义在自组织科学共同体内获得了公认。"这就是"如果一个体系在获得空间的、时间的或功能的结构过程中，没有外界的特定干涉，我们便说该体系是自组织的。这里'特定'一词是指那种结构或功能并非外界强加给体系的，而且外界是以非特定的方式作用于体系的"。换句话说：自组织，是指事物朝向空间时间上或功能上的有序结构的演化过程，即事物自发自主走向组织的一种方式，"在系统整合其组分的过程中，如果无法明确区分组织者与被组织者，即没有出现专职的组织指挥者，所有组分都在行动，发挥的作用大体相同，处于基本相同的地位，……不同组分在地位和作用上没有发生对称性破缺，那就是自组织。人得了病而不去看医生，未经打针吃药过一段时间却痊愈了，就是人体系统自组织地战胜了疾病，医学上称为自愈，属于一种生物学自组织"①。

组织与复杂性有天然联系，组织当做动词用时就是自组织，或称"组织化"。组织化意味着事物从无序、混乱朝有序结构方向演化，或从有序程度低向有序程度高演化。包含着三类过程：第一过程，是从非组织到组织，从混乱无序状态到有序状态的演化，它意味着组织的起源。第二过程，是一个组织层次跃升的过程。第三过程，是同一组织层次中或同一组织水平上复杂性的增长。这三个过程形成了组织化的连续统一体。可见，自组织演化过程就是一个产生复杂性、增殖复杂性的过程，是复杂性之源，经过长期研究，科学家已经认同自组织是复杂性的特性之一，自组

---

①　苗东升：《开来学于今——复杂性科学纵横论》，光明日报出版社 2009 年版，第 185—186 页。

织概念是复杂性科学的一个基本范畴。

他组织与自组织是对立统一的：内容特点，彼此规定、相互照应；运动变化，相互依存、相互制约。从自然界到人类社会，从物质实体到观念形态，从人造机器到人造符号系统，他组织无处不在。

系统与环境、内部与外部是相对划分出来的，一个系统能够从它的环境中产生出来，乃是环境大系统对称破缺的结果。一切系统都在一定的环境中生长、运行、演变，环境对系统的生成、存续、演化起着一种特殊的组织作用。环境是组织者，系统是被组织者，两者的地位显然不对称，环境是系统外在的他组织者。

一般来说，外部环境给系统施加的制约作用都代表一定的组织力，一种关于系统整体行为的指令信息，而且常常是必须接受的强制性组织力，没有环境的约束限制这种他组织的作用，任何自组织都不可能发生。贝纳德花纹，固体激光器，没有特定结构的仪器设备这种外在条件，就不可能产生内在的自组织运动。有人反对这种说法，认为生命系统的组织力完全来自内部基因，地理环境之类外因不能起组织者的作用。

古语云：橘生淮北为枳。同样的橘树基因，长在淮南为橘树，长在淮北就变成枳树。原因何在？单靠基因理论不能给出答案。从树苗到大树的成长是一种组织过程，既然基因相同，组织力的不同只能源于不同的地理环境，环境会引起基因的某些变化。当然不同系统所承受的环境他组织力的种类、模式、性质和强弱程度很不相同，却不可简单化；但环境因素作为一类他组织力，其存在是普遍的必然的。"外在约束、压迫也是导致系统内部对称破缺的组织力。不论何种结构有序的系统，环境施加的外在限制条件虽然不是充分完备的组织力，却是不可或缺而且必须接受的组织力，一种整体性的组织力。"[①]

再举一个关于"狼孩"的例证。20 世纪 20 年代初，印度某地居民从狼窝中救出两个由母狼哺养大的人类的女孩，大的七八岁，小的两三岁，给她们取名叫卡玛拉和阿玛拉。这两个"狼孩"的遗传基础、素质虽然与同代人基本相同。但是，由于他们从小离开了人类社会，与狼生活在一起，是在很强的他组织作用下，不能从事社会实践活动，只能模仿狼的动作，没有学会直立行走而是四肢爬行。所以，她们的发音器官——喉头和

声带的运用受到阻碍，因而得不到正常的发展，也就发不出音节分明的语言。当然，由于脱离社会，她们也不会有产生语言的需要，也是因为爬行，她们只能从下方获得感觉，不可能使头脑获得比其他四脚动物更多的认识，也就直接阻碍了她们反映器官的正常发展。这就使得她们有嘴不会说话，有脑不会思维，几乎和狼一样，白天睡觉，夜晚嚎叫，爬着走路，用手抓食，回到人间之后，经过 4 年的训练才学会讲一点话。可见，脱离社会实践就会使素质变低，甚至向一般动物的方向蜕化。

可见，环境的他组织作用，可以引起自组织演化系统的质的变化。从哲学高度来看，自组织与他组织及其相互关系探讨的是关于事物变化发展的原因问题。毛泽东在《矛盾论》中指出："唯物辩证法的宇宙观主张从事物的内部、从一事物对他事物的关系去研究事物的发展，即把事物的发展看做是事物内部的必然的自己的运动，而每一事物的运动都和它的周围其他事物互相联系着和互相影响着。"事物的内部矛盾性是事物发展的内因，一事物和他事物的互相联系和互相影响是事物发展的外因。"外因是变化的条件，内因是变化的根据，外因通过内因而起作用。"动态系统内部组分之间的相互作用（自组织）是发展内因，环境对系统的他组织作用是发展的外因。外因作为变化的条件，是在矛盾关系中，通过对内部矛盾的某一方面的加强或者削弱，而对事物发展变化发生作用的。在一般情况下，即当外因不能或没有立即改变了事物内部矛盾主要方面的地位时，它对事物发展进程只起量的加速或延缓的作用。在特定条件下，当外因强大到可以立即改变事物内部矛盾主要方面的地位时，可以立即引起事物质的变化。"狼孩"脱离社会以后，与狼生活在一起，在很强的他组织作用下，使人性向兽性蜕变，几乎发生质的变化。

三　整体涌现性与还原释放性

任何开放复杂系统，都是由大量异质性要素相互作用组成的，其中包含着若干不同的层次，是等级层次结构。在这种等级层次结构中，低层次对高层次有上行因果关系，可呈现整体涌现性；高层次对低层次有下行因果关系，可呈现还原释放性。因此，必然存在着整体涌现性与还原释放性的矛盾。高层次的整体涌现性是以把低层次的性质屏蔽起来为条件而产生的，因而在高层次上看不到这些低层次的属性。反之，解构高层次，高层次一经瓦解，回到了低层次，使那些被涌现性屏蔽的属性就能还原释放出来。比如，H有易燃性，O有助于燃性，H与O化合为H_2O时，它们原有的这些特性就被屏蔽起来了；而水被电解后，H与O被释放出来了，它们在处于独立状态下的特性又会显现出来。

在近代经验分析阶段，科学发展沿着还原论的方向，用分析、分解、还原的方法，不断把整体分解为部分，把高层次还原到低层次，揭示了大自然的许多奥秘，取得了巨大成就，如原子能的利用，遗传密码的破译等。20世纪50年代以来，生物学的蓬勃发展充分证明了这一点。人类对生命现象的研究就经历了一个从整体形态水平、器官水平、细胞水平，进而深入到分子水平的分解、还原过程，DNA双螺旋结构的发现意味着对生命现象的研究进入了一个新阶段。与此相适应，一个全新的产业在分子生物学研究的基础上诞生了，它的影响已经展现在医学、人类营养学、农业、动物繁殖等领域。可以预期，21世纪将是生物学和医学蓬勃发展造福人类的世纪。可见，还原论对科学技术的发展、生产实践的推动起到了重大作用，功不可没，以后仍将继续发挥其应有的作用。

还原论不是不考虑对象的整体性，而是强调为了认识整体必须认识部分，用部分说明整体、用低层次说明高层次，即认为经过分解、还原，把一个个部分、一个个低层次弄清之后，再把它们累加、整合，整体的面貌就清楚了。把整体当成部分的相加，整体不会大于部分的总和。这实质上是把部分之间的关系，把层次之间的关系，简化为可合、可分的，或成比例发生变化的线性关系，把产生复杂性的非线性关系（不成比例的、曲折反复的关系）简化掉了。这就是建立在线性基础上的，把复杂现象简化，略去非线性部分，在分析、分解的基础上，把部分、低层次累加、整合为整体的方法。

这种方法对认识物理、化学领域的简单系统是有效的，如认识按照力的平行四边形作用的机械力；认识像砖堆或杂物堆等被称为"堆"的复合体。在某种程度上也适用于对生物的认识，如心搏；神经的活动潜力不论孤立研究和在生物整体中研究结果都是一样的。但是，对于认识诸如生物系统、人体系统、人脑系统、地理系统、社会系统、天地人关系等开放复杂巨系统，情况就不同了。这类复杂巨系统的特点是，它的微观组成成分数量巨大，而且种类繁多；有许多中间层次，存在多层次的自组织性；微观成分之间、不同层次之间具有动态的非线性相互作用。至于社会系统更是特殊复杂巨系统，它的构成元素——人本身就是复杂系统，具有思想感情等因素，对系统行为有重大影响。

任何复杂系统都具有由组成元素的动态的非线性相互作用涌现出来的整体特性，称为整体涌现性。比如，生物系统表现出来的"生命力""活力"，就是物质要素相互作用的结果，即物质组织的结果，而非物质要素自身固有的某种东西。人工生命的倡导者兰顿说："无论核苷酸、氨基酸或碳链分子都不是活的，但是，只要以正确的方法把它们聚集起来，由它们的相互作用涌现出来的动力学行为就是被我们称为生命的东西。"① 这是很有说服力的。组织在细胞中的分子同处于非细胞实体中的分子并无两样，令人迷惑的"生命力"和"活力"只能是物质分子按照细胞这种结构模式进行组织所带来的涌现性。它们不违反量子力学规律，但不能完全归结为量子力学规律，符合物理学规律并不意味着物理学规律足以解释这些现象。生命现象如此，一切涌现现象都如此，都应作为组织的产物来理解。我们在大自然中看到的至今难以解释的那些整体特性，都是物质世界通过自组织涌现出来的。用还原论方法，生物学揭示了生物遗传密码，但未能解开生命起源的奥秘。实践证明，还原论用分析、分解、还原的方法是揭示不了生命的本质的。正如理论生物学家贝塔朗菲所说：当我们对生物中各个分子都了解清楚时，我们对生物的整体图像反而模糊了。可见，还原论对认识复杂系统是无能为力的。反过来说，凡是用还原论不能解释的系统就是复杂系统，探索复杂性，研究复杂系统必须超越还原论。

特别是在如何认识与解决整体涌现性与还原释放性的矛盾关系问题上，必须改弦更张，从 400 年来还原论一味重视的从大到小从上到下分析、分解还原释放；转向从小到大、从下而上的整合，综合的整体涌现上。在多层次的非线性相互作用中合乎规律的实现整体涌现性避免还原释放性，是复杂性科学关注的核心问题。也可以说，涌现性是复杂性科学的核心概念。所谓复杂性就是复杂系统的整体涌现性；所谓简单性就是解构复杂系统所呈现的还原释放性。复杂与简单具有本体论意义上的质的区别。不能说复杂是尚未认识清楚的东西，简单是已经认识了的事物。把本来客观上存在的简单与复杂的区别，说成是由人们的主观认识决定的，是

---

① 苗东升：《系统科学是关于整体涌现性的科学》，见许国志主编《系统科学与工程研究》，上海科技教育出版社 2000 年版，第 175 页。

值得商榷的。认识对象自身的复杂性，即本体论意义上的复杂性，原则上是认识主体无法约化的，需要主体把复杂性当做复杂性来对待，付出更多的认识代价。但即使你对它有了清楚的认识，能够用语言表达，找到解决问题的办法，它仍然是复杂的。

所谓认识中产生的复杂性，未必一定是本体论意义上的复杂性，它可能仅仅是认识主体、认识中介在认识过程中造成的，或由于知识储备不够、知识模式、认识方法不对，造成的人为的复杂性，"问题本来简单，你把它复杂化了"。

按照库恩的范式理论，一个学科的范式形成，大致有内在和外在两方面的标志。就外在方面来说，应该出现专门的学术机关，形成有一定学术影响的科学共同体；从内在方面来说，科学共同体内形成了共同的"学科基质"，即通用语言、共同信念，共用的基本范畴与核心概念。欧洲学派的普利高津、哈肯、艾根等虽然有贡献，但他们是分门别类地进行研究，而没有更多地考虑他们之间的联系，更没有思考建立一个复杂性科学的统一范式。只有到了20世纪80年代，随着美国圣菲研究所的建立，步入了复杂性科学的新阶段，创立了复杂适应系统理论，连续出版了《隐秩序》《涌现》等专著，才提出了复杂性科学核心范畴——涌现，在国际上产生了巨大的反响。

关于涌现范畴的内涵。圣菲研究所的约翰·霍兰在《涌现》一书中给出了8个要点。其中主要的是前3点：

（1）涌现现象出现在生成系统之中。这些系统是由那些种类相对较少并遵循着简单规律的一些基本元素组成的。一般来说，这些元素互相连接起来形成一种排列（西洋跳棋、网络、物质空间中的点等），这个排列在转换函数的作用下可以随时间变化。

（2）在这样的生成系统中，整体大于各部分之和。系统各部分间的相互作用是非线性的，所以系统的整体行为无法通过相对独立的各组成部分行为的简单叠加得到。换句话说，在系统行为中存在一些规则，这些规则是无法通过直接考察各组成部分所满足的规律得到的。这些整体行为规则不但可以解释（或部分地解释）系统的行为，而且能够用以说明特定的行为控制方式（例如，在国际象棋中依靠棋子特定的组合，一个策略就能够使棋手持续取胜）。

生成系统的定义尽管决定了其他方面，但也只是简单描述的起点而已；以后的活动则要通过进一步的考察和试验决定。从这种意义上讲，输出大于输入。

（3）生成系统中一种典型的涌现现象是，组成部分不断改变的稳定模式。涌现现象使我们回忆起湍急的小溪中不断冲击石块的水流形成的驻波，其中的水分子不停地变化，而驻波的形状基本不变；在这一点上，它们同那些由固定成分组成的固态物质，如岩石和建筑物不同。典型的例子是运动并变化的棋子形成的棋局，或者一系列神经元的反射。有机体中也存在一些稳定的模式；在不到两年的时间跨度里，所有组成成分的原子都会更新，而且大部分成分大约一周就会更新一次，而器官整体从外形到功能一般不会有大变化。

只有这样的稳定模式才会对生成系统将来的结构产生直接的可追踪的影响。

整体涌现性说的是，自组织演化系统的"系统质""稳定态"是以涌现的形式呈现出来的。从哲学上来看，一切事物都有质的规定性和量的规定性，都是质与量的统一；相应的就有量变与质变两种状态，以及它们的相互联系与相互转化。涌现是属于质变而不是量变。但一切事物的变化发展都是从量变开始的，量变是质变的先导，量变的积累引起质变。引起质变的量变形式的具体表现是多种多样的，但大体可以归结为两种基本形式。一是由于数量的增减而引起的质变。这就是马克思在《资本论》中指出的："单纯的量的变化到一定点时就转变为质的区别。"① 其具体表现是各式各样的：有的表现为数目与数值的增减引起的质变；有的表现为程度水平的升降引起的质变；有的表现为规模大小伸缩引起的质变；有的表现为运动速度的快慢引起的质变；等等。二是事物组成要素在排列方式上的变化引起的质变。这种形式也是普遍存在的。化学运动中的同分异构体和同素异性体就是明显的例子。如金刚石与石墨都是由碳元素组成的，由于碳原子的排列组合不同，它们的物理性质有显著不同：金刚石属轴晶系，为立方晶体，其中碳原子均衡排列，每两个原子之间的距离都相等，因而拉力强，结构坚固，硬度很高，透明，不导电，不易传热，超过700℃会燃烧。石墨属六方晶系，为六角形鳞片状晶体，其中碳原子在水平方向上每两个之间还比较紧密，但在纵向排列上每两个之间距离却大大

---

① 《马克思恩格斯文集》第5卷，人民出版社2009年版，第358页。

拉长，质地松软，不透明，导电，传热，耐高温，可制成耐 2000℃—3000℃高温的坩埚。如果对石墨加 20 万个大气压、5000℃高温，改变其原子排列组合、内部结构，石墨可以变成金刚石。这种现象在社会领域中也是常见的。同样素质、同样数量的军队，战斗部署不同、战术运用不同，会产生截然不同的战斗结果。同样人力、物力，排列组合不同、调配使用方法不同，会产生截然不同的生产效益。

总之，通过对涌现范畴的哲学反思，我们不难发现，涌现范畴所揭示的内涵——在生成系统中呈现出来的，整体大于部分之和的"系统质""稳定态"，就是唯物辩证法的发展观所说的，"事物组成要素在排列方式上的变化引起的质变"的一个例证。辩证法告诉我们"共性存在于个性之中，并通过个性来存在"。据此，我们从共性与个性的相互联结上，对科学成果进行哲学反思，并从中反思出哲学，既可以对哲学进行充实、深化，又能进而夯实科学的哲学基础。这是颇有理论价值与实践意义的。

该文发表在《党政干部学刊》2012 年第 1 期。

第三章

通向复杂性探索的必由之路

适应着现代科学发展的既高度分化又高度综合，而以高度综合为主的大趋势，北京大学现代科学与哲学研究中心，以不同学科的交叉结合为直接研究领域；以促进、加强不同学科的学者之间的交流协作，特别是哲学工作者与科学技术工作者的交流协作为中心任务；以辩证唯物主义为指导，综合研究现代科学的前沿进展、发展趋势、基本特点与内在规律为基本课题；以推动综合交叉研究的学术氛围的形成发展，提高人们的综合素质与创新思维能力为根本价值取向。

据此，我们中心包括它的前身——现代科学与马克思主义认识论讨论班，自 1989 年 5 月 12 日（周六）开班研讨，到 2006 年 5 月 13 日（周六）整整 17 年，已持续地举行（每周六）跨学科系列讲座 479 次；利用寒、暑假举办较大型的跨学科交叉研讨会 19 次。

20 世纪中叶以来，现代科学沿着辩证综合的方向取得了突飞猛进的发展，在世界上兴起了一场以微电子学和电子计算机技术为主要标志的新的科学技术革命。

这次技术革命与以往的技术革命有很大的不同。具体来说，18 世纪由于机械力学在生产上的广泛应用，引起了第一次技术革命，主要是发明和使用蒸汽机，后来又发明和使用内燃机和电动机，实现生产过程的机械化，解放人们的体力。20 世纪以前的机器主要是由工具机、传动机和动力机三部分组成，是物质和能量组成的系统，还没有信息处理的能力，机器的控制和管理完全由人来进行。这时，人们要了解掌握一部机器，比如，对机械钟和蒸汽机，先把它拆成许多零件，分别了解了这些部件的性质和功能，然后再把它们组装、整合起来就行。这时只要求人们具有机械观和分解叠加的分析方法。这次新技术革命不同于以往的机械化的过程，其质的飞跃在于发明和使用电子计算机。电子计算机用机械和电子的装置模拟与代替人脑的某些功能。它是人脑的延伸。把它装在现代控制机上，就能使机器克服原有的局限性，具有自适应、自学习、自修复等自动控制的功能。有了电脑和自动控制机就能实现生产过程和管理过程的自动化，从机械化飞跃到自动化。

可见，新技术革命时期的新机器，已发展到由工具机、传动机、动力机和控制机、电子计算机等几个部分组成的机器系统。现代机器的主要性质与功能是整体性的，比如，信息流、反馈这些性质是整体性的，自调节、自适应的控制功能更是整体性的，只有在动态的相互联系、相互作用中，才能存在，才能被把握。一旦将它分解拆卸，这些性质和功能就不复存在了。如果说第一次技术革命时代要求人们具有机械观和分析方法，那么，新技术革命时期则要求人们具有整体观念和综合方法。

这不仅是客观的需要，也有了实现的可能。首先，应该看到，电子计算机特别能帮助人们综合、普遍地联系地考虑问题。从前人们考虑问题受智力条件的限制，不能同时考虑大量的因素，不得不用少数的原因来解释一些现象。这种方法尚能应付第一次技术革命时期的一些相对简单的问题，但却解决不了当代各种特别复杂的问题。电脑延伸了人脑，它能以敏捷的运算速度、精确的逻辑判断力和不会遗忘的记忆力，帮助人们"记住"大量的信息，并把它们联系起来加以综合筛选，提出解决问题的方案。

其次，还应看到，新技术特别要求进行跨学科的研究。对于像制造蒸汽机、汽车、电动机这样的工业技术，只要受到专门训练的专家、工程师就能驾驭了。可是解决像航天、环境污染那样复杂的问题就不能不进行跨学科的研究，打破狭隘的专业分工界限。正是新技术革命所需要的跨学科综合研究和科学发展的一体化趋势，进一步增强了人们的整体观念，促进了系统科学的发展。第二次世界大战以后，各类系统工程学科犹如雨后春笋般迅速发展起来。这些学科一般都带有跨学科的性质，都是以一般的系统整体，特别是以开放复杂的巨系统为研究对象的。

在新技术革命的推动下，20世纪中叶以后，面对着各种开放复杂的巨系统，不同国家、不同学科的研究人员，在物理、化学、天文、地学、生物、数学等学科领域用系统的方法开展了大量有关复杂性或复杂系统的跨学科研究，不同学科的交叉结合逐步聚焦在复杂性探索上来，以交叉结合为直接研究领域、以复杂性探索为中心内容的复杂性科学就应运而生了。

系统科学的先驱贝塔朗菲于 20 世纪 40 年代末就已提出研究复杂性问题，预见到系统科学本质上是研究复杂性的科学。

复杂性探索真正高潮始于 20 世纪 70 年代产生的自组织理论。普利高津、哈肯、艾根认为复杂性是物质世界自组织运动的产物，坚持以自组织为基本概念揭示复杂性的本质和来源。艾根特别研究了生物复杂性的起源，阐述了在宇宙的化学进化阶段产生的大分子基础上，如何通过超循环这种自组织机制克服信息危机，产生最初的生命细胞，从而阐明了生物复杂性是如何从物理简单性中产生出来的。20 世纪 80 年代末以来，在西方复杂性研究中，美国圣菲研究所的工作最引人注目，这个由诺贝尔物理奖获得者盖尔曼等人发起的研究集体，吸引了一批科学家，目标是建立能够处理一切复杂性的一元化理论，主要手段是计算机模拟，试图找到一条通过学科间的融合来解决复杂性问题的道路。1994 年圣菲所的计算机科学家霍兰在该所成立 10 周年时正式提出了复杂适应系统（简称 CAS）理论。其基本思想是：系统中的成员是具有适应性的主体，简称为主体。所谓适应性就是指主体能够与环境及其他主体进行交互作用。主体在这种持续不断的交互作用的过程中，不断地"学习"或"积累经验"，并且根据学到的经验改变自身的结构和行为方式。整个宏观系统的演变或进化，包括新层次的产生，分化和多样性的出现，新的聚合而成的、更大的主体的出现等，都是在这个基础上逐步派生出来的。把这概括为一句话就是："适应性造就复杂性。"复杂适应系统（CAS）理论的提出，对于人们认识、理解、控制、管理复杂系统提供了新的思路。

20 世纪 80 年代末，中国的钱学森院士通过对系统科学及其应用的探索和研究，特别是在建立系统学的过程中，逐步认识到复杂性研究的重要理论意义与实践意义。

他指出：复杂性问题，现在要特别地重视。因为我们讲国家的建设、社会的建设，都是复杂的问题，解决这些问题，科学技术就会有个很大很大的发展。我们要跳出从几个世纪以来开始的一些科学方法的局限进行复杂性探索。他指导的持续多年的系统学讨论班，坚持以辩证唯物主义为指导，在研究了范围广泛的横跨自然科学和社会科学的问题的基础上，提炼出"开放的复杂巨系统"范畴，以及处理这类系统的、超越还原论的方法。他认为所谓复杂性就是开放复杂巨系统的动力学特性，解决这类复杂系统问题，采用还原论方法不行，必须用"从定性到定量综合集成法"。

综合集成的实质是专家经验、统计数据和信息资料、计算机三者的有机结合，构成一个以人为主的高度智能化的人——机结合系统，发挥这一系统的整体优势去解决问题。1992年他又把综合集成法拓宽，提出"从定性到定量综合集成研讨厅"体系，强调人的聪明才智与实践活动经验的重要性，主张充分发挥心智的高度灵活性及计算机在计算与信息处理方面的高能性，把今天世界上成千上万人的聪明才智和已经不在世上的古人的智慧结合起来，"集大成，得智慧"，以认识解决开放复杂巨系统问题。

综上可见，复杂性探索、复杂性科学的产生与发展，集中体现着现代科学发展的辩证综合的总体特征和发展大趋势。我们现代科学与哲学研究中心，以不同学科的交叉结合为直接研究领域，以辩证唯物主义为指导，综合研究现代科学的前沿进展、发展趋势，这就奠定了进行复杂性探索的思想基础，中心建立以后，我们持续进行的跨学科交叉研究，就是踏上了通向复杂性探索、建立和发展复杂性科学的必由之路。不过这里有一个主观认识滞后于实践进程的问题，由于我们认识的局限性，经过十几年摸索，直至2001年年初，我们才自觉明确地把现代科学与哲学的综合交叉研究聚焦到复杂性探索上来，进入了研究复杂性科学的新阶段。

转入以后，第一次是2001年寒假召开的"复杂性探索与哲学研讨会"，着重讨论了复杂性研究形成发展的科学技术背景及其历史演进，是导论性的。第二次是2001年暑假召开的"钱学森与现代科学技术研讨会"，着重探讨了在当今世界上进行复杂性研究的三大流派中，以钱学森院士为代表的中国学派在辩证唯物主义指导下，对复杂性科学的理论与方法作出的杰出贡献。第三次是2002年寒假召开的"复杂性探索中的哲学问题研讨会"，着重讨论了复杂性研究的方法论问题及其哲学依据与本体论前提。第四次是2002年暑假召开的"社会复杂性探索研讨会"，这是以研究社会这个特殊复杂巨系统为开端，开始转入探索不同领域的复杂性问题。从一般理论探讨到实际运用，从一般到特殊。沿着这个思路，在2003年寒假召开的第五次研讨会上进而研讨了"认知思维的复杂性问题"。认知思维是个开放复杂的巨系统。为了解开认知思维之谜，人们从不同的角度、运用不同的方法进行了长期的探索，诸如从生理层次上、模拟层次上、认识过程层次上，等等，但至今仍未解开认知思维之谜。比如，在生理层面上，人脑系统及其认知思维机制，一直吸引着众多科学家对它进行不断的探索，也取得了许多成果，其微观结构在细胞层次上的研究正在逐步取得进展，但对宏观层次上涌现出的思维、意识的极为复杂的整体功能的机制至今尚未探明。事实表明，探索认知思维的复杂性用还原论的方法，即把整体分解为部分、把高层次归结为低层次的方法不灵，必须超越还原论，发展整体说，用还原论与整体论相统一的方法，即系统论的方法，把复杂性真正当做复杂性来处理，着力探索整体涌现性是如何形成的，才有可能。这次研讨会就是本着这种精神，既注意认真考察汲取不同学科，诸如脑科学、心理学、思维科学、美学、哲学认识论等从不同侧面对认知思维复杂性探索取得的理论成果；又注意在分析、分解的基础上进行综合整合，通过交流、讨论，思想碰撞，促进不同学科知识的交叉结合，形成整体的互补优势，以期实现对认知思维复杂性认识的整体涌现。

众所周知，20 世纪中叶以来，主要是六七十年代以后，在同样的社会历史环境与科学技术背景下，在世界文化领域异军突起，出现了两大潮流：其一，前边已经提到过的在新技术革命推动下，20 世纪 70 年代左右，面对着各种开放复杂巨系统，不同国家、不同学科的研究人员，从不同角度用系统的方法探索复杂性，复杂性科学应运而生了，并综合地体现着现代科学的前沿进展与发展趋势。其二，20 世纪 60 年代左右在西方发达国家产生的具有广泛影响的后现代主义思潮。它以晚期资本主义、后工业社会为背景，以批判、否定近现代主流文化的理论基础、思维方式、价值取向为基本特征，是当今西方社会经济、政治、人文和科学技术状况在观念上的反映。后现代主义哲学是后现代主义思潮的核心和理论基础，是对近现代西方哲学的质疑、否定和超越，一定意义上说，它是当代西方哲学发展的前沿。这两大潮流共生于共同的文化背景之下，共存于共同的社会生活之中，它们既有相似相通之处，又相互作用相互影响，并在相互影响与相互作用之中与社会的物质生活过程、精神生活过程发生着内在联系。

后现代主义思潮从某种意义上看，正是复杂性的呈现，后现代主义的缘起与复杂性问题的不断涌现、投射与深化有密切的关联。甚至可以说，正是当代西方社会经济、政治、文化发展及其存在的诸多矛盾冲突，孕育了有别于现代主义的后现代思潮。后现代主义直面复杂性，对复杂性问题的映现和探讨，为对复杂性问题的研究，提供了一定的方法论启示，也表现出了仍然在黑暗中徘徊的无奈。后现代主义问题本身是复杂性的呈现，而后现代主义问题的解决则有赖于复杂性问题的探索，复杂性科学的发展。

可见，开展复杂性探索与后现代主义哲学的交叉研究，既是在新的历史条件下跟踪科学与哲学发展的前沿，动态地、综合地研究科学与哲学交叉结合的需要，也是深化研究复杂性科学与后现代哲学的需要。因此，在2003年暑假与2004年寒假召开的第六次与第七次研讨会上，集中进行了复杂性探索与后现代主义哲学的综合交叉研究。

在探索不同领域的复杂性的基础上，在2004年暑假召开的第八次研讨会上，从总体上讨论了复杂性研究的理论与应用问题。这次讨论大体分三个单元：第一单元是复杂性研究的理论方法与技术及其科学成果；第二单元是关于复杂性探索在不同领域的具体应用及其成果；第三单元是关于复杂性研究的哲学反思。这一小结性研讨从一定意义上说，既是对以往七次讨论的综合集成，又是对以往研讨的拓展深化，并使之朝着理论与实际相结合的方向跨进了一步。

2005年1月以后，利用寒假、暑假、寒假三个假期，我们先后召开了"科学发展观与复杂性探索""构建社会主义和谐社会与复杂性探索""创新与复杂性探索"三次研讨会，使复杂性研究向理论结合重大现实问题的方向大大跨进了一步。

就以最近举行的第11次研讨会"创新与复杂性探索"为例来说，众人皆知21世纪是充满机遇与挑战的时代，在经济全球化、政治多极化、信息网络化的进程中，不同国家、不同地区之间的竞争是非常激烈的，任何竞争的优势都是短暂的，而唯一可持续的优势则存在于创新的过程之中。创新是人类社会发展川流不息的动力，创新是时代的要求，人民的企盼。

同时，我们必须看到，在科学技术与经济发展方面，西方大国对于包括社会主义国家在内的第三世界发展中国家，第二次世界大战以后，特别是20世纪80年代以来实施民族利己主义的"雁行战略"。这一战略，就是一改以往他们实施的封锁战略，主动地向第三世界发展中国家实施产业与技术的下行性的梯次转移，进而造成发展中国家与发达国家之间在产业升级和技术进步上的依附关系：一方面，由于不断的下行性的梯次转移，对发展中国家的产业升级和技术进步产生强烈的抑制作用，抑制其产业的自主性成长，抑制甚至摧毁其自主性的科学技术研究与开发系统。结果，使发展中国家在全球化发展的"雁阵"中永居末端，永远无法赶上和超过"领头雁"。另一方面，"雁行战略"的实施，却为发达国家创造了产业升级和技术进步的条件与空间，不断地刺激和促进发达国家提高其资本的有机构成，并减缓由于资本有机构成提高而带来的传统的产业结构的内部矛盾，使发达国家总处于"领头雁"的地位，将发达与不发达相对地固定下来。进一步讲，这种"雁行战略"中的依附关系又在不断地巩固发达国家相对于发展中国家在高新技术领域中的垄断地位和垄断优势，进一步巩固和强化发达国家与发展中国家之间不平等的交换关系。

面对世界科学技术发展的大趋势，面对日趋激烈的国际竞争，我们必须坚持走中国特色自主创新道路，为建设创新型国家而努力奋斗。这是我国从振兴到强盛的必由之路。创新是一项极其宏伟、极为艰巨复杂的系统工程，无论是理论创新、科技创新，还是制度创新；无论是原始创新、集成创新，还是引进消化吸收再创新，都要面对各式各样的复杂系统，都得解决各种类型的复杂性问题。所以，十分需要用系统科学、复杂性科学的理论与方法作为唯物辩证法的中介层次发挥指导作用。召开创新与复杂性探索研讨会，就是为了把创新与复杂性探索结合起来，对创新进行复杂性解读，力求从更大范围、更深层次、更复杂的关系上考察事物，处理问题，达到更精确、更深刻、更完整地反映客观规律，认识必然，引导实践，获得自由，达到预期的目的。

我们的复杂性研究只有短短的 5 年多时间，开过 11 次较大型的研讨会，取得了一定的收获，就文字成果来说，由《系统辩证学学报》出过 4 个《复杂性研究》专辑，还有一些杂志如《北京大学学报》《高校理论战线》《马克思主义研究》《首都师范大学学报》《北京行政学院学报》《中国工程科学》等发表了我们的一些论文；有些文章已被《新华文摘》《高等学校文科学术文摘》、中国人民大学《复印报刊资料》转载，产生了比较广泛的社会影响。

《复杂性新探》一书，就是上述文字成果的综合集成，有比较扎实的研究基础，在一定意义上说是集体智慧的结晶、社会思维的产物。它对广大读者探索复杂性，学习研究复杂性科学有一定的参考价值。

本文收在北京大学现代科学与哲学研究中心编《复杂性新探》，人民出版社 2007 年版。

第 四 章

宏观考察与实证分析相结合
探索社会复杂性

一　人类社会是个开放复杂巨系统

我们从唯物史观的宏观考察说起。唯物史观作为哲学不同于具体社会科学，不是从特殊性、局部性上反映社会的，而是从普遍性、整体性上把握人类社会历史的。从社会总体上看，它认为人类社会是由三大层次（子系统）、两对基本矛盾构成的开放复杂的巨系统。

人类社会是自然界长期发展的产物，是自然的历史。在这个过程中，劳动起了决定性的作用。森林古猿在劳动的推动下转化为人类之后，人类在运用劳动资料改造自然。在人与自然之间进行物质交换的过程中形成了社会生产力，同时在人们之间产生了对劳动资料的所有制关系、劳动的交换关系、产品的分配关系，总之形成了一定生产关系（经济关系）；又由于人与动物不同，人的活动是有意识、有目的的，所以，在生产关系的基础上就产生了与它相适应的、为它服务的社会意识形态、政治法律制度和政治法律设施，即社会的上层建筑。这三大层次（子系统）是在怎样的交互作用中形成稳定的整体结构，涌现整体的特性的呢？

简要地说，三大层次是以生产关系为中间环节构成两对矛盾的：生产关系在同生产力的联系上，作为生产诸要素的经济结合方式，与生产力构成一对矛盾，我们把这对矛盾称为生产方式；生产关系在同上层建筑的联系上，作为社会的经济结构，与上层建筑构成另一对矛盾，我们把这对矛盾称为社会形态。上层建筑的根本性质是由经济基础来决定的，生产力通过经济基础的中介影响上层建筑，三大层次构成两对矛盾。这两对矛盾有以下四个特点：

第一，它们是贯穿社会始终的。由于生产力是全部历史的基础，社会发展的最终决定力量，人们一天不停止消费，社会就一时也不能中断生产；而生产又总是社会的生产，从事社会生产的人们都在一定的经济地位中生活，都有自己的人生观、价值观、政治观并参与经济、政治、文化等各种社会活动。所以，自人类社会产生以来就有这两对矛盾。只要社会存在下去，这两对矛盾就依然存在。总之，它们纵贯历史全过程，横跨社会各方面。

第二，它们规定社会运动形式的本质，是使社会运动形式与其他运动形式——机械的、物理的、化学的、生命的运动形式相互区别的根据。

第三，它们是推动整个社会前进的动力，不断推动着社会形态从量变到质变、从质变到新的量变，质量互变，从而使社会运动不断地由低级向高级向前发展。

第四，它们是紧密联系、不可分割的。三大层次以生产关系为中介构成的两对矛盾，相互依赖不可分割。在历史上，从来没有以纯粹的形态单独存在的生产力与生产关系的矛盾，也没有以纯粹形态单独存在的经济基础与上层建筑的矛盾，这两对矛盾总是交织在一起的。基于以上四个特点，我们把它们称之为社会基本矛盾。

上述三大层次及其以生产关系为中间环节构成的两对矛盾，就是社会复杂系统的最高层次的宏观结构，就是社会系统运动发展的动力源泉，也是社会系统实现整体涌现的客观基础和内因。

唯物史观认为社会系统不仅是极其巨大的、复杂的，而且是开放的。人类社会是自然长期演化的产物，也是自然的一部分，以自然界为外部环境。黑格尔叫"历史的地理基础"，唯物史观叫"地理环境"。所谓地理环境，是指人类的生存和发展所依赖的诸种自然条件的总和，它由大气圈、水圈、岩石圈和生物圈组成。它是社会存在发展的必要条件。其必要性、不可或缺性主要有两个方面：第一，它是人类生存的场所。到目前为止，地球仍然是我们所知道的唯一适合人类生存的场所，月球、火星、金星、水星、土星都不行。我们只有一个地球，我们必须十分爱惜保护地球。第二，它为人类提供生活资料和生产建设的资源。这些资源可以分为三类：（1）生态资源也叫恒定资源，包括太阳辐射、气温、水分等，这类资源具有明显的地区性，如能充分利用，因地制宜，发挥所长，可以长久使用。（2）生物资源，如森林草原、鸟兽鱼虫、菌类等动植物。这类资源具有再生机能，如综合使用并给予科学管理和抚育，不仅能生生不已，而且可以依人的意志有计划地繁殖扩大。（3）矿物资源，包括煤、铁、石油等各种矿藏。这类资源储藏量有限，基本上属于非再生资源。如果掠夺性开发和浪费，将造成矿藏能源危机，后患无穷。

地理环境作为社会系统的外部环境，与社会系统不断进行着物质、能量和信息的交流与交换，影响着社会的发展。它虽然不能直接决定社会制度的性质和变革，但对社会发展的进程可以起加速或延缓的作用。在生产力水平大体相同的情况下，地理环境较好的国家、地区，生产发展就会快些，相应的整个社会的发展就会快些；反之，地理环境较差的国家和地区，生产发展就会慢些，相应的整个社会发展也会慢些。这种影响在社会发展的低级阶段表现得尤为明显。总之，社会系统是开放的。

以上，我们从唯物史观宏观考察的角度，从最高的宏观结构层次上，阐述了人类社会是一个开放复杂巨系统。那么，从哪里切入进一步探索社会系统的复杂性呢？学界认为，等级层次结构性与主观能动性、上层建筑的反作用是产生社会系统复杂性的重要来源。以下，讲讲这两方面的内容。

二　等级层次结构性与社会系统复杂性

前边提到，唯物史观已经从整个社会的最高宏观层次上揭示了社会系统存在生产力、生产关系（经济基础）与上层建筑三大层次以及它们的相互关系；同时也指出了这三者各自的组成部分与相互关系。但还没有明确指出它们三者的等级层次结构性。

在此基础上，依据有关具体社会科学的成果，对生产力、生产关系（经济基础）的等级层次结构以及不同层次之间相互关系再进行实证性分析，这是探索社会系统复杂性的重要环节。

先从分析生产力的等级层次结构性说起：20 世纪 80 年代初，适应经济建设的需要，我国出现了一门新的经济学科，叫做"生产力经济学"，它以研究生产方式中的生产力为对象，着重考察生产中人与自然关系的运动规律，区别于以研究生产方式中生产关系为对象的政治经济学。近年来，生产力经济学对生产力的等级层次结构进行具体深入的考察，取得了可喜的成果（这些成果已经被引进了有的新编的历史唯物主义教科书之中）。比如，在1988年北京大学出版社出版的刘方棫主编的《生产力经济学教程》第8章第4节中写道："生产力系统，并不是各种组合因素在平面上的堆砌"，而是包含着四个层次的功能子系统，"就是：（1）实体型功能子系统，它包含劳动者、劳动资料（生产工具、配套辅助设施、检验仪器等）、劳动对象（系统内的材料、能源、信息等）。三者构成生产力的实体，是因为其他生产力因素都要附着在这三者的身上，或联结在三者之间并通过这三者的实体来发挥自己的功能，是其他因素得以物化的物质承担者。（2）渗透型功能子系统。主要指科学技术、生产教育。这两个因素都没有独立的实体形态，只能把自己的功能渗透在劳动者（或劳动资料、劳动对象）等实体型因素身上，以发挥其提高和改善实体本身的素质、性能和效率的功能作用。（3）纽带型功能子系统。主要指经济信息。它的交流和传递可以使生产力各因素、各部分在质上相适应，在量上相匹配，在空间上分布合理，在时间上先后衔接，从而实现生产力在总体上的优化。（4）运筹型（或连接型）功能子系统。主要是生产管理。通过它的统一组织、调度、处理、调控、选择等机制，改善系统内部的条件与关系，消除内部矛盾，以保障系统内总体功能的最大限度发挥"。

　　总之，生产力是由不同功能子系统组成的具有立体型的等级层次性系统。依据生产力经济学提供的关于生产力系统的立体型等级层次结构的分析，可以看到经过不同层次的交互作用是可以在一定范围内出现整体涌现、增殖复杂性的。比如，实体型层次与渗透型层次（科学技术生产教育）通过一定途径实现的交互作用，就能在一定范围出现整体涌现、增殖复杂性。

　　具体来说，这两个层次是通过两条途径沿着四个方面实现交互作用的。第一条是通过技术发明的途径，沿着以下两个方面：

　　一方面，自然科学技术物化为生产工具与生产的辅助设施。在生产发展史上，生产工具与辅助设施是由低级到高级、由简单到复杂不断提高的，如果说在使用简单的手工工具时，劳动者还能单凭自己的生活经验和劳动技能改进生产工具，发明创造新的生产工具的话，那么自从机器大生产出现，人们使用机械化、自动化的生产工具以后，若是没有现代科学技术的指导就很难改进生产工具、发明创造新的生产工具，就是复制原有的生产工具也是很困难的。总之，任何机械化、自动化、智能化的生产工具、生产设施都是利用现代科学技术发明创造出来的，是现代科学技术的物化。

另一方面，科学技术知识可以扩大劳动对象的范围，改变和提高劳动对象的质量。自然资源之所以能够成为劳动对象，不仅靠科学技术来发现，而且靠科学技术把它应用于生产。煤、铁、石油都是如此。随着科学技术的发展，正在引起劳动对象的革命性变化，如原子能、太阳能、地热能的利用，海底资源、稀有元素、同位素的利用以及人工合成材料的利用就是证明。科学技术的飞速发展正在把沉睡了亿万年的大自然唤醒，并入生产过程，变为直接的实体性的生产力因素。

第二条是通过学习与教育的途径，沿着以下两个方面实现交互作用：

一方面，科学技术知识可以转化为劳动者的劳动技能和工艺操作方法。在人类发展史上，每一代人都要继承前人创造的生产力，学习前人的生产经验和劳动技能。不过，在生产力水平较低、生产工具较简单的时代，人们可以在生产实践中通过师傅带徒弟、父亲教儿子等办法，直接继承原有生产经验和劳动技能。但是，在生产力高度发展，生产工具极为复杂的时代，光凭这种办法是难以掌握操纵机械化、自动化、智能化这类生产工具的。人们必须通过教育培训，学习现代科学技术，才能理解现代化生产工具与设施的结构、性能、特点、操作规程等，从而掌握它们的技能、经验和工艺操作方法。由于科学技术日新月异，新的工具设备不断出现，新的劳动部门不断产生。在岗、在业的劳动者如果不通过教育培训及时学习掌握科学技术知识，就没有驾驭新的工具设备的本领，新的工具设备就不能得到及时的、广泛的、有效的应用。

另一方面，科学知识可以转化为劳动者、生产管理者对生产的组织能力和管理能力。在同样的生产关系条件下，对生产的组织和管理不同可以形成不同的生产力。通过学习和教育，劳动者、生产管理者掌握了有关的科学知识，如概率论、运筹学、系统工程学等，并把它们运用到生产组织管理中，就能够合理使用人力和物力使两者得到优化组合，从而大大提高劳动生产率。

上述两条途径、四个方面，就是实现生产力的实体型层次与渗透型层次交互作用的具体机制。而这种交互作用的结果，使我们清楚地看到科学技术对物质生产力的促进作用日益增大、日益显著。主要表现在：

第一，科学技术从理论突破到转化为直接的物质生产力的周期越来越短。比如，18 世纪，照相机从理论突破到试制成功用了 102 年；19 世纪，无线电广播从理论突破到试制成功用了 80 年；20 世纪，电视机从理论突破到试制成功用了 14 年。

第二，由科学技术成就造成的劳动生产率越来越高。如 20 世纪初，世界大工业劳动生产率的提高，只有 20% 左右是靠采用新的科学技术取得的。到了 70 年代，这个比例就上升到 60%—80%。到现在又有了很大的提高。

以上两个特点集中地表明，这种交互作用整体涌现的结果使现实生产力呈现出新的总体特征，滋生出新的复杂性，即科学技术成了第一生产力。

再讲对生产关系（经济基础）的等级层次结构性的实证分析。20 世纪 80 年代初以来，适应我国经济体制改革的需要，以研究生产方式中生产关系方面为对象的政治经济学，对生产关系系统的等级层次结构进行了进一步的分析。这主要表现在对生产关系的生产资料的所有制形式进行的分层考察上。近年来，我国经济学界结合经济体制改革的实际，以马克思的产权理论为依据进行了这方面的工作。《著名经济学家谈"21 世纪中国的战略选择"》（西苑出版社 2000 年版）一书中，吴易风教授所写的《马克思的产权理论与国有企业产权改革》一章中就包括了这方面的内容。

具体来说，将生产资料的所有制形式分为所有权、占有权、支配权和使用权四个等级层次。所有权，指的是生产资料的所有者，因而他可以自由地处理这些生产资料，包括对它的出售、抵押或自用。能否自由出售这是是否具有生产资料所有权的主要标志。占有权指的是生产资料由谁占有，占有生产资料的人有处理这些生产资料的某些自由，可以将它出租或转让给别人使用或自用。由于他不是这些生产资料的所有者，因而不能出售这些生产资料。支配权指的是在实际生产过程中，由谁来管理和安排生产资料，决定用这些生产资料生产什么产品。使用权是指有权直接使用某种生产资料进行生产。占有权、支配权、使用权三者结合起来就是经营管理权。因而"四权"也可以归结为生产资料的所有权与经营管理权两项。

这四个层次是相互关联的。但是，它们相互关联的形式是可以不同的：可以是四者密切联系结合在一起；也可以是后三者紧密联系与第一层相对分离；也可以是其他形式。总之不同的联结形式会涌现出不同的整体特性，形成生产关系的不同实现形式。

比如，我国生产资料的全民所有制在相当长的时期内一直采取国家所有、国家直接经营、统负盈亏、四权合一的实现形式。党的十二届三中全会所作的《关于经济体制改革的决定》指出："根据马克思主义理论和社会主义实践，所有权同经营权是可以适当分开的。"按照这个思路，经济体制改革在全民所有制中沿着国家所有、企业自主经营、自负盈亏的发展思路进行，就出现了公有制的新的实现形式。

公有制的新的实现形式，为建立社会主义市场经济体制创造了必要的前提。因为市场经济作为以社会化大生产为基础的商品经济运行机制，只要求作为市场主体的企业是具有独立经济利益的、能自主经营、自负盈亏的经济实体，而不一定要求企业是私有的。我们改革的任务不是取消公有制，而只是改变公有制的具体实现形式。这样，在坚持公有制的前提下，使原有公有制实现形式沿着国家所有、自主经营、自负盈亏的思路发展，就能使它与市场经济结合起来，从而建立起社会主义市场经济体制。这在历史上是前所未有的。

这就是对所有制等级层次结构进行分层考察与处理取得的实践成果，也就是所有制的等级层次结构性在经济系统运行中涌现的新特性、滋生的复杂性。

三　主观能动性、上层建筑反作用与社会系统演化过程中的复杂性

社会系统演化过程中的复杂性突出表现在社会发展的不平衡性与曲折性上。先从考察不平衡性说起。

考古学、历史学、人类学等具体科学提供的实证史实告诉我们：人类社会已经历了原始社会、奴隶社会、封建社会、资本主义社会和社会主义社会的发展过程。在这一历程中，一种新的社会制度取代旧的社会制度不一定从旧制度最发达的国家开始。往往出现这种情形：一种制度在某个国家发展得越充分、越成熟、越完善，新制度突破旧制度的外壳就越困难，历史变革越不容易实现，新、旧制度的更替一般是从旧制度的薄弱地方开始的。所以历史发展就出现了不平衡性，原来后进的先进了，原来先进的落后了。不同国家、不同民族的历史进程呈现出不成比例、不相适应、不同步前进的非平衡状态。

事实正是如此。比如，从奴隶制度向封建制度的过渡。古希腊与古罗马是历史上奴隶制度发展程度最高和最典型的国家。公元前5世纪到公元前4世纪，希腊奴隶制的经济、政治均达到高度发展，同时产生了丰富多彩的文化。早期有《荷马史诗》（叙事诗）及萨福、平达的抒情诗，后来演进为戏剧和散文。在艺术领域内，造型艺术最有成就，雅典娜神像的雕刻家菲狄亚斯享有盛誉。在哲学领域，德谟克利特的原子论与柏拉图的理念论，对欧洲唯物主义与唯心主义的发展产生了极大的影响。古希腊哲学家中最博学的人物亚里士多德不仅是形式逻辑的奠基人，而且研究了辩证思维的最基本形式，被恩格斯称为"古代世界的黑格尔"。在科学领域，特别是数学、物理学和天文学方面，欧几里得、阿基米德等为后世留下了重要的研究成果。

公元前3世纪到公元前2世纪中叶，古罗马通过布匿战争、马其顿战争，征服了迦太基（北非）、西班牙大部分及马其顿、希腊诸地区，并设立若干行省。由于大庄园制的形成，奴隶劳动的广泛使用，意大利的农业、工商业和高利贷业十分兴盛，奴隶制经济获得巨大发展。

综上可见，古希腊与古罗马无论在经济上、政治上和文化上，都把奴隶制度推向了鼎盛时期。甚至可以说，奴隶制的历史光彩是从古希腊与古罗马那里充分发射出来的。

但是，与古希腊、古罗马相比，奴隶制不够发达的中国却远远先于古希腊、古罗马过渡到封建社会，而且这种过渡所引起的社会震荡比古希腊、古罗马要小得多。古罗马过渡到封建社会是通过包括著名的斯巴达克起义在内的大规模奴隶起义和日耳曼族的征服才最后实现的。中国于公元前战国时期已经开始由奴隶制向封建制过渡。西欧在公元前73年斯巴达克起义时，古罗马正处于奴隶制的罗马共和国末期，古罗马到公元476年西罗马帝国灭亡才宣告奴隶制的终结。

又如，封建制向资本主义制度的转化。中国进入封建社会以后，逐步把封建制度推向鼎盛时代，创立了汉唐盛世。西欧的封建社会却没有达到这个水平。在政治上，西欧没有形成像中国那样的高度统一的中央集权的封建大帝国，西方很多国家在中世纪的大部分时间，处于封建割据状态，只是到13—15世纪时，才开始产生了中央集权的倾向。中国封建社会开始不久，秦始皇统一中原以后就建立了专制主义中央集权制，情况与西方迥然不同。专制主义中央集权制对中国多民族国家的形成有很重要的作用。西欧的面积与中国大体相当，在近代却形成很多单一民族的国家，未能联合成统一的、领土辽阔的多民族国家，原因就在于中世纪时西欧处于封建割据状态。在经济上，西欧没有形成像中国那样典型化的一家一户的"男耕女织"的自然经济。两千多年来，在中国封建社会里，不论是自耕农还是佃农，都是既耕且织，使农业与手工业紧密结合在一起。西欧盛行领主庄园制，自然经济单位是领主庄园。领主在庄园内不但拥有从事农业生产的农奴，而且拥有从事各种手工业生产的农奴手工业者。他不必求助市场，就能通过劳役地租或产品地租占有，"从他的农奴那里取得他所需要的一切"。当时"每一座封建庄园都自给自足，甚至军费也是征收实物。没有商业来往和交换，用不着货币"。在思想文化方面，西欧也没有形成像中国那样以儒家学说为代表的系统完整的封建主义思想体系。

至于中国封建时期，关于造纸技术、火药、印刷术和指南针四大发明，在世界上遥遥领先，以后传到亚洲其他地区、非洲和欧洲，对世界文化的发展作出了巨大的贡献。马克思认为"这些都是资产阶级发展的必要前提"。由此。可见，封建制度的历史光彩是从中国等东方国家充分放射出来的，而封建制度的发展不如中国的西欧却率先实现了从封建社会到资本主义社会的转化。19世纪40年代，1840年鸦片战争以前，中国还处在封建社会的时候，欧洲的资本主义制度已经在全球范围内取得了统治地位，已处于从自由竞争向垄断过渡的前夕。其实从资本主义向社会主义的过渡也是首先从经济上比较落后的国家开始的。

历史事实为什么会这样呢？需要从社会基本矛盾运动的特点来找原因。那么，社会基本矛盾运动的什么特点是首先突破薄弱环节的内在原因呢？

第一个特点是生产力决定生产关系的性质与变化，经济基础决定上层建筑的性质与变化。生产力是全部历史的基础，是社会发展的最终决定力量。所以，生产力与生产关系的矛盾是社会革命即社会形态更替的根源。随着生产力的发展，生产关系对生产力发展的要求从基本上适应到基本上不适应，社会革命的时代就要到来了，但是，生产关系从基本上不适应需要变革，到非改变不行，其中有一个幅度。在这个幅度内是早些时候变革，还是晚些时候变革，以怎样形式变革，有多种可能性，而不是一种可能性。这是第一个特点及其在社会变革中的作用。

第二个特点是由于生产关系对生产力有反作用，上层建筑对经济基础

（生产关系）有反作用，上层建筑总是维护自己的经济基础的，这就使得落后的生产关系不会依据生产力发展的需要自行变革。所以，虽然社会革命的根源是生产力与生产关系的矛盾；但是，社会革命的发动往往从上层建筑领域开始。社会革命的过程往往是这样的：制造舆论，夺取政权，改变生产关系，解放生产力。这就是说，在生产关系从基本不适应到非改变不可的幅度内，无论实现哪种可能性，都必须通过政治思想领域里的斗争、上层建筑的反作用。这是第二个特点及其在社会变革中的作用。

综合以上两个特点及其在社会变革中的作用，必然导致这样的结果：革命不一定首先在生产力最发达的国家实现，在具备了一定生产力基础、经济上相对不够发达的国家，由于各种矛盾比较尖锐复杂，使得统治阶级的力量比较薄弱，革命阶级在复杂激烈的斗争中，锻炼得政治上比较成熟、力量上比较强大。在这种情况下，革命阶级可以通过政治思想领域里的斗争、上层建筑的反作用，较早地进行社会革命和实现新旧制度的更替。

可见，社会基本矛盾交互作用的特点，特别是在交互作用中革命阶级的主观能动性、上层建筑的反作用是产生演化过程中不平衡性的重要原因。因此，如果不考虑具体的历史环境和不同国家的国情，撇开上层建筑的反作用，仅仅用一个国家生产力发展高度同其他国家作横向比较，是无法理解革命发展之不平衡性的，无法理解新旧制度的更替从旧制度薄弱地方开始是一般规律。

再说曲折性。社会的发展变化不是单向直进、一往无前的线性运动，而是充满着反复、曲折和暂时逆转的非线性过程。比如，历史上资本主义代替封建主义本来是剥削制度的更替，都经过了几个回合的复辟与反复的曲折斗争。如 1640 年英国资产阶级革命后，1660 年查理二世上台，斯图亚特封建王朝复辟；1789 年法国革命虽然比较彻底，革命后 1814—1830 年是复辟时期，路易十八复辟建立了波旁王朝。之所以出现复辟倒退的曲折复杂性，重要原因在于上层建筑特别是意识形态的反作用。毛泽东曾经讲过：凡是要推翻一个政权，总要先造成舆论，总要先做意识形态方面的工作。革命的阶级是这样，反革命的阶级也是这样。

革命的根本问题是政权问题。经过一场革命变革以后，矛盾的主要方发生了转化，政权虽然从反动阶级转移到革命阶级的手中，但是被推翻的阶级在经济上、政治上和思想上还有力量，矛盾并未彻底解决，他不会自动退出历史舞台，必然以疯狂的热情、百倍增长着的仇恨，拼命夺回他们失去的天堂。这样就可能首先通过意识形态方面的工作、上层建筑领域的斗争，使矛盾双方的力量对比向相反方向转化，出现暂时的逆转复辟。邓小平在南方讲话中说过，马克思主义"运用历史唯物主义揭示了人类社会发展的规律。封建社会代替奴隶社会，资本主义代替封建主义，社会主义经历一个长过程发展后必然代替资本主义。这是社会历史发展不可逆转的总趋势，但道路是曲折的。资本主义代替封建主义的几百年间，发生过多少次王朝复辟？所以，从一定意义上说，某种暂时复辟也是难以完全避免的规律性现象。一些国家出现严重曲折，社会主义好像被削弱了，但人民经受锻炼，从中吸取教训，将促使社会主义向着更加健康的方向发展。因此，不要惊慌失措，不要认为马克思主义就消失了，没用了，失败了。哪有这回事！"①

今天社会主义虽然遇到了严重的挫折，但这只是斗争中的一个回合，而不是最终的总结，只是一个曲折，不是总趋势。人类社会已有300多万年历史，阶级社会只是几千年这一段，阶级不是从来就有的，也不会永恒存在，只同生产发展的一定阶段相联系。资本主义已有400多年历史，资本主义已从自由资本主义发展到跨国垄断的晚期资本主义阶段，今天在资本主义基础上并未产生新的阶级，这就意味着阶级社会发展到资本主义之后就到头了。从阶级向无阶级社会的过渡是历史的必然，是不以人们的主观意志为转移的。

本文发表在《首都师范大学学报》（社会科学版）2003 年第 3 期。

---

① 《邓小平文选》第 3 卷，人民出版社 1993 年版，第 382—383 页。

第 五 章

创新认识的复杂性分析

一 从创新认识与认识论的关系说起

人类在川流不息的实践认识过程中，总是不断地总结经验，有所发现，有所发明，有所创造，有所前进。这是无条件的、绝对的。通常所谓的科学发现、技术发明、艺术创作等，从认识论上说，都是创新认识的外化或物化的表现形式。而创新认识，无论是原创型的，还是更新改造型的，都是在实践的基础上，在认识过程中产生发展的。认识论是以认识的历史发展、一般过程与普遍规律为研究对象的，是对整个人类认识的宏观把握，是对认识的再认识，属于哲学范畴。认识论作为哲学的重要组成部分自古有之，一直存在于哲学发展的整体之中，它在同本体论、发展观、历史观的相互联系相互作用之中，有自身的地位、作用与意义，有自身的流派纷争和发展的基本线索。创新认识是认识论研究的题中应有之义。

那么，以什么样的认识论为指导、运用什么样的科学研究方法论来研究创新认识，才是正确的选择呢？在认识发展史上一直存在可知论与不可知论的对立、唯心论先验论与唯物论反映论的斗争。历史上的唯物主义反映论与不可知论、唯心主义先验论相比较，它承认世界是可知的，认为人的认识不是头脑里固有的、天上掉下来的，而是主体对客体的反映，这当然是值得肯定的。但是，马克思主义以前的唯物论，由于离开人的社会性、离开人的历史发展考察人的认识问题，所以不能了解认识对实践的依赖关系。在它看来，人的认识不是人们在改造客观世界的实践活动中，积极地、能动地反映客体。因此，称它为机械的直观的反映论。马克思主义认识论，即辩证唯物主义认识论的产生，实现了唯物主义反映论发展过程中的一个革命性的变革，扬弃了机械反映论的机械性、直观性，把科学的实践观点引入了认识论，把辩证法应用于反映过程，创立了以实践为基础的能动的反映论。它认为认识的主体，是指有头脑、能思维，生活在一定历史条件下、处于一定社会关系中的现实的人，认识是主体在实践的基础上对客体的能动反映。在主体与客体的关系中，首先是实践关系，在实践关系的基础上，还有认识关系、价值关系。认识的本质是主体在价值目标的推动下，按照内在的尺度和美的规律，在实践的基础上主体对客体的能动反映。认识的基本过程是，在实践的基础上，从感性认识能动地飞跃到理性认识；从理性认识又能动地飞跃到实践。这就是理论和实践的辩证统一。正是在这理论与实践的辩证统一中，在两次飞跃的相互转化中，人们不断地通过实践发现真理，又通过实践证实真理、发展真理，不断实现着主观和客观的具体的、历史的统一。这就是真理从相对到绝对的不断转化过程。总之，"实践、认识、再实践、再认识，这种形式，循环往复以至无穷，而实践和认识之每一循环的内容，都比较地进到了高一级的程度。这就是辩证唯物论的全部认识论，这就是辩证唯物论的知行统一观"①。这也就是辩证唯物主义认识论所揭示的人类认识发展的总规律。

认识论视野中的创新复杂性问题，就是要以辩证唯物主义认识论为指导，遵循认识发展的一般规律，以作为辩证法中介的还原论与整体论辩证统一的系统论为方法，分析探索认识中的各种复杂系统的要素结构与功能，以求得对创新认识的比较全面、深入的理解。

二　从认识主体的本质特征与认识结构来看创新认识何以可能

自近代以来，哲学家们站在不同的哲学立场，从不同的角度、不同方面，对认识主体、认识主体的认识结构进行着不断的探索，取得了许多值得借鉴的经验与教训。

马克思主义以前的机械唯物论，离开人的社会性、离开人的历史发展来考察人的认识问题，把认识主体看做有生命的自然存在物，即看做有血有肉有生命的物质实体，进而把认识结构归结为单纯的生理结构，把认识功能归结为只是由生理结构决定的感知机能与思维机能，无视认识的心理

---

①　《毛泽东选集》第 1 卷，人民出版社 1991 年版，第 296—297 页。

结构、工具结构、认识关系结构的存在与作用。这样它们虽然看到了认识发生发展的生理基础和经验的来源，坚持了唯物主义反映论，否定了唯心主义先验论。但是，由于它们对认识结构理解的单一性、非历史性，抹杀心理结构、工具结构与认识关系结构在认识结构中的地位与作用，必然陷入对认识功能理解的直观性、机械性、非能动性，无法说明具有相同生理结构的不同认识主体，或处于不同历史时期的同一认识主体，对同一客体的认识为什么是不同的，更无法说明认识主体思维活动的回溯性、前瞻性与创造性。

历史上的唯心主义，在坚持精神本体论的前提下，考察人的认识问题不是把认识主体看做"感性的存在"——即有血有肉的现实的人，而是当做某种抽象的精神实体——"自我意识"，把认识结构归结为心理结构。无视认识的生理结构、工具结构、认识关系结构，单纯凸显了心理因素在认识中的作用。

这样，离开心理活动的生理基础，离开参与心理过程的工具结构与认识关系结构，把认识结构等同于心理结构，就会把认识当成主观自生的、神秘的、不可理解的东西，当然更不能对认识功能进行科学的阐释。

与唯心论、机械唯物论不同，辩证唯物主义认识论认为认识主体是有头脑能思维，生活在一定历史条件下、处于一定社会关系中的现实的人，相应地认为主体的认识结构不仅包括生理结构、心理结构，还应包括与主体的生活条件相关的工具结构，以及与主体的历史地位相关的认识关系结构。用系统的观点来看，主体的认识结构是由生理结构、心理结构、工具结构与认识关系结构四个子系统构成的开放的复杂系统。

作为基础层次的是生理结构，在它之上依次递升，有心理结构、工具结构、认识关系结构。它们各自有着不同的地位与作用，并处于相互依赖与相互制约的紧密联系之中，形成了一个内在结合的等级层次结构。

在生理结构中，感觉器官有接收信息和进行编码的机能，神经网络有传递信息的机能，脑有储存、加工信息的机能。

大脑两半球是全部神经系统的最高部位。它被一种可分为六层的灰质覆盖着（灰质是由神经细胞和它们的突起组成的）叫"大脑皮质"或"大脑皮层"。人的大脑皮层特别发达，伸展开来面积可达到 2000 平方厘米。在大脑皮层上有许多深浅不同的"沟"，左右两半球上最主要的沟是"中央沟"和"外侧沟"。这两条沟又把大脑两半球分为好几个"叶"：

在中央沟前面的是"额叶",在中央沟后面的"顶叶";在外侧沟下面的"颞叶",在外侧沟后面位于两半球背部的是"枕叶"。在"沟"与"沟"之间凸起的部分叫做"回"。

大脑两半球的这些"叶"和"回"各有不同的机能。比如,枕叶主要为视觉区,颞叶主要为听觉区,顶叶主要为身体感觉区。

人类大脑两半球的额叶特别发达,约占两半球总体面积的30%,而高级猿类仅占它的大脑两半球面积的15%。巴甫洛夫认为,人类在他优越于动物的额叶中,由于语言器官的感觉刺激,又增加了另外一个对第一信号系统发生信号作用的信号系统,即第二信号系统。有了以语言和词为信号的第二信号系统的活动,人脑才有了进行抽象与概括的能力,运用概念反映事物的本质与规律的抽象思维的能力。

大脑两半球的反应能力既有功能分区,又有系统功能互补和网络整合,是人的认识活动的主要器官。如果没有以大脑为中心的生理结构,人就没有认识机能,不能成为能动的认识主体。而且人的生理结构的优劣、身体素质的好坏直接制约着认识能力的发挥,生理结构是认识结构的物质依托、基础层次。

但是,生理结构只是认识能力形成发展的必要条件,而不是充分条件,在生理结构层次之上还有其他层次。与它紧密相邻的第二层次就是心理结构,也叫主观意识结构。

心理结构(主观意识结构)是指人脑在生理过程的兴奋与抑制的交互作用的基础上,形成的感觉、知觉、记忆、想象、思维、情感、意志、兴趣等心理活动过程。依据心理过程的形态和作用可以把它分为认知、情感和意志三个过程:认知过程就是人脑反映客观现实获得感性知识与理性知识的过程,包括感觉、知觉、想象、思维等。情感过程是指人们对认识或操作的事物所持的态度的体验,如喜、怒、哀、乐、爱、憎等都属于情感的范围。意志过程是指人们为了达到既定的目的,下定决心,选择方法和自觉地坚持执行计划的心理过程,在这个过程中所表现的那种坚持目的和克服困难的主观能动作用,就叫意志。

就心理结构中的三方面(知、情、意)在认识中的作用(功能)来看,可以把它们区分为两部分:认识能力结构与驱动调控结构。心理结构的认知过程,可以通过感觉、知觉、表象获得感性知识,通过概念、判断、推理等思维活动获得理性知识,这个认知过程中在大脑皮层上打下的烙印，就是在大脑皮层中建立、积累起的与第一信号系统和第二信号系统相联系的暂时神经联系。这些暂时神经联系就是知识能力的储备，这种储备既是各种知识在人脑中的内化、整合的积淀，又是直接决定认识能力的主观基础。知识储备越多认识能力的潜力越大。因此，可以说心理结构的认知过程属于认识能力结构。认识能力结构在认识的建构、整合与发展中起着十分重要的作用，因为人的认识不是被动地接受外部刺激而进行的纯粹的心理反应过程，而是主动地以认识结构同化和顺应客体信息的过程；在认识能力结构中，有反映客体信息的主要手段和主导力量。没有关于客体的某些背景知识和改造客体信息的理论和方法，主体无法接收、识别、理解和改造客体的信息，客体的信息不过是一堆无意义的混乱的信号，不能转化为主体的认识。知识、理论与方法的质量不同，对于同一客体认识的广度、深度、逼真程度也就有所不同。

认识的驱动调控结构是由心理结构中的情感过程与意志过程组成的非理性结构。它虽然不具有直接同化客体信息、创造观念产品的功能，但是，它具有激活知识、方法、信念，调控认识能力发挥的功能，是推动主体运用知识同化和顺应客体信息的直接心理动力，是决定主体能否发挥认识能力以及发挥到怎样的程度的自觉能动性。

主体的生理结构与心理结构的协同作用直接制约着认识主体的认识能力，但是它们的功能又都是有限的，要突破它们的局限性，就必须利用延伸主体的生理和心理功能的客观工具结构。

客观工具结构是认识主体用于接收、加工、存储和输出信息的外部手段，是由物质性的硬件工具和精神性软件工具构成的系统。它既是主体认识能力和实践能力的外化和物化，又是主体认识能力的客观工具结构。

物质性的硬件工具是主体感觉器官、思维器官的延长物（如望远镜、显微镜、电子计算机等）。众所周知，在历史上相当长的时期内，由于生产水平及生产的社会化程度都很低，人们仅凭天赋的信息器官的能力，即凭感觉器官、传导神经网络、思维器官大脑、执行器官（也叫效应器官）如操作器官手、语言器官口、行走器官腿脚等器官的能力就能满足当时认识世界、改造世界的需要。尽管人们生活在充满信息的世界，一直同信息打交道，却只是赤手空拳地直接同信息打交道。没有延长信息器官功能的需要。到近现代以后，由于生产实践和科学实验的迅速发展，人类天赋信息器官的功能已经不能适应多方面的需要了。

现在，以信息技术为代表的物质性的硬件工具，作为天然信息器官功能的延伸物，可以极大地克服人的生理结构和心理结构的局限性，提高认识的广度、深度、速度和精确度，增强主体的认识能力。在当代认识客体极为复杂，认识活动极为复杂和"信息爆炸"的情况下。单凭人脑中生理结构和心理结构而不借助于信息技术，就不可能具备完成复杂认识任务的能力，人也就不可能成为这些复杂对象的现实的认识主体。

任何认识主体个体都是认识活动的直接承担者和认识成果的直接创造者。但是，人不是一种单纯的自然存在物，现实和本质地看，人是在一定的社会环境、一定的社会关系中生存和活动的社会存在物，人的本质"在其现实性上，它是一切社会关系的总和"①。人作为认识主体的本质规定，不是从人的自然属性中获得的，而是从人的社会属性、社会关系中获得的，人的基本特性是社会性。因此，主体的认识活动只有在一定社会关系结构中才能进行，正如离开社会关系就不能进行物质生产一样，离开了认识的社会关系也就不能进行认识活动和精神生产。所以，主体的认识关系结构是认识结构中又一个不可缺少的结构，也是最高层次的结构。

认识的社会关系结构是认识主体在认识活动中的社会联系方式，包括认识协作关系：若干认识主体为完成共同任务，而有计划地进行信息方面的协同活动；认识协调关系：配合适当、和谐一致、同步发展的协调状态；认识交往关系：认识主体间的信息传播、接收和反馈过程；认识占有关系：认识主体对认识活动中权、责、利的获得关系，它表明认识工具归谁占有、使用，认识产品由谁支配、享用等。由以上这些关系构成的认识的社会关系结构，既制约着认识个体和认识工具功能发挥的程度，又决定着主体系统的整体认识功能。认识主体之间通过一定的社会方式相互联系、相互作用，联结为具有共同认识对象的群体系统。在群体系统中，认识主体通过分工协作、组织协调、认识交往和认识占有，形成职能互补、能力互补、知、情、意互补的结构和功能，就会产生强大的群体合力，提高认识效率，促进认识能力的发展。在认识主体个体和认识工具相同的情况下，有什么样的认识社会关系结构，就会有什么样的认识功能，优化的社会关系结构就能产生高效能的认识功能。

以上具体阐述了认识主体的认识结构所涵盖的四个子系统，以及每个

---

① 《马克思恩格斯文集》第 1 卷，人民出版社 2009 年版，第 501 页。

子系统各自的功能。那么，认识结构的整体功能如何呢？从系统论的观点来看，认识结构的整体功能不等于生理结构、心理结构、工具结构、认识关系结构四个层次的机能的机械相加，即不是线性的加合性，而是它们在错综复杂的非线性的交互作用中形成的组织特性，即整体涌现特性。正是这种整体涌现性使创新认识成为可能，具体来说，创新认识在认识结构的生理结构的层面上，主要是以大脑左半球的抽象思维机制与大脑右半球的形象思维机制的交互作用为生理基础的。有的学者认为进行左右脑联合训练，可以提高脑的功能与创新力。

创新认识以生理基础为依托，还要取决于心理结构、工具结构与认识社会关系结构的交互作用。

心理结构中的认识能力结构，对于认识主体预见客体的发展趋势，创造新观念，建构实践模型，起着举足轻重的作用。客体信息作为自在的东西，对于主体来说是无序的、杂碎的，主体认识能力结构以概念判断等主观形式去整理客体信息，将其纳入主体已有的知识体系之中，使之由无序变为有序，以揭示客体的本质与内在规律，从而达到对客体信息的理论性解释。不仅如此，认识能力结构中的理论与方法，还可以根据已有知识进行创新性思维活动，即在实践中获得的大量感性认识与理性认识的基础上，通过想象、联想、类比、综合、直觉、灵感等创新性认知形式，提出新概念、新观念、新方法、新意象等，从而实现认识创新。可见，认识能力结构的好坏也规定着主体能动创新的合理程度与科学程度。

客观工具结构是主体能动创新的产物，又是主体能动创新不可缺少的手段。现在，只有通过一定的客观的工具结构，主体才能接收、存储、加工、输出、反馈信息，检验认识的真伪，暴露主观认识与客观实在的矛盾，促进主体认识结构的完善与发展。所以工具结构的优劣，同样规定着主体创新性发挥的程度。

主体认识社会关系结构，是主体能动创新的社会基础，创新所凭借的认识能力结构，是在认识社会关系中不断形成发展的。只有通过处于不同时空条件下现实人之间的认识交往，才能将社会的、他人的知识文化、价值观念、思维方式转化为自己的认知能力结构，超越个人经验、知识、能力的局限。

总之，离开了主体间的相互作用、相互交流，新知识就不可能被创造、被检验、被接收和被利用。

　　既然主体的心理结构、认识工具结构以及观念产品的创造，都是在主体认识的社会关系的基础上形成发展的，那么，认识社会关系的性质的优劣必然制约着主体认识创新的程度和水平。

　　综上可见，认识主体的创新认识，不是由认识主体的生理结构、心理结构、工具结构、认识关系结构的各自功能的机械相加构成的，而是以它们的交互作用形成的整体涌现性为基础的。也可以说，认识结构的整体涌现功能使创新认识成为可能。

三　从复杂的认知过程来看
创新认识是如何形成的

　　前边已提到，在大脑生理过程的兴奋与抑制的交互作用的基础上形成的心理结构（主观意识结构），包括认知、情感、意志三个过程：认知过程包括感觉、知觉、想象、思维等要素，而思维又有逻辑思维、形象思维、直觉思维等形式。此外，还有与思维活动紧密相连的灵感。认知是由多种认识形式交互作用构成的复杂过程。

　　创新认识，往往是在几种认识形式交互作用的基础上，以某一种认识形式的作用为突破口形成的。具体来说，有多种表现形式：

　　例一，在有的认识过程中，是以想象的作用为突破口，实现认识创新的，想象是对已积累的知觉材料（表象）经过加工改造而形成新形象的过程。实际上是把头脑中过去形成的各种暂时神经联系经过重新组合而形成新的联系的过程。

　　积极的想象也叫创造的想象，是在第二信号系统的参与和调节之下进行的想象，是与理性认识紧密结合的，根据一定的目的，自觉地实现着一定的任务。不同于缺乏第二信号系统的调节作用的消极的想象，消极想象所想到的各种情景，往往是东拉西扯，离奇古怪，有时简直是毫无意义的形象组合。巴甫洛夫认为，大脑两半球的这种活动，"主要地是服从于皮质下部的情绪的影响"①。人们在认识过程中，在大量的现成材料的基础上，在正确思想的指导下，进行积极的想象，或构思实验，建立模型，发明技术；或提出假说，创造理论；或进行文艺创作，从而解决前人未能解

---

　　①　杨清：《心理学概论》，吉林人民出版社 1981 年版，第 315 页。

决的问题，使认识有所发展，有所创新。需要解决的问题不同，展开想象的方式也会不同。想象可以通过多种方式展开。把抽象的思想、概念形象化，并按照有意想象的要求去思考，是一种形象化的想象。这种想象可以填补经验知识的空白，帮助我们找出不同对象之间可能具有的关联，还可以给抽象思维的对象建立起富有创造性的新形象。通过提出"假如"式的问题，将与事实相反的情况作为事物发展的一种条件，仿造事物之间的条件关系，推测事物可能发展的前景，这种想象可以帮助我们创造出多种多样的"虚拟世界"，丰富我们的认识内容和精神世界。

例二，在有的认识中，是以类比推理的作用为突破口实现认识创新的。类比推理也叫类比法，是从形式逻辑上讲的，根据两个对象某些属性的相同，推出它们的其他属性也可能相同的间接推理，如荷兰物理学家惠更斯曾运用类比推理，提出了光波的概念。光和声这两类现象具有一系列相同的性质：直线传播，有反射、折射和干扰的现象；而声有波动性质。他由此推出结论："光可能有波动性质。"类比推理是一种或然性的推理，其结论是否真实还有待实践证明。

人们在认识事物时，常常运用已经认识的某个或某类事物去推断尚未认识的另一个或另一类事物。这就是运用类比推理。

类比不同于比较。类比要在比较的基础上得出新的结论，它是一种推理。类比也不同于比喻。类比和比喻虽然都以比较为基础，但是类比是一种推理形式，目的在于推出新知识；比喻是一种修辞手法，目的在于生动形象地描写或说明认识对象。在认识过程中，以大跨度的类比推理为突破口能实现认识创新。类比推理在科学技术的发现和发明中具有先锋作用。历史上许多科学发现和技术发明都是从类比推理开始的。科学技术人员通过类比推理，开启思路，能够提出解决问题的种种设想。

我国地质学家李四光，观察分析了我国东北、华北等地区的地质结构并与中亚地区地质结构加以类比，发现两地区有许多相似之处。他从中亚地区即高产油区，推断我国东北、华东地区应有大量油气存在。在这一理论指导下，经过勘探，我国先后在东北、华东、华北等地发现了几个大油田。

20世纪60年代兴起的仿生学，所运用的主要方法是模拟方法。它专门研究和模仿生物的构造及其功能，用于制造先进的技术装置。从思维方法角度看模拟方法是一种类比推理方法，它是类比推理在科学研究和工程技术领域中的具体运用，也是逻辑思维与形象思维结合运用的具体体现。

类比推理大大丰富了人们的认识和实践，使人们能够积极联想。触类旁通，获得创造性的启发和灵感。它在人们认识世界和改造世界的活动中具有重要作用。

例三，在有的认识过程中，是以综合的作用为突破口实现认识创新的。这是因为客观世界具有无限分解的可能性，也就具有无限综合的可能性。所以在思维中通过综合的方法所得到的结果，并不限于对现成客体的死板的再现。可以利用无限综合可能性，自由地进行创新性综合。比如，有的学者积极主张并实施的中国哲学、西方哲学与马克思主义哲学的综合集成理论创新就是如此。

例四，有的认识过程，是以灵感的作用为突破口实现认识创新的。灵感一般是在人们的潜意识与显意识的对立统一中、在思维主体对问题的长期思考与外在偶然因素的触发的相互作用中、在思维潜能得到较大发挥的情况下发生的。它的出现能够使问题顿时得到解决，使创新认识顿时得以产生，它的产生方式带有突然性、出乎意料性，所以通常被称为灵感或顿悟。比如，德国化学家凯库勒长期研究苯分子结构，对苯分子是由 6 个碳原子和 6 个氢原子组成的早已测定清楚。那么，这 6 个碳和 6 个氢又是以什么方式组成的呢？"他在 1856 年圣诞节后的一天，……一面苦心思考着，一面在纸上画。他试着写出几十种苯分子式，'不行'，'还是不行'，……他日思不解，累极了，而且还有些头痛。他把安乐椅拉近壁炉，躺在安乐椅上，感到惬意而温暖，慢慢地朦朦胧胧入睡了……在梦中，他好像看到六个碳原子连在一起形成了一条弯弯曲曲的蛇，每个碳原子上还带着一个氢原子，互相长在一起，连成一条怪蛇。那条怪蛇已经蠕动起来了，它在爬，它在摇头晃脑地跳舞，而且越跳越快。突然不知道为什么，这条蛇被激怒了，它竟然狠狠地一口咬住了自己的尾巴，然后就不动了，形成了一个环。凯库勒在梦中仔细一看，啊！不对，又变了，这不是一条蛇形成的环，这是一枚宝石戒指。凯库勒哆嗦了一下，睁开了昏花的双眼。原来是南柯一梦，梦中看到的那咬住尾巴的环形蛇，还在眼前晃动着……这是一个多么奇怪的梦啊！梦醒之后，一切如常，壁炉的火苗映红了他的脸，原来写的苯分子的几十个结构式，还躺在纸上。但是，他在梦中看到的苯分子的环形状态还依稀记得，这也许就是长期未能解决的问题的答案吧？他匆匆地在一张纸上写下了梦中看到的环状结构，苯分子的结构式就这样被发现了。"①

自古以来，灵感就是令人惊异又深感玄妙的现象。灵感常常给人们带来意想不到的创新效果，往往导致人们对"百思不得其解"的问题，有一种突然的感悟和理解。

但灵感不是人的头脑里固有的某种先验的灵性，也不是从天上掉下的、上帝给人的某种启示。而是现实的人、在现实的社会中，在实践的基础上，在头脑中形成的可理解、能认识的一种特殊的心理状态。

灵感不会光顾毫无准备的一片空白的头脑。如果对认识对象缺乏应有的把握，不了解基本的事实情况，不积累相关的知识，不对所要解决的问题进行长时间的思考探索，就不可能在瞬间捕捉到解决问题的灵感。所以，只要我们善于学习与积累，做捕捉灵感的有心人，就可能有灵感产生。

四　从自觉意识的能动作用来看创新认识的价值取向

世界的多样性、无限性潜藏着巨大的可能性空间，为主体自由选择提供了广阔天地、客观前提，客观事物能否由可能客体转化为现实客体则取决于主体心理结构中由认识过程、情感过程与意志过程的交互作用，形成的自觉意识。自觉意识直接规定着选择的方向、范围与选择的需要、内在尺度。这是由于自觉意识包括对象意识与自我意识两个方面。所谓对象意识是指人能够自觉地在自己的意识中，把外部世界的一定事物作为自己活动的对象，从而形成关于外部对象的意识，即对象意识。所谓自我意识是指人能够把自己在一定历史条件下产生和形成的需要、情感、意志、本性、本质力量以及物质的和意识的活动也当做对象加以对待，从而形成关于自我的意识，即自我意识。对象意识与自我意识相互联系、相互制约构成了统一的自觉意识。

人们在认识过程中，在自觉意识的对象意识的能动作用下能够对选定的反映对象，运用有关的知识储备和思维方法揭示其本质规律，有所发现、有所发明、有所前进，发现真理，创新认识，并将其物化、外化，转

---

① 林成滔：《科学简史》，中国友谊出版公司2004年版，第237—238页。

化为新技术、新工具、新设施。

　　同时，在自觉意识的自我意识的能动作用下，在认识过程中把认识主体自己的需要、利益、本性和本质力量当做内在尺度运用于其中，并能通过自我意识的自我控制，运用情感、意志、激情等非理性因素的驱动调控作用，激活知识、方法、信念，推动主体运用知识，同化、顺应、整合客体信息，以尽快实现认识创新。

　　可见，在认识过程中，自觉意识的能动作用，既规定着创新认识反映的方向与范围，揭示特定范围的本质与规律，使创新认识具有规律性、客观性；又使创新认识能反映主体的需要、利益与内在尺度，具有合目的性、价值性。总之，自觉意识的能动作用，使创新认识具有合规律性与合目的性相统一的价值取向。

　　　　　　本文发表在《马克思主义研究》2006 年第 4 期。

第六章

科研方法论转换与中医复兴

——超越还原论，发展整体论，
实现两者辩证统一

一　从科研方法论的演变过程说起

医学是"研究人类生命过程以及同疾病作斗争的一门科学体系"[①]，即我们通常所说的，是研究人体系统、治疗并预防疾病、增进人类健康的科学体系。它是以人体系统以及人体与环境的相关性为对象的。而人体是一个自组织、自适应的复杂巨系统，具有自我发展、自我调节、自我完善，不断进化的能力；环境更是纷繁复杂，川流不息，不断演变的过程。由人与环境相互联系、相互制约构成的矛盾统一体，则是一个超级的开放复杂巨系统。面对这样一个超级的开放复杂巨系统，医学要实现对人体系统的防治疾病、保障健康的根本任务。需要有合规律和合目的的，具有科学性和人性化的理论、方法与技术，特别需要具备贯彻于它的一切理论、方法与技术之中，规定它们的前进方向与行动路线的正确的方法论。这里讲的方法论，既不同于医学实践中的属于技术层面的具体方法，又不同于对医学的理论与实践有普遍指导意义的更高层次的哲学方法。它是作为哲学方法与技术层面的具体方法的中介层次的，内在于整个医学的理论、方法、技术之中，并规定它们的方向路线的一般的科研方法论。

我国的医学现有中医和西医两个体系。这两个体系有不同的理论、方法、技术与方法论。我们通常所说的中西医的宏观战略不同、思维方法不

---

① 《辞海医药卫生分册》，上海辞书出版社1978年版，第1页。

同，大体指的就是方法论不同。

探讨中医的复兴，需要紧紧抓住这个具有战略性、方向性的方法论问题。从这里切入，有助于我们深入了解：中医在近代工业机械文明的冲击下为何走向衰落；随着新的文明转型，中医的复兴和蓬勃的发展是历史的必然。因此，有必要从科研方法论的演化过程说起。

科研方法论的演化过程如何呢？

众所周知，科学的发展，从古至今大体经历了三大阶段；古代的直观思辨、近代的经验分析与现代的辩证综合。在这三大阶段上有三种不同的科学研究方法论。

在古代的直观思辨阶段，由于当时科学与哲学尚未分化，科学通常与不同哲学派的自然哲学掺和在一起，用哲学思辨的方法整理直观经验，所以在它对现象知识的经验总结中，常常渗透着猜测性思辨，用逻辑推理的思辨方法来弥补具体知识的不足，因而具有直观思辨的特点，故称为直观思辨阶段。这时科学与哲学混在一起，作为知识的总汇——"爱智慧"的内容，直接受哲学的影响，其探索自然的主导方法是整体论的。也就是说，这时科学研究的方法论主要表现为整体论，其基本思路是强调对自然现象的比较笼统的整体把握，是直观的、朴素的，未能把整体把握建立在对部分的精确了解上，特别是对部分之间相互关系的精确了解上，既没有精密的科学实验，又未形成严密的逻辑体系。

科学的发展，从古代的直观思辨，进入近代的经验分析阶段之后，从15世纪中叶到19世纪中叶，持续了约400年，一直沿着还原论的方向、路线，用经验分析方法，把整体分解为部分，把高层次还原到低层次，按照从大到小、从上到下、由浅而深的顺序认识事物，探索宇宙的奥秘。

在事物的相互联系、相互转化过程中，由部分整合为整体、低层次结合成高层次时，它们在游离状态下显现出来的许多特性会被屏蔽、束缚起来。所以，把整体分解为部分之后，就能使其组成部分处于独立状态下的特性显现出来，比如，氢有易燃性，氧有助燃性，氢氧化合为水时，它们原有的这些特性就被屏蔽起来了，而水被电解后，氢与氧被释放出来，它们独立状态下的特性又会显现出来，人们通常把这称之为还原释放性。

在近代经验分析阶段，科学发展沿着还原论的方向，用分析、分解、还原的方法，不断把整体分解为部分、把高层次还原到低层次，揭示了大自然的许多奥秘，取得了巨大成就。比如，物理学对物质结构的探索就经历了一个从宏观物体—分子—原子—原子核—基本粒子—夸克的分析、分解过程，从而发现了原子能，并使人类得以利用原子能。又如，生命科学对生命现象的研究也经历了一个从整体形态水平—器官水平—细胞水平，进而深入到分子水平的分解、还原过程，DNA 双螺旋结构的发现意味着对生命现象的研究进入了一个新阶段，使遗传密码得以破译。与此相适应，在实践领域，一个全新的产业在分子生物学研究的基础上诞生了，它的影响已经展现在医学、人类营养学、农业、动物繁殖等领域。可见，还原论对科学技术的发展、生产实践的推动起了重大的作用，功不可没，以后它仍将继续发挥应有的作用。

还原论不是不考虑对象的整体性，而是强调为了认识整体必须认识部分，用部分说明整体，用低层次说明高层次，即认为经过分解、还原，把一个个部分、一个个低层次弄清之后，再把它们加合起来，整体面貌就清楚了。把整体当成部分的相加，整体不会大于部分的总合。这实质上是把部分之间的关系，把层次之间的关系，简化为可加、可分的，或成比例发生变化的单向直进、一往无前的线性关系，把产生复杂性的非线性关系（不成比例的、曲折反复的关系）简化掉了。这就是建立在线性基础上的，把复杂现象简化了的，略去非线性部分，在分析、分解的基础上，把部分、低层次叠加、整合为整体的方法，即还原论的机械相加方法。

这种方法对认识物理、化学领域的简单系统是有效的。比如，在力学范围内要弄清两个分力的合力，把两个分力当做两个边，画一个平行四边形，找到这个平行四边形的对角线就行了。又如，认识像砖堆或杂物堆等被称为"堆"的复合体，把堆在一起的东西加合起来就行了。

但是，对于认识诸如生物系统、人体系统、人脑系统、地理系统、社会系统、天地人等开放复杂巨系统情况就不同了。

任何复杂系统都具有由组成元素的动态的非线性相互作用涌现出来的整体特性，称之为整体涌现性。这种特性能在经验上加以确认，但不能从逻辑上推导出来。比如，生物系统表现出来的"生命力""活力"就是物质要素相互作用的结果，即物质组织的结果，而不是物质要素自身固有的某种东西。人工生命的倡导者兰顿说："无论核苷酸、氨基酸或碳链分子都不是活的，但是，只要以正确的方式把它们聚集起来，由它们的相互作用涌现出来的动力学行为就是被我们称为生命的东西。"① 组织在细胞中的分子同处于非细胞实体中的分子并无两样，令人迷惑的"生命力"或"活力"只能是物质分子按照细胞这种结构模式进行组织所带来的涌现性。它们不违反量子力学规律，但不能完全归结为量子力学规律。"生命现象是如此，一切涌现现象都是如此，都应作为组织的产物来理解。我们在大自然中看到的至今难以解释的那些整体特性，都是物质世界通过自组织涌现出来的。"②

用还原论方法生物学揭示了生物遗传密码，但未能解开生命起源的奥秘。实践证明，还原论用分析、分解、还原的方法是揭示不了生命的本质的。理论生物学家贝塔朗菲深切体会到：当我对生命中各分子都了解清楚时，我对生物的整体图像反而模糊了。还原论对认识复杂系统是无能为力的。所以，他说："我们被迫在一切知识领域运用'整体'或'系统'概念来处理复杂性问题。"③

随着科学的发展，从经验分析进入辩证综合阶段之后，科学方法论必然要超越还原论、发展整体论，并在这两者辩证统一的基础上形成系统论或涌现论，以此来推动科学技术沿着探索复杂性的方向迅速发展。所以说，21 世纪科学技术的主要特点是，科学主要是复杂性科学，技术主要是调控复杂系统的技术。

综上可见，伴随着科学的发展，从古代的直观思辨到近代的经验分析，再到现代的辩证综合的演化过程：科研方法论有一个相应的，从古代的整体论到近代的还原论，再到现代的系统论或涌现论的转换过程。

二　中医的基本理论与整体论

有了人类就有了医疗活动，人类在生产和生活实践中，逐步地了解到与饮食有关的植物性药物和动物性药物，了解到与渔猎有关的外伤救助方法等。随着经验的积累，形成了远古时代的医药知识。

古代医学中，唯有中国医学，几千年来从未中断失传，一直传承

---

① 许国志主编：《系统科学与工程研究》，上海科技教育出版社 2000 年版，第 175 页。
② 同上。
③ ［奥］贝塔朗菲：《一般系统论：基础、发展和应用》，林康义、魏宏森等译，清华大学出版社 1987 年版，第 2 页。

至今。

中医是我国古代劳动人民和历代医家与疾病作斗争的经验总结，有独特的科学理论内涵与宝贵的临床经验。对中华民族的生存、繁荣、昌盛起到了伟大的作用，是中华民族文化的瑰宝，是世界上保存最完整、应用最广泛的传统医学，具有世界性的影响力。

我国医学到了春秋时代已经有了比较丰富的实践知识，医学理论已开始萌芽。中医的理论体系是战国至西汉的几百年间形成的，代表性的医学著作是《黄帝内经》和《伤寒杂病论》。"《黄帝内经》简称《内经》，是我国现存的一部最早的医学专著。它伪托为黄帝和其臣子岐伯、雷公、鬼臾区等论医之书。包括《素问》和《灵枢》两部分。……《灵枢》也称《针经》。……《内经》的著作年代，现在已不可确考。大部分学者认为它是战国至秦汉时的作品。""《内经》的内容很丰富，从基本理论、疾病诊断治疗，到养生、针灸等都有很详细的记载。特别是基本理论部分，不但是过去医学理论的总结，而且也是以后一千多年中医理论的准则。"基本理论部分包括生理学说和病理学说。"《内经》的生理学说，主要叙述了脏腑、经络、气血、精神、津液的作用和生理功能；病理学说，主要确定了虚、实、寒、热等四种基本的病理变化。这两部分是本书最重要的内容，其他在发病论方面强调了机体的内在因素，治疗方面强调了预防为主的思想，并确定了补虚泻实的总原则。所有这些，都是我国民族医学的主要特点，所以值得特别注意。"①

《伤寒杂病论》是东汉时期张机（字仲景）所著，"总结了汉代300多年的临床实践经验，和《内经》的基本理论联系起来，并且把它加以充实和发展，或纠正了它的某些不合理部分，使它能更好地应用于临床，为实践服务，……奠定了中医'辨证论治'的基础。'辨证论治'是针对病机病变进行治疗的一种临床基本理论。即根据病变的表、里、阴、阳、虚、实、寒、热等不同情况，决定治疗原则的理论。如表证用汗法，里证用下法，虚证用补、实证用泻、热证用清、寒证用温等。这些原则在《内经》里已经基本形成，但由于各种病变的指证还不够明确具体，特别是药物治疗方法还比较简单，不能完全按这些原则进行治疗，因此在临床实践上很难充分运用。只有在有了上述各方面的进步和发展，才能使这些

① 贾得道：《中国医学史略》，人民出版社1979年版，第47、48、76页。

原则具体实行，使这种理论能够确立。所以这也是张机（仲景）的一个重大贡献"①。

《伤寒杂病论》使《内经》的基本理论和临床实践更具体地结合起来，奠定了我国临床医学理论，即"辨证论治"的基础。它是我国最早的理论联系实际的临床诊疗专著。《黄帝内经》和《伤寒杂病论》，都可看成是我国医学的奠基之作。

"自汉以后至唐宋，中医的发展主要是在《伤寒杂病论》的基础上，对疾病认识、医方的创制、新药的发现等方面不断充实内容，从而在临床实践中进一步完成辨证施治的体系，特别是形成了分析内伤杂病的脏腑辨证的学说。这个时期积累了大量的方剂和出现了许多'方书'，主要著作有《脉经》《巢氏病源》《千金方》《外台秘要》等。"②

中医的基本理论是以体现在阴阳五行学说中的朴素的唯物主义与辩证法思想为哲学基础的。

"在中医理论中，阴阳五行的哲学概念与医学的具体内容结合在一起，体现为生命活动中客观存在的相互关系。这一方面保留了阴阳五行的高度概括的哲学意义，成为中医理论中的纲领；另一方面，与医学内容相结合，成为人体中某些物质和功能的概括。"③

阴阳思想反映的是对立统一，五行思想反映的是整体相关性。这是宇宙的最根本规律，也是中国古代文化的最根本观念。中医正是依据它们构建其理论体系的。

阴阳学说是中医理论体系的核心，因此，中医对于无论生理、病理，无论结构、代谢、功能，无论致病原因、发病途径、病势演变，都是以阴阳学说分析其内在矛盾和把握发展变化中的相互关系的。

《素问》认为，人身的阴阳跟天地的阴阳是完全一致的。因此，它用阴阳来分析人生理上各种各样的问题。

首先，它拿阴阳的理论来归纳人体脏腑组织的属性，把人的内脏分成脏和腑两大类：脏就是指五脏，包括心、肝、脾、肺、肾；腑是指六腑，包括胆、胃、大肠、小肠、膀胱、三焦这六个部位……

---

① 贾得道：《中国医学史略》，人民出版社 1979 年版，第 93、94 页。
② 元文玮：《医学辩证法》，人民出版社 1982 年版，第 181 页。
③ 同上书，第 195 页。

　　五脏六腑有阴阳不同的属性。五脏是阴，六腑是阳，五脏跟六腑是阴阳配合的，因此就可以用阴阳来分析人的病理变化。比如说，如果阴太盛的话，阳就要病了；阳太盛的话，阴就要病了。阳盛表现为一种热，阴盛表现为一种寒。

　　之后，又用阴阳理论来诊断病症的属性，看是属于寒证还是热证。诊断出病症以后，就要进行治疗，治疗也首先要分清阴阳，以确定治疗的方向。如果是寒证，那当然就要用热来加以补充。寒就是阴寒，阴寒就用阳补。如果是热证，就要用阴来补。总之，阳病要治阴，阴病要治阳。

　　这种阴阳理论，实际上就是利用事物之间对立统一、相辅相成的规律，来判断和分析人的生理状况、病理状况，然后进行相应的治疗。

　　中医认为疾病的本质即是阴阳失调。因此，它把错综复杂、千变万化的临床表现总括为阴证和阳证，其中表证、热证、实证统属阳证，里证、寒证、虚证统属阴证，并以阴阳转化来把握它们之间的关系；疾病是由于人体内阴阳的消长和升降变化超过了一定的限度而引起的；治病的原则就是要维持阴阳平衡。

　　中医里还有一个最基础的理论，就是五行生克学说。五行指木、火、土、金、水五种物质及其运动，是古代用以解释一切事物的一种哲学思想，具有朴素唯物论和自发辩证法因素，早在春秋战国时期已经运用于祖国医学，用以说明脏腑的属性及其相互关系。

　　具体说，中医运用"比类取象"的方法，把功能活动不同的脏腑，按照各自的性质和作用，分别归属于五行之中。如肝归属于木、心归属于火、脾归属于土、肺归属于金、肾归属于水。进而说明脏腑的属性及相互关系，就是用五行之间比相生、间相克（即相邻者相生、相隔者相克）的道理，来说明脏腑之间的相互滋生与相互制约的关系。如肝能制约脾，称为木克土；脾能生养肺，称为土生金。

　　"古代医家运用五行学说作为人体脏腑属性归类和演绎，主要是回答在自我调节中人体各个部分是如何协调一致地运动变化的，进而说明生理、病理、诊断、治疗等方面的内在联系。"[①] 五行生克学说的一个核心观点，就是人作为一个生命体来讲，是一个有机整体，其五脏六腑是相互关联的，而不是一个个孤立存在的。五行思想反映的是整体相关性。

---

　　① 元文玮：《医学辩证法》，人民出版社1982年版，第206页。

中医是把人作为一个活的整体来诊疗的，而不仅仅是针对靶器官治局部的病。

中医在方法论上，是以朴素的整体观为方法论的。它十分重视各方面的有机联系，十分重视人体的整体发展及其与环境的关系。这种整体观，不是把一切当做既定的、给定的；而是当做在流变中生成的，发展的。甚至可以说中医是整体性的医学、过程性的医学。

这种朴素辩证的整体观渗透在它的理论与临床实践的方方面面。

比如，在中医看来，经络是人体气血运行的通路，它将人体内脏与体表、内脏与内脏以及体表各部分之间联结成为一个有机整体，供养机体生存、调理脏腑各器官维持正常机能、保健强身。因而经络理论对于指导针灸、气功、辨证施治等中医理论与实践有决定性作用。

又如，中医认为局部能够反映整体的观点，是十分突出的。现在非常风行的足疗，实际上就是脚底按摩。因为中医认为脚底虽然只是人的一部分，但却能够反映出全身的状况来，所以用足疗可以医治各方面的病。同样地，还有手，手掌的每一个部分，也都反映了全身各个部分的状况。

如再，中医是从整体变化的相互关系上来把握辨证施治的。尽管病因多种多样，机体状况各不相同，症状表现千差万别，但中医在长期的临床实践中，把整体联系的最一般的病变规律，原则地概括为阴、阳、表、里、寒、热、虚、实 8 种最基本的证型。这种由疾病过程中各种变化的综合分析而产生的"证"的概念，包括了病因、部位、病理生理状态的性质、疾病演变的趋势、治疗的要求等许多方面内容。比如"表证"就有以下意义：恶寒发热、肢体酸楚、头痛、脉浮等症状，表示有外感，病在体表，而且病人的抵抗力尚强，一般为疾病的初起。若进一步发展可以里化为"里证"，可用汗法解表，进行治疗。可见"证"是在相互关系的综合上，对疾病本质的论断。"证"作为整体变化的概念，要求中医诊断要全面了解情况，所以中医强调望、闻、问、切"四诊合参"。

不仅如此，还应该进一步看到：在中医的整体观中蕴含着朴素的系统论思想，这种整体观绝不是机械的整体观。关于这一点，颜泽贤等同志所著的《系统科学导论——复杂性探索》一书中做了这样的论断，说："《黄帝内经》通过对经络、脉象、穴位等的研究，深化了对人体'系统'的认识；中医学中的脏象学说、经络学说、阴阳五行学说、气血津液学说、天人相应理论等，都充分体现了系统观念和系统方法。"

面对着由人与环境相互联系、相互制约形成的超级的开放复杂巨系统，中医运用整体观及其蕴含的系统论思想分析问题解决问题，尽管它仍有一定的朴素性、直观性，但与还原论的方法论相比较，更适于"把杂性当做复杂性来处理"，在临床上能解决许多用还原论解决不了的问题，出现"奇效"，如治疗"非典"和"艾滋病"，以及针刺止痛等。

可见，在中医理论方面的整体观与朴素系统论等思维方式，具有鲜明的特色与优势，我们在继承与创新中必须牢牢把握。

当然，也要一分为二，应该切实看到这种基本属于古代整体论范畴的方法论，具有不可避免的历史局限性。其基本思路是对宏观现象的比较笼统的整体把握，只关注整体是事物作为浑然一体而存在的一面，反映事物的整合性、一统性和不可分性，而没有把对整体的把握建立在对部分的精确了解上，特别是对部分之相互关系的精确了解上，既没有精密的科学实验，又未形成严密的逻辑体系。

三　西医的由来发展与还原论

西医是随着近代自然科学的发展而发展起来的。比利时医生维萨里（1514—1561）1543 年《人体的构造》出版，标志近代解剖学诞生。英国医生哈维（1598—1657）1628 年《论动物的心脏运动与血液运动》出版，标志着近代生理学诞生。从此人们由认识人体的结构形态进而认识活体的生理功能，开始了近代医学的新时代。可以说，西医在本质上是自然科学在医学领域里的应用。随着自然科学的发展，西医对生命活动和疾病过程的认识在不断地深入。

近代自然科学是以近代形而上学唯物论为哲学基础的。作为自然科学在医学里应用的西医不能例外，其哲学基础当然也是如此。它在兴起时期，历史地在形而上学唯物论的指导下，唯物地通过分门别类的研究，逐步以对事实的具体考察，取代了直观的笼统的认识，并日益从思辨理论中摆脱出来。发展成真正系统的实验科学。与此同时，也蕴含着孤立静止、片面地观察问题的形而上学思维方式对西医的深刻影响。使之具有比较重视分析局部的器官和功能的变化，而缺乏整体观点和过程思想的局限性。

再看科学研究方法论的演变，前边已提到科学的发展从古代直观思辨，进入近代的经验分析以后，从 15 世纪中叶到 19 世纪中叶，持续了约 400 年，一直沿着还原论的方向、路线，用经验分析的方法，把整体分解为部分，把高层次还原到低层次，按从上到下，由浅而深的顺序来认识事物，探索宇宙的奥秘。

作为自然科学在医学里应用的西医，也不能例外，其科学研究方法论，当然也是还原论的。

西医运用了自然科学知识和技术，有可能观察得较细微、准确、客观，对疾病的发生、发展、变化、转归等，一般也能用客观指标加以定性、定量分析测定。随着科学技术的迅速进步，在对机体和疾病的微观认识也越来越深入，经常提出新的概念和学说，修改、补充旧的概念和学说。它能以极快的速度汲取科技成果，充实到检测、手术、药物等领域，在外科手术、流行病控制、动物实验、免疫技术、器官移植、基因工程、干细胞工程、新药物筛选、医学工程等方面开辟了广阔的道路。对于当代人类平均寿命的提高、未来人类的健康发挥着重要的作用。

但是，由于西医是在近代自然科学的基础上产生出来的，其方法论上打着很深的还原论烙印。重分析、重局部、重演绎，而轻综合、轻归纳、轻整体。侧重人的生物性，忽视人的心理、情感、行为、社会、环境等方面因素。在还原论、实体论的指导下，把人看成是由各个系统、器官、组织、细胞构成的复合体，采用单因子分析方法，随着技术发展越来越细、越单一、越精确，直到分子水平。治病只关心攻击的靶点，着重在对靶器官病理改变的纠正，而完全忽略人的差别。病人被淡化为一般的"疾病载体"，由于受工业文明的影响，还常把病人当做一个"加工部件"，在医院的"流水线上"，从这个科室转到那个科室，流经各"车间"接受各种装备的检测，抽取各种样品作生化分析。医生只依靠各项指标数据作出判断，或处方或手术。但是，人体绝不是物理学概念中的机器，绝不是信息技术概念中的机器人，绝不是化学概念中的反应罐，也绝不是生物学概念中的多细胞集群或灵长类动物。这种看病不看人，把整体等于部分机械相加的还原论的思维方式，不能全面地把握不同层次和不同方面的内在联系，不能深入反映生命和疾病运动的本质与整体，造成了认识上的诸多局限，使医疗达不到良好的效果。"比如，自 1674 年西医发现糖尿病以来，到 20 世纪初西医搞清了其机制和病因，并发明了化验糖尿的办法和葡萄糖耐量试验，为早期发现、早期治疗这种疾病提供了条件。然而，这只是着眼于局部的胰岛功能的研究，却忽视了整体代谢的探讨。在治疗上胰岛素虽然见效快，但不能根本改善胰岛功能，停药之后，病情反而加重。近年来又发现一些久服胰岛素而血糖不见降低的病例，因而，人们越来越注意糖尿病的整体病理机制，如微血管病变、免疫机制的改变等。"①

20世纪中叶以来，现代科学沿着辩证综合的途径取得了突飞猛进的发展，在全球范围内进行着以微电子学和计算机技术为主要标志的新的科技革命，形成了一系列的新科技部门。其中有三大前沿：天体演化理论、生命起源科学、基本粒子理论；三大支柱：信息科学、生命科学、材料科学；三个重要标志：人工智能、空间技术、原子能利用。新科技革命的一个突出的特征是，现代科学技术的发展呈现了既高度分化又高度综合，而以高度综合为主的一体化趋势。科学知识的综合性、整体化，比较全面地从总体上展现了现代科学进入辩证综合阶段以后的整体特征。

当代西医的发展，在现代科学发展的辩证综合大潮的推动与潜移默化的影响下，"正在突破西医传统的解剖分析性的研究方法，对人体和疾病的认识，进入既有分析又有综合，既看到局部又看到整体、群体以致生物圈的新的水平。但是，现代医学的综合性动态研究还仅仅是开始，还未形成反映从分子、细胞到整体各级水平的运动规律的理论体系，传统的形而上学思维方式的广泛影响，仍然要有很长时期才能克服"②。

四　中医复兴与整体论还原论的辩证统一

中医的复兴实际上是中医的优良传统在新历史条件下的继承与发展问题，也是中西医的优势互补实现有机结合，并在结合的过程中创建新型的统一的有中国特色的医学体系问题。

解决这些问题，不能就枝节而论，视域狭窄；更不能机械地加合、混合、凑合。必须从宏观战略高度，立足于文化的转型、科学发展的大趋

---

① 　元文玮：《医学辩证法》，人民出版社1982年版，第224—225页。
② 　同上书，第225页。

势，从科研方法论的转换上加以研究解决。

前边已经讲过，伴随着科学的发展，从古代的直观思辨到近代的经验分析，再到现代的辩证综合的演化过程；科研方法论有个相应的从古代的整体论到近代的还原论，再到现代的系统论或涌现论的转换过程。科研方法论是直接决定科学发展的方向、路线以及能否取得重大成果的战略性问题；科研方法论的转换直接反映着科学发展的大趋势。

因此，我们需要从战略高度，适应着科学发展的大趋势，紧紧抓住科研方法论的转换问题，认识和解决上述问题。

众所周知，中医和西医由于各自创立和发展的时代背景不同，科学技术条件不同，哲学基础不同，科研方法论不同，形成了不同的学术体系。它们各有长处，各有自己的局限。它们在方法论上，各自的长处，又往往恰好是对方的短处。比如，中医的整体论包含着西医的还原论所缺乏的从整体上认识和处理问题的方法论思想；西医的还原论包含着中医的整体论所缺乏的对局部进行精细分析的方法论思想。

这表明，我国医学发展到了今天的时代，中西医在方法论上彼此取长补短、实现优势互补，不仅是必要的，而且是可能的。因为这是符合科学发展的辩证综合之大趋势的。这样，不仅能够它们从战略上、方法论上有机地结合、统一起来，而且可以在实现这种有机结合的过程中，逐步创建新型的统一的有中国特色的医学体系。

这个过程，实质上就是超越还原论、发展整体论实现两者的辩证统一。所谓辩证统一，绝不是两者的机械相加，而是在对两者实行"辩证否定"基础上的有机结合；所谓辩证否定，用黑格尔的说法叫"扬弃"，就是既克服又保留，所谓对还原论、整体论实行辩证否定基础上的有机结合，就是在克服抛弃它们的片面的消极的东西的同时，保留和发扬它们的有益的积极的东西，并把这些积极的东西在新的形态（系统论）中有机地统一起来。可见，系统论是超越还原论、发展整体论，实现还原论与整体论的有机结合与内在统一的结果。科研方法论的转换就是：从古代的朴素整体论到近代的还原论（从肯定到否定），从近代的还原论到现代系统论（从否定到否定之否定），正、反、合，在更高基础上回到了原来的出发点，螺旋式上升。

用现代系统论的方法探索复杂性，"真正把复杂性当做复杂性来处理"。这样来面对人体与环境组成的这个超级的开放复杂巨系统，就能从更大范围、更深层次、更复杂的关系上，更精确、更深刻、更完整地反映人类的生命过程以及与疾病斗争的规律，从而建立起属于复杂性科学范畴的新型的医学。

本文发表在《北京行政学院学报》2008 年第 3 期。

第 七 章

扬弃还原论发展整体论实现中西医结合

中国医学现有中医和西医两大部类。由于它们创立发展的时代背景不同，文化底蕴不同，从事研究活动的方法论各异，因而形成了各自的学术体系、学术风格与学术传统。

中医复兴，不是离开整个医学发展的道路，孤立地回归过去，而是既复又兴；实际上是中医的科学内涵、优良传统在新历史条件下的继承与发展；是适应着科学技术发展高度综合的大趋势，广泛汲取科学技术的新成果，实现中西医的优势互补有机结合，并以"整体大于部分之和"的机制，创建新型的、统一的医学体系的过程。

解决这一问题，不能视域狭窄枝节而论，更不能搞机械地加合、混合、凑合；应从宏观战略高度，遵循科学发展的大趋势、立足于文化的转型，从科研方法论的转换上予以研究回答。

沿着这个思路，具体阐述下列几个问题：

一　中西医结合的必然趋向

从科研方法论转移的战略高度探索此问题，需要首先弄清什么是方法论，以及它在科学发展中的地位与作用。

所谓科研方法论，既不同于具体科学实践中属于技术层面的具体方法，又不同于对具体科学的理论与实践有普遍指导意义的哲学方法。它是作为哲学方法与技术层面的具体方法的中介层次，内在于整个具体科学的理论、方法、技术之中，并规定它们的从事研究活动的方向与路线的，具有一定战略意义的方法论。

众所周知，科学的发展，从古至今大体经历了三大阶段：古代的直观思辨、近代的经验分析与现代的辩证综合。其中贯穿着科研方法论的历史转换。

直观思辨阶段，其方法论主要表现为整体论，其基本思路是强调对自然现象的比较笼统的整体把握，是直观的、朴素的，未能把整体把握建立在对部分的精确了解上，特别是对部分之间相互关系的精确了解上；既没有精密的科学实验，又未形成严密的逻辑体系。

进入近代经验分析阶段之后，从 15 世纪中叶到 19 世纪中叶，大约持续了 400 年，一直沿着还原论的方向、路线，用经验分析方法，把整体分解为部分，把高层次还原到低层次，按照从大到小、从上到下、由浅而深的顺序来认识事物，探索宇宙的奥秘。

中医是我国古代劳动人民和历代医家调理人的身体和防治疾病的经验总结，有独特的科学理论内涵与宝贵的临床经验，是中华民族文化的瑰宝。我国医学到了春秋时代已经有了比较丰富的实践知识，医学理论已开始萌芽，中医理论体系是战国至西汉的几百年间形成的，奠基性的著作是《黄帝内经》和《伤寒杂病论》。

中医的方法论是朴素的辩证的整体观。它十分重视各方面的有机联系，十分重视人体的整体发展及其与环境的关系。这种整体观，不是把一切当做既成的、给定的，不是既定论的；而是当做在流变中生成发展的，是生成论的。此观点渗透在其理论与临床实践的方方面面。它与还原论相比，更适于"把复杂性当做复杂性来处理"。

西医是随着近代自然科学的发展而发展起来的，甚至可以说它是自然科学在医学里的应用。其方法论上自然打着很深的还原论的烙印。重分析、重局部、重演绎，而轻综合、轻归纳、轻整体。侧重人的生物性，忽视人的心理、情感、行为、社会、环境等方面因素。在还原论、实体论的指导下，把人看成是由各个系统、器官、组织、细胞构成的复合体，采用单因子分析方法，随着技术发展越分越细、越精确，直到分子水平。

治疗只关心攻击的靶点，着重在对靶器官病理改变的纠正上，头痛医头，脚痛医脚。

中西医是在不同的社会历史条件与科学技术背景下形成的不同学术思想、学术传统，各有优长，又各有局限。在这个中西医彼此规定相互照应的问题上，特别需要指出的是它们在方法论上，各自的长处，又往往恰好是对方的短处。比如，中医的整体论包含着西医的还原论所缺乏的从整体上认识和处理问题的方法论思想；西医的还原论包含着中医的整体论所缺乏的对局部进行精细分析的方法论思想。由于它们所缺乏的，正是它们各自进一步发展所需要的；它们所需要的也正是符合科学发展之大趋势的。所以，这集中显示着中西结合的必然趋向。

从现实来说，我国医学发展到了今天的时代，中、西医在方法论上彼此取长补短，以其否成其可，在科研的方向、路线上实现战略结合，是它们的内在要求、必然趋向。

从发展趋势来看，中、西医在方法论上彼此取长补短，绝不是整体论与还原论在各自原有水平上的机械加合；而是它们在既对立又统一的矛盾运动中，超越还原论，发展整体论，从而实现的两者的辩证统一。

所谓辩证统一，是在对两者实行辩证否定（扬弃、既克服又保留）的基础上的有机结合；就是在克服它们的片面的消极的东西的同时，保留、发扬其有益的积极的因素，并把这些积极的内容，在系统论的形态中有机地统一起来。这不仅是体现科学发展大的趋势，而且进一步展现了中西医结合的历史必然性。

二　中西医结合的现实可能性

现实可能性是以必然性为依据的，潜在的尚未实现的东西。但它往往作为一种苗头、萌芽、征兆或因素存在于现实之中。

中西医结合的现实可能性，主要表现在哪里呢？

第一，在方法论上的趋同性。

前边已提到，中西医在方法论上，各自的长处，又往往是对方的短处。在现代科学发展的辩证综合大潮的推动与潜移默化的影响下，中西医在方法论上彼此取长补短是现实可能的，存在着趋同的苗头、萌芽和因素。

比如，现代西医的发展"正在突破西医传统的解剖分析性的方法，对人体和疾病的认识进入既有分析又有综合，既看到局部又看到整体、群体以致生物圈的新水平"。这样"中西医之间的距离不是越来越远，而是愈益显露两者内在的相似之点和共通之处。近年来，西医对肺的非呼吸功能的研究，证明肺脏具有释放、转换和灭活多种激素的作用，具有调节血压、水盐代谢等方面的功能。这与中医关于'肺主一身之气'、'助心行血'、'通调水道'的论述颇为相似。过去有人认为中医的一个脏腑，具有多种功能，不能为现代科学所支持，但是近来西医逐渐改变了这种观点。1976 年，美国人奎克从三个方面论证了肾与耳的相关联：耳蜗外壁的血管与肾小球、肾小管的结构有相同之处；耳蜗管与肾均可以在一定程度上调整淋巴与血液的化学组成；耳蜗管与肾在抗原方面有免疫学的联系。这提示了中医的'肾开窍于耳'这种以功能系统为单位的脏腑理论，与西医以形态系统来阐述人体的机能活动，是有相通接近的可能性。此外，气象医学、地理医学、老年医学等等的兴起，并没有否定中医的运气学说、养生之道等，相反地，有关的科学研究证实了中医这些学说中包含着合理的内容"①。

又如，就中医学习西医来说，19 世纪末 20 世纪初，我国医学史上曾形成了一个探索以西医学术见解来沟通和发展中医的"中西汇通学派"，旨在保存中医学，吸收西方医学之长，融合中西医学。

"鸦片战争之后，大批西方传教士、商人、医生等纷至沓来。他们开洋行、办学校、建医院、立教堂、出报刊，西方医学这一时期大量地传播开来。……由于西医学大规模的传入导致了中国医学的结构发生了改变，对中医产生了前所未有的影响和冲击。中医学独尊的局面被打破，而形成中西医学二元医学体系并存的形势，客观上为中西医汇通提供了较以前更为有利的条件，从而促进了中西汇通进一步发展，使之进入了一个新阶段。这一时期的主要代表人物有陈定泰、朱沛文、唐宗海等，他们都认为中医学所长在'理'、'气'，即关于人体脏腑功能活动及其联系的认识，西医所精在'形'，即关于形态结构的描述，都主张兼采西医来补充或阐发中医，参合中西医学。"② 恽铁樵在《药庵医学丛书》中指出："今日中西医皆立于同等地位"，"西医之生理以解剖"，"《内经》之生理以气化"。然临床疗效"殊途同归"，主张吸收西医之长，力图中医发展。③

第二，在对象任务上的可通约性。

尽管中西医对医学对象的界定、对医学任务的认定是不同的，差别较大的，甚至可以根据这些差别对它们作出不同的概括：如说西医是疾病医

① 元文玮：《医学辩证法》，人民出版社 1982 年版，第 226—227 页。
② 刘虹、张宗明、林辉主编：《医学哲学》，东南大学出版社 2004 年版，第 384 页。
③ 黄建平等：《中西医比较研究》，湖南科技出版社 1993 年版，第 53 页。

学、对抗医学，中医是调理医学、健康医学。这些说法的确从一个侧面反映了它们的不同特点，是有一定道理的。但是，它们绝不是相互隔离不可通约的，而是既有区别又有内在联系的，是可以通约的。

从可通约性上来看，它们在医疗的具体目标上是有不同的，但在根本目的上是一致的；在医疗具体方式上是有差异的，但在客观对象上是相同的。西医作用的具体目标大多是疾病、靶器官，中医作用的具体目标是机体，是机体的失衡与征候；而他们的根本目的都是使人体恢复或趋向健康。中西医的调治方式是不同的，但都是以人与环境构成的开放复杂巨系统为对象的。

总之，中西医在对象、任务上具有可通约性、共同性。而有共性就有共鸣，就能合作与协同。这种共鸣，会在它们之间的相互联系、相互作用中，在不同的时间、空间，不同的问题上，以各种具体形式显现出来，从而成为它们相互结合的契合点、连通点、融合点、交会点、聚焦点等。

从个性、共性，差别性与可通约性的相互关系来看，共性存在于个性之中，并通过个性来存在；个性又总是同共性相联结的。中西医之间确有许多差别之处。"但往往在这个差别之处，开辟了中西医都有待于深入一步的研究的新领域，并可能开通两者之间统一的道路。例如，在急腹症的治疗中，中医认为'以通为用'，采取'通里攻下'的方法，与西医'忌下'的原则是矛盾的。但是，现在实践证明，只要患者具备了里实热的证候，则不仅可以'通下'，而且'通下可以促进'肠管蠕动增加和血液循环好转，加速炎症的消散，并没有如西医所担心的穿孔的危险。这就推动西医对急腹症中的外因和内因，局部和整体、功能活动与器质变化的关系进行新的探讨。再如，中医麻杏石甘汤的四味药并无杀菌的作用，却能治愈由细菌感染而引起的肺炎。这就提示西医从调整身体生理机能的观点和方法，来研究临床的疗效。"①

可见，中西的差别，有助于打开思路，避免思想僵化，冲破形而上学思想与还原论方法论的思想束缚，从差异性中找到可通约性，推动两者结合，创新认识。

---

① 元文玮：《医学辩证法》，人民出版社1982年版，第227页。

三　实现结合的条件途径与前景

可能转化为现实必须具备一定的条件，只有在一定条件的作用下，通过一定途径可能才会变成现实。

实现中西医结合需要主、客观两方面的条件。就客观条件来说，主要有两个：一是社会政治条件；二是科学技术背景。

先说，社会政治条件：

医学，作为人类文明的重要组成部分，与各民族的文化有着共同的命运。巴比伦医学、埃及医学、印度医学分别随着孕育了它的古文化的衰落而衰落了，唯有发源于华夏文化的中国医学，从未中断失传，一直川流不息，传承至今。

"中国医药学是一个伟大的宝库"①，是中华民族优秀文化的重要组成部分。它的历史命运是与中华民族的历史命运息息相通的，尤其是与作为中华民族的主体的广大工农劳动群众的历史命运休戚与共的。

在半封建半殖民地的旧中国，封建主义、帝国主义、官僚资本主义三座大山压在中国人民头上，历届反动政府与帝国主义相勾结，总是处心积虑地要废止中医。比如，1914 年北洋军阀政府提出过"废止中医"，遭到了全国中医药界的强烈反对。1929 年 2 月，南京政府又搞了个"废止旧医案"，妄图在 50 年内逐步消灭中医。此案出笼后尚未公布实施，即激起中医界强烈反对，是年 3 月在上海召开有 15 个省、130 多个中医学术团体参加的代表大会，成立全国医药团体总联合会，并派出代表赴京请愿。迫于群情激愤，南京政府未能将"废止旧医案"颁布施行。

在这种社会历史条件下，中医连合法的生存权、话语权都没有，又怎能谈得上与西医平起平坐，优势互补相互结合呢？

一直到 1949 年，中华人民共和国成立了，中国人民站起来了，帝国主义和反动派夹着尾巴逃跑了，在祖国大陆上，中医和中华民族一样，才真正取得了合法的生存权、话语权，取得了主体的地位；同时，国家确定了"团结中西医"的政策和"中西医结合"的方针。使"中西医结合"成了国家的意志，依靠上层建筑的力量贯彻实施。从此，才真正具备了实

---

① 《毛泽东文集》第 7 卷，人民出版社 1999 年版，第 423 页。

现中西医结合的社会政治条件。

第二个客观条件是科学技术背景：

在科学发展的经验分析阶段，在简单性科学一统天下的情况下，或者是用简单性科学的还原论观点来看中医，中医只能成为否定、批判的对象，谈不上与西医平起平坐相互结合。只有科学发展进入了辩证综合的新阶段，出现了这样的科学技术发展的新的大背景，才有了条件，扬弃还原论，发展整体论，实现中西医的有机结合辩证统一。

在上述社会政治条件与科学技术背景的作用下，中西医相互结合的现实可能性是通过什么途径转化为现实的呢？

新中国成立以后，由于"团结中西医"和"中西医结合"的方针政策的确立与实施，我国医学的发展进入了一个实现中西医结合的新的历史时期。几十年来，实行中西结合创造中国统一的新医药学成了整个医学工作的宗旨。

中西医结合过程，是两种医学从差异、互补逐步走向渗透、融合的过程，是一个复杂的系统工程，不可能一蹴而就，必定有一个由点到面，由简单到复杂，由表及里，由临床实践到系统理论，由中西医学互相合作到中西医学的有机结合，由初级到高级循序渐进、不断深入、逐步发展的过程。

在这个过程中，在中西医结合的初始阶段上，主要表现为临床实践上的结合。医学，不管是中医学、还是西医学，首先应为临床服务，解决临床中遇到的治疗疾病的问题。中西医学结合的首选目标就是实行临床实践上的合作，以提高疗效，保障人民健康。

这种临床实践上的结合，其主要实现形式有：临床诊断上的"辨证"与"辨病"的"互参"；治疗上的中西两法"互补"；"中西两药"并用；中西医专家会诊等。

中西医临床实践结合的发展，必然要求在基本理论上有所突破，进而实现系统理论层面上的结合。"辨病与辨证相结合，要求说明病与证是怎样相互联系的。西医的病，是从病原因子的致病特点和病理损害的特异性，来区别疾病的多样性；中医的证，是从机体对病原因子反应的复杂性，来区别疾病的千差万别。只有在基本理论的结合上，揭示它们之间的联系，形成新的概念，才能使之互相补充和发展。"①

"现代中西医学结合在临床许多疾病的诊治上确实获得了单纯采用中医学或西医学方法所不能够取得的疗效。在确定提高临床疗效基础上，采取宏观与微观相结合的研究方法阐明其内在机理，这就是中西医学在理论上的结合点。"也可以说，这是中西医实现理论上相结合的一个途径、一种形式。

半个多世纪以来，我国中西医结合的事业不断向深度、广度进军，已经取得了重大成就。"中西结合不仅在疾病防治上，而且在基础理论研究等方面都得到了迅猛发展，取得了丰硕的成果。中医学对'血淤'和'微循环障碍'的研究取得了较大进展，对阴阳、脏象、经络、针麻、针灸等方面均取得了重大进展。在中药研究中，从中药青蒿中提取抗疟新药素蒿素，从青黛中发现治疗白血病的新药靛玉红，震惊了世界。我国在世界领先的 5 个医学项目中，骨折、急腹症、针麻等三项属于中西医结合范畴。中西结合的防治及研究机构遍及全国，建立了中西结合专业硕士点、博士点，高层次人才培养也初具规模，出现了一大批高水平的基础理论和临床的研究成果，不但促进了中医学的发展，也引起了许多国家的关注，增进了国际交流。"②

实践是检验真理的唯一标准。实践证明，中西结合的方针是完全正确的。在已经取得的巨大成就的基础上，在经过实践检验的正确方针的指引下，中西结合将会进一步普及、深化，迅速发展。在这个进程中，终将能够由临床层面的结合，到系统理论层面的结合，进而深入到方法论层面的战略结合。即扬弃原还论，发展整体论，实现两者的辩证统一，从而形成现代系统论。用现代系统论方法来分析认识由人体与环境组成的超级的开放复杂巨系统，这样就能从更大范围、更深层次、更复杂的关系上，更精确、更深刻、更完整地反映人类的生命过程及其与疾病斗争的规律，从而建立起属于复杂性科学范畴的新型的统一的医学。

本文发表在《首都师范大学学报》2008 年增刊。

---

① 元文玮：《医学辩证法》，人民出版社 1982 年版，第 234 页。

② 刘虹、张宗明、林辉主编：《医学哲学》，东南大学出版社 2004 年版，第 386、388 页。

第 八 章

超越还原论发展整体论探索地震奥秘

人类为了生存和发展，在改造自然创造物质财富的过程中，必须不断地认识与应对包括地震在内的种种自然灾害，与天奋斗，与地奋斗，生生不息，奋斗不止。在这种认识、实践中，同其他的认识与实践一样，都存在属于哲学认识论层次的可知论与不可知论的对立，近代以来，还有属于科研方法论层次的还原论与辩证整体论的斗争。

上述的对立与斗争在对地震的认识与应对中一直存在，20 世纪中叶以来表现尤为突出：世界的主流地震专家认为地震不能预报。近十多年来，美国、英国的学者仍然坚持"地震不能预报"的论点，我国也有人与之共鸣。不过，中国的许多地质学家、地震专家的看法与这种不可预报论是针锋相对的。比如，李四光在 1966 年 3 月 8 日晚参加周恩来总理召集的研究邢台地震工作的会上，明确指出：地震是可以预报的。"认为世界上未解决，我们为什么不能解决。"又如，在 1978 年出版的《辞海》的固体物理学部分的"地震预报"词条中明确写道："根据地震分布和地震发生的地球物理和地质条件的研究，和各种地震前兆现象的观测，例如，地球磁场、电场和重力场的变化，地下水位和化学成分的变化以及各种动物的反应等，预报将发生地震的地点、强度和时间。目前，地震预报还处在探索阶段，但实践证明，地震的发生是有前兆的，是可以预测、预报和预防的。"[1]

"判定认识或理论之是否真理，不是依主观上觉得如何而定，而是依客观上社会实践的结果如何而定。真理的标准只能是社会实践。"[2]

---

[1] 《辞海》（理科分册下），上海辞书出版社 1978 年版，第 139 页。
[2] 《毛泽东选集》第 1 卷，人民出版社 1991 年版，第 284 页。

事实如何呢？第一个举世闻名的事实是，1966 年 3 月 8 日河北邢台发生强烈地震之后，在周恩来总理的亲切关怀下，在李四光、翁文波等前辈积极开展地震预报的实际行动的鼓励下，中国地震预测预报水平有了很大突破。在周恩来总理亲自领导下，中国地震工作者取得了对 1975 年 2 月 4 日辽宁海城 7.3 级大地震的成功预报。这是人类历史上第一次取得有显著实效的地震预测预报。由于准确的临震预报，事前采取了预防措施，大大减轻了伤亡和损失，震亡人数仅数千人。连美国的一位不可预报论者也不得不无奈地承认说：海城地震的预测，是结合了经验主义分析、直觉判断和运气，这是预测地震的一次尝试。

第二个是被联合国誉为防灾减灾典型的"青龙奇迹"。唐山地震前有大量宏观、微观异常现象是客观事实，地震预测战线相当多的同志都围绕着监测地震在工作，并且已经有了明显的紧迫感、危机感。唐山地震前 10 天（7 月 17 日至 20 口）在唐山召开了一次地震工作群测群防会议。会议期间，国家地震局预测研究所研究员汪成民同志以京津组长的身份，利用晚上召开过两次座谈会，通报了北京市地震队等单位几个重要预报意见及收集到的部分异常资料，提出对最近唐、滦一带震情的担心。出席会议的河北省青龙县地震办公室主任王春青同志，7 月 21 日散会后立即回到青龙，强烈要求县领导马上安排时间听汇报。中共青龙县委依据获得的临震预测的信息，结合已掌握的关于宏观、微观异常预兆，立即采取了预防措施，全县 47 万人无一震亡，1996 年被联合国誉为防灾减灾的典型"青龙奇迹"。

此外，还有"1976 年 5 月 29 日云南龙陵、潞西 7.5 级地震，1976 年 8 月 16 日四川松潘、平武 7.2 级地震，以及其他许多大大小小的地震，都进行了较好的震前预报，这说明地震是可以预报的"[①]。"悲观地认为地震预报不可能也是不科学的。"[②] 地震是由大量异质性很强的因素在非线性交互作用中形成的开放复杂系统，其中有许多的随机性、不确定性和对始初条件敏感依赖的混沌性。要认识把握它的运动规律确实非常困难，探索地震奥秘非同小可。有困难，但是能知，经过努力是可以预报的。

---

① 地震问答编写组：《地震问答》，地质出版社 1989 年版，第 47 页。
② 宋治平、薛艳：《华北中强地震前兆特征研究》，上海科学技术出版社 2009 年版，第 1 页。

　　所谓"系统工程，是一类包括许多门工程技术的一大工程技术门类"，"工程技术避不开客观事物的复杂性，所以必然要同时运用多个学科的成果。一切工程技术无不如此"①。探索地震奥秘的系统工程更不能例外。它是依据地震的成因、孕育、发展到爆发的动态过程，由人们所把握的地震的运动规律及相关科学理论、直观经验以及探测方法、技术等构成的工程系统。主要包括 4 项基本工程：长期预测预报工程，即预测预报未来 10 年内发生的地震；中期预测预报工程，即预测预报未来 2 年内发生的地震；短期预测预报工程，即预测预报未来 3 个月内发生的地震；临震预测预报工程，即预测预报未来 10 天内发生的地震。

　　这 4 项基本工程，在整个预测预报过程中，是紧密联系不可分割的统一体。但是，它们所处的地位、所起的作用、所运用的方法和技术、所依据科学理论与实践经验又是有差别的，是辩证的统一体。

　　对于地震的预测预报，李四光提出了地震地质和地应力相结合的方法，认为地壳里有很多断裂，在这些岩层板块结构里，最受力的地方最容易发生地震。当地应力的积累超过了岩石的弹性极限，就会破裂产生地震。以地壳的构造运动来说明地震的成因，以构造的差异运动为孕育地震的机理。因此，监测危险断层的地应力变化过程，研究地应力变化过程与地震的关系，就成了预测地震的现实技术途径。摸清构造运动的态势，也就成了地震预测预报的基础。运用该方法，首先进行地震地质调查。所以，李四光 1967 年年初就提出了要调查和鉴定还在活动的构造带和构造体系，确定其活动的程度和频度，进行地应力场的分析，在弄清断层分布后，发现挤压或拉伸最强烈的断层，找出确有发生地震危险的地带或地区。在广泛进行地震地质调查的基础上，他于 1970 年编订了 1：400 万《中国主要构造体系与震中分布图》，其中蕴含着对长期地震预测的信息，对圈定危险区域、判断中长趋势、确定最大震级，有重要的指导作用，是一项艰巨复杂的长期预测预报工程。成图后，在 20 世纪 70 年代，我国发生 7 级以上地震共 14 次，其中 10 次发生在该图预测的危险区或边缘，即该图覆盖了 71% 的强震发生区域。此次汶川地震就发生在早已发现的龙门山断裂带。②

　　① 钱学森：《钱学森讲谈录——哲学、科学、艺术》，九州出版社 2009 年版，第 7—8 页。
　　② 王中宇：《地震预报路在何方》，《新华文摘》2008 年第 16 期。

李四光于 1971 年 4 月 29 日逝世。5 年后，1976 年 7 月 28 日凌晨唐山发生 7.8 级地震，同日下午滦县发生 7.1 级地震，证实了李四光在近 10 年前的预见。

中期预测是以长期预测为基础的，是在长期预测确定的确有发生地震危险的地带或地区的基础上，通过跟踪在地震孕育过程中，由于地应力逐渐积累加强，所引起的震源及附近物质发生的物理、化学、生物等一系列异常变化，从而预测未来一二年内可能发生的地震。比如，1974 年 6 月上旬，由于各专业机构报告相关地区出现了许多地震前兆异常，国家地震局召开了华北及渤海地区地震形势会商会，会议以总结的形式，提出了华北及渤海北部等 6 个地区（海城即在其中）的地震趋势中期预测。1974 年 6 月 29 日，国务院下达了 69 号文件，发布了我国第 1 份包括 6 个地区的地震趋势中期预报。我国之所以能够取得对 1975 年 2 月 4 日辽宁海城 7.3 级大地震的成功预报，是直接得益于 69 号文件发布的地震趋势中期预报的。

近期临震预测预报，要求迅速、及时、准确地确定发震的地点、时间和震级，以便在强烈地震到来之前，采取必要的、坚决的预防措施。它所依据的是震前的前兆信息，它需要科学地部署监测网，用精密的仪器进行连续的监测和追踪，从所获的信息中提取前兆信息，以及它们在地震孕育期间的变化规律，用它来指导精确的预报。

由于震前能量聚积而引发的天、地异常情况较多，也很普遍，极有利于地震预测。

卫星遥测遥感技术的发展与进步，为全球或全国活动断裂构造研究，提供了必要的技术支撑和大量的有用信息。卫星红外以及地形、地貌跟踪监测等，都是活动断裂构造研究的手段。再加上计算机技术的综合集成作用，就能逐步逼近和提高对地震三要素（时间、地点、震级）的预测精度，最后取得预测预报的较为满意的成功。

这种思想不要求在工作开始的时候每条预测意见对地震三要素的预测都有很高的"科学"可信度，而是要密切贴近实际，随时调整预测的目标，具有较好的灵活性、针对性和可靠性，是一种逐步实现主观与客观、理论与实践辩证统一的思路与方法。

"1972 年，在全国地震工作会议上，马宗晋院士提出了渐进式地震预报模式：以 7 级左右地震的预报为目标，提出了长期（几年以上）、中期

（几个月至几年）、短期（几天至几个月）和临震（几天以内）的预报分期方案，同的把震时和震后也列为两个必要的阶段，并整理了当时所知各阶段可能出现的主要前兆表现。由此长、中、短、临渐进式预报思路初步形成。此后，这种模式成为全国年度地震形势研究的基本工作程式，延续至今，国外称之为中国地震预报模式。"①

这个渐进式地震预报模式，以形式化、制度化的形式，从一个角度反映了探索地震奥秘是一项艰巨复杂的系统工程。

探索地震奥秘，除了需要在上述方法、技术层面实施的复杂系统工程以外，更需要在方法论层面上，实施科研方法论的转换。汶川 8.0 级地震的发生，造成了极大的生命和财产的损失，举世震惊。人们不禁要问：在科学技术日益发达的今天，为什么会出现如此的悲剧？问题的一个关键就在于我们对简单科学过分推崇以及对自然的复杂性认识不足。

探索地震奥秘需要实行科研方法论转换。

首先从什么是方法论及其在科学发展中的地位和作用谈起：

所谓科研方法论，既不同于具体科学实践中属于技术层面的具体方法，又不同于对具体科学的理论与实践有普遍指导意义的哲学方法。它是作为哲学方法与技术层面的具体方法的中介层次，内在于整个具体科学的理论、方法、技术之中的，并规定它们的研究方向与路线的，具有一定战略意义的基本方法。

众所周知，科学的发展，从古至今大体经历了 3 个阶段：古代的直观思辨、近代的经验分析与现代的辩证综合。其中贯穿着科研方法论的历史转换。

直观思辨阶段，其方法论主要表现为整体论，其基本思想是强调对自然现象的比较笼统的整体把握，是直观的、朴素的，未把整体把握建立在对部分的精确了解上，特别是对部分之间相互关系的精确了解上；既缺乏精密的科学实验，又未形成严密的逻辑体系。

进入近代经验分析阶段之后，从 15 世纪中叶到 19 世纪中叶，大约持续了 400 年，一直沿着还原论的方向、路线，用经验分析方法，把整体分解为部分，把高层次还原到低层次，按照从大到小、从上到下、由浅而深的顺序来认识事物，探索宇宙的奥秘。

---

① 王中宇：《地震预报路在何方》，《新华文摘》2008 年第 16 期。

古代对地震的观察法、预测法，处在科学发展的直观思辨阶段上，必然是朴素的、整体论的。近代的地震学是随着近代自然科学的发展而发展起来的，甚至可以说，它是近代自然科学在地震研究领域中的应用，其方法论上打着很深的还原论的烙印，重分析、重局部、重还原，轻综合、轻归纳、轻整体。

地震的孕育与爆发是一个复杂巨系统的动态演化过程，靠穷尽组成成分及其加合来把握整体的还原论认识方法，在对复杂巨系的研究中必然陷入困境。所以那些受还原论思想严重束缚的主流科学家坚持认为地震是不能预报的。比如，1997 年 3 月，以罗伯特·盖勒为主的美国和日本的 3 位科学家联名在美国《科学》杂志发表了《地震无法预测》的论文，认为"处于自组织临界状态的大地震将决定于不仅是其断层附近，而且是其整个（震源体）空间的物理状态的无数细结构。因为人们根本无法掌握深部无数细结构的临界状态，所以他认为地震根本不能预报"[1]（"临界状态"是指系统处于一种特殊敏感状态，任何微小的局部变化都可以不断放大，从而扩延至整个系统）。

盖勒从"自组织临界状态"的视野质疑地震预报的可能性。这绝不意味着地震这个复杂巨系统不可认识。"许绍燮院士曾更深刻地指出：问题可能在现有知识框架：地震预报的困难是因为地震的复杂性，其成因机理超出了现有知识框架。因此，不要忌讳与我们现有知识的冲突，发现冲突就是发现了我们现有知识框架的弱点、缺陷，为我们进一步提高水平创造了条件。"[2] 所谓改变知识框架，实质上就是需要实现科研方法论的转换。

古代科学对地震的朴素的整体论的考察，与近代实验科学对地震的分析的、还原论的认识，是在不同的社会背景与科学技术条件下形成的不同的学术思想与学术传统，各有优长又各有局限。

在方法论上，它们各自的长处又往往是对方的短处。比如，古代朴素整体论包含着近代还原论所缺乏的，从整体上认识和处理问题的方法论思想；近代还原论包含着古代整体论所缺乏的，对局部进行精细分析的方法论思想。认识和应对像地震这样的极其复杂的开放巨系统，单靠朴素整体

---

① 王中宇：《地震预报路在何方》，《新华文摘》2008 年第 16 期。
② 同上。

论不行，单凭机械的还原论也不行。必须超越还原论发展整体论，实现两者的辩证统一。所谓辩证统一，绝不是两者的机械相加，而是在对两者实行"辩证否定"基础上的有机结合。所谓辩证否定，用黑格尔的话说叫做"扬弃"，就是既克服又保留；所谓对还原论、整体论实行辩证否定基础上的有机结合，就是在克服抛弃它们片面的消极的东西的同时，保留和发扬它们有益的积极的东西，并把这些积极的东西在新的形态（系统论）中有机地统一起来。可见，系统论是超越还原论，发展整体论，实现还原论与整体论的有机结合与内在统一的结果。而科研方法论的转换就是：从古代朴素的整体论到近代的还原论（从肯定到否定），从近代的还原论到现代的系统论（从否定到否定之否定），在更高的基础上仿佛回到了原来的出发点，螺旋上升。用现代系统论即涌现论的方法，来认识和应对地震这个复杂的开放巨系统，就能切实地重视非线性、随机性、不确定性和对始初条件敏感依赖的混沌性，从更大范围、更深层次、更复杂关系上，观察问题分析事物，从而做到比较完整准确地认识和应对地震灾害。

本文发表在《党政干部学刊》2009 年第 10 期。

第九章

晚期资本主义与国际金融危机

资本主义于 14—15 世纪在地中海沿岸萌芽，经过 1566 年尼德兰革命、1640 年英国革命、1789 年法国革命，到 19 世纪上半叶，历时 300 多年在全球范围内取得了统治地位。资本主义在自由竞争阶段，由于其生产关系基本适合生产力发展的需要，所以"资产阶级在它的不到 100 年的阶级统治中所创造的生产力，比过去一切世代创造的全部生产力还要多，还要大"①。世界资本主义体系形成以后，它的一个基本特点是：把全世界的民族分为压迫民族与被压迫民族，把全世界国家分为资本主义宗主国与附属国殖民地半殖民地。随着资本主义从自由竞争到垄断的发展，资本主义私人占有制与社会化大生产的矛盾日益尖锐。突出表现是：自从 1825 年英国发生第一次全面性的经济危机以来，随后，在英国、美国和其他主要资本主义国家大体每隔 8—12 年发生一次经济危机，第二次世界大战以前的 1836 年、1847 年、1857 年、1866 年、1873 年、1882 年、1890 年、1900 年、1907 年、1920 年、1929 年、1937 年都发生过经济危机，共 12 次。这时"瓜分世界的资本家国际垄断同盟已经形成；最大资本主义大国已把世界上的领土瓜分完毕"②。帝国主义垄断资产阶级为了争夺殖民地重新瓜分世界，20 世纪以来发动了两次世界大战，给人类带来了极大灾难。事实表明，资本主义作为一种具体的有限的社会历史形态，有生必有灭。它早已失去了青春的活力，不可逆转地步入了寄生、腐朽、没落的阶段。第二次世界大战以后，这种趋势又有了新的发展，于是，"晚期资本主义"的概念、"处于高度腐朽阶段的资本主义"的概念，就相继出现了。

---

① 《马克思恩格斯文集》第 2 卷，人民出版社 2009 年版，第 277 页。
② 《列宁选集》第 2 卷，人民出版社 1995 年版，第 651 页。

一　从"晚期资本主义"概念的由来说起

第二次世界大战以后，西方资本主义社会的经济、政治、科技、文化等方面都出现了许多新的变化，一些西方学者认为，西方垄断资本主义社会进入了一个新的历史时期，他们把这个历史时期称做"晚期资本主义"。比如，比利时学者厄尔奈斯特·曼德尔于 1972 年用德文出版了《晚期资本主义》一书，我国学者根据该书 1978 年的英文版译成了中文，由黑龙江人民出版社 1983 年 6 月出版。

在《晚期资本主义》一书中，曼德尔提出了"晚期资本主义"概念，他认为资本主义发展可分为三个阶段：早期的自由竞争的资本主义；帝国主义的垄断的资本主义；晚期资本主义。又如，美国的著名文化批评家詹明信也认为资本主义的发展可分为：早期的上升的资本主义、帝国主义的垄断的资本主义和晚期资本主义三个阶段，并认为与资本主义三个历史阶段相对应的有三种文化类型。与早期的上升的资本主义相对应的文化是现实主义；与帝国主义的垄断的资本主义相对应的文化是现代主义；与晚期资本主义相对应的文化是后现代主义。他还提出后现代主义是晚期资本主义的文化逻辑，是晚期资本主义文化的主导形式。

那么，什么是晚期资本主义呢？关于晚期资本主义的含义，曼德尔在《晚期资本主义》的《导言》中，开宗明义地指出了："所谓'晚期资本主义'决不是暗示资本主义的本质已经有了变化，使马克思在《资本论》中、列宁在《帝国主义是资本主义的最高阶段》中的分析发现成为过时。正如列宁只能在《资本论》的基础上来发展他对帝国主义的论述，以证明控制着马克思所发现的资本主义生产方式的全部过程的一般规律。因此，我们在今天也只能在列宁的《帝国主义是资本主义的最高阶段》一书的基础上来试对晚期资本主义提出一种马克思主义的分析。晚期资本主义的时代，已经不是资本主义发展的新时期。它只不过是帝国主义的、垄断资本主义时期的进一步发展。就广义言之，列宁所列举的帝国主义时期的各种特点，对晚期资本主义都仍然完全适用。"① 事实如何呢？不妨先

---

① ［比］厄尔奈斯特·曼德尔：《晚期资本主义》（上），马清文译，黑龙江人民出版社1983 年版，第 3—4 页。

温习一下列宁的论述：列宁说："帝国主义是资本主义的垄断阶段"，它有5个基本特征："（1）生产和资本的集中发展到这样高的程度，以致造成了在经济生活中起决定作用的垄断组织；（2）银行资本和工业资本已经融合起来，在这个'金融资本'的基础上形成了金融寡头；（3）与商品输出不同的资本输出有了特别重要的意义；（4）瓜分世界的资本家国际垄断同盟已经形成；（5）最大资本主义列强已把世界上的领土分割完毕。"

重温了列宁的论述，再着重对历史事实进行考察，从事理结合上，我们不难看出，晚期资本主义既属于垄断资本主义范畴，又是"垄断资本主义时期的进一步发展"，"垄断资本主义时代的一个新的阶段"。

对于这个时期的一些特点曼德尔做过下列论述：

其一，他指出，晚期资本主义作为"帝国主义或垄断资本主义时代的一个新的阶段，其特征是资本主义生产方式的一种结构上的危机，这样一来，晚期资本主义这一概念就可以描述得比较精确一些了。这种结构上的危机，并不表现在生产力发展的绝对停顿上。列宁在对帝国主义的分析所作的结论中，清楚地警告不要作出任何这样的解释"。"所以，帝国主义的标志，以及第二阶段晚期资本主义的标志，并不是生产力的衰退，而是伴随着这种增长而来的或掩盖着这种增长的那样越来越严重的寄生状态和浪费现象。晚期资本主义生来就不可能把第三次技术革命或者说自动化的广泛可能性加以推广普及"，"晚期资本主义天生带来最坏的浪费形式，是错误地使用了现有物质和人类的生产力"，这就是"资方（资产阶级）对真正生产力和潜在生产力的滥用"，把科学技术自动化异化为有破坏性的力量。

其二，他认为"晚期资本主义远远不是代表一种'工业化后的社会'，它在历史上第一次构成了一般的、无所不包的工业化。机械化、标准化、过渡专业化和劳动力分组化，现在渗透进了社会生活中的各个部门。农业正像工业那样逐步地变成工业化，流通领域变得正像生产领域一样，再创造也变得正像劳动组织一样，这正是晚期资本主义的一种特征。再生产领域的工业化构成了这一发展的顶点。计算机为私人资本主义靠投机计算生活出了'理想的'股票份额，并且为大公司新的工厂计算出了'理想的'位置。电视使得学校机械化了，也就是劳动力商品的再生产机械化了"。

　　其三，他指明"持久的通货膨胀是晚期资本主义所特有的一种机制，这一机制是为了在相对迅速的资本积累和相对高水平的就业的一些关键条件下，用以制止剩余价值率和利润率的迅速下降的"。

　　其四，他断定"晚期资本主义的另一个标志，就是社会制度越来越倾向于爆炸性的经济危机和政治危机，这种危机直接威胁着整个资本主义生产方式"。

　　其五，他还论述了"晚期资本主义是无产阶级的一所伟大的学校，它教育无产阶级不但要关心工资利润之间新创造出来的价值的眼前分配问题，而且要关心经济政策和经济发展的一切问题，尤其是要关心包括在劳动组织、生产过程和政治权利的运用等等之中的一切问题"。

二　晚期资本主义的形成

　　晚期资本主义作为垄断资本主义的一个新阶段，即国际垄断阶段，其形成集中表现为，在垄断资本主义阶段，随着经济发展的、垄断程度的迅速提高，实现了由国家垄断向国际垄断的转化。

　　这一转化绝非偶然，其成因包括深刻的经济制度根源、当代的科学技术背景、理论依据与金融的运作平台四大要素。要深入地探索转化的成因、过程与结果，需要从这里入手：

　　第一，从经济制度根源来看，在由国家垄断向国际垄断的转化过程中，跨国公司大量出现，并且影响日益扩大，跨国公司不仅数量多，而且资产规模大、经营范围广，跨部门、跨行业的超级企业集团和巨型跨国公司迅速发展；资本主义生产的社会化已经从一国扩展到多国，逐渐形成全球规模的生产和销售体系，垄断资本既寻求国家支持，又力图摆脱国家限制，超越国界，摆脱国家管制，在全球范围内进行资源配置，榨取超额垄断利润，从而由国家垄断进入了跨国垄断、国际垄断的新阶段。

　　这个演化是以什么为根据的呢？这不是自然原因造成的，也不是由人们的主观意识决定的，更不是什么上帝安排的。从根源上来说，从社会存在本体论来看，这是以贯穿资本主义社会始终的、横跨资本主义社会各领域的基本矛盾，即社会化大生产与资本主义私人占有制的矛盾，在新历史条件下的特殊性与激化形式为制度根源的。

　　第二，从当代的科学技术背景来说，20世纪中叶以来，在全球范围内兴起了一场以微电子学和计算机技术为主要标志的科学技术革命。计算机的广泛应用产生了计算机化趋势，以计算机化为物质基础出现了信息化、网络化。今天，关于信息的定义多达 200 余种，但最重要的有三点。其一，信息是能够减少不确定性的信息，以符号的形式存储、处理和传播；其二，信息是一切通信和反馈控制系统的构成要素；其三，信息能够再现或部分再现物质与能量过程。所以，信息技术和网络技术的发明和广泛应用，能为国际金融垄断资本的全球扩张，以及金融的虚拟化过度膨胀提供技术支撑，在信息革命带来的世界数字化条件下，甚至可以把虚拟经济推向极限。

第三，从理论依据来看，20 世纪 70 年代末 80 年代初，新自由主义在西方登上了官方经济学宝座，并开始兴盛起来。在西方经济文献中，这一变化过程叫"向新保守主义"转变。具体而言，新自由主义极力主张私有制，反对公有制；主张自由经营，反对国家干预；提出"自然失业率"理论，反对工会组织；坚持健全财政原则，反对通货膨胀；宣扬自由贸易，鼓吹经济全球化；等等。可以说，该理论是一个包含了一系列有关全球秩序和主张贸易的自由化、价值市场化、产权私有化观点的理论和思想体系。因此，新自由主义不仅是一个经济学概念，而且是一个政治和哲学范式。难怪有的西方学者干脆将新自由主义称为我们这个时代明确的政治、经济范式。总之，国际金融垄断的形成，是以私有化、市场化、自由化和全球一体化"四化"为核心内容的新自由主义为理论依据的。

第四，就金融运作平台来说，长期以来，发达国家的金融寡头们竭力鼓励自由化、全球化，向广大发展中国家进行金融扩张。他们所控制的国际货币基金组织、世界银行等国际金融组织，则更是把所谓"三个自由一个保护"作为向发展中国家提供贷款或援助的前提条件，即诱使乃至强制发展中国家实行自由贸易、资本自由流动、金融活动自由和保护知识产权的政策。在这三个自由中，金融活动自由居核心地位，要求和迫使发展中国家开放金融市场，实行自由汇率、外币自由兑换和自由流通，则成了发达国家特别是美国与一些发展中国家经济交往和谈判的首要议题。现在，西方国家金融资本和五花八门的金融机构，已遍布全球的每个角落，它们不顾所在国特别是广大发展中国家的法律规章为所欲为。总之，金融垄断资本已成为世界经济乃至政治生活的主宰。国际金融垄断资本主义的形成，是以要求汇率形成机制市场化、资本流动自由化和保持美元霸主地位为主要内容的当代国际金融货币体系为重要杠杆和运作平台的。现在美国利用自己主导的国际货币基金组织、世界银行以及世界各国在美国诱导下建立的中央银行制度，推行芝加哥学派的货币主义金融规则，成功地建立了美国的金融霸权，依靠这种金融霸权，美国无偿地占有全世界特别是发展中国家的资源和财富。这就是国际垄断资本利用这一杠杆和平台进行金融盘剥榨取的典型实践。

以上所述，从四方面的成因论述了晚期资本主义的形成。而这四个方面，不是彼此孤立地各自单独地发生作用，而是在相互联系交互作用中以整体涌现的力量使国家垄断转化为国际垄断的。

国际垄断资本，要超越国界进行跨国垄断，必须建构实施国际垄断的"国际结构"。

这类"国际结构"的建立，是国际垄断资本主义形成的重要标志。其表现形式如何呢？

曼德尔在《晚期资本主义》中提出了"三种可能有的模式"：

第一种，超帝国主义模式。在这种模式中，单一的帝国主义势力具有这样一种霸主地位，以致其他各种帝国主义势力都丧失了其真正的独立性，并且落到了半殖民地小股势力的地位。超帝国主义之所以能够实现，只有在这种情况下才能办到：称霸的帝国主义势力的垄断资本在其最重要的、潜在的竞争对手的内部，取得的资本所有权达到有决定性意义的程度。到目前为止，美帝国主义不论在西欧，还是在日本，都没有达到这种程度。这些国家的金融资本大部分仍独立于其美国对手之外。美国的银行在这些国家的经济中，只起一种边际功用。

第二种，极端帝国主义模式。"在这一模式中，国际资本融合已经发展到了这样的程度，不同国籍的资本所有者之间的一切经济利益的实际差别，都消失了。所有主要的资本家都已经将他们的资本所有、剩余价值生产、剩余价值实现和资本积累（新的投资）加以扩大，非常平衡地扩大到世界上不同的国家和地区，以致他们对于任何国家的特殊局面、阶级斗争的特殊情况、政治发展的'民族'特点等等，一概采取一种漠不关心的态度。附带说一句，世界经济的这种彻头彻尾的国际化，也将意味着国家经济循环的总消失。在这种情况下，帝国主义国家，它那作为保护一切帝国主义资本所有者共同利益而不使之受经济危机威胁、不使之遭受帝国主义国家内部无产阶级暴动的威胁，不使之遭受殖民地人民造反的威胁以及不使之遭受外部非帝国主义国家势力的威胁的主要武器的功能，将会比以前更加明显。只不过这样一种国家已不是一种帝国主义的民族国家，而是一种超国家的、帝国主义的'世界国家'而已。"

第三种，持续的帝国主义之间竞争的模式，采取一种新的、有历史意义的形式。在这一模式中，尽管资本的国际融合已经发展到足以用较少数目的帝国主义超级势力以取代较大数目的、独立的、大的帝国主义势力，但是，资本不平衡发展的反作用阻止而不能形成一个资本利益的真正的、全球性的共同体。资本融合达到了大陆范围的水平，从而大陆之间的帝国主义竞争愈发加强了。近来的这种帝国主义之间的竞争，如果与列宁所分析的、古典的帝国主义相比的话，其新颖之处首先在于这样一种事实：在国际帝国主义经济中，只有三个世界列强在互相对抗，那就是：美帝国主义（大体上包括了加拿大和澳大利亚在内）、日本帝国主义和西欧帝国主义。日本帝国主义的进一步发展——或是独立发展，或是与美国大公司融合——很可能将会确定这一竞争性斗争的最后结果。其次，当然还有这么一种事实，在眼前这种基本上对资本不利的社会政治世界局面中，全球性的帝国主义之间的世界大战，已经变得如果不是完全不可能，也是变得极其不太可能了。当然，这并不排除这些可能性：或是地区性的帝国主义之间的战争（可以说是由代理人代为进行）或是新的殖民地掠夺性战争，或是反对民族解放运动的反革命战争。……在晚期资本主义时代，帝国主义所固有的一切矛盾都加强了：在宗主国与半殖民地国家资方及劳方之间的对抗；帝国主义宗主国与殖民地半殖民地之间的对抗；帝国主义国家之间竞争的加强。正是帝国主义之间各种矛盾的加深，一定会在某些帝国主义势力的觉醒中，给它带来一种合并的倾向。这些帝国主义势力已经不再能继续进行竞争性的斗争了。……列宁明确地声称，长期的历史趋势是"合乎逻辑地"向单一的世界托拉斯的方向发展。但他深信，在这一发展到达其最后结论之前很久，帝国主义将会崩溃，这既是由于其内部各种矛盾，也是由于无产阶级和被压迫人民为反对它所进行的革命斗争所造成的结果。我们赞同这种意见，并得出这样的结论：无产阶级革命在帝国主义宗主国的推迟，使得多种帝国主义势力类型简化为三种"超级势力"成为可能，如果不是一定的话。因此，在上面列出的三种模式中的最后一种模式，迄今是最有可能的，至少在可见的将来是如此。

三　晚期资本主义的基本特点及其走向

晚期资本主义的基本特点，是与国家垄断向国际垄断转化中，经济增长模式发生的重大变化直接相关的。就是在这一转化中，其经济增长模式，发生了从重视实体经济的发展，转向了重视虚拟经济的发展。

二战以后，西方资本主义国家经历了20年左右的经济恢复发展时期。这一时期，总体上看它们是重视实体经济发展的。但20世纪70年代以来，则逐渐把经济发展的重心转向了虚拟资本、虚拟经济方面。虚拟资本是指在现实资本的基础上产生，又与现实资本相分离，本身没有价值却能获得利息，以货币、票据、股票、债券等形式存在的资本凭证。以金融系统为主要依托、相对独立的循环运动的虚拟资本，人们称之为虚拟经济，与现实经济（实体经济）相对应。经济虚拟化，金融化使虚拟经济与实体经济日益脱离，金融部门急剧膨胀，经济关系和社会资产越来越表现为债权、股权等金融关系和金融资产。资本家的利润越来越多地来自金融渠道，而非商品生产和贸易。70年代以来，随着电子技术、信息产业的迅速发展，全球投机于证券、外汇、期权、期货等金融衍生品的交易可以大获暴利，发展神速，金融衍生品恶性泛滥，五花八门的金融衍生品交易，一下子成了世界金融市场上的一大主角。导致金融、股市、汇市、期货市场与实体经济严重脱离；实体经济日益空心化，金融极度虚拟化、泡沫化。从而使资本主义经济的赌博、投机性日益明显和强化，世界上最大量的资本不是在生产领域流通，而是一天24小时在金融和金融衍生品市场通过光的速度流动。而这必然会潜伏着巨大的危机风险。金融极度虚拟化、泡沫化，就会产生形形色色的"金融巨鳄"，打着所谓"金融创新"的旗号，在资本市场、金融市场上演一幕幕"圈钱"闹剧，将全球股市证券市场变成大赌场，将上市包装、证券包装变成了骗术"大作秀"，孵化出了一批又一批的麦道夫、斯坦福之流的超级骗子。

虚拟资本的过度膨胀，金融衍生品的恶性泛滥，是引发金融危机的主要机制。在信息革命带来的世界数字化条件下，虚拟经济被推向了极限。在金融衍生品过度泛滥的情况下，只要利率等信用杠杆稍微出现风吹草动，就会在证券市场、银行、金融机构、金融投资者等任何一个环节上出现连锁反应，从而触发金融危机。

在《资本论》第 1 卷第 24 章中马克思引用托·约·登宁的话："资本害怕没有利润或利润太少，就像自然界害怕真空一样。一旦有适当的利润，资本就胆大起来。如果有 10% 的利润，它就保证到处被使用；有 20% 的利润，它就活跃起来；有 50% 的利润，它就铤而走险；为了 100% 的利润，它就敢践踏一切人间法律；有 300% 的利润，它就敢犯任何罪行，甚至冒绞首的危险。如果动乱和纷争能带来利润，它就会鼓励动乱和纷争。走私和贩卖奴隶就是证明。"① "资本来到世间，从头到脚，每个毛孔都滴着血和肮脏的东西。"②

金融资本的独立性、逐利性、贪婪性是形成金融危机的直接原因。例如，在金融创新的名义下，美国的各金融机构对几千亿美元的次级贷款进行重新包装，在这基础上创造出高于其几十倍次贷债券和金融衍生品，并且向全世界出售。这次金融危机就是由此而引发的。在全球化和国际金融高度发展的今天，经济危机首先表现为金融危机并且周期性地出现，可能是当今世界的一个常态。

虚拟经济与实体经济交互作用，由金融危机引发经济危机；以美国为首的国际垄断资产阶级通过各种方式向世界各国，特别是发展中国家转嫁危机，给全世界人民带来巨大灾难。这就孕育着更加广泛而深刻的政治危机、社会危机。

综上可见，晚期资本主义的基本特点是，伴随着经济增长模式的转化，形成了由国际金融垄断资本及虚拟经济主导世界经济的格局，金融寡头成了世界经济乃至政治生活的主宰。

随着国际金融垄断资本主义的形成，帝国主义宗主国的食利阶层急剧扩大，对广大发展中国家的盘剥压榨更为深重，随着经济的虚拟化产业空心化趋向增长，它们在越来越大的程度上要靠发展中国家来供养，国际垄断资本主义已经成了处于高度寄生腐朽阶段的资本主义。

这次极其严重的国际金融危机、经济危机的大爆发表明，处于高度寄生、腐朽阶段的具有显著赌博特质的国际垄断资本主义，已经走上了不可逆转的逐渐衰亡的不归之路。

事实上，在世界经济政治生活和国际关系中，少数发达资本主义国家

---

① 《马克思恩格斯文集》第 5 卷，人民出版社 2009 年版，第 871 页。

② 同上。

虽然仍居主导地位，但其地位和影响力在明显下降，而发展中国家的地位和发言权则在相应提高。世界金融风暴则进一步强化了这种趋势，它已对少数发达国家特别是美国的金融资本的世界经济地位造成了强烈震撼。现在，发达资本主义国家的国民经济普遍出现了衰退趋向，这不能不大大削弱这些国家特别是美国推行霸权主义和强权政治的"硬实力"；此外，这次金融风暴也使世人更加清楚地看到，西方国家资本主义传教士们作为普世价值所鼓吹和兜售的社会制度、意识形态和生活方式，不仅没有给世界带来什么福音，反而直接造成了前所未有的全球性灾难，因而国际垄断资本实行世界统治的所谓"软实力"也在动摇。总之，金融资本的世界统治和霸权乃至整个资本主义制度，已经走上逐渐消亡的历史轨道。列宁关于"帝国主义是垂死的资本主义"的命题，不仅没有过时，而且增加了新的佐证和内涵。

资本家是人格化的资本。国际垄断资产阶级、金融寡头，在他们手中还握有剥削手段和统治工具的时候，是绝对不会自愿放弃剥削、自动退出历史舞台的。资本主义既不是人类历史的终结，也不会自发地长出社会主义。只有通过无产阶级和广大人民群众的革命斗争，才能实现从资本主义向社会主义的飞跃。

本文发表在《马克思主义研究》2009 年第 10 期。

第 十 章

后现代哲学的反基础主义与复杂性探索

一 反基础主义的含义

1. 反基础主义是后现代哲学的一个基本理论倾向，而不是一个哲学流派

反基础主义作为一个基本理论倾向，与后现代哲学的反理性主义、反本质主义、反本体论、视角主义、非中心化等思想倾向紧密联系、相互为用，集中体现着后现代哲学质疑现代性、否定现代性、超越现代性的根本特征。它的影响极其广泛，在当今西方文化思潮中，凡是直接、间接涉及相对性、不确定性的思想理论问题，诸如历史的、伦理的、美学的相对主义问题的讨论中，以及在关于科学的本质与历史地位的讨论中，都可以感受到它的作用和影响。反基础主义在后现代哲学的各种理论倾向中居基础地位，起导向作用。

2. 反基础主义是基础主义的对立概念，具有与基础主义相反的意义

反基础主义与基础主义的内容特点是彼此规定、相互照应的。所以，要弄清什么是反基础主义，必须从什么是基础主义说起，以便从反面使反基础主义的内涵得以规定。

所谓基础主义指的是思想文化中的这样一种信念，即认为任何知识都存在一个坚实的、毋庸置疑的、不可动摇的基础。哲学家的任务就是去发现这种基础是什么，并从理论上竭力支持这种探索。

基础主义这种理论信念、思想倾向，在哲学史上是屡见不鲜的。甚至可以说从古希腊到后现代哲学产生之前的哲学史，实际上不过是基础主义的各种表现形式相互更替的历史。在古希腊，柏拉图的理念论是基础主义的典型代表。它认为物质世界中的各种具体事物都是变化无常的、不真实

的，在物质世界背后的理念世界才是真实的、永恒的、万物的本原。物质世界是理念世界的影子和摹本，理念世界是本原世界。理念世界是由不同层次的理念构成的等级系统，有最低层次的关于具体事物的理念，如桌子、椅子；有稍高一层次的关于数学或科学方面的理念，如方、圆等；有再高一层次的艺术和道德方面的理念，如美和正义等；有最高的理念善，善是创造一切的力量和源泉。总之，理念论认为理念是万物的本原，一切知识的基础。

在近代，17世纪法国哲学家笛卡儿在他的《哲学原理》序言里，把人类的全部知识比做一棵大树，说树根是形而上学（哲学），树干是物理学，树枝是分门别类的各种科学（医学、机械学）。在这个有名的树喻（用树打比喻）中，把哲学当成了全部知识的基础。同时，他还从普遍怀疑出发，进一步探讨了关于基础的基础。情况是这样的：他基于法国资产阶级的进步要求，倡导理性，追求真理，以怀疑为武器反对经院哲学。他说："要想追求真理，我们必须在一生中，尽可能地把所有事物都来怀疑一次"，把怀疑作为认识事物的一般方法，主张一切怀疑，怀疑一切。在这种普遍怀疑的观念中，只有怀疑本身才具有绝对性、不可动摇性，其逻辑结果必然是对怀疑本身不能再怀疑了，同时也正是怀疑本身才能证明怀疑主体的存在。据此笛卡儿作出了著名的"我思故我在"的结论。这是他全部哲学的第一原理，即基础的基础。这就是主张主观思想决定主体肉体的存在，精神第一性，物质第二性，是精神本体论。

黑格尔作为客观唯心主义者，认为宇宙万物都是从"绝对精神"中派生出来的。他认为绝对精神基于内在矛盾处于不断变化发展之中，最初是逻辑阶段，表现为光秃秃的概念体系，在矛盾推动下进而外化为自然界，再进一步外化为人类社会，在社会发展中产生了普鲁士王朝，出现了黑格尔哲学，绝对精神才通过人返还到了自身。可见，他以思辨的形式（从概念到概念的抽象演绎的形式），通过宏大的思辨叙事（利奥塔语），把整个世界都纳入他的逻辑体系之中，把一切的一切都最终归结为绝对精神，即认为一切事物和所有的知识都以绝对精神为基础。他是哲学史上最大的基础主义者。

现代西方哲学的两大流派（人本主义与科学主义）同样没有超出基础主义的范围。比如在人本主义中，意志主义者叔本华讲的"生存意志"，尼采讲的"权力意志"，心理分析学家弗洛伊德讲的"情欲""无意识"，存在主义者海德格尔讲的存在，等等，都被认为是带根本性的基础的东西。

在哲学史上具有基础主义理论倾向的唯物主义派别不同于唯心主义，不是把"客观精神"或"主观精神"当做一切知识的终极基础，而是向客观世界探求。这是因为它的认识理论不是唯心主义先验论，而是唯物主义反映论。反映论认为，人的认识是人的认识器官在同外界事物接触过程中形成的观念，即客观物质在人的头脑中转化为主观精神的过程。观念、精神是实在的反映，正确的观念即真理，同实在相符合。所以它强调客观实在是一切知识的基础。

此外，还要看到，基础主义对基础的追求是受同一性思维方式支配的。这种思维方式要求在思维过程中，从错综复杂的差异性、多样性、丰富性中，找到可通约性，舍掉差异性、多样性、丰富性，整合共同点，把握同一性；同时将高层次归结到低层次，并依次递进，逐级递归，最后归结到最低层次，从而找出作为终极基础的最大范围的同一性。

以上所述，共计讲了基础主义的含义、历史表现、认识理论（反映论）和思维方式四个方面。

反基础主义作为基础主义的对立概念与基础主义有相反的意义，我们可以从相反的方面对反基础主义的内涵进行界定。

3. 反基础主义的主要内容

第一，与基础主义认为哲学是一切具体知识的基础相反，它主张否定大叙事，解放小叙事。在反基础主义者看来，基础主义认为哲学作为世界观的理论讲的是关于整个世界、全部历史的大叙事，一般的具体知识、具体科学讲的是关于不同类别的具体事物的小叙事。哲学可以为具体知识具体科学进行论证、提供合法性，成为它的理论基础。利奥塔在《后现代状态》引言中就曾指出："只要科学不想沦落到仅仅陈述实用规律的地步，只要它还寻求真理，它就必须使自己的游戏规则合法化。于是它制造出关于自身地位合法化的话语，这种话语被叫做哲学。"而这种依靠大叙事、元话语使自身合法化的就是"现代"科学、现代性。

反基础主义则反其道而行之，否定大叙事，解放小叙事。利奥塔说：简化到极点，我们可以把对元叙事的怀疑看做'后现代'。怀疑大概是科学进步的结果，但这种进步也以怀疑为前提。与合法化元叙事机制的衰落相对应，思辨哲学和从属于思辨哲学的体制出现了危机。大叙事失去了可信性。

总之，反基础主义认为怀疑、否定大叙事、元叙事，既是科学发展的前提，又是科学发展的结果，所以主张否定大叙事解放小叙事。同时，认为知识、科学不需要哲学为自己提供合法性。知识、科学的合法性是靠自身的内在性（性能）的显现获得的，即靠知识与技术结合成为首要生产力、对社会发展起重要作用而取得合法性的。正如利奥塔所指出的：在最近几十年中，知识成为首要生产力，这已经显著地改变了最发达国家的就业人口构成，这对发展中国家来说也是最主要的薄弱环节。在后工业社会后现代时期，科学将继续保持并且可能加强它在民族国家生产能力方面的重要性。知识、科学就是在这个过程中，通过显现自身"内在性"而获得认同和确证的。也正是利奥塔所说的："这是一种通过事实达到的合法性。"

第二，与基础主义寻求基础之基础相反，它主张拒斥形而上学。基础主义不仅认为哲学是全部知识的基础，而且寻求基础之基础，确认哲学中关于存在之存在的理论，即本体论（形而上学）是整个哲学理论（包括本体论、发展观、认识论、历史观）的基础。本体论说到底就是关于物质、精神谁是第一性的理论。比如，笛卡儿的哲学第一原理"我思故我在"主张思想决定存在，精神第一性，物质第二性，就是精神本体论。

与基础主义对基础的基础的寻求相反，反基础主义的一个重要理论内容就是拒斥形而上学（反对本体），要从哲学的根基上摧毁基础主义赖以存在的基石。反基础主义拒斥形而上学有各种具体表现，其中比较激进的是德里达用解构的方法，即从内部突破的策略解构本体论。

他说过：传统哲学的一个二元对立命题中，除了森严的等级高低，绝无两个对项的和平共处，一个单项在价值、逻辑等方面统治着另一个单项，高居发号施令的地位。解构这个对立命题归根结底，便是在一个特定时机，把它的等级秩序颠倒过来，从而消解本体论。

第三，与具有基础主义理论倾向的唯物主义派别坚持反映论相反，它抛弃反映论。具有基础主义倾向的唯物主义，认为人的知识不是头脑里固有的，也不是从天上掉下来的，而是主观对客观的反映，客观实在是一切知识的基础，逻辑地必然地坚持反映论原则。反基础主义反其道而行之，抛弃反映论。

罗蒂在《哲学与自然之镜》一书中，集中地批驳了反映论。他说写这本书的目的就在于摧毁读者对"知识"的信任，即把知识当做一种具有"基础"的东西的这种信念。他认为，反映论把实在当做知识的基础是犯了简单类比的错误，是把认识活动混同于视觉活动（单纯用眼睛看东西的活动）。在视觉活动中，知觉的形成，似乎具有某种强制性，仿佛知觉对象有一种力量在迫使我们接受它，视觉的这种潜在影响表现在认识活动上，就会让他们把自己的心灵看成一面镜子，把认知当做是对某种心外之物的反映，完全忽视了认知活动中人的主动参与性。其实，认识对象不是先于认知活动而独立存在的东西，而是认识的结果。任何一种知识，不管是比较高级的理论，还是比较低级的感觉，都是在人的认识关系中形成的，所谓存在就是被认识到的存在。人们无法在认识关系之外把关于世界的理论与世界本身加以比较，独立于认识之外的客观实在不可能成为知识的基础。

罗蒂对反映论的批驳实际上是陷入了"自我中心困境"。这并不是什么新鲜东西。20世纪初新实在论者培里在批判以黑格尔为代表的理性派唯心论与以贝克莱为代表的经验派唯心论时，就对"自我中心困境"问题进行了剖析。在培里看来，唯心主义之所以把认识对象看做仅仅存在于意识之中而不是独立的实在，就是由于陷入了"自我中心困境"。

所谓"自我中心困境"，在培里看来，就是指人不能离开他与事物的认识关系来认识事物，即人们不能把自身排除在认识活动之外去发现未被认识的东西。意识到的对象总是与意识同时存在的。这种困境具体表现在4个方面：（1）对象进入认识关系立刻成为观念，认识者无法将它（观念）与外在的非观念的真正对象比较，即认识以内的对象无法同认识以外的对象相比较。（2）认识者无法就同一对象和他人进行沟通，因为他人的意见告诉认识者之后，他人的意见已进入认识者的意识范围了（认识以内的对象无法同认识之外的对象相比较）。（3）认识者无法摆脱认识关系去认识事物。（4）消除了认识关系也就中断了认识，并失去了认识对象。

很显然，当罗蒂宣称人们无法在认识关系之外把关于世界的理论与世界本身加以比较时，无疑是陷入了"自我中心困境"。培里指出，唯心主义正是利用这种困境，推论出事物的存在依赖于对它的认识，在人的意识之外不存在任何东西。换句话说，一切存在的东西都是被认识的东西，"存在即被感知"，"月亮无人看时确实不存在"。从而陷入了唯心论。

培里进一步指出，陷入"自我中心困境"的主要错误是把认识关系绝对化了。主要表现为两点：（1）把认识关系当成了人与世界的关系的基础和核心，否定其他关系诸如实践关系、价值关系、审美关系等。（2）只讲关系不讲关系项，即发生关系的主体。

这实际上是利用认识论上所说的认识过程中主体与客体的相互关系，在本体论上作出了主体决定客体的唯心主义结论。

综上可见，反基础主义抛弃反映论，否定知识的客观基础，陷入了"自我中心困境"，其论证的方法和结论都是不足取的。

第四，与基础主义受同一性思维方式支配相反，它主张向同一性开战。后现代的反基础主义把同一性思维当做扼杀人的创造性、想象力的过时的东西加以攻击，热衷于寻求差异性、多样性、碎片性、零散化、不确定性，倡导、推崇多元论，不可通约性，重视歧见、反例，主张将"异"引进哲学，认为"异"是千百年来一直被体系哲学家从体系中排除出去的东西。他们否定了世界的多义性、多元性，把丰富多彩的复杂性还原成了苍白贫乏的单一世界，并导致独断论和思想霸权。反基础主义认为将"异"看做一个"对话者""对立面"，才能彻底跳出同一性思维方式，摧毁基础主义。

综上所述，反基础主义作为基础主义的对立概念，具有与基础主义相反的意义。其主要内容有：否定大叙事、拒斥形而上学、抛弃反映论、向同一性开战（否认同一性）4 个方面。

二　复杂性探索与反基础主义产生的科学技术背景

1. 现代技术革命与复杂性科学的诞生

恩格斯说过："社会一旦有技术上的需要，这种需要就会比十所大学更能把科学推向前进。"① 15 世纪以来产生的近代自然科学，发展到 17 世纪出现了一个高峰，机械力学已经形成了完整的体系，到了 18 世纪，由于它在生产上的广泛应用，引起了第一次技术革命，主要标志是发明和使用蒸汽机，后来又发明和使用内燃机和电动机，实现生产过程的机械化，

---

① 《马克思恩格斯文集》第 10 卷，人民出版社 2009 年版，第 668 页。

解放人们的体力。20世纪以前的机器主要是由工具机、传动机和动力机三部分组成。虽然它们与最初的简单的手工工具相比，不仅大大地提高了劳动生产率，而且大大地减轻了人的体力劳动，延伸扩展了人的手脚功能，但是，还不能完全代替人的手脚，人对机器的操作和指令还是手脚去执行的。这时的机器是物质和能量组成的系统，还没有信息处理的能力，机器的控制和管理完全由人来进行。这时，人们要了解掌握一部机器，比如对机械钟和蒸汽机，先把它拆成许多零件，分别了解了这些部件的性质和功能，然后再把它们组装、整合起来就行了。这时只要求人们具有机械观和分解叠加的分析方法。

随着机械化程度的提高，庞大的、复杂的、高速运转的机械设备的出现，引起了人对机器系统操作管理的需要，加上人们对信息的认识，又推动人们在操作人员和一般机器系统之间创设了新的机器，即控制机。控制机是以物质和能量为基础的信息与控制系统。现代控制机虽然有许多优点，但仍然不能满足生产高度发展的需要。它的一个明显的局限是，不能使机器与环境之间、机器内部各部分之间相互"通信"，自行适应内外环境变化的需要，进行自动控制。

在生产实践和科学实验的推动下，从20世纪中叶开始，世界上兴起了一场以微电子学和电子计算机为主要标志的新的科学技术革命。这次技术革命不同于以往的机械化过程，其质的飞跃在于发明和使用电子计算机，实现生产过程和管理过程的自动化，解放人们的脑力，所以，国外有人称它为"三A革命"，三A是指工厂自动化、办公自动化、家庭自动化。电子计算机用机械和电子的装置模拟与代替人脑的某些智能。电脑是人脑的延伸。把电脑装在现代控制机上，就能使它克服原有的局限性，具有自适应、自学习、自修复等自动控制的功能。有了电脑和自动控制机就能实现生产过程和管理过程的自动化，从机械化飞跃到自动化。

可见，新技术革命时期的新机器，已发展到由工具机、传动机、动力机和控制机、电子计算机等几部分组成的机器系统。现代机器的主要性质与功能是整体性的，比如，信息流、反馈这些性质是整体性的，自调节、自适应的控制功能更是整体性的，只有在动态的相互联系、相互作用中，才能存在，才能被把握。一旦将它分解拆卸，这些性质和功能就不复存在了。如果说第一次技术革命时代要求人们具有机械观和分析方法，那么新技术革命则要求人们并训练人们具有整体观念和综合方法。

这不仅是客观需要，也有实现的可能：首先应该看到，电子计算机就特别能帮助人们综合、普遍联系地考虑问题。从前人们考虑问题受智力条件的限制，不能同时考虑大量的因素，不得不用少数的原因来解释一些现象。这种方法尚能应付第一次技术革命时期的一些相对简单的问题，但却解决不了当代各种特别复杂的问题。电子计算机延伸了人脑，它能以敏捷的运算速度、精确的逻辑判断力和不会遗忘的记忆力，帮助人们"记住"大量的原因，并把它们联系起来加以综合的筛选，提出解决问题的方案。

其次，还应看到，新技术特别要求进行跨学科的研究。对于像制造蒸汽机、汽车、电动机的工业技术，只要受到专门训练的专家、工程师就能驾驭了。可是解决像航天、环境污染那样复杂的问题就不得不进行跨学科的研究，打破狭隘的专业分工界限。比如，阿波罗登月飞行计划就是一项十分庞大复杂的系统工程。"1961 年 5 月，美国总统肯尼迪提出了 60 年代末宇航员登上月球的任务，并正式批准了'阿波罗'计划。为此，美国专门设计了'阿波罗'飞船和'土星—V'火箭，动员了 2 万多家厂商，约 120 所大学，参加人员 400 多万，共耗资 250 亿美元，终于在 1969 年 7 月 21 日，由'阿波罗 11 号'把两个宇航员阿姆斯特朗和奥尔德林送上了月球。"正是新技术革命所需要的跨学科综合研究和科学发展的一体化趋势，进一步增强了人们的整体观念，促进了系统科学的发展。第二次世界大战以后，各类系统工程学科犹如雨后春笋般迅速发展起来。这些学科都带有跨学科的性质，都是以一般的系统整体，特别是以开放复杂的巨系统为研究对象的。

在新技术革命的推动下，20 世纪 70 年代左右，面对着各种开放复杂的巨系统，不同国家、不同学科的研究人员，从不同的角度用系统方法探索复杂性，复杂性科学就应运而生了。比如，中国的钱学森院士就是通过对系统科学及其应用的探索和研究，特别是在建立系统学的过程中，提出"开放的复杂巨系统"的范畴与处理复杂巨系统的"从定性到定量的综合集成法"，从而创立了复杂性科学的中国学派。

综上可见，新技术革命使复杂性科学的产生既有客观需要，又有现实可能，必然随之而产生。

2. 现代技术革命为反基础主义产生提供了重要条件

我这里主要讲两个方面。先从科学研究方法论的演化说起。所谓科学研究的方法论，是指一切具体科学的研究共同遵循的方向、途径与路线，既不同于各门具体科学从事研究活动的具体方法，又不同于对于认识与实践有普遍指导意义的更高层次的哲学方法。它是作为哲学方法与具体科学具体研究方法的中介层次，内在于整个科学发展过程中，随着科学前进并直接制约着科学前进，在科学发展范围内广泛适用的方法。科学的发展从古代的直观思辨演进到近代的经验分析以后，从 15 世纪中叶到 19 世纪，持续了约 400 年，一直用还原论的方法，把整体分解为部分，把高层次还原到低层次，按着从大到小、从上到下、由浅而深的顺序认识事物、探索宇宙奥秘。比如，物理学对物质结构的探索，就经历了一个实体—分子—原子—原子核—基本粒子—夸克的分析、分解的过程。这种方法取得了巨大成就，功不可没。但是用这种方法去研究复杂系统，如人体系统、人脑系统、地理系统、社会系统、天地人等开放复杂巨系统就不灵了。还原论是受同一性思维方式支配的。还原论在面对复杂性、探索复杂性时表现出的片面性、局限性以及复杂性科学在产生发展过程中所引起的科学研究方法论的转变，即超越还原论发展整体论，实现还原论与整体论的辩证统一的转变，是为反基础主义拒斥同一性、向同一性宣战提供的一个重要条件和依据。

第二方面是，信息化时代产生的虚拟实在的认识论问题，与知识的外在化问题，为反基础主义拒斥反映论提供了一个重要条件。新科技革命的主要标志是发明使用电子计算机。电子计算机的广泛使用，出现了计算机化的趋势。以计算机化为物质技术基础产生了信息化。在这个时代，在人们面前出现了这样两个使人的认识容易陷入误区、产生偏差的问题：

其一，到了计算机时代，人们利用高度的计算机技术可以"虚拟实在"。一个人在一台模拟装置中所经历的虚拟演示过程，对他来说是"实在的"，这正是建立这种模拟装置的首要目标。

当人们在计算机影像中得到了甚至远远超出了在客观世界能够得到的真实感的时候，再在虚拟实在与客观实在之间进行区别好像失去了意义。由于虚拟技术的发展，客观实在在人们认识中的地位似乎大大降低了，甚至可以说客观实在已经不值得再像过去那样认真对待了。人们与之打交道的似乎仅仅是一些信息或者符号，似乎没有理由认为只有客观实在才是实在。换句话说，从感知的真实程度来说，好像虚拟实在与客观实在之间没有差别了。在这种陷入误区的似是而非的认识中，就蕴含着对真实世界的客观性的怀疑与否定。这就是虚拟实在的认识论问题。

其二，在信息化时代，知识的性质发生了变化。用利奥塔的话来说是知识"明显的外在化"了。何以见得，我们知道信息并非全是知识，但知识却可以被看做是某种特殊类型的信息。在信息化时代，当知识的表征、获取、传播、利用等都离不开信息时，知识必然外在化了。其外在化突出表现在两方面：其一，知识表现为信息，知识形式化、符号化了，它不再强调在内容方面与实在的关系，只是外在地表现为脱离内容的纯形式方面。其二，信息的获取、传播与利用，也不再强调实践的作用、知识自身的价值与社会的需要了，只是关注知识能否转化成可以被接受的信息，知识只要经过一个信息量的转译过程（如果不这样转译就会遭到遗弃）进入信息网络传输就行了，如同商品投入市场进行交换一样。这样就会使人们感到知识的发现、传播、利用都与内容的真假无关，科学知识也就不再与某种高尚的目的相联系。"真理""正义"等名词概念虽然仍然存在，但是，它们已经从理想、政治的领域脱离出来，而具有了一种"语言游戏"的性质。这就是信息化时代的知识外在化问题，在这种屈从于"信息霸权"的陷入误区的似是而非的认识中，也蕴含着对真理性与客观性的怀疑与否定。

上述两点，是对基础主义的认识理论（反映论）的严重挑战，是为反基础主义拒斥反映论提供了一个重要条件、依据。

综上可见，复杂性科学与后现代哲学的产生，有共同的科学技术背景，并共存于同一社会之中。它们虽然处于社会意识的不同层面，一个是横断科学及其方法论层面，另一个是哲学的层面，但是，它们之间必然存在相互作用与相互影响。

三　反基础主义与复杂性探索的相互作用与相互影响

1. 相互为用

（1）反基础主义对复杂性探索在研究趋向上的认同与研究方法上的启示。

反基础主义质疑同一性、单一性、终极性，强调多样性、奇异性、非线性、不可穷尽性，反对"将复杂性还原成简单性"，要超越还原论。这是对复杂性探索在研究趋向上的认同。

后现代哲学的后结构主义，即解构主义，突破了近代科学的"机械论、还原论、素朴实在论和决定论"的世界观方法论，使之朝向多元化、时态化和复杂性急剧变化①。后现代哲学给予了复杂性探索方法论上的启示。这种启示在普利高津与斯坦杰斯所进行的复杂性探索中成了从机械力学到热力动力学转换的关键，从静态的决定论的生命观转向一种称之为"耗散结构"的新理论的转换的关键。"这个新理论基于复杂性原理、自组织原理和源自非平衡条件下的混沌的秩序原理。"②

（2）复杂性探索为反基础主义提供了一定的实证科学的支持。

复杂性探索对还原论的超越，就是对反基础主义拒斥同一性的科学支持。

研究复杂性科学家把复杂系统的自组织看做是对熵原则的修正，作为一种朝向不断增长着复杂状态的组织的演化力量。在平衡的动力学状态中，我们发现了一种对秩序的持续突破和对结构的解构及有序与复杂性的产生③，这就是对反基础主义将"异"引进哲学的有力支持。

2. 相互阻抗

（1）反基础主义把分析、分解绝对化，一味强调差异性、多样性、个性，否定同一性、共性、普遍性，非此即彼，把它们割裂开来、对立起来，是对复杂性探索所说的综合、集成、整体涌现的阻抗。

（2）复杂性探索的一个基本原则是"把复杂性当做复杂性来处理"，它反对简单化，重视非线性、随机性、不确定性、整体涌现性，是为了更精确、深刻、完整地反映客观事物，坚持客观性、辩证性，是以唯物论辩证法为哲学基础的。

反基础主义拒斥同一性、反对反映论，认为现象背后无本质，历史发展无规律，是以强调主观性、相对性为特征的唯心主义与形而上学为基础的与复杂性科学的哲学基础相互阻抗的。

复杂性科学不是以后现代哲学为哲学基础，后现代哲学也不是复杂性科学的理论升华，它们两者不互为基础。

它们之间相互作用、相互影响，也不是在意识形态的同一个层面上发

---

① ［美］斯蒂芬·贝斯特、道格拉斯·科尔：《后现代转向》，陈刚译，南京大学出版社2002年版，第267页。

② 同上。

③ 同上书，第291页。

生的，一个属于横断科学、科学发展的方法论，一个属于哲学。在相互作用中，两者对于对方的作用各有特点，后现代哲学对复杂性科学的作用具有方法论意义，复杂性科学对后现代哲学的作用带有实证性，但两者没有谁属于谁、谁是谁的组成部分的问题，两者互不相属。

该文发表在《北京大学学报》（哲学社会科学版）2004 年第 2 期。

第十一章

哲学解释学的解释理论与复杂性探索

一　解释学发展的前期阶段

解释学是一门关于理解与解释的学科。

"解释学"一词的希腊文的词根是赫尔默斯（Hennes），也可以说该词来源于赫尔默斯。赫尔默斯是希腊神话中诸神的一位信使的名字。他不仅有双脚，而且脚上有双翼。他的任务就是来往于奥林匹亚山上的诸神与人世间的凡夫俗子之间，迅速给人们传递诸神的消息和指示。因为诸神的语言与人间的语言不同，因此他的传达就不是单纯地报道或简单地重复，而是需要翻译和解释，即把人们不熟悉的神的语言转换成人的语言，把神的隐晦不明的指令给人们解释清楚。从词意来看，解释学的工作就是一种语言转换，一种从一个世界到另一个世界的语言转换，一种从神的世界到人的世界的语言转换，一种从陌生的语言世界到我们自己的语言世界的转换。

解释学作为一门理解和解释的学问，自古有之，源远流长。它产生以来，其前期阶段包括两个时期。

第一时期，古代的神学解释学与法学解释学。

神学解释学以圣经为解释学对象，法学解释学以罗马法为解释学对象。这时，只是由于人们"缺乏对文本的理解才产生解释学的工作"，"解释学就作为一种教育手段而出现"。

神学解释学是传达诸神的意志，人们必须承认这种意志是真理，必须绝对服从，并付诸实施，加以应用。法学解释学也具有这种绝对承认、绝对服从，并付诸实施的规范性职能。

可见，古代解释学包含三个要素，即理解、解释和应用。这三者是统一、互不分离的，没有前后之别，不是先有理解，后有解释，也不是理解在前应用在后。解释就是理解，应用也是理解，理解的本质就是解释和应用。古代解释学把这三个要素均称之为技巧，即理解的技巧、解释的技巧和应用的技巧。这种技巧不是通常意义上的方法规则，"而是需要特殊精神造就的能力或实践"，"是一种实践智慧"。所以说古代解释学既不是语言科学，又不是理论沉思，而是解释技艺学。

第二时期，是以施莱尔马赫和狄尔泰为代表的近代的解释学，也被称为浪漫主义解释学。

古代解释学是以人们对文本缺乏理解、不理解为前提来阐述解释的原因和解释的技艺的。到了近代情况就不同了。从施莱尔马赫开始，解释学不再谈论"不理解"了，而是以"误解"为前提谈论解释的必要和如何解释问题。认为误解是自然发生的，这是进行解释的依据。施莱尔马赫认为误解之所以会自然产生，是由于词义、世界观等在作者和解释者之间所相隔的年代里发生了变化。它将不可避免地带来理解问题，除非它们的影响被消除掉。因此，对施莱尔马赫来说，文本的真实含义并不是"看上去"它直接向我们所说的。它的意义必须通过对它所由产生的历史情境或生活环境的严格准确的重建才能被发现。认为认识者自身当时的情境只具有消极的价值，作为偏见和曲解的根源，阻碍了正确的理解，这正是解释者必须超越的。把理解、解释仅仅当做一种重建。加达默尔说："施莱尔马赫把解释学定义为避免误解的艺术。通过受控制的、方法论的思考而把一切异化的以及导致误解的东西——由于时间距离、语言用法的变化、词义及思维模式的变化等引起的误解——排除掉，这样描述解释学的工作自然是不无道理的。"

与施莱尔马赫一样，狄尔泰也认为"理解的任务就是恢复这些文件、人造物和活动所暗示的本来的生活世界"。施莱尔马赫、狄尔泰的解释学本质上是一种重建的解释学，它把文本的语言看做代表隐藏在文本背后的东西的密码（作者的个性或世界观）。所以，他们认为对于人类历史的研究应以解释学为方法论（一般方法），坚持把解释当做重建（复制）的方针，就能获得关于人类社会的科学知识，这种知识的每一步都像关于自然界的自然科学知识一样严密。他们的目的就是把解释学确定为人文社会科学（精神科学）的方法论。强调人文社会科学与自然科学有同样的严密性、科学性。这是解释学在其发展的前期阶段上，所实现的从古代的、具体的、特殊的解释技巧到近代的作为人文社会科学研究的一般方法论的转向。

二　哲学解释学的产生与发展

哲学解释学是由海德格尔奠定基础，加达默尔加以发展和完善的。

正如《哲学解释学》编者导言中所说："海德格尔对理解的本体论意义的发现是解释学理论的重大转折点，而加达默尔的研究则可以被看做是试图阐发海德格尔提供的新的出发点的意义。"

这是指：海德格尔在对他的存在主义哲学的主题——存在的意义的探索过程中，发现了理解的结构具有作为人类存在的本体特征的性质。从而使他的哲学成了一种解释学的存在本体论。加达默尔进一步发挥了海德格尔哲学中关于理解的论题，并建立了一套完整的哲学解释学体系，因此成了哲学解释学在当代的主要代表。

海德格尔是怎样通过对存在的意义的探究，而发现理解的结构具有作为人类存在本体的特征的？

海德格尔思想的核心是对"在"的研讨。他认为柏拉图以来的整个西方哲学本体论所讨论的存在，其意义并没有清楚明白过。他的任务就是要弄清楚这个"在"的意义。怎样弄清"在"的意义呢？首先要区分"在者"和"在"，"在者"指的是一个个的具体存在物，"在"是作为在者的一个个具体存在物的本体（纯存在），是存在之存在。而研究人的存在，就是区分属于"在者"层次的一个个具体的人，和属于"在"的层次的人类存在的本体（没有具体规定性的纯存在）。一个个具体的人叫做"此在"，所谓此在就是"在世的存在"，即有时间特性的、环境情景的与他人他物有交往关系的具体的人。

怎样把握人的存在之"在"呢？即怎样把握人类存在的本体呢？海德格尔认为不能像传统哲学那样从具体事物（在者）具体人（此在）中去抽象概括，只有从"此在"的在世的各种活动及情感体验中去揭示：一方面，从人的存在中最能显露其存在本身意义的状态中去揭示，如对处于"沉沦""烦忧"和"死亡"状态时的情绪体验的揭示。"沉沦"使人彻悟到自己的处境，"烦忧"使人觉察到自身的自由和责任，"死亡"使人反顾人生的价值和意义。这些状态最能显露人的存在中其存在本身的意义，都有助于使人领悟存在主义所说的"在"（人类存在本体）的含义。

另一方面，"此在"本身的主动活动，诸如理解和解释，也能显露此在的存在中"在"的意义。理解或解释就是此在"能胜任某事""能够做某事"的显现，理解和解释表明"此在"总是生活在可能性中。此在的存在是可能的存在。这就具有人类存在的本体的意义。也可以说，理解和解释具有作为人类存在本体论的特征。所以海德格尔认为理解是此在的存在方式。

海德格尔对理解、解释的本体论意义的发现，使理解、解释的对象不再单纯是文本或文本的衍生物而是人的此在本身，理解不再是对文本的外在解释，而是对人的存在方式的揭示，即通过理解解释使此在知道自己的存在，知道自己如何存在。哲学解释学既不是解释经典的技巧，也不是人文社会科学的方法论，本质上是关于人的存在的理论。它的出现，实现了解释学发展中的第二次转向，即从方法论向本体论的转向。

理解、解释是此在的存在方式，是哲学解释学的基本观点，是海德格尔对哲学解释学的奠基之作。加达默尔怎样进一步发挥了海德格尔哲学中关于理解的论题并建立了一套完整的哲学解释学体系呢？他的阐发主要有：

1. 理解、解释是在前理解的基础上，在偏见的推动下的不断创新的过程

《哲学解释学》编者导言中指出："一切深思熟虑解释的产生都以'此在'的历史性为基础，亦即，以一种从具体情境出发的对存在的前反思理解为基础。"

解释以此在的历史性为基础，就是指人都是被抛入历史的，人只能在历史传统中进行理解解释。所以任何理解都有三个先决条件："先有""先见""先把握"。"先有"是指人必然存在于一个文化中，历史和文化预先占有了人们，而不是人们预先占有了历史和文化，这种存在上的先有使人们有可能理解自己的文化。"先见"是指人们思考任何问题所要利用的语言、观念以及使用语言的方式，会给我们先存的意识，先入的理解。同时也会把这些先入的东西带给人们要思考的问题。"先把握"是指人们在理解前已具有的观念、前提、假定等，作为推知未知之依据、参照系，即使是一个错误的前提或假定，也是理解开始的依据、必要条件。海德格尔把这三个先决条件概括为一个概念叫做"前理解"。加达默尔接受并发展了海德格尔的这个思想。他认为：人作为"在世的存在"总是已经处于某种理解境遇之中，而这种理解境遇，人必须在某种历史的理解过程中

加以解释和修正。

由于每一种解释——哪怕是科学的解释——都受到解释者的具体情境控制。根本不存在无前提、"无偏见"的解释，因为即使解释者能够使自己从各种情境中摆脱出来，他也不能使自己从自身的事实性中即历史地位中摆脱出来。所以加达默尔把海德格尔的"前理解"叫做"偏见""成见"。他怎么看偏见呢？他说："在构成我们的存在的过程中，偏见的作用要比判断的作用大。这是一种带有挑战性的阐述，因为我用这种阐述使一种积极的偏见概念恢复了它的合法地位，这种概念是被法国和英国启蒙学者从我们的语言用法中驱逐出去的。可以指出，偏见概念本来并没有我们加给它的那种含义。偏见并非必然是不正确的或错误的，并非不可避免地会歪曲真理。事实上，我们存在的历史性包含着从词义上所说的偏见，为我们整个经验的能力构成了最初的方向性。偏见就是我们对世界的开放的倾向性。"① 他公开承认偏见是"作为一切理解的创造性基础"，是在所有理解活动中具有创造性的力量。这是因为"偏见""成见"蕴含了解释的最初的倾向性、方向性。在它的导引下，解释者对文本解释的目的"不在于阐明作者的真实意图"，对文本进行复制，而是学会如何识破表面所指的东西，超越作者的主观意图，并对其作出新的解释，甚至借题发挥。加达默尔在论述这个问题时提到了人们对弗洛伊德的"无意识"范畴和马克思的"生产关系"概念的解释。

弗洛伊德作为著名的精神病学家和精神分析学派的创始人，把人的心理分为两部分：意识和无意识，无意识又称潜意识，其初衷是为了分析产生精神病的原因。他认为无意识（潜意识）不能被本人意识到，它是原始的盲目冲动、本能和出生后被压抑的欲望。潜意识的概念是精神分析的核心部分，是弗洛伊德的精神病学、精神分析学的理论基础。为了阐明产生精神病的原因，在潜意识的基础上，他还提出了人格是由本我、自我、超我三部分组成的。最原始的"本我"是与生俱来的，是潜意识结构的一部分，由先天的本能、基本欲望所组成，是同肉体联系着的。"自我"是意识结构的一部分，处在本我与外部之间，是本我的唯一出路，它的心理能量，大部分消耗在根据外部需要对本我的控制和压抑上。"超我"，就是"道德化了的自我"，它包括良心和自我理想两方面，其主要职责是

---

① ［德］加达默尔：《哲学解释学》，上海译文出版社1994年版，第8—9页。

指导自我去限制本我的冲动。如果这三者的平衡关系被打破，就会产生精神病。

在这人格动力系统中，本能是起动或推动的因素，是个体释放心理能量的生物力量。本能分两个方面：生的本能和死的本能。生的本能有性欲与食欲两种基本欲望，与自我保存和种族繁衍有关。死的本能表现为一种求杀的欲望，对外表现为破坏、损害、征服的动力，若受挫折则退回到自我，便成为自杀倾向，包括自我谴责、自我惩罚、敌手之间的嫉妒、对权威的反抗，等等。本能来源于身体内部的刺激，它们的目的是通过某些活动，如性的满足来消除或减少刺激。

弗洛伊德在精神分析领域和揭示人类本能的技术方面是一位开创者。他异军突起，使心理学研究进入了一个新天地。在哲学、美学、伦理学、文学、艺术等方面，都可以看到弗洛伊德学说的影响。

在这个过程中，人们在不同时期、不同学科领域，对无意识范畴进行解释与运用时，都以不同的方式、在不同的程度上超越了作者的主观意图，并对它作了新的解读。比如，20 世纪 30 年代奥地利的精神病学者和社会批评家赖希夸大了本我的先天本能和基本欲望（性欲和食欲）在人的认识与实践中的地位和作用，他认为"一个不公正的社会制度的存在仅仅用统治阶级的经济和政治权力去说明，革命的失败仅仅用被压迫阶级在经济上的相对软弱去说明，都是不够的。意识形态在心理上被固定在性格结构中的观念可以使政治不反映经济现实，1929 年纳粹制度在德国得势说明了这一点。因此要用弗洛伊德关于'性格分析'理论去补充马克思主义，这样才能说明经济发展过程实际上是怎样被转变为意识的，才能对意识实际上究竟怎样反作用于各种经济发展过程作出解释和说明"。赖希作为"弗洛伊德式的马克思主义"的主要代表人物，他基于在理论上用弗洛伊德的无意识范畴对马克思主义的修正，在考察社会问题时提出，压抑性社会压在群众身上的阶级统治形式，是同一个心理学过程相平行的；心理上的压抑是一种爆炸性冲突的源泉；为了满足性本能冲动，将导致把满足和快乐扩展到人类生存的其他领域；为性解放而斗争是为人类的总的解放而斗争的一个主要方面。"弗洛伊德式的马克思主义"把性、家庭、心理等问题提高到不适当的地位，把高层次归结到低层次，用低层次的生物本能，直接解释由诸多层次交互作用形成的整体涌现性即人的社会性，这等于用还原论的方法，把复杂的问题简单化了，从而离开了人的社会性、人的历史发展观察社会问题，所以就不能对复杂的社会现实给予科学的解释，对促进社会发展提出正确可行的方案。因此，赖希宣扬的这套理论在欧美各国一再受挫，到了晚年，他本人也不得不承认，他的尝试"在逻辑上已经失败了"。后来的一些追随者也都没有获得什么成功。综上可见，"理解并不是一种复制的过程，而总是一种创造的过程……完全可以说，只要人在理解，那么总是会产生不同的理解"。

2. 视域融合是理解得以发生和进行的过程

"视域"是人的视线达到的领域，就是我们常说的"视野""眼界"。所谓视域融合是指在理解、解释过程中，解释者的知识视域和文本的知识视域的交融结合。解释者的视域，是指解释者在现今的历史情景中形成的"现在的视域"，文本的视域是文本作者在以往的历史情景中形成"过去的视域"。视域融合本质上是把过去的意义置入当前情况下的一种调解或翻译。所以"把理解概念定义为一种'视域融合'，为发生在一切意义转换中的进程提供了一个更为真实的图像"。视域融合是解释者与文本进行交流的方式、场所，在其中，就像一切真正的对话一样，在解释者与文本之间进行着解释学谈话，包括平等和积极的相互作用。可以说这"是一种不断在过去和当前之间发生的相互作用"。这种相互作用、相互交融是一个不断发展的无穷无尽的理解过程，本质上是辩证的（加达默尔语），其基本特征是开放性。

在这个相互作用、相互交融的过程中，解释者的视域与文本的视域必然都要发生相应的变化。具体来说，当解释者把自己放置到另一种情境即文本作者的情境时，他决不同时抛弃自己的情境和前理解，而总是意味着理解发生时就必须带着自己的视域进入所要理解的那个视域，同时也不停留在以往的视域，而是把它融入新的视域后，对文本重新提问并给予新的解答。通过视域融合，既揭示了他人的视域，又展现了自己的视域，使理解者在理解过程中，不断加工改造旧的视域，不断拓宽、超越自身的视域，达到一个更高、更优越、更普遍的视域。在这一理解过程中，历史与现实，客体与主体，他者与自我构成了一个具体的历史的统一过程。

视域融合也体现了"效果历史"概念的含义。效果历史是解释学看待历史的根本观点。早在狄尔泰的思想中，就提出过"效果结构"概念，意思是指"包括过去产物的结构"。这是一种有机的相互联系、相互依赖、前后连贯的包容性结构。此后，加达默尔提出了"效果历史"的概念，意思是指过去和现在之间不停的交互作用，在这个过程中包括了主体和客体的活动，即作为解释主体的解释者的视域的活动与作为被解释的客体的文本的视域的活动。在这个过程中，历史传统是一个持续不断的冲动力量和影响力量。这个概念，从根本上说是从实际效果（或后果）上承认"过去"。用这个观点观察视域融合：融合的一方，文本的视域是过去形成的，是历史的产物；融合的另一方，解释者的视域是解释者现今在一定历史条件下、一定历史地位中形成的，也是历史的产物。它们双方的交融结合又直接体现了过去与现在之间的交互作用。可见，理解、视域融合"按其本性乃是一种效果历史事件"。这表明历史现象与文本绝不是解释者可以不置身其中的客观的解释对象，而是主客体的交融统一。

3. "理解同语言联系在一起"，视域融合与用语言对话是同一个过程

加达默尔认为，"语言是意识借以同存在物联系的媒介"①。心灵与世界的符合能显露在语言现象中，语言是一种可以证明这种符合的方法，哲学研究的重点正愈益清楚地朝向这种方法，"据我看来，最近几十年语言现象成为哲学研究的中心决非偶然"②。基于哲学研究的语言学转向，他非常重视语言，认为语言是诸多存在得以表现的存在，是一种根本的存在。"它是包容了一切能够用语词表达的存在物的基本媒介。与其说语言是人的语言，不如说语言是事物的语言，难道不是这样吗？""语言这面镜子反映着存在的一切事物。在语言中，而且只有在语言中，我们才能遇到我们在世界中未'遇到'的东西。""解释学的原则仅仅意味着我们应该试图理解一切能被理解的东西。这就是我曾在《真理与方法》中说过的：'能被理解的存在就是语言'。"

解释者理解文本时，实际上就是用语言解释语言，语言与用语言传递意义的理解是一个过程。"我们对语言的拥有，或者更妥当地说，我们被语言拥有，是我们理解我们诉说的文本的本体论条件。"

基于理解与用语言对话是同一个过程，加达默尔结合语言的特点，进一步阐述了视域融合的流动性、开放性。他说，对话的特点是，"当解释者被主题推动着、在主题所指示的方向上作进一步询问时，……包含着一种对于可能性的揭示和保持，从而悬置了文本和读者当前观点的假定的最

---

①　［德］加达默尔：《哲学解释学》，上海译文出版社 1994 年版，第 77 页。

②　同上书，第 76 页。

终确定性"。"它使对话双方都超越自己的视域而进入一种探询的过程，这种探询过程具有自身的生命，并且经常充满了未曾预感未曾料想到的发展。""语言在对话的具体运用中所具有的不断自我超越的性质是理解具有流动视域的根据。"也就是说，理解活动从本质上是语言的，"理解活动超越任何特殊语言的界限，从而能在熟悉的内容和陌生的内容之间进行调解"。"语言使得一致成为可能，这种一致扩展并改变了使用语言的人的视域。但是每一场对话都与'无数未说出的东西'有关，而这些东西则为理解活动提供了做不完的事。"

　　还要看到："工业化时代拉平了的生活方式，不可避免地影响了语言，事实上语言词汇枯竭的现象愈演愈烈，因此使语言非常近似一种技术符号系统。这类拉平倾向是不可抗拒的，尽管如此，只要我们想在互相之间说点什么，我们自己的语言世界就仍然在同时增长，其结果就是人与人之间的实际关系。每一个人首先是一个语言圈子，这种语言圈子同其他的语言圈子发生接触，从而出现越来越多的语言圈子。语言就像以往那样不断地在词汇和语法中出现，而且永远伴随着内部无限的对话，这种对话在每一个讲话者和他的谈话对象之间不断发展。"这就是加达默尔通过把语言的动态性与解释的视域融合联系起来，对视域融合过程中知识的这种动态性和自我超越性，所作的进一步解释。而"知识的这种动态性和自我超越性在加达默尔把理解作为视域的具体融合的概念中处于中心地位"。

三　对哲学解释学的解释理论之复杂性解读

　　哲学解释学的解释理论从一个侧面反映了认知思维的复杂性，具有复杂性维度，其具体表现在：

　　第一，视域融合理论具体揭示了，认知过程是通过不同视域之间既竞争又协同的交融结合，而实现的具有动态性和自我超越性的自组织过程。这是认知思维产生复杂性的重要根源。

　　第二，视域融合理论也具体展示了，在融合过程中认识的自我超越与不断生成，不是主体认识结构中某种结构单独作用的结果，也不是各种结构的机械相加造成的加和性（叠加性），而是由前理解、成见中蕴含的由知识能力结构与驱动调控结构组成的心理结构，理解中使用的相关文本与语言媒体组成的工具结构，认知主体的历史性中蕴含的认识关系结构等，在视域的交互作用中产生的整体涌现性。这是认知思维复杂性的集中表现。

第三，视域融合理论还具体表明了，人的认识不是一个均匀展开单向直进的线性运动；而是原有视域经过与文本视域的融合，形成新的视域，再在新的条件下进行新的融合并进而形成更新的视域，即一个认识、融合、再认识、再融合的曲折前进的非线性过程，而每次的融合都使解释者的认识达到更高一级的程度。

第四，视域融合理论，通过效果历史概念所揭示的在过去的视域与现在视域之间不断进行的交互作用，以及对语言的动态性与视域融合的内在联系的分析，所着力阐明的"知识的动态性和自我超越性"，直接显现了认知是一个开放的复杂巨系统。

四　评论

1. 哲学解释学用存在主义本体论的立场与方法分析揭示理解、解释的本体论意义，把人类存在的本体归结为主体的情绪体验（如处于沉沦、烦忧、面临死亡状态的情绪体验）和主体的认知形式（如理解、解释）等，属于精神范畴的第二性的东西，陷入了精神本体论，以唯心主义为哲学基础。

2. 哲学解释学以无视物质与精神、主体与客体的对立统一关系的姿态，把认知过程、语言过程独立化，使"主体虚化""真理退场""客观性丧失"，从而赋予了自身明显的反传统哲学的后现代性质。

3. 哲学解释学以丧失客观性为代价，强调解释者与文本的融合统一，在理解、解释中抹杀是非界限，否定实践作用，必然导致向主观主义与相对主义敞开大门，任其自由泛滥。在这种理论倾向的制约下，哲学解释学一味肯定"成见""偏见"是一切理解的创造性基础，是所有理解活动中具有创造性的力量，从这种不辨是非不讲真假的成见、偏见的前提出发进行理解、解释，其循环往复的结果，只能导致解释者主观心灵的展现。

4. 哲学解释学把社会历史的实在性，归结为不同视域之间不断进行交互作用的效果历史，即等同于历史意识的实在性；把社会历史的主体当成只是从事理解、解释活动的认识主体，根本否定生产方式在社会发展中的决定作用，歪曲了人的本质、社会生活的本质，与唯物史观相背离。

5. 哲学解释学拒斥"客观主义"与"实证主义"的思维方式，反对将人文科学的研究方法自然科学化；注重理解过程中的矛盾性、开放性以及解释主体的历史性与创造性。这些，无疑具有启迪作用与积极影响。

6，当代科学的发展呈现了既高度分化又高度综合，而以高度综合为主导的大趋势，知识的综合性、整体化是科学发展的规律性。视域融合的理论符合科学发展高度综合的大趋势。不同学科有不同的视域，视域融合的思想对于我们进行跨领域、跨学科的综合交叉研究，有一定的指导意义。

7. 视域融合理论的复杂性维度所蕴含的：视域融合过程中的既竞争又协同，自组织、自超越的思想；在视域的交互作用中所形成的整体的涌现性而非加和性的思想；视域融合发展过程中，呈现的认识、融合、再认识、再融合曲折前进的非线性思想，等等，对复杂性探索有积极影响。

上述 7 点可概括为两个方面：前 4 点为第一方面，主要评论的是哲学解释学的理论实质及其局限性。后 3 点为第二方面，主要评论的是哲学解释学的合理思想及其积极影响。

本文发表在《北京大学学报》（哲学社会科学版）2004 年第 4 期。

第十二章

复杂性科学与辩证唯物主义哲学

一 从简述复杂性科学与辩证
唯物主义哲学说起

现代科学的发展，在高度分化的基础上，呈现了高度综合的大趋势，其中蕴含着从简单性科学向复杂性科学的飞跃。

20世纪70年代以来，随着系统科学的发展，在物理、化学、生物、天文、地理、数学、经济等学科领域开展了许多有关复杂性或复杂系统的跨学科交叉研究。一个用系统方法，以复杂性探索为中心内容的复杂性科学应运而生了，世界上先后出现了：欧洲的以普利高津、哈肯、艾根为代表的自组织理论，即所谓欧洲学派；美国的圣菲研究所，以霍兰为代表的复杂适应系统（CAS）理论，即所谓美国学派；我国以钱学森院士为代表的开放的复杂巨系统理论，即中国学派。

随着复杂性探索、复杂性科学的产生、发展，人们的学术视野向宇宙的广度、深度大大地拓展了，人们逐步领悟到：在世界上，虽然存在大量可以用还原论方法认识、解决的简单性问题，但同时存在无数不能用还原论方法认识、解决的复杂性问题。人们面对着世界在演化过程中不断涌现出的日益增多的复杂系统与复杂性问题，即所谓规模巨大的、组成要素异质性显著的、按照等级层次组织起来的、具有各种非线性相互作用的、对环境开放的动态系统。总之，开放的复杂巨系统比比皆是。诸如，人体系统、人脑系统、经济系统、社会系统、地理系统、天体系统、天地人系统等。所以从根本上说，世界是复杂多变的，绝不是恒定简单的。因此，我们对宇宙的奥秘，越是进行广泛、深入地探索，越是走向科学发展的深处，就会越来越多地发现复杂性问题。对待复杂性问题，用简单的方法、还原论的方法是解决不了或解决不好的。必须把复杂性当做复杂性来处理。21 世纪科学技术发展的最主要特点是：科学是研究复杂性的科学，技术是调控复杂系统的技术。复杂性探索、复杂性科学集中体现着现代科学发展的辩证综合的总体特征与发展大趋势。探索复杂性的价值取向与思维方式已日益渗透进了社会存在与社会意识的方方面面。

　　无限的世界，不仅是不依人的主观意识为转移的客观实在，具有物质性；而且是普遍联系，永恒运动，在运动中传输信息，由矛盾构成，具有辩证性；是物质性与辩证性的统一。辩证唯物主义哲学，作为对整个世界的宏观把握，就是对世界的物质性、辩证性及其辩证统一的正确反映，是科学的世界观。它旨在引导人们：按照世界的本来面貌，实事求是地认识事物、解决问题，实现主观与客观、理论与实践的具体的历史的统一。从根本上说，这种科学的世界观是符合人类思维本性的，因为人的思维不过是外部世界的主观映象，即马克思所说的"观念的东西不外是移入人的头脑并在人的头脑中改造过的物质的东西而已"①。它所坚持的是人类正确认识世界的思想路线，代表着人类哲学思考的主流。

　　哲学来自非哲学，科学是哲学的基础；科学发展需要方法论，哲学是科学的向导。辩证唯物主义哲学只有随着科学前进，才能指导科学前进。当今，世界范围的复杂性探索的兴起与高涨，必然从更大范围、更深层次、更复杂的关系上，触及哲学的世界观、本体论、发展观、认识论等基本的问题，为辩证唯物主义哲学的运用与发展提供了大好的机遇。

二　复杂性研究、复杂性科学对辩证唯物主义的推进

　　科学是哲学的基础，复杂性研究、复杂性科学对辩证唯物主义哲学的推进是多方面的，着重讲两点：

（一）复杂性探索进一步论证了辩证唯物主义世界观

　　哲学是对整个世界的宏观把握，是世界观的理论体系。马克思主义哲

---

① 《马克思恩格斯文集》第 5 卷，人民出版社 2009 年版，第 22 页。

学的理论形态是辩证唯物主义、历史唯物主义，这似乎是个无可非议不证自明的问题。为什么提出进一步论证呢？原因有二：一是回应挑战；二是使研究深化。

近年来，在马克思主义哲学研究中，有些论者对马克思主义哲学的理论形态是辩证唯物主义历史唯物主义持怀疑态度，特别对认为马克思主义哲学是辩证唯物主义的观点竭力否定。其主要论据有二：一是在文本上做文章，说马克思没有辩证唯物主义方面的专门著作，所以辩证唯物主义不是马克思的哲学。而马克思是马克思主义第一创始人，因此不能说辩证唯物主义是马克思主义哲学。二是在科学前提下做文章，说马克思主义哲学从 19 世纪中叶产生以来至今已 150 多年了，现代科学已经有了很大的发展，辩证唯物主义已经过时了，需要改变理论形态了。

事实如何呢？虽然这里要着重回答的是第二方面的问题，由于第一方面的问题是属于正本清源的问题，与第二方面问题密不可分。所以有必要先从这里谈起。

从辩证唯物主义思想体系的形成过程来看，众所周知，与辩证唯物主义有内在联系的历史唯物主义是马克思恩格斯在 1845—1846 年合著的《德意志意识形态》中共同创立的，这是举世公认的。

但是，在 19 世纪 50 年代以后，马克思把主要精力转移到政治经济学的研究上去了。恩格斯主要承担了哲学的研究与建设，其主要成果是 1876 年 9 月—1878 年 6 月撰写的《反杜林论》和 1873—1883 年完成的《自然辩证法》。《反杜林论》既是论战性著作又是学科建设性著作。马克思主义的三个组成部分的理论框架就是在这部著作中建立起来的。辩证唯物主义理论体系的基本内容也主要是在《反杜林论》与《自然辩证法》中阐明的。

比如，在《反杜林论》哲学篇中，恩格斯在批判杜林的唯心主义先验论和形而上学的过程中，系统地阐述了辩证唯物主义关于世界的物质统一性问题、物质与意识、物质与运动、时间与空间、相对真理与绝对真理、自由与必然等基本原理；论证了唯物辩证法的基本规律。又如，在《自然辩证法》中恩格斯运用辩证唯物主义基本观点科学地总结了 19 世纪中叶自然科学发展的重要成果，批判了自然科学研究中的形而上学和唯心主义观点，揭示了自然界的客观辩证性，论证了辩证唯物主义是关系自然界、社会和人类思维发展的普遍规律的科学，阐述了辩证法的基本规律和范畴，比较详细地论述了物质的基本运动形式以及它们之间的辩证关系，还阐明了劳动在从猿到人转变过程中的决定作用，提出了人类起源于劳动的学说。就马克思主义哲学的形成时期来说，辩证唯物主义的基本观点与理论体系（原生态的）主要来自《反杜林论》《自然辩证法》两部书，这两部书是马克思、恩格斯相互支持、相互交流密切协作的产物。比如，马克思在1873年5月30日读了恩格斯谈《自然辩证法纲要》的信的第二天就回信说"非常高兴"。又如对《反杜林论》马克思逐章阅读过，其中有一章是他写的，恩格斯在《反杜林论》三个版的序言中明确地讲了这一点。他说："本书所阐述的世界观，绝大部分是由马克思所确立和阐发的，而只有极小部分是属于我的，所以，我的这种阐述不可能在他不了解的情况下完成，这在我们相互之间是不言而喻的。在付印之前，我曾把全部原稿念给他听，而且经济学那一编的第十章《〈批判史〉论述》就是由马克思写的。"① 这绝不是偶然的，而是与他们在长期共同斗争中形成的立场、世界观是一致的，相互吻合的。具体来说，马克思在讲到自己的辩证法与黑格尔的辩证法的根本区别时指出，他的辩证法不是头脚倒立的，而是有现实基础的，现实基础就是唯物主义，强调了唯物主义与辩证法的结合统一。恩格斯也是如此，不止一次强调马克思主义哲学是唯物主义与辩证法的结合统一，他明确讲过"现代唯物主义本质上都是辩证的"②。可见在《反杜林论》《自然辩证法》中主要由恩格斯运作创立的辩证唯物主义理论体系、基本观点，是反映了马克思恩格斯的共同的世界观。怎么能说辩证唯物主义不是马克思主义哲学呢？文本问题回应完了，再讨论一下科学前提问题。恩格斯曾经指出："唯物主义也经历了一系列的发展阶段。甚至随着自然科学领域中每一个划时代的发现，唯物主义也必然要改变自己的形式。"③ 众所周知，科学的发展从古代的直观思辨，经过近代的经验分析，到了19世纪中叶，开始进入了以"整理材料"（恩格斯语）为标志的辩证综合阶段，一些以研究发展过程为特点的自然科学已相继出现并发展起来。其中最具代表性的是：细胞学说、能量守恒和转化定律、生物进化论。这些新的科学成果就其哲学意义来说，主要在

① 《马克思恩格斯文集》第9卷，人民出版社2009年版，第11页。
② 同上书，第28页。
③ 《马克思恩格斯文集》第4卷，人民出版社2009年版，第281页。

宏观层次上，从不同侧面揭示了自然界的辩证联系与物质统一性。这意味着自然科学的发展已经跨入了辩证综合阶段，所以唯物主义的进程才能从近代机械唯物论开始转向了辩证唯物论。这就是通常所说的辩证唯物主义产生的科学前提。

辩证唯物主义产生以后，20世纪以来现代科学有了很大的发展，取得了巨大的成果，特别是当今世界范围的复杂性探索、复杂性科学取得了突出的成就。现代科学的发展不断涌现的巨大的新成果，是否定着辩证唯物主义、证伪了辩证唯物主义呢？还是逐步深入地论证着辩证唯物主义？为它的充实、丰富、深化提供了强大的动力，奠定了更加坚实的基础呢？这是我们必须进行的回应和反思。

具体来说，马克思主义哲学产生以后，20世纪以来，在科学发展历程中，又出现了相对论、量子论、遗传基因（DNA）的双螺旋结构"三大发现"，开辟了认识自然的新天地，即向微观（分子尺度以内的）和宏观（大尺度天体系统）领域进军。一方面，进一步揭示了微观领域的辩证联系：如20世纪初首先发现，光在光电效应等现象中显示出粒子性，在干射、衍射等现象中显示出波动性，因此得出光具有波粒二象性的结论。其后，到了20年代，又发现原来认为只有粒子性的实物粒子，如电子等也能发生衍射现象，说明它们也具有波动性。从此，认为一切微观粒子都具有波粒二象性，都是粒子性与波动性的对立统一。

另一方面，也进一步揭示了宏观领域（大尺度天体系统）的辩证联系：如爱因斯坦1905年提出的狭义相对论和1916年提出的广义相对论，直接否定了牛顿把空间、时间与物质割裂开来的绝对时空观。新的三大发现进一步揭示了微观、宏观领域的辩证联系，奠定了分子生物学、核物理、凝聚态物理、天体物理、电子学、光子学的理论基础，并形成了宇宙大爆炸模型、地球板块模型、基本粒子夸克模型等。科学发展沿着辩证综合的路径，大大前进了一步，是进一步证实了而不是证伪了辩证唯物主义。但辩证综合的特征尚未全面展现。

20世纪中叶以来，现代科学沿着辩证综合的途径取得了突飞猛进的发展，在全球范围内进行着以电子学和计算机技术为主要标志的新的科技革命，形成了一系列高新科技部门。新科技革命的一个突出的特征是，现代科学技术的发展显现了既高度分化又高度综合，和以高度综合为主的一体化趋势。科学知识的综合性、整体化，比较全面地从总体上展现了现代科学进入辩证综合阶段以后的整体特征，使辩证唯物主义得到了有力论证，为辩证唯物主义的发展提供了强大的动力，为它的充实、丰富、深化奠定了坚实的基础。前边已经提到，20世纪70年代以来，在系统科学发展的基础上，在物理、化学、天文、地学、生物、数学、经济等学科领域开展了大量有关复杂性或复杂系统的跨学科研究，以交叉结合为直接研究领域，以复杂性探索为中心内容的复杂性科学应运而生。

复杂性探索、复杂性科学告诉我们：世界是物质的，物质是以系统的形式存在的，任何系统都包含着矛盾，而且不止一种矛盾，复杂系统更是大量矛盾形成的矛盾网络。由于矛盾的作用系统是运动的，而运动的机制是复杂的，所以，世界上的联系、关系，从根本上讲是非线性的，线性只是非线性的特例。整体性是由系统的结构来规定的，系统的复杂性主要是由非线性产生的，非线性是现实世界无限多样性、丰富性、奇异性和复杂性的来源。所以，越是走向科学发展的深处，我们就会发现越来越多的复杂性问题。

对待复杂性问题，用简单的方法，还原论的方法是解决不了的，必须超越还原论发展整体论，用还原论、整体论辩证统一的方法，把复杂性当做复杂性来处理。这样做，重视非线性、随机性、不确定性、整体涌现性，从更大范围、更深层次、更复杂的关系上，观察问题，分析问题，才能更精确、更深刻、更完整地反映客观规律，认识必然，引导实践，获得自由。

21世纪科学技术发展的最主要特点是：科学是研究复杂性的科学，技术是调控复杂系统的技术。复杂性探索、复杂性科学集中体现着现代科学发展的辩证综合的总体特征和发展大趋势。

事实胜于雄辩。它非但没有否定辩证唯物主义，证伪辩证唯物主义，而是在新的历史条件下，为辩证唯物主义发展注入了新的活力，以科学技术发展的前沿成果，进一步夯实了辩证唯物主义世界观的科学基础。

（二）复杂性探索充实了辩证唯物主义发展观

辩证唯物主义发展观，是辩证唯物主义世界观的重要组成部分，包括作为发展观的总体特征：联系的观点与发展的观点；作为联系和发展的基本规律的：对立统一规律、质量互变规律和否定之否定规律；作为联系和发展的基本环节的现象与本质、个别与一般、形式与内容、整体与部分、原因与结果、必然与偶然、可能与现实、相对与绝对等基本范畴。

复杂性探索对辩证唯物主义发展观的基本观点、基本规律、基本范畴的充实、丰富和深化是多方面的。限于笔者对复杂性科学的理解是十分初步的，对辩证法基本观点、基本规律和基本范畴的认识又急需随着现代科学的前进加以深化，现在只能谈些粗浅认识。

1. 复杂性科学对辩证法的运动、变化、发展观点的充实问题

第一，辩证唯物主义运动观认为，新陈代谢是宇宙间普遍的永远不可抗拒的规律，世界运动的总趋势是从简单到复杂、从低级到高级的螺旋式上升进程，是前进，是进化。

生命科学与人文社会科学所揭示的大量的科学事实无可争辩地表明，生命运动与社会运动的确是从简单到复杂、从低级到高级的进化过程。

至于无生命的物理运动、化学运动其演化趋势是进化还是退化，则是现代科学史上曾出现的一个激烈争论和难以解决的问题。这就是 19 世纪著名的达尔文（生物进化）和开尔文（物理退化）的论战。具体来说，德国物理学家克劳修斯 1850 年提出了热力学第二定律。这个定律是关于在有限空间和时间内一切和热运动有关的物理、化学过程的发展具有不可逆性这样一个事实的经验总结。其表述方式有：（1）热量总是从高温物体传到低温物体，不能作相反的传递而不带有其他的变化。（2）功可以全部转化为热，但任何热机不能全部地、连续不断地把所受的热量转变为功（即无法制造第二类永动机）。（3）在孤立系统内实际发生的过程，即使整个系统的熵数值增大，这个定律也称为熵的增加原理。自从克劳修斯提出热力学第二定律以来，物理学界普遍认为，无生命系统总是自发地从有序变为无序，从不平衡到平衡朝着均匀简单、消除差别的退化方向演变。如果把这一定律无条件地外推到整个宇宙，就会逻辑地、必然地认为，随着宇宙的熵趋于极大，宇宙万物便会达到热平衡，一切宏观运动就会停止了，宇宙的末日就会来临了。克劳修斯就是由于把热力学第二定律不恰当地引用到整个宇宙范围，提出了"热寂说"，把对于有限孤立系统所获得的经验推广到全宇宙，把相对平衡绝对化，因而是形而上学的错误的。恩格斯在《自然辩证法》中批判了热寂论。他指出："克劳修斯的第二原理等等，无论以什么形式提出来，都不外乎是说：能消失了，即使不

是在量上，也是在质上消失了。"① 并深刻指出："发散到太空中去的热一定有可能通过某种途径（指明这一途径，将是以后某个时候自然研究的课题）转变为另一种运动形式，在这种运动形式中，它能够重新集结和活动起来。因此，阻碍已死的太阳重新转化为炽热的气团的主要困难便消失了。"②

20 世纪 70 年代，比利时物理学家普利高津从热力学第二定律出发提出了耗散结构论。这一理论认为非平衡是有序之源，一个远离平衡态的开放系统，通过不断与外界进行物质和能量交换克服混乱，维持稳定，当外界条件的变化达到一定的阈值时，系统就会通过涨落而发生突变，由原来的无序状态转变为一种在时间、空间或功能上有序的结构。普利高津把这种靠能量流和物质流来维持的，通过自组织形成的新的、稳定的、充满活力的结构称为耗散结构。并认为自组织形成有序结构是发展演化的基本形式。科学地回答了无生命的远离平衡态的开放系统如何从无序走向有序的问题，也是对恩格斯所预言的"通过某种途径"能够使能量"重新集结和活动起来"的一种科学说明。肯定了包括无生命的物理运动、化学运动在内的一切运动变化过程，其总趋势都是从简单到复杂、从低级到高级的演化过程，使"生物进化与非生物退化"的论争画上了句号。这就进一步充实了辩证唯物主义运动观。

第二，辩证唯物主义运动观认为，在物质运动形态从低级向高级的演化过程中，有生命的物质是从无生命的物质进化而来的。这是物质运动形态演化中的一个重大的飞跃，也是历来为科学与哲学共同关注的重大问题。在当时科学技术的背景下，恩格斯在《反杜林论》中曾经作过这样的论断，"关于生命的起源，自然科学到目前为止能明确地断定的只是：生命的起源，必然是通过化学途径实现的"。

细胞是构成生物体的基本结构和功能单位，是具有一定边界的独立多分子体系。它含有蛋白质、核酸（DNA、RNA）、糖类、脂类等有机物质以及水、无机盐及微量元素。那么，在没有细胞存在时，原始地球上积聚的前生物有机分子（类蛋白、类核酸、类脂、糖类）是如何进化成生命的？

---

① 《马克思恩格斯文集》第 9 卷，人民出版社 2005 年版，第 545 页。
② 同上书，第 425 页。

德国生物物理学家艾根研究了生命系统的自组织问题，于 1971 年提出了超循环理论。他认为，在化学演化与生物演化之间存在一个分子自我组织阶段，通过生物大分子的自我组织，建立起循环组织并过渡到原始的有细胞结构的生命。

"何谓超循环呢？化学反应循环有不同的等级或组织水平，各个简单的、低级的、相互关联的反应循环可以组成复杂的、高级的大循环系统。生物体内普遍存在着高级的、复杂的反应循环，如各种催化循环（反应循环的中间产物可以催化另一个反应循环）。艾根认为，类似单链 RNA 的复制机制（正链与负链互为模板）的自催化或自我复制循环在分子演化过程中起了重要作用。艾根的超循环组织就是指由自催化或自我复制的单元组织起来的超级循环系统。这个超级循环系统由于能够（以一定的准确性）自我复制而保持和积累遗传信息，又由于复制中可能出现错误而产生变异，因此，这个超循环系统能够纳入达尔文的演化模式中，即依靠遗传、变异和选择而实现最优化。所以超循环系统可以称之为分子达尔文系统。团聚体和微球体虽然具有某种代谢的功能，但不能自我复制，从而不能保持、积累遗传信息；而超循环组织具备原始生命的最基本特征：代谢、遗传和变异，从而能借助选择达到生物演化水平。"[1] 最终导致了生命的起源，表明了生命复杂性是怎样从物理简单性中产生出来的。这有助于揭示生命起源的奥秘，也是复杂性研究对唯物辩证运动观的一个充实。

第三，系统科学和复杂性研究十分强调事物的生成演化，强调瞬态变化，强调路径依赖，强调对始初条件和环境的极端敏感性。这种演化观所讲的运动变化，主要指的是有曲折、弯路、反复、振荡、间断、跳跃、分岔的非线性过程，而不是均匀展开、单向直进、一往无前的线性过程。这是复杂性研究对唯物辩证运动观的又一充实。

2. 复杂性研究对唯物辩证法的核心——对立统一规律的运用实证

耗散结构论主要研究了系统从无序到有序的条件；协同学则主要研究了系统组织化过程的动力；超循环理论研究了演化的超循环组织方式。对立统一规律讲的是事物发展的动力和源泉。因此，应主要以协同学为例来说明复杂性研究是如何运用和实证对立统一规律的。

---

① 许国志：《系统科学与工程研究》，上海科技教育出版社 2000 年版，第 557 页。

协同学是德国物理学家哈肯创立的，其主要思想源于哈肯对激光理论的研究。他发现诸多相互独立发光的原子及其所产生的光电场在一定的约束条件下，能产生出相位和方向都协调一致的单色光——激光。进而，他把在激光研究中得到的一般原理，运用于解释其他自组织现象。通过与其他的物理学、生态学、经济学、社会学中的典型现象的类比分析，发现了完全不同的系统之间的惊人的类似性，认识到自组织系统从无序到有序的演化，不论它们属于什么系统，都是大量子系统之间协同作用的结果，都可以用类似的理论方案和某几种数学模型进行处理，从而在1970年提出建立协同学的问题。1977年出版了《协同学导论》，标志着协同学的正式建立。协同学是关于多组分系统如何通过子系统的协同行动而导致结构有序演化的一门自组织理论。

哈肯1983年出版的《高等协同学》，使协同学理论达到完善的程度。在该书中"哈肯把协同学的基本原理概括为三个，即不稳定性原理、序参量原理和支配原理，认为这些原理构成了协同学的硬核。不稳定性是对相对稳定性而言的。以往的许多科学，如控制论，都是侧重于对稳定性问题的研究，而协同学以探寻系统结构有序演化为出发点，从一个全新的角度来考察不稳定性问题。它认为任何一种新结构的形成都意味着原先状态不再能够维持，即变成不稳定的。这样，不稳定性在结构有序演化中具有积极的建设性作用。协同学还认为，在临界点系统内部的各个子系统或诸参量中，存在两种变量，即快变量和慢变量。所谓支配原理，就是慢变量支配快变量而决定着系统的演化过程。慢变量和快变量各自都不能独立存在，慢变量使系统脱离旧结构，趋向新结构；而快变量又使系统在新结构上稳定下来。伴随着系统结构的有序演化，两类变量相互联系、相互制约，表现出一种协同运动。这种协同运动在宏观上则表现为系统的自组织运动。序参量是处理自组织问题的一般判据，是系统相变前后所发生的质的变化的突出标志。它表示着系统有序结构的类型，是所有子系统介入协同运动程度的集中体现。序参量是一种宏观参量，是描述系统宏观有序度或宏观模式的参量。序参量是子系统之间协同合作的产物、表征和度量。同时序参量又支配子系统的行为，主宰系统整体演化过程"[1]。哈肯曾指

---

① 颜泽贤、范冬萍、张华夏：《系统科学导论——复杂性探索》，人民出版社2006年版，第43页。

出："量变质变规律和对立统一规律是他的协同学的哲学基础。"在协同学中，哈肯是怎样运用并实证对立统一规律的呢？

这主要表现在：

第一，协同学认为矛盾是普遍存在的。它具体指出："生活中充满矛盾。举几个例子就足以说明了。一个青年想要上大学，他在两个完全不同的专业之间犹豫不决。两个专业各有利弊。另一个例子说的是一个青年女郎，好像天缘巧合，她一连碰上了两个很好的男子。两个人都想娶她。她觉得两人对她都有魅力，都舍不得回绝。她在两者之间左右为难。最后，一名竞争者说的一句话打翻了天平。青年女郎终于自愿委身于他。用协同学的话来讲，一个'涨落'一句话分出了高低。"①

第二，它坚持用矛盾观点、一分为二方法观察事物、分析问题。比如，在协同学中具体分析了"在社会生活中矛盾的转移"。它指出，特别在社会领域中，存在着一些具有两个等价的答案，或更确切地说，两条出路的矛盾，在那里共同的行动使个人摆脱矛盾，并非消除它们。这里是几个本身似乎无足轻重的例子，但它们可以与引起剧烈冲突的问题相比拟。一个孩子生下了，他自然得有个姓，在许多国家中，习惯乃至法律上规定孩子应从父姓。但孩子同样可以从母姓。如果没有法律的规定，每对夫妻就将面临如下矛盾："孩子该从父姓还是该从母性？"毫无疑问，对所有夫妻来说，这是一种潜在的矛盾，没有法律规定时需由夫妻双方协商决定。在婚姻中也有同样情况，夫妻俩该用夫姓还是该用妻姓？有些夫妇选择双姓：米勒—迈埃尔。不难明白，如此再过 10 代，他们的姓得由一千多个姓组成。简直胡闹。这将使原来的折中办法成为毫无意义的荒唐事。……所有这些例子（还可随便举出许多）表明，在政治生活中，矛盾经常由个人转移到集体，或由集体转移到个人。这种个人与集体之间的相互关系，对于个人的结果是，通过集体的影响，例如法律，可使个人避免作出可能产生矛盾的决定。反过来，若个人具有较大作出决定的自由，那么对个人意味着可能产生更多的矛盾。

第三，它认为一切系统所包含的不同要素、不同子系统之间都存在既竞争又协同的关系。而既竞争又协同的关系实质上是既对立又统一的矛盾

---

① ［德］赫尔曼·哈肯：《协同学——大自然构成的奥秘》，上海世纪出版集团 2001 年版，第 96 页。

关系，形形色色的各种系统实际上都是矛盾的对立统一体，都是由系统中要素的相互作用、子系统的相互作用引起的矛盾运动过程。

第四，协同学认为在由要素的相互作用、子系统的相互作用引起的矛盾运动过程中，存在两种变量，即快变量和慢变量。慢变量使系统脱离旧结构，趋向新结构，即矛盾运动中质变、飞跃；快变量又使系统在新结构上稳定下来，即在新质的基础上产生的新的量变。

第五，系统在自组织过程中，是怎样通过要素、子系统的既竞争又协同的相互作用，产生整体的秩序呢？协同学提出的序参量原理和支配原理就是回答这一问题的。它认为序参量是一种宏观参量，是描述系统宏观有序度或宏观模式的参量。序参量是子系统之间协同合作的产物、表征和度量。同时序参量又支配子系统的行为，主宰系统整体演化过程。比如 BZ 反应（贝洛索夫——萨波金斯基振荡化学反应：丙二酸被溴酸钾氧化，铈离子为显示剂，保持反应物、生成物浓度达到临界值，出现红—蓝—红周期振荡）中的组分浓度，铁磁相变中的磁化强度，贝钠德花样中的对流运动，激光系统中的光场强度，生态系统中种群的个数等，都可以看成是系统的序参量。自组织的过程也就是序参量产生的过程。在自组织前，系统的序参量为零，系统大量的微观组分处于无序均匀状态，或各行其是，杂乱无章，不可能产生整体的序。自组织开始后情况就不同了，一方面，子系统的合作产生了序参量，这在哲学上叫做从微观对宏观的上向因果关系；另一方面，序参量又支配子系统的行为，这叫做支配原理或役使原理，在哲学上叫做从宏观到微观的下向因果关系。两者互为条件，从而使系统的宏观性质发生了改变。更重要的是，这种序参量的产生并不是外部约束或加于系统的，而是自发的。哈肯曾通俗地解释道：我们设想一个游泳者在游泳池内来回游，夏天池内拥挤，人来人往，彼此受阻。……游泳者会想到旋游上来。开始也许只是少数人这样游，但不断有人加入，因为旋游对大家都更方便。这种没有外来指示的共同行为是自组织的，自然界以同样的方式行事。以液体为例，它"发现"，如果它们能一起进行有规律运动，向上传输热的部分更容易得多……液体发现热的部分上升特别有利，于是这种方式不断增长……一种运动方式逐渐占支配地位，把其他方式压了下去，液体出现一种完全特定的卷筒运动，这种卷筒运动起着序参量的作用，引导各部分液体的运动方式。一旦这种方式在液体的部分领域形成，其他部分也将被吸引过来，也就是说，它们被序参量所支配。由此不难看出，在系统的要素间的既竞争又协同的矛盾运动过程中，自发形成的序参量是矛盾群体中的主要矛盾，序参量支配子系统的支配原理，就是主要矛盾对次要矛盾的支配作用。序参量原理与支配原理，具体体现了矛盾学说关于主要矛盾与次要矛盾的辩证关系及其在矛盾运动中的地位与作用理论。

三　辩证唯物主义哲学对复杂性研究、复杂性科学的指导作用

辩证唯物主义哲学对复杂性研究、复杂性科学的指导作用的实现形式与途径是多样的。这里着重讲直接的与间接的两种方式、自发的和自觉的两条道路。

辩证唯物主义哲学对具体科学的指导作用一般有两种方式：直接的与间接的。先从间接的说起。所谓间接的，是指哲学往往要通过一定的科学研究方法来实现对科学的指导作用。科学研究方法往往是联结哲学和科学的纽带（中介）。由于科学研究方法有哲学基础，其中蕴含着哲学思想，共性存在于个性之中并通过个性来存在，所以在运用科学方法进行科学研究时，就同时实现着蕴含在方法之中的哲学思想对科学研究、科学发展的指导作用。这种以科学研究方法为中介的间接指导作用，在科学研究中是大量存在的普遍的。

辩证唯物主义对复杂性研究、复杂性科学的间接指导作用就是如此，我们知道复杂性研究是以还原论与整体论的辩证统一的系统论为方法论的。这一方法论是以辩证唯物主义的整体与局部、形式与内容这两对范畴，以及世界的物质统一性原理为直接理论依据的。它蕴含着"整体与局部"和"内容与形式"的相互贯通与内在统一，也蕴含着物质统一性的层次性以及不同层次的逻辑相容性。由于共性存在于个性之中并通过个性来存在，所以，在用还原论与整体论统一的方法，即系统的方法探索复杂性时，就同时实现着蕴含在系统方法中的辩证唯物主义哲学思想对复杂性研究、复杂性科学的间接指导作用。

再说直接指导作用。这种作用是指科学工作者、科学家在从事具体科学研究时，直接以哲学的概念范畴、原理原则为指导，分析问题解决问题。由于辩证唯物主义的原理原则正确地反映了自然社会思维的普遍规

律；又由于这些规律的作用具有普遍性客观性，反映这些规律的概念范畴具有极大的普遍性、概括性，而范畴概念的普遍性、概括性越大，就越能频繁地进入人们的思维之中规范人们思维活动。所以，人们在实践的基础上，在同外界事物打交道的过程中，随着经验知识的积累能够形成朴素的唯物论和辩证法思想，但不能不经自觉的学习锻炼，就会成为天生的辩证唯物主义者。所以，实现这种指导作用的形式也往往有两条道路，即自发的道路和自觉的道路。

自发的道路就是科学家在科学研究中，通过科学方法的选择与运用，自发地体现了辩证法的指导作用。比如，俄国的著名化学家门捷列夫用比较的方法研究化学元素，发现元素的性质随着原子量的递增而发生周期性的变化，从而提出了化学元素周期律。在这里，他自发地运用了量转化为质的辩证法。正如恩格斯所说："门捷列夫通过——不自觉地——应用黑格尔的量转化为质的规律，完成了科学上的一个勋业。"[1] 自发的道路由于缺乏明确的指导思想，往往在走过很多弯路之后，才在辩证法的指导下，找到正确的方向。

自觉的道路，就是科学家在科学研究中，不仅注意系统的学习辩证唯物主义，而且有意识地把辩证唯物主义普遍原理与具体的科学实践活动结合起来，在科研中加以运用。比如，我国杰出的生物学家、实验胚胎学家童第周教授，在细胞遗传学研究中，自觉地以辩证法的矛盾学说为指导进行核质杂交试验，取得了辉煌的成果。

上边举的是化学、地质学、生物学的例子。现在着重说辩证唯物主义对复杂性研究、复杂性科学的直接指导作用问题。实现这种指导作用的形式也有两条道路：自发的道路和自觉的道路。

自发的道路：也是科学家在科学研究中，通过科学方法的选择与运用，自发地体现了辩证法的指导作用。比如，一般系统论的创始人、复杂性科学的先驱贝塔朗菲就是如此。他作为一位理论生物学家，针对当时生物学理论和研究中存在的还原论方法，认为只有把生命当做有机整体（系统）来考察，才能正确地解释生命现象。他说："我们被迫在一切知识领域运用'整体'或'系统'概念来处理复杂性问题。"于是他把辩证法中早已有之的整体性思想作为中心思想突出起来，有意识地把系统作为

---

① 《马克思恩格斯文集》第9卷，人民出版社2009年版，第469页。

研究对象，运用类比同构的方法，对于各种现实系统进行全面考察和比较研究，找出了适合综合系统或子系统的模式、原则和规律，并借助数学和逻辑工具，把它们定量化、精确化、模型化，从而创立了称之为一般系统论的新学科。在这个过程中就自发地体现了辩证法的指导作用。在1972年贝塔朗菲临终那年发表的《一般系统论的历史和现状》中，就提到了这点。其中说：亚里士多德的"整体大于它的各部分总和"的论点，至今仍然是基本的系统问题的一种表述。这就是在辩证法思想指导下取得的理论成果。

又如，耗散结构论的创立者，复杂性研究欧洲学派的著名代表人物普利高津不仅提出过"探索复杂性"的响亮口号，而且在探索复杂性的实践中深有体会地说："我们需要一个更加辩证的自然观。"这反映了他在探索复杂性的指导思想上，开始出现了从自发到自觉的转向。

自觉的道路，就是科学家在科学研究中不仅认真学习辩证唯物主义，而且有意识地把辩证唯物主义普遍原理与具体的科学实践活动结合起来。举世闻名的科学家钱学森就是杰出的代表。他在几十年的科学研究历程中，在力学、工程控制论、航天科学、系统工程、思维科学、管理科学、系统科学、地理科学、建筑科学、人体科学、社会科学、技术美学和哲学等领域都进行了开创性的工作，对推进现代科学事业的发展作出了突出的贡献。他以辩证唯物主义为指导，创造性地构筑了现代科学技术体系，开拓并创立了许多交叉学科。在现代科学技术体系构想图中，有11大门类，分6个层次：哲学（辩证唯物主义）、桥梁（部门哲学）、基础理论、技术科学、应用技术、前科学。马克思主义哲学处于最高层，下边以部门哲学为桥梁与各门具体科学的基础理论、技术科学、应用技术分层次地联系起来。这具体体现了：哲学来自非哲学，具体科学是哲学的基础，哲学是具体科学的向导，对具体科学有方法论的指导功能。形象地表达了哲学与具体科学的相互依赖与相互促进的辩证关系。

20世纪80年代末以来，钱学森通过对系统科学及其应用的探索和研究，特别是在建立系统学的过程中逐步认识到复杂性研究的重要理论意义与实践意义。他说：复杂性问题，现在要特别的重视。因为我们讲国家的建设、社会的建设，都是复杂的问题，解决这些问题，科学技术就会有一个特别大的发展。我们要跳出几个世纪以来开始的一些科学方法的局限进行复杂性探索。

他自觉地以辩证唯物主义为指导探索复杂性，在持续、深入地研究了范围广泛的横跨诸多大科学门类的问题基础上，于 1990 年年初提炼出了"开放的复杂巨系统"范畴，以及处理这类系统的超越还原论的方法。钱学森认为所谓复杂性是开放复杂巨系统的动力学特性，解决这类复杂系统问题用还原论方法不行，必须用"从定性到定量综合集成方法"。综合集成的实质是专家经验、统计数据和信息资料、计算机技术三者的有机结合，构成一个以人为主的高度智能化的人—机结合系统，发挥这一系统的整体优势去解决问题。我们知道：所有事物都有一定的质（事物区别于他事物的内在规定性），一定的量（即事物的存在规模、发展程度），都是质和量的统一，都有决定事物性质的数量界限（度）。人们认识事物首先认识它的质，进而认识它的量，在此基础上进一步把质与量统一起来掌握它的度。从定性到定量综合集成，就是质量对立统一的客观辩证法，在认识过程中有条理地复写，或叫程序性的展现。

电脑作为人脑的延伸，它能够帮助人脑完成一部分意识活动而且在某些功能上还优于人脑，如敏捷的运算速度，精确的逻辑判断力，永久的记忆力，可以突破人类自然器官的许多限制。综合集成探索复杂性必须依靠电脑帮助，但电脑毕竟是思维的工具，它本身不能思维，必须接受人脑的指令，按预定程序进行工作，不能自主地提出问题和创造性地解决问题，人工智能与人脑功能的关系是局部上超过整体上不及。实行人机结合，使人脑智能与人工智能相互联系、相互促进，就会使人类认识不断向微观和宏观两极扩展，使人能通过间接方式达到对事物更深层次的本质的认识，破解复杂性。在人机结合上，即在人机的对立统一关系上，一般来说人是矛盾的主要方面，在矛盾中居主导地位，起支配作用。人机结合以人为主。这具体体现了唯物辩证的两点论与重点论统一的思想。综上可见，以钱学森为代表的中国学派创立了处理开放复杂巨系统的理论与方法，不仅是在辩证唯物主义的直接指导下进行的，而且其中具体贯穿着唯物辩证法的思想，如前面提到的质、量对立统一的思想，两点论与重点论统一的思想，等等。

所以，我们说钱学森的复杂性研究有三个特点：一是以马克思主义哲学辩证唯物主义为指导，特别是以《矛盾论》《实践论》为指导；二是把复杂性研究纳入建立系统学、完善系统科学的工作，明确地用系统概念解释复杂性；三是以给中国社会主义事业发展提供科学理论和实践方法为目标研究复杂性，开辟了研究复杂性的一条独特途径。

综前所述，复杂性科学与辩证唯物主义哲学是相互依赖、相互促进的辩证关系。辩证唯物主义哲学只有随着科学前进，才能指导科学前进。

本文发表在《党政干部学刊》2009 年第 6 期。

第十三章

文化发展与复杂性科学

文化是属人的，是人类所特有，又为人类所共有的。它具有人区别于物的显著特点。自从人类产生以后，地球上才出现了文化这一美丽的花朵。有了文化，人们才能在文化认同的基础上，产生精神寄托和心理归宿，即形成精神家园。对一个政党来说，精神家园是其全体成员共有的思想观念、目标追求与行为准则的凝结，共产党人的精神家园是他们在长期奋斗中形成的共产主义理想信念、坚韧不拔的革命意志与心系广大群众的孺子情怀的凝结，是共产党人世界观、人生观、价值观的体现。"文化是民族的血脉，是人民的精神家园。全面建成小康社会，实现中华民族伟大复兴，必须推动社会主义文化大发展大繁荣。"① 探索文化发展与复杂性科学，对于贯彻党的十八大精神，实现中华民族的伟大复兴，有重要的理论价值与实践意义。

一　从什么是文化说起

首先，就词源考察来看：

"文化"在我国语言系统中是古已有之的词汇。从汇源来看，"文"的本义是指各色交错的纹理。如《易·系辞下》中说："物相杂，故曰文。"《礼记·乐记》中说："五色成文而不乱。"即彩色交错，文往往引申为文雅，或与无教化的"质朴""粗野"对应。

"化"，本义为改变、生成、造化。如《易·系辞下》中说："男女构精，万物化生"；《黄帝内经·素问》中说："化不可代，时不可违"；

---

① 《中国共产党第十八次全国代表大会文件汇编》，人民出版社 2012 年版，第 28 页。

《礼记·中庸》中说："可以赞天地之化育"等等。总之，"化"指万物形态或性质的改变，并由此引申为教行迁善之义。

"'文'与'化'并联使用，较早见之于战国末年儒生编辑的《易·贲卦·象传》：（刚柔交错），天文也。文明以止，人文也。观乎天文，以察时变；观乎人文以化成天下。这段话里的'文'，即从纹理之义演化而来。日月往来交错饰于天，即天文，亦即天道自然规律。同样，'人文'，指人伦社会规律，即社会生活中人与人之间纵横交织的关系，如君臣、父子、夫妇、兄弟、朋友，构成复杂网络，具有纹理表象。这就是说，治国者须观察天文，以明了时序的变化，又须观察人文，使天下之人均能遵从文明礼仪，行为止其所当止。在这里，'人文'与'化成天下'紧密联系，'以文教化'的思想已十分明确。"①

西方各民族语言系统中，也多有与"文化"对应的词汇，不过它们之间还有细微差别。拉丁文 culture 原形为动词，含有耕种、居住、练习、注意等多重意义。与拉丁语同属印欧语系的英文、法文，也用 culture 表示栽培、种植之意，并由此引申为对人的性情的陶冶、品德的教养，与中国古代"文化"一词的"文治教化"内涵比较接近。所不同的是，中国的"文化"一开始就专注于"精神领域"，而 culture 却是从人类的物质生产活动生发，继而才引申到精神领域的。正如英国伊格尔顿在《文化的观念》一书中所说的："'文化'最先表示一种完全物质的过程，然后才比喻性地反过来用于精神生活。"②"从这层意义上分析，culture 的内蕴比'文化'更为宽广。而与中国语言系统中的另一词汇'文明'更切近。'文明'从词源学上追溯，正如唐人孔颖达疏解《尚书·舜典》'睿智文明'时所说：'经天纬地曰文，照临四方曰明'，'文明'是从人类的物质创造（尤其是对火的利用）扩展到精神的光明普照大地。简言之，'文明'兼容物质创造和精神创造的双重意义，接近于今天人们通常理解的广义文化。中国与埃及、巴比伦、印度共称四大'文明古国'而不称'文化古国'，原因正在这里。"③

其次，就概念分析而言：

---

①　张岱年、方克立主编：《中国文化概论》，北京师范大学出版社 2004 年版，第 1—2 页。

②　[英]特瑞·伊格尔顿：《文化的观念》，方杰译，南京大学出版社 2006 年版，第 1 页。

③　张岱年、方克立主编：《中国文化概论》，北京师范大学出版社 2004 年版，第 2 页。

　　长期以来，人们在使用"文化"这一概念时，其内涵、外延差异甚大，所以文化有广义与狭义之分。广义文化泛指人类在认识改造客观世界过程中创造的物质成果和精神的总和。简言之，凡是超越本能的、人类有意识地作用于自然界和人类社会的一切活动及其结果，都属于文化，可称做广义的文化。

　　与广义文化相对的，是狭义的文化。狭义的文化是特指人类的精神生活过程，专注于精神创造活动及其结果，是人类在认识改造客观世界过程中创造的精神成果的总和。需要说明的是，狭义文化在逻辑上从属于广义文化，与后者存在着不可分割的联系。我们在研究人类的精神创造时，不能忽略物质创造活动的基础意义和决定作用。

　　本章肯定广义文化概念，但基本上以狭义文化为讨论范围，主要讨论涉及精神创造领域的文化现象。

二　狭义文化探究

　　作为精神成果总和的狭义文化，是个规模特大的、组成要素差异性显著的、具有各种非线性相互作用的、多层次的，对环境开放的超级复杂动态系统。具体来说，它大体包括两大领域：第一，人类在处理人际关系、变革社会的实践活动中创造的精神成果，叫做人文文化。第二，人类在变革自然的实践活动中创造的精神成果，叫做科学技术文化。

　　那么，在两大领域内或两大领域间是怎样产生复杂性或增殖复杂性呢？

　　就领域内来说，先谈人文文化领域。人文文化包括高低不同的两大层次：第一层次是人们在日常生活中直接地、自发地形成的社会心理，是一种不系统的、不定型的、处于自发状态的社会意识，也叫普通意识。具体来说，人们在日常生活和交往中，对周围事物不仅能够产生感觉、知觉、表象、思维等认知活动，而且由于人们并非冷漠地以无所谓的态度认识世界，因此，在认知活动中也伴随着喜、怒、哀、乐等情感活动。又由于人们不是被动地反映世界，所以，在认识过程中，还伴随着有所选择、有所决定和有所贯彻、有所执行的意志活动。可见，人们在日常生活中直接地、自发地形成的社会心理，包括认知活动、情感活动和意志活动三部分，表现为情感、动机、意志、愿望、思想观点、习惯、风俗和自发倾向等要素。它交织着感性因素和理性因素，但以感性因素为主，还不具备自觉的理性形式。

作为高一等级的第二大层次，不是第一层次的量的引申，不等于第一层次组成要素的加和，而是由低到高的质的飞跃。在这一由低到高的上行因果联系中，"在一些种类相对较少并遵循着简单规律的一些基本要素基础上"，由于非线性相互作用必然呈现出"整体大于各部分之和"的整体涌现性。

第二大层次是从普通社会心理中升华出来一种比较系统的、自觉的、理论化的反映形式，故称之为社会意识形态。它一般是由一系列思想观点，按一定的逻辑顺序构成的观点体系，有明确的分工和相对稳定的理论形态，如政治观点、法律观点、伦理思想、社会学理论、艺术美学、宗教和哲学等，大大增殖了人文文化的多样性与复杂性。这就是整体涌现的结果。

此外，还要看到不同的社会意识形态，以不同的方式反映着客观存在的不同的方面，共存于共同的社会之中，彼此之间必然发生相互作用与相互影响，而由于它们各自的内容、特点不同，它们之间相互作用、相互影响一定是不同的。它们之间必然存在着大量的不平衡的、不成比例的非线性关系。比如，艺术能以感人的形象对政治思想、法律思想、哲学、道德、宗教这些意识形态的传播与发展发挥有力的助推作用。同时，其他的意识形态又给艺术提供一定的内容，并对艺术的创作方法和创作技巧有明显的影响。又如，由于政治是经济的集中表现，与经济基础的联系最紧密、最直接，在阶级社会里，它直接体现着一定阶级的根本利益。一般来说，其他意识形态都要受政治支配，为政治服务。

哲学作为世界观的理论化系统化，是指导人们一切行动的根本观点和方法。人们只要从事理论思维活动，就得受哲学的影响，因而各种意识形态在其形成和发展中，都要在不同程度上受哲学思想的支配和影响。比如，一些文艺作品，不仅是在一定的世界观指导下创作出来的，而且它本身就蕴含着很深的哲理。

总之，各种意识形态是相互作用、相互影响的，如果不估计到这种情况，单纯用社会存在说明社会意识的发展，就不能全面了解社会意识的复杂性。由此不难理解各种意识形式之间的非线性相互作用，是人文文化产生复杂性的重要来源。

再谈科学技术文化领域：

前面已经提到人类在变革自然的实践活动中创造的精神成果，即科学技术文化。这里讲的科学技术文化特指自然科学的基础科学及其应用科学，不包括作为人文文化的哲学社会科学与其他人文科学。

自然科学的基础科学是研究自然界物质运动基本规律的科学，目前主要包括力学、物理学、化学、天文学、地学、生物学等几个大的方面。随着科学的发展，由于学科内部以及各学科之间的相互渗透，又派生出许多分支科学，比如，物理化学、生物化学、化学物理、生物物理等，从而形成了一个庞大的基础科学体系。

应用科学是研究自然规律在各种实践领域如何应用的科学，比如，建筑工程学、机器制造学、无线电学、地质勘探学、冶金学、气象学、医学、药物学、农学、林学等。这包括我们通常所说的技术科学与工程技术两层次。

自然科学有哪些特点呢？

第一，自然科学具有很强的继承性，由于自然科学是与生产力的发展直接联系的，是生产发展的"精神潜力"，是"知识形态"的生产力，可以通过不同的途径（如技术革新、教育训练、改革管理等）转化为直接的生产力。所以，它不属于上层建筑，不是随着经济基础的消亡而消亡，而是随着生产力的发展而发展。

众所周知，人们一天不能停止消费，社会就一时不能中断生产，生产的发展具有明显的连续性，相应的自然科学的发展也具有很强的继承性。人类的生产是世世代代延续下来的，不会中断；随生产的发展而发展的自然科学也具有这种世代延续的特点。仅就力学发展的历史来说，从伽利略确定惯性定律开始，到牛顿力学的建立，再到相对论力学的产生，这些处于不同发展阶段的力学都是在继承前人工作的基础上前进的。尽管人类历史已经经历了几个社会形态的变革，但是力学的基本规律并没有被推翻，只是对它起作用的范围搞得更清楚了。自然科学与其他社会意识形态相比，它的继承性表现在，主要内容方面的继承，本质方面的继承。这一特点表明，自然科学作为一门科学，它的发展主要表现为从相对真理向绝对真理的发展，在整个发展的长河中，都具有明显的真理性。

第二，自然科学还有可通过反复的实验得到证实的确凿性。由于自然现象和自然规律的作用存在明显的重复性，因此，自然科学所依据的事实，是任何人、任何阶级都可以重复实验的。这就是说，无论什么人，在任何时间和地点，只要具有相同的实验条件，必然会再现相同的实验结果。比如，变石墨为金刚石，必须加 20 万个大气压和 5000℃ 以上的高温，只要具备这个条件就能重复这一实验。

如果某人说他通过某个实验有新的发现，而别人通过同样的实验得不到这个结果，那么这种所谓新发现是不会被公认的。

这个特点使自然科学具有明显的科学性和很强的说服力，致使在本质上反科学的宗教和唯心论，也不得不利用某些科学成果，打着科学的招牌来掩饰自己，混淆视听，以达到其反科学的目的。

第三，在阶级社会里，自然科学没有阶级性。由于自然现象的变化和自然规律的作用，在阶级社会里，对不同阶级不会产生不同的后果，即自然现象和它的规律性不直接牵涉到阶级关系，因此不同阶级，可以在实践的基础上反映共同的规律，形成相同的科学理论。自然科学对任何阶级都是一视同仁的，它本身并不只代表特定阶级的利益，反映特定阶级的意志，只能为特定的阶级服务。所以自然科学是没有阶级性的。

有的时候，有些自然科学的理论之所以触犯剥削阶级的利益而遭到反对（比如哥白尼的地心说），是因为在当时的情况下，直接论证了某一种世界观，而否定了另一种世界观，突出地显示了它的哲学意义和理论意义，并不是因为它本身具有阶级性。

当然，在阶级社会里，人们都是在一定的阶级地位中生活，都是从一定的立场出发，根据一定的社会需要来研究和应用某种自然科学的。所以，对自然科学的研究和应用是受阶级利益制约的，是有阶级性的，但不能因此就说自然科学本身有阶级性。自然科学本身是没有阶级性的。

这个特点，使它容易得到人们的普遍承认和赞许，具有广泛的群众性。

现代科学技术的发展，在高度分化的基础上呈现了高度综合的大趋势，其中蕴含着从简单性科学向复杂性科学的转向。具体来说，在新技术革命的推动下，20 世纪 70 年代左右，面对着各种开放复杂的巨系统，不同国家、不同学科的研究人员，从不同的角度用系统方法在物理、化学、生物、天文、地理、数学等学科领域开展了一系列有关复杂性或复杂系统的跨学科交叉研究。于是一个用系统方法，以复杂性探索为中心内容的新的科学形态，即复杂性科学应运而生了。

复杂性研究，目前已遍及所有发达国家，以及中国、巴西、俄罗斯等国，成为一种具有世界规模的科学思潮，一种文化运动。按照钱学森关于现代科学技术体系结构的观点，每门科学都有三个层次（基础科学、技术科学、工程技术）、一座桥梁（科学通向哲学的桥梁）。到了今天，复杂性研究已不只是某个学科层次的现象，而是从工程技术到技术科学、到基础科学，再到科学通向哲学的桥梁，四个层次都有大量工作。

21世纪科学技术发展的最主要特点是：科学是研究复杂性的科学，技术是调控复杂系统的技术。复杂性探索、复杂性科学集中体现着现代科学发展的辩证综合的总体特征与发展大趋势。探索复杂性的价值取向与思维方式已日益渗透进了社会存在与社会意识的方方面面。探索复杂性的进程已远远超出了科学技术文化范围，正在向人文文化领域迅速扩展。钱学森在创建系统学过程中曾强调指出，在现代这样高度组织起来的社会里，复杂系统无所不在，要用系统科学特别是开放复杂巨系统的理论与方法，从更大范围、更深层次、更复杂的关系上去科学而系统地研究和解决自然、社会与人类之间的各种复杂性问题。突破还原论的局限性，把还原论和整体论辩证地结合起来，从整体上考虑并解决问题。他不仅将我国航天工程的实践经验提炼成航天系统工程理论，还坚持致力于将航天系统工程概念推广应用到整个国家和国民经济建设中，并从社会形态和开放复杂巨系统的高度，论述了社会系统。着力探索了经济、社会系统的复杂性。他与于景元、戴汝为合作，深入到一个科学新领域——开放的复杂巨系统及其方法论，提出了从定性到定量的综合集成理论与方法。在欧洲的自组织理论、美国圣菲所的复杂适应理论之后，创立了复杂性科学的中国学派。

三 狭义文化的一般特征

其一，文化对客观存在有依存性。这体现了文化系统的开放性。表明了文化系统的存在发展不是自足的，自我封闭的，而是向客观外界开放的，内容来自客观存在并随客观存在的发展而发展。具体表现有三：

第一，文化的内容来自客观存在。这就是说，人的意识不是从天上掉下来的，也不是头脑里固有的，而是在实践的基础上从客观实际中来的。人脑只是一个加工厂，原料和半成品只能从客观外界中来。所以"意识在任何时候都只能是被意识到了的存在"①，"观念的东西不外是移入人的头脑并在人的头脑中改造过的物质的东西而已"②。

文化就其内容来说，有正确与错误之分。正确反映客观存在的文化是客观真理，与客观事物及其规律相符合。它的内容来源于客观存在是显而易见、无可非议的。比如，在自然科学与社会科学中，经过实践证实了的一些公理、定理和原理都是以特定的客观的必然性普遍性为"原型"的。这是众所周知的。谁能否认能量守恒与转化定律是以不同运动形态相互转化的规律为依据呢？谁能否认达尔文进化论是以物种进化的客观事实为根据呢？

至于错误的思想，甚至荒唐的观念，也不是主观自生的，也可以从客观存在中找到根源。从心理学上讲，它是想象的产物，而任何想象都不是凭空产生的，都是在已有知觉材料的基础上，即在已有的暂时神经联系的基础上，进行新的结合和改造的结果。所谓想象就是在头脑中改造记忆中的表象而创造新形象的过程。可见，人虽然能想象出从未感知过的或实际上不存在的事物的形象，但想象中所涉及的具体内容总是以实际材料为根据的。所以，错误的思想包括荒唐的观念，尽管总体上来说是虚幻的超现实的，即在现实中找不到相应的对象。但是，从构成总体的部分来看，每一个部分又都是现实的，都能从现实中找到"原型"。

比如，在我国封建社会中，作为皇帝象征的"龙"的形象，就其整体来说是超现实的，地球上从来没有出现过这种动物。但是，就构成整体的部分来说又是现实的，能从现实中找到根据。据李时珍的《本草纲目》记载，东汉王符就曾指出"龙"有九似，即头似驼、角似鹿、眼似兔、耳似牛、项似蛇、腹似蜃、鳞似鲤、爪似鹰、掌似虎。

总之，错误的思想包括荒唐的观念也来源于客观存在，也是对客观存在的反映。

第二，文化随客观存在的发展而发展。这就是说，文化的发展变化好比影之随形，不是自主进行的，而是随存在的变化而进行的。比如，在社会发展中，随着原始社会的解体和私有制的出现，私有观念也就跟着产生了。可以预料，随着私有制的彻底消灭，私有观念必将逐渐消亡。马克思

---

① 《马克思恩格斯文集》第 1 卷，人民出版社 2009 年版，第 525 页。
② 《马克思恩格斯文集》第 5 卷，人民出版社 2009 年版，第 22 页。

恩格斯在《共产党宣言》中曾指出，人们的意识随着人们的社会存在的改变而改变，是不需要经过深思熟虑就能了解的。

第三，在阶级社会里，反映社会关系的人文文化具有鲜明的阶级性，是一个突出的例证。

这是因为，经济地位决定人们的政治态度和世界观。在阶级社会里，由于人们的经济地位和阶级利益不同，在不同的社会关系中，或同一种社会关系中都会形成不同的思想情感、愿望要求、风俗习惯和道德观念，会有不同的甚至根本相反的意识形态和社会心理。奴隶主和奴隶、地主和农民、资本家和工人必有不同的意识形态。不同的意识形态和社会心理反映着不同的经济地位，代表着不同的阶级意志，为不同的阶级服务，因而具有明显的阶级性。正如毛泽东所说：在阶级存在的条件下，有多少阶级就有多少主义，甚至一个阶级的各个集团中还各有各的主义。现在封建阶级有封建主义，资产阶级有资本主义。历史表明，在阶级对抗的社会里，统治阶级的思想和被统治阶级的思想是根本对立的。在经济上和政治上居统治地位的阶级利用他们在政治上、经济上的优势，利用手中掌握的国家机器、宣传工具、文人学者以及进行精神生产的各种资料制造舆论、控制舆论。所以，马克思恩格斯指出："统治阶级的思想在每一时代都是占统治地位的思想。"① 这种思想上的对立和斗争以及统治和被统治的关系，是阶级斗争在意识形态领域中的体现，也是意识形态具有阶级性的生动而有力的证明。

资产阶级思想家们曾经把资产阶级意识形态说成是全民的、超阶级的东西，否认社会意识的阶级性。这是因为他们的事业是为少数剥削阶级谋利益的事业，他们建立起来的经济制度和政治制度是剥削和压迫无产阶级和广大群众的制度，因此他们需要掩盖反映这种制度要求的各种意识形态的阶级性，以便欺骗和麻痹劳动人民，维护其统治地位。相反，他们如果公开承认意识形态的阶级性，公开承认他们的意识形态、思想体系是为他们的利益服务的，就意味着承认这种意识形态所反映的经济制度、政治制度是一种人剥削人、人压迫人的制度，就等于承认剥削有罪、革命有理，从理论上宣判他自己的死刑，这对他们来说是办不到的。

可见，所谓无党性、无阶级性的这种说法，正是反映了资产阶级的需

---

① 《马克思恩格斯文集》第 1 卷，人民出版社 2009 年版，第 551 页。

要，是为资产阶级腐蚀群众、争夺人心、维护其统治地位服务的，所以，无党性正是资产阶级党性的表现。

无产阶级与资产阶级根本相反，它公然申明自己意识形态的阶级性。申明这种意识形态是为无产阶级事业服务的。这是因为无产阶级是历史上最革命的阶级，它的根本利益与历史发展趋势是统一的，与劳动人民根本利益是一致的，不但不需要掩盖自己意识形态的阶级性，而且只有公开申明这种意识形态的阶级性，才能更好地使这种意识形态被群众所掌握，以形成推动革命事业前进的巨大的物质力量。

马克思主义是无产阶级的思想体系，是无产阶级的意识形态。它既集中体现着无产阶级根本利益，又正确地反映了自然界和人类社会发展的普遍规律，是无产阶级革命的科学，是革命性和科学性的统一。可见，马克思主义既是真理又有阶级性。由此不难看出，在研究阶级社会的意识形态的特点的时候，只要承认：第一，在阶级社会里反映社会关系的意识形态是有阶级性的；第二，在反映社会关系的意识形态中和其他意识形态一样，也有正确反映和错误反映的区别，即有真理与谬误的区别；就得逻辑地、必然地承认在这种意识形态中，有些意识形态既正确反映了客观规律，是真理，又同时代表一定阶级的利益，反映一定阶级的意志，为一定阶级服务，具有阶级性，例如马克思主义。所以，认为一些社会科学真理有阶级性的观点，不仅符合马克思主义认识论，而且和历史唯物主义基本原理也是一致的。

其二，文化对客观存在有相对独立性，这表明了文化系统中存在各种非线性相互作用。

所谓相对独立性，是对社会存在来说的。一方面，由于社会意识是社会存在的反映，社会意识不等于社会存在，它具有与社会存在不同的特点，又反作用于社会存在，它是不同于社会存在的一种社会现象，所以说它具有独立性；另一方面，由于社会意识的产生和发展依赖于社会存在，社会意识对社会存在的作用的大小，除了和它的内容有关以外，主要取决于社会存在的需要。因此，这种独立性又是在社会存在决定社会意识的大前提下的独立性，是相对的，不是绝对的，所以叫相对独立性。

相对独立性具体表现为以下几方面：

第一，社会意识往往落后于社会存在。这是指某一种社会意识，当它赖以存在的物质条件根本改变以后，还可能在一个相当长的时期内存在着，并对社会的发展起一定阻碍作用。例如，我国解放后，经过了土地改革和生产资料所有制的社会主义改造，封建主义的经济基础和封建地主阶级虽然已经消灭了，但是封建意识仍然存在，还有一定的影响。比如，家长制、一言堂、特权思想等就是这种影响的具体表现。

社会意识之所以落后于社会存在，原因在于：第一，社会意识总是在社会存在变化之后才发生变化的，因为它不是自身存在的根据，不是自足的，是存在的反映，"影之随形"嘛！第二，社会意识形态问题是人们头脑里的观念问题，人们头脑里的观念思想可以在言论行动中直接表现出来，也可以在头脑里暂时隐藏起来，还可以在言论行动中用各种假象掩盖起来。这就使得改变一种旧思想、旧观念不像变革一种旧的经济制度、政治制度那样靠一种强大的物质力量，在较短的时期内就能解决问题。比如，无产阶级夺取政权之后，可以利用政权的力量没收资本家的生产资料，但不能没收他们脑子里的思想。而解决人们思想问题，必须靠头脑里开展思想斗争，必须用讨论的方法、说服的方法，必须经过长期、细致、耐心的工作。《中国共产党全国宣传工作会议上的讲话》中，毛泽东曾指出："我们的同志一定要懂得，思想改造的工作是长期的、耐心的、细致的工作，不能企图上几次课，开几次会，就把人家在几十年生活中间形成的思想意识改变过来。要人家服，只能说服，不能压服。压服的结果总是压而不服。以力服人是不行的。……我们一定要学会通过辩论的方法、说理的方法，来克服各种错误思想。"总之，意识形态本身的这个特点，也是使意识形态落后于存在的一个重要原因。第三，有些旧的社会意识由于受没落腐朽势力的维护或者是人们传统习惯的影响，使它具有一定的保守性。

由于以上种种原因，社会意识往往落后于社会存在。尽管如此，我们必须看到，社会意识作为社会存在的反映，这种反映虽然比"影之随形"复杂得多，但是它不能永远不变，不能永远存在下去，归根结底要随着社会存在的变化而变化，某种社会意识形态一定要随着它的社会存在的消失而逐步削弱直至最终消亡。所以，这种独立性是相对的。

第二，先进的社会意识能够在一定的程度上预见社会的发展趋势，成为社会实践的向导。比如，马克思和恩格斯通过分析资本主义社会的基本矛盾，揭示了社会发展的普遍规律，创立了科学社会主义学说，这种学说就能预见社会发展的趋势，指导无产阶级革命斗争，成为无产阶级革命的向导。

但是，这种学说的产生绝不是偶然的，而是以社会存在为客观依据的，人们之所以能够把对社会的认识变成了科学，是由于在社会存在中出现了资本主义的大工业和无产阶级，这才克服了生产规模的狭小，并有条件摆脱剥削阶级的偏见，从而使社会主义从空想到科学。这就是说，一种新的理论，只有当社会存在的发展，已经成熟到能够提出新的任务的时候，才能产生。可见，这种独立性，也是在社会存在决定社会意识的前提下的独立性，也是相对的。

第三，社会意识的发展与社会经济的发展具有不平衡性。这个论点是马克思在《政治经济学批判》的导言中提出来的，他说：要看到"物质生产的发展例如同艺术生产的发展之不平衡关系"。恩格斯在 1890 年 10 月 27 日给施密特的信中也讲到这个问题，他说："经济上落后的国家在哲学上仍然能够演奏第一提琴。"

这里讲的社会意识指的是反映社会关系的社会意识，如政治思想、法律思想、道德、艺术、哲学等，不包括反映自然关系的社会意识。这里讲的经济发展水平指的是生产力的发展水平。这类社会意识的发展与生产力的发展确实存在着不平衡关系，即它们之间的发展速度、水平不相适应、不成比例。生产力水平较高，生产力发展速度较快的国家，其意识形态不一定是世界上最先进的；相反，经济上相对落后的国家，生产力发展水平较低，生产力发展速度较慢，其社会意识不一定是落后的。历史上往往有许多经济落后的国家在意识形态上超过了先进的国家。比如 18 世纪法国的哲学思想、政治思想就超过了当时生产力水平先进的英国。

为什么会出现这种现象呢？反映社会关系的社会意识是上层建筑的组成部分，在社会基本矛盾中，上层建筑与经济基础（生产关系）构成一对矛盾，而不是与生产力构成一对矛盾。因此，生产力的发展就不能直接引起上层建筑的变化，必须通过生产关系的中介作用才能引起上层建筑的变化。所以它们之间的发展就会出现这种不成比例、不相适应的状况。

那么，我们进一步要问，生产关系的中介作用怎样使它们的发展出现不平衡状况呢？

具体地说，当生产关系成为生产力发展的障碍时，生产力的发展就比较缓慢，或呈现畸形，甚至遭到严重破坏。这时生产力和生产关系之间的矛盾就比较尖锐。在这种情况下，生产力的发展迫切需要用一种新的生产关系代替旧的生产关系，而变革生产关系的这种需要就必然反映到人们的思想意识上来。在阶级社会中，各个阶级都要从自己的阶级地位出发，对于社会矛盾表明自己的态度，阐明自己的观点，提出自己的解决方案。革命的阶级，其经济地位决定了他们的解放斗争与生产力的发展要求是一致的，因而他们在批判旧制度的落后性或宣传新制度的优越性时，就能继承历史上优秀的文化遗产，吸取其他民族的先进的社会意识，并把继承、吸取和创新有机地统一起来，成为先进的新的社会意识的创造者，促进了社会意识的飞跃发展，可以一下子使本国的社会意识跃居世界的前列。可见，由于生产关系的中介作用，在一个生产力发展速度比较缓慢的国家，也可以成为先进社会意识的发源地。因而就出现了社会意识的发展和生产力发展的不平衡关系。

但是，也必须看到，经济上比较落后的国家，在一定条件下之所以能够出现先进的社会意识，仍然是以生产力发展达到一定的水平为前提的，如不达到一定的水平，生产关系不适应生产力的矛盾就不会激化起来，因而也就不会产生适应解决这种矛盾需要的先进的社会意识。所以，这种独立性也是相对的。

第四，社会意识对社会存在有反作用。这是社会意识相对独立性的最突出的表现。历史唯物主义既反对把社会意识当成社会发展的决定力量的唯心主义的观点，又反对否认意识的反作用的形而上学机械论。任何社会意识对社会存在都有反作用，但是不同的社会意识对社会存在的反作用是不一样的。比如，在阶级社会里，先进的社会意识反映着先进的经济基础，代表先进阶级的利益，它正确或较正确地反映了社会发展的客观要求，是先进阶级进行斗争的精神武器，因此对社会的发展起促进和推动作用。相反，旧的反动意识与历史发展趋势背道而驰，反映腐朽的经济制度、政治制度的要求，代表没落阶级的利益，歪曲现实，散布唯心主义和形而上学，是反动阶级统治劳动人民的精神支柱，因而对历史的发展就起阻碍作用。

由于社会意识对社会存在有巨大的能动作用，因此，在阶级社会中，每一个阶级都注意抓意识形态。反动阶级，在他们居统治地位时，总是千方百计地用他们的腐朽思想来毒化群众的灵魂，麻痹群众的意识，以维护他们的反动统治；当他们被推翻以后，总是企图用剥削阶级的旧思想、旧文化、旧风俗、旧习惯来腐蚀群众，争夺人心，力图达到他们复辟的目的。

今天，在我们国家，虽然作为阶级的地主阶级、富农阶级、旧的资本家阶级已经消灭了，但是阶级斗争还没有熄灭，"由于国内的因素和国际的影响，阶级斗争还在一定范围内长期存在，在某种条件下还有可能激化"①。我们必须清醒地看到资产阶级的意识形态和封建意识形态的影响还会长期存在，这些思想毒菌还会通过各种渠道如电影、音乐、戏剧、广播、报刊等向我们的健康机体侵袭。很多事例都以很大的鲜明性和尖锐性表明了剥削阶级意识形态对我们的腐蚀性和危害性；表明了反对资产阶级思想和其他剥削阶级思想对我们的侵袭，是摆在我们面前的一个现实问题；这也从一个侧面具体说明了社会意识对社会存在的巨大反作用。

但是，也要看到，这种反作用的性质和大小都要受社会存在的制约。具体地说，当社会意识正确地反映了社会存在的时候，就能对社会存在的发展起促进作用，反之，当社会意识歪曲地反映了社会存在的时候，对社会存在的发展就起阻碍作用。至于反作用的大小，除了和它的内容有关以外，主要取决于社会存在的需要。代表先进阶级的正确思想体现着未来，代表着群众的根本利益。适合广大群众解放斗争的需要，能在群众中得到广泛的传播，因而对社会发展起很大的作用。由于反作用的性质和大小都要受社会存在的制约，所以，这种独立性也是在社会存在决定社会意识的大前提下的独立性，是一种相对独立性。综上可见，文化的相对独立性比较突出地反映了文化系统中的各要素之间存在各种非线性相互作用，这是文化系统产生复杂性的重要根源。

四　发展社会主义文化增强人们的思想道德素质与科学技术素质

增强人们思想道德素质的历史任务，具体而论有诸多方面，但最根本的一条就是需要加强人们对马列主义、毛泽东思想的坚信不疑、坚定不移、坚持不渝的思想观念。

实践证明，马列主义、毛泽东思想指导我们推翻了三座大山，建立了社会主义的新中国，并走上了社会主义道路。我们应当怎样继续前进呢？

---

① 《中国共产党第十八次全国代表大会文件汇编》，人民出版社 2012 年版，第 65 页。

继《共产党宣言》之后，马克思于1850年发表了《1848年至1850年的法兰西阶级斗争》。在这部著作中，对法国1848年革命前后的整个一段历史时期作了科学的阐释；以丰富的史实揭示了各个政治事变的内在联系；深刻地论述了阶级斗争和社会革命对历史发展的推动作用，首次提出了"革命是历史的火车头"的光辉论断；高度地赞扬了工人阶级的革命气概和英勇斗争的革命精神；进一步阐述了无产阶级革命和无产阶级专政的一系列重要原理。这集中体现在如下论述中："这种社会主义就是宣布不断革命，就是无产阶级的阶级专政，这种专政是达到消灭一切阶级差别，达到消灭这些差别所产生的一切生产关系，达到消灭和这些生产关系相适应的一切社会关系，达到改变由这些社会关系产生出来的一切观念的必然的过渡阶段。"①

在这段经典论述中，向我们着重表明了如下几点：

其一，第一次提出了无产阶级专政下不断革命的理论，对《共产党宣言》中已经蕴含着的不断革命、彻底革命的思想作出了明确的表述。

其二，对于无产阶级专政下不断革命、彻底革命的内容、步骤做了简明扼要的论述。无产阶级夺取政权推翻剥削阶级的统治，只是消灭剥削消灭阶级的先决条件，要完成消灭阶级的历史任务，需要经历一个长期复杂的斗争过程。不断革命理论告诉我们主要包括几个步骤：

所谓阶级，是在生产关系中处于不同地位的社会集团，阶级对立的根源在于经济基础，消灭剥削消灭阶级的决定性的第一步，是无产阶级利用自己的政治统治剥夺剥削阶级的生产资料，消灭私有制，建立社会主义公有制。即"达到消灭这些差别所产生的一切生产关系"。

由于阶级不仅仅是一个经济范畴，而且是一个社会范畴，阶级划分的根源在经济基础，但阶级对立却广泛地表现在经济关系、政治关系、思想关系上，阶级斗争有经济斗争、政治斗争与思想斗争三种基本形式，阶级不仅仅是一个经济组织经济实体，而且是一个社会集团或社会组织。一个阶级的经济地位、政治立场、意识形态这几个方面总和起来构成这个阶级的全部特征。要消灭剥削消灭阶级，必须"达到消灭和这些生产关系相适应的一切社会关系"，在政治、思想领域进行不断革命，这是消灭剥削消灭阶级必走的第二步。

---

① 《马克思恩格斯文集》第2卷，人民出版社2009年版，第166页。

社会主义所有制改造基本完成以后，主要是政治思想战线上的阶级斗争，由于思想文化领域是剥削阶级的一块世袭领地，在这里他们有传统优势，无产阶级和资产阶级之间在意识形态方面的谁胜谁负问题还没有真正解决，要消灭剥削消灭阶级就必须"达到改变由这些社会关系产生出来的一切观念"，与"传统的观念实行最彻底的决裂"，这是从阶级社会向无阶级社会过渡必走的第三步。

其三，初次使用无产阶级专政是达到消灭一切阶级和进入无阶级社会的过渡的概念，表明了无产阶级专政的历史使命和阶级本质，对《共产党宣言》中蕴含的思想做了明确的表述。

此后，马克思在 1852 年 3 月 5 日写给魏德迈的信中，在阐述马克思主义的阶级、阶级斗争学说时，从阶级斗争产生、发展、消亡的客观规律的高度进一步论述了这个问题。

情况是这样的：1848 年欧洲革命后，马克思主义得到了进一步传播，特别是马克思主义的阶级斗争学说越来越为无产阶级所掌握，资产阶级为维护其阶级统治，竭力攻击马克思主义的阶级斗争和无产阶级专政学说。1852 年年初，流亡到美国的德国小资产阶级政治家海因岑对马克思主义阶级斗争理论进行严重挑战，说什么阶级的存在只同政治特权相联系，资产阶级统治的社会条件是历史的最后产物，妄图证明资本主义制度是永世长存的。当时，马克思的战友魏德迈，在美国纽约创办《革命》杂志，积极宣传马克思主义。他怀着极大的义愤，写了反驳海因岑的文章，并把它寄给马克思恩格斯审阅。马克思看后，在回信中痛斥了海因岑的谬论，精辟地阐明了马克思主义关于阶级斗争和无产阶级专政的学说。

信中说，"至于讲到我，无论是发现现代社会中有阶级存在或发现各阶级间的斗争，都不是我的功劳。在我以前很久，资产阶级的历史学家就已叙述阶级斗争的历史发展，资产阶级的经济学家也已对各个阶级作过经济上的分析。我所加上的新内容就是证明了下列几点：（1）阶级的存在仅仅同生产发展的一定历史阶段相联系；（2）阶级斗争必然导致无产阶级专政；（3）这个专政不过是达到消灭一切阶级和进入无阶级社会的过渡"①。

"阶级的存在仅仅同生产发展的一定历史阶段相联系。"这就是说，

---

① 《马克思恩格斯文集》第 10 卷，人民出版社 2009 年版，第 106 页。

阶级的存在是一种历史现象。在人类社会发展史上，不是压根就有阶级，在漫长的原始氏族社会里并不存在阶级，只是在社会生产力有了一定程度的发展，又不十分发达的情况下，出现了生产资料私有制和剥削时，才产生了阶级。到了未来的共产主义社会时，阶级存在的客观基础被扬弃了，阶级也就随之消灭了。

"阶级斗争必然导致无产阶级专政。"这就是说，在资本主义社会，无产阶级反对资产阶级的阶级斗争，是资本主义社会基本矛盾的体现，无产阶级只有推翻资产阶级统治，建立无产阶级专政，才能获得解放。无产阶级专政是资本主义社会内阶级斗争的必然结果。马克思主义的阶级斗争学说科学地阐明了无产阶级的阶级本质和历史使命，认为阶级斗争必然导致无产阶级革命和无产阶级专政。而马克思以前的一些资产阶级思想家虽然发现了现代社会中有阶级和阶级斗争存在，但由于其阶级本质所决定，他们否认或掩盖无产阶级和资产阶级之间的阶级斗争，反对无产阶级革命和无产阶级专政。比如，亚当·斯密认为，在资本主义社会中，一切阶级的利益都是一致的。随着国民财富和资本积累的增长，不仅地租和利润的数量会增加，而且工资也会提高。法国复辟时期的历史学家，虽然承认第三等级反对僧侣、贵族的斗争是合理的，是推动历史发展的动力。但是，他们或者否认第三等级内部存在阶级斗争，特别否认无产者反对资产者的斗争；或者只承认过去资产阶级反对僧侣、贵族的斗争是进步的，根本否认无产阶级反对资产阶级斗争的进步性，把这种斗争看成是"社会灾难"，诬蔑为"疯狂的举动"。所以列宁说："阶级斗争学说不是由马克思，而是由资产阶级在马克思以前创立的，而且一般说来，是资产阶级可以接受的。谁要是仅仅承认阶级斗争，那他还不是马克思主义者，他可能还没有走出资产阶级思想和资产阶级政治的圈子。用阶级斗争学说来限制马克思主义，就是割裂和歪曲马克思主义，把马克思主义变为资产阶级可以接受的东西。只有承认阶级斗争，同时也承认无产阶级专政的人，才是马克思主义者。马克思主义者同庸俗小资产者（以及大资产者）之间的最大区别就在这里。必须用这块试金石来测验是否真正了解和承认马克思主义。"

"这个专政不过是达到消灭一切阶级和进入无产阶级社会的过渡。"这就是说，在从资本主义到共产主义的整个历史阶段，无产阶级专政都是必要的。无产阶级专政是消灭阶级进入无阶级社会的过渡。前边已提到阶级是在生产力有了一定程度的发展，又不十分发达的情况下，伴随着私有制的出现而产生的，也就是说，阶级的产生是自发的。资产阶级是人类历史上最后出现的一个剥削阶级，他们作为人格化的资本，绝不会自愿放弃剥削，自动退出历史舞台。阶级是不会自行熄灭的，阶级斗争必然导致无产阶级革命、无产阶级专政。这就是说，要消灭阶级，必须通过无产阶级自觉地革命斗争。在无产阶级专政条件下，坚持不断革命、继续革命、彻底革命，才能实现从阶级到无阶级的过渡。

列宁在 1919 年为纪念苏维埃成立两周年而撰写的《无产阶级专政时代的经济和政治》一文中，直接承续了马克思关于无产阶级专政下不断革命的思想。他指出：社会主义就是消灭阶级。但消灭阶级是不能一下子办到的。无产阶级在推翻资产阶级夺取政权以后，剥削者已被击溃，可是还没有被消灭。他们还有国际的基础，即国际资本，他们是国际资本的一部分。他们还保留着某些生产资料，还有金钱，还有广泛的社会联系。他们反抗的劲头正由于他们的失败而增长了千百倍。在无产阶级专政条件下，阶级斗争并未消灭，只是采取了新的形式。列宁说："在资本主义制度下，无产阶级是被压迫阶级，是被剥夺了任何生产资料所有权的阶级，是唯一同资产阶级直接对立、完全对立的因而也就是唯一能够革命到底的阶级。"无产阶级要完成消灭阶级这一事业，就应当利用国家政权机关来继续进行阶级斗争，不断革命、彻底革命。

毛泽东在新的历史条件下，进一步继承并发展了马克思列宁的关于在无产阶级夺取政权后的不断革命的思想，在我国生产资料所有制改造基本完成以后，他强调指出阶级斗争并没有结束。阶级斗争除了继续存在于经济战线外，在政治战线与思想战线的斗争更为突出了。他于 1957 年 3 月 12 日《在中国共产党全国宣传工作会议上的讲话》中说：主要是政治战线和思想战线上的阶级斗争，"无产阶级和资产阶级之间在意识形态方面的谁胜谁负问题，还没有真正解决"。斗争的核心问题仍然是政权问题，是颠覆与捍卫无产阶级专政的问题。为了坚持无产阶级专政，防止资本主义复辟，必须继续革命、不断革命。

可见，加强马列主义毛泽东思想的教育，特别是加强马列主义毛泽东思想关于无产阶级专政下不断革命的教育，是当今加强思想道德建设，增强人们思想道德素质的一项极为重要的历史任务。

在世界范围内，在政治多极化、经济全球化深入发展，科学技术日新月异，科学技术文化在综合国力竞争中的地位和作用更加凸显，越来越成为经济社会发展的重要支撑的情况下，我们在发展科学技术文化、增强人们的科学技术素质时，需要深入认识到从简单性科学向复杂性科学的飞跃，是科学发展的大趋势、历史的必然。所以，推动复杂性探索、发展复杂性科学，已经成了科学技术文化发展的第一要务。

本文发表在《党政干部学刊》2013 年第 7 期。

第十四章

毛泽东哲学思想与复杂性探索

毛泽东哲学思想是辩证唯物论与历史唯物论在中国的运用与发展，毛泽东说，它"有两个最显著的特点：一个是它的阶级性，公然申明辩证唯物论是为无产阶级服务的；再一个是它的实践性，强调理论对于实践的依赖关系，理论的基础是实践，又转过来为实践服务"①。它是毛泽东思想体系的理论基础，其代表作有：《中国革命战争的战略问题》《实践论》《矛盾论》《论十大关系》《关于正确处理人民内部矛盾的问题》《在中国共产党全国宣传工作会议上的讲话》《人的正确思想是从哪里来的?》《学习马克思主义认识论和辩证法》《毛泽东哲学批注集》等。

毛泽东哲学思想作为辩证唯物主义与历史唯物主义在中国的运用与发展，从历史上看，对马克思主义哲学作出了杰出的贡献。从当今哲学与科学的相互关系来看，毛泽东哲学思想对复杂性探索有普遍指导意义；复杂性探索对毛泽东哲学思想有推进作用。讲三个问题：①毛泽东哲学思想对马克思主义哲学的杰出贡献；②毛泽东哲学思想对复杂性探索的指导作用；③复杂性探索对毛泽东哲学思想的推进。

一 毛泽东哲学思想对马克思主义 哲学的杰出贡献

毛泽东哲学思想对马克思主义哲学的运用与发展作出了杰出的贡献。诸如：

其一，对马克思主义哲学的一些基本理论观点进行了重要的丰富和发

① 《毛泽东选集》第1卷，人民出版社1991年版，第284页。

展。从毛泽东探索救国救民之路说起，1918 年，毛泽东陪着几个赴法"勤工俭学"的湖南学生从长沙来到北京，帮他们作出国前的准备工作。他自己决定留在国内对现实做一番调查研究，探求救国救民的道路。在北京，经杨昌济先生介绍到北京大学图书馆当助理员，他有条件分析报纸上的各种新闻，了解社会动态和世界革命新潮流。当时，北大有不少课余研究组织。毛泽东爱好新闻学，就参加了新闻研究会，每逢有名记者来校讲演，他都坚持去听，而且还参加了哲学会，热心哲学研究。李大钊是北大经济学教授，他是把俄国十月革命、马列主义思想传播到中国最早的人，是中国共产党主要创始人之一，他经常秘密介绍一些宣传马列主义的书刊、报纸给毛泽东。这些新鲜的革命道理犹如磁铁一样吸引着这个年轻人，他如饥似渴地学，废寝忘食地读。有一次，李大钊公开讲辩证唯物主义，向北大师生第一次进行马列主义宣传。毛泽东早早地就到了，从中受到极大的启示。有不明白的地方，会后又向李先生请教。李先生也悉心指点。在这个过程中，他们结下了深厚的友谊。李大钊非常器重毛泽东，并常常夸奖他。李大钊的思想对毛泽东的影响很深。毛泽东后来回顾这一段生活时说，我是在李大钊领导下走上马克思主义之路的。毛泽东 1921 年 1 月 1 日《在新民学会长沙会员大会上的发言》就是他选择了马克思列宁主义革命道路的标志。在建党之初，他就已经成了一个坚定的马克思主义者，运用辩证唯物主义和历史唯物主义的基本观点认识中国社会，寻找改造中国的办法。以后，他献身中国革命事业的征途中，即使在戎马倥偬的战争岁月，也如饥似渴地寻觅马列著作包括哲学著作来阅读。特别是在到达延安以后，他发愤读书，刻苦攻读马克思主义哲学理论著作，对 30 年代的苏联哲学教科书也进行了潜心研究。他在批读苏联西洛可夫、爱森堡等合著的《辩证唯物论教程》第 4 版时，曾感叹："中国的斗争如此伟大丰富，却不出理论家！"[①] 犹如研究其他学问一样，他研究哲学，善于独立思考，联系实际，敢于怀疑，大胆创新，因而在对中国革命经验进行概括和阐述时，能提出新的观点，创立新的理论，发展马克思主义哲学。

这个发展在民主革命时期，以《实践论》《矛盾论》为主要代表，毛泽东在《实践论》中揭露了机会主义路线的唯心主义认识论根源，系统地阐述了实践在认识中的作用，认识的辩证过程、认识真理的道路，以及

---

① 《毛泽东哲学批注集》，中央文献出版社 1998 年版，第 445 页。

认识发展的总规律等一系列重要原理，丰富和发展了马克思主义的认识论。由于机会主义的唯心主义表现形式是教条主义和经验主义。而毛泽东又重点揭露了对革命造成极大危害的轻视实践的教条主义，所以，这一论述马克思主义认识论的著作题名为《实践论》。

其中，在阐述认识论原理时，有哪些方面丰富和发展了马克思主义哲学呢？

1. 对实践的内容作了新的概括

关于实践的内容，恩格斯在《费尔巴哈与德国古典哲学的终结》一书中曾指出即实验和工业。在他和马克思《给奥·倍倍尔等人的通告信》中也指出，阶级斗争是"现代社会变革的巨大杠杆"。列宁在他的许多著作中也阐述过生产斗争和阶级斗争是最基本的实践活动。毛泽东在批判党内机会主义特别是"左"倾教条主义的斗争中，继承了他们的思想，对实践内容作了新的概括。毛泽东一方面指出，"社会实际生活的一切领域都是社会的人所参加的"，社会实践的内容是很广泛的，包括人们社会生活一切领域的活动；另一方面，为了批判割裂认识和实践关系的教条主义，又密切联系实践在认识中的作用，指出基本的实践活动有三种形式，即生产活动、阶级斗争和科学实验。其中生产活动是最基本的实践活动，是决定其他一切活动的东西。他说：人的认识，主要地依赖于物质的生产活动，逐渐地了解自然的现象，自然的性质，自然的规律性，人和自然的关系；而且经过生产活动，也在各种不同程度上逐渐地认识了人和人的一定的相互关系。还指出了：各种形式的阶级斗争，能给予人的认识发展以深刻的影响。这些可以帮助人们抓住实践活动的主要内容，更好地理解实践在认识中的作用。

2. 全面、系统地论述了实践在认识中的作用

关于实践在认识中的作用。马克思、恩格斯、列宁等虽然都给予充分的肯定，作过许多重要阐释，但并没有全面地、系统地加以论述。鉴于第一、第二次国内革命战争时期的机会主义路线割裂认识和实践的关系，他们"都是以主观和客观相分裂，以认识和实践相脱离为特征的"。因此，毛泽东在总结中国革命经验的基础上，概括了马克思、恩格斯、列宁的思想，全面论述了实践在认识中的地位和作用。毛泽东除了指出实践是认识的来源外，还指出实践是认识发展的推动力量。他说："……人类社会的生产活动，是一步又一步地由低级向高级发展，因此，人们的认识，不论

对于自然界方面，对于社会方面，也都是一步又一步地由低级向高级发展，即由浅入深，由片面到更多的方面。"他还指出，只是到了伴随大工业而出现近代无产阶级的时候，人们才对社会历史的发展作出了全面的历史的了解，把对社会的认识变成了科学。他还强调，实践是人们对外界认识的真理性的标准。他说："判定认识或理论之是否真理，不是依主观上觉得如何而定，而是依客观上社会实践的结果如何而定。真理的标准只能是社会的实践。"最后，他还指出实践是认识的目的，理论以实践为基础又转过来为实践服务。总之，人的认识，一点也不能离开实践，离开了实践，认识就没有必要，也没有可能发生。当然更谈不到认识的发展和判定认识真理性的客观标准了。毛泽东对实践在认识中作用的概括，进一步丰富了列宁关于"生活、实践的观点，应该是认识论的首先的和基本的观点"的论断，是对马克思主义实践观的重大贡献。

3. 具体分析了认识发展的辩证过程

关于认识发展的辩证过程，列宁在《哲学笔记》中曾概括为："从生动的直观到抽象的思维，并从抽象的思维到实践，这就是认识真理、认识客观实在的辩证的途径。"毛泽东把列宁的这一概括具体化为在社会实践的基础上，从感性认识上升到理性认识，又从理性认识到革命的实践的过程，并对这一过程进行了具体而深刻的分析。

毛泽东指出在社会实践的基础上，从感性认识上升到理性认识，这是整个认识过程的第一次飞跃。感性认识和理性认识虽然不同，但又是互相联系的，它们是在实践基础上的统一的认识过程中的两个相互联系的认识阶段。一方面，理性认识依赖于感性认识，理性认识不是凭空产生的，只有通过实践，获得大量的、可靠的感性知觉的材料，并通过抽象思维对这些材料进行改造制作，才能产生理性认识。另一方面，感性认识也有待于发展到理性认识。毛泽东说："感觉只解决现象问题，理论才解决本质问题。"而认识的真正任务在于认识事物的本质，因此就不能停留在感性认识阶段，必须上升到理性认识阶段。感性认识和理性认识在实践基础上的统一，体现了唯物论和辩证法的统一，理性认识依赖于感性认识是认识论的唯物论。感性认识有待于发展到理性认识则是认识论的辩证法。这是毛泽东运用唯物的、辩证的观点分析认识过程所取得的重大成就。而党内的机会主义者由于是教条主义者或经验主义者，他们看不到感性认识和理性认识在实践基础上的统一。因此，割裂了感性认识和理性认识的联系。教条主义者轻视从实践中得来的感性经验，迷信现成的书本知识，不了解书本上的理论乃是实践经验的概括和总结，又是随着实践的发展而发展的。因而以书本上的个别词句去抹杀生动的实践经验。经验主义者则轻视从实践中总结出来的理论，满足于自己局部的、片段的经验，认为它到处适用。而不了解感性经验的局限性，科学理论的重要性，以及感性经验提高到理论认识的必要性。因而满足于对事物的感性认识，不能通观客观过程的全体，缺乏明确方针，没有长远计划。在社会实践的基础上，从感性认识上升到理性认识，是认识过程中的第一个飞跃，但认识不是到此为止，因为人不是为认识而认识，而是为实践而认识。所以，在认识基础上获得的理性认识是否符合于实际情况，能否指导革命的实践，还须回到实践中去指导实践，并在实践中得到检验和发展。正如毛泽东所说："认识从实践开始，经过实践得到了理论的认识，还须再回到实践中去，认识的能动作用，不但表现于从感性认识到理性的认识之能动的飞跃，更重要的还须表现于从理性的认识到革命的实践这一个飞跃。"所以，从整个认识过程来说，从实践到认识，即从感性认识到理性认识是一个飞跃，而由认识到实践，即由理性认识再到革命的实践是另一个飞跃。由于理论指导实践，可以把精神的力量变为改造世界的物质力量，并且还可以使理论在实践中得到检验和发展。所以，这次飞跃，比起前一次飞跃，意义更加伟大。毛泽东对认识发展过程的具体而深刻的分析，是他创造性地运用唯物辩证的观点研究认识论问题的成功尝试，也是他使理论密切结合中国革命的具体实践，批判机会主义路线的重要成果。

4. 揭示了认识真理的道路

关于真理的问题，马克思、恩格斯、列宁等都有过明确的论述，毛泽东在批判机会主义路线的斗争中，坚持了马克思主义的真理观。鉴于党内的教条主义者把马克思主义当做僵死的教条，否认真理发展的辩证法。毛泽东强调指出，客观世界由于它内部的矛盾斗争，是不断发展的。因此，人们对于不断发展着的客观世界的某一具体过程的认识，只具有相对的真理性。无数相对真理的总和，才是绝对真理。他说："一切客观世界的辩证法的运动，都或先或后地能够反映到人的认识中来。社会实践的发生、发展和消灭的过程是无穷的，人的认识的发生、发展和消灭的过程也是无穷的。"马克思列宁主义是无产阶级认识世界和改造世界的锐利武器，它是总结了世界无产阶级革命斗争的实践经验而产生的。但是，马克思列宁主义并没有结束真理，随着无产阶级革命斗争实践的不断发展，马克思列宁主义必将在实践中不断开辟认识真理的道路，并获得更大的发展。

5. 概括了认识发展的总规律

毛泽东在分析认识发展的辩证过程的基础上，进一步概括了认识发展的总规律。他指出，就人们对于客观事物某个具体发展过程的认识来说，实践—认识—实践的过程，是循环往复的；就认识的总过程来说，由于客观事物是不断发展的，认识也是不断发展的。所以，实践—认识—实践的形式更是循环往复，以至无穷的。但它不是简单的循环，而是从低级到高级的无限发展过程。毛泽东说："实践、认识、再实践、再认识，这种形式，循环往复以至无穷，而实践和认识之每一循环的内容，都比较地进到了高一级的程度。"这一概括不仅说明了实践对于认识的决定作用，也深刻地揭示了认识和实践的辩证关系，以及认识不断深化的道路，并指明了人类能动地认识世界和改造世界是一个日新月异、永无止境的发展过程。

总之，以上论述涉及马克思主义认识论的主要问题，它不仅大大深化了马克思主义认识论的基础理论。而且在实践内容的概括、实践在认识中的作用的系统阐述、认识发展过程的具体分析，以及认识发展总规律的总结等方面，为马克思主义哲学的丰富和发展作出了贡献。

毛泽东在《实践论》中着重揭露了机会主义路线的唯心主义认识论根源，阐发了辩证唯物主义认识论的原理；而在《矛盾论》中则集中批判了机会主义路线的形而上学世界观，阐发了唯物辩证法的基本理论。由于在半殖民地半封建的旧中国，各种社会矛盾错综复杂，而要引导中国革命取得胜利，就必须正确认识中国社会的各种矛盾，并采取正确的方法来解决这些矛盾。机会主义者不懂得唯物辩证法，他们对中国社会的各种矛盾既不作具体分析，更谈不到采取正确的方法来解决这些矛盾，因此必然引导中国革命走向失败。正是由于对中国社会矛盾能否正确认识和解决直接关系到革命的成败，毛泽东在《矛盾论》中特别对唯物辩证法最根本的规律——对立统一规律进行了全面、系统的研究和阐明，深刻地说明和发挥了列宁关于对立统一学说是辩证法的实质和核心的思想，对马克思主义哲学的丰富和发展作出了贡献。本书题名为《矛盾论》，原因也在于此。那么，《矛盾论》在哪些方面丰富和发展了马克思主义哲学呢？

1. 明确提出形而上学和辩证法是两种互相对立的宇宙观。毛泽东继承列宁关于两种发展观的思想，提出："在人类的认识史中，从来就有关于宇宙发展法则的两种见解。一种是形而上学的见解，一种是辩证法的见解。形成互相对立的两种宇宙观。"像毛泽东这样明确提出形而上学和辩证法是两种互相对立的宇宙观在马克思主义哲学发展史上还是第一次，这种提法的科学性是毋庸置疑的，因为宇宙观不仅要回答世界的本原问题，还要回答世界如何存在的问题。毛泽东考察了中外哲学发展的历史。指出：形而上学思想无论在中国和欧洲，在一个很长的历史时间内，是属于唯心论的宇宙观，欧洲资产阶级初期的唯物论，也是形而上学的，只是到了近代资本主义高度发展的阶段，才产生了马克思主义的唯物辩证法的宇宙观。而辩证法的宇宙观，在中国和欧洲的古代就产生了，由于它带着自发的素朴的性质，不能完全解释宇宙，后来就被形而上学所代替。18 世纪末和 19 世纪初期德国著名的哲学家黑格尔，对于辩证法作过很重要的贡献。但他的辩证法是唯心的辩证法，直到马克思和恩格斯创造了辩证唯物论和历史唯物论这个伟大理论后，才在人类认识史上发生了一个空前的大革命。可见，在哲学史上，形而上学和辩证法的对立同唯心论和唯物论的对立，是既有联系又有区别的。毛泽东明确指出这点不是偶然的，这是从哲学上总结第一、二次国内革命战争经验必定得出的结论。在第一、二次国内革命战争时期，机会主义者之所以犯错误，就在于他们的宇宙观不仅是唯心主义的，而且是形而上学的。因此，为了从思想根源上彻底清算机会主义路线。对全党进行辩证唯物主义和历史唯物主义世界观的教育，就不仅要批判机会主义的唯心主义宇宙观，还要批判他们的形而上学宇宙观。这样才能划清正确路线和错误路线的界限，提高全党对正确路线和错误路线的识别能力。

为了帮助全党划清形而上学和唯物辩证法两种宇宙观的界限，毛泽东深刻分析了这两种宇宙观的根本区别。他指出，形而上学宇宙观是用孤立的、静止的、片面的观点看世界，否认事物因内部矛盾而引起发展。如果说有变化，则不过是数量的增减和场所的变更。这种变化的原因，不在事物的内部，而在事物的外部，即由于外力的推动。和形而上学宇宙观相反，唯物辩证法的宇宙观认为事物发展的根本原因在于事物内部的矛盾性。但任何事物都不能孤立地存在，而是和它周围的其他事物互相联系和互相影响着，这种一事物和他事物的互相联系和互相影响，则是事物发展的第二位原因。事物发展的根本原因叫内因，事物发展的第二位原因叫外因。它们的关系是：内因是变化的根据，外因是变化的条件，外因通过内因而起作用。毛泽东关于事物发展的内因和外因辩证关系的论述，丰富了马克思主义的对立统一的学说。

2. 概括矛盾普遍性的两方面的意义，提出"差异就是矛盾"的著名论断。关于矛盾普遍性的原理，马克思、恩格斯、列宁都有过深刻的论述和分析，毛泽东在马克思主义经典作家研究成果的基础上把矛盾的普遍性概括为两方面的意义。即"其一是说，矛盾存在于一切事物的发展过程中；其二是说，每一事物的发展过程中存在着自始至终的矛盾运动。"毛泽东的这一概括不仅说明了物质世界存在的根本原因，也说明了物质世界不断运动变化的内在动力。根据苏联对德波林学派的批判，毛泽东还着重批判了德波林学派关于"差异不是矛盾"的否认矛盾普遍性的错误观点，提出了"差异就是矛盾"的著名论断。他说："世界上的每一差异中就已经包含着矛盾。差异就是矛盾。劳资之间，从两个阶级发生的时候起，就是互相矛盾的，仅仅还没有激化而已。"因此，"这是矛盾的差别性的问题，不是矛盾的有无的问题"。毛泽东告诫全党必须学会运用矛盾普遍性的原理分析一切事物，不仅要看到事事有矛盾，还要看到时时有矛盾。这样，才能正确地分析中国革命的历史和现状，并推断革命的将来。

3. 精辟论述了矛盾特殊性的原理，丰富和发展了列宁关于具体分析具体情况的理论。毛泽东根据辩证唯物主义关于世界是多样性的统一的物质世界的原理和世界普遍发展的原理，对矛盾的特殊性问题作了透彻的分析。他指出：各种物质运动形式中的矛盾不仅有普遍性，而且"都带特殊性"。世界上所以有千差万别的事物，就是由于这些事物内部包含的矛盾都有其特殊性。又根据世界普遍发展的原理，他还指出："各个运动形式的各个发展过程中的矛盾，各个发展过程的矛盾的各个方面，各个发展过程在其各个发展阶段上的矛盾以及各个发展阶段上的矛盾的各个方面"，都有其特殊性。事物的发展之所以有不同的过程和阶段，就是由不同过程和阶段的特殊矛盾决定的。

研究矛盾的特殊性是为了对具体事物进行具体分析，找到解决矛盾的正确方法。毛泽东说："不同质的矛盾，只有用不同质的方法才能解决。"例如，无产阶级和资产阶级的矛盾，用社会主义革命的方法去解决；人民大众和封建主义的矛盾，用民主革命的方法去解决；殖民地和帝国主义的矛盾，用民族革命战争的方法去解决等。而我们党内的机会主义者不遵守用不同的方法解决不同的矛盾的马克思主义的原则，"只是千篇一律地使用一种自以为不可改变的公式到处硬套"。例如，他们不懂得我国人民大众和封建制度的矛盾要用民主革命方法去解决，而企图在民主革命过程中解决社会主义革命的任务。"左"倾盲动主义者就鼓吹中国革命是所谓"无间断的革命"，说什么"必然要超越民权主义的范围"，而"急转直下地进行社会主义的革命"，因此提出没收民族资产阶级的工厂企业、"使小资产变成无产，然后强迫他们革命"等错误政策，使中国革命遭受了严重损失。

毛泽东又指出："在矛盾的特殊性问题上，还有两种情形必须特别地提出来加以研究，这就是主要的矛盾和主要的矛盾方面。"所谓主要的矛盾，就是在事物发展过程中的诸矛盾中起领导和决定作用的矛盾，由于它的存在和发展，规定和影响着其他矛盾的存在和发展。所谓非主要的矛盾则是指主要的矛盾之外的，处于次要和服从地位的矛盾。这个主要矛盾的理论，是毛泽东总结"九一八"事变以来日本帝国主义大举侵略中国所引起的形势的新发展而最初提出的，在《中国共产党在抗日时期的任务》一文中，他指出："由于中日矛盾成为主要矛盾"，其他帝国主义和中国的矛盾，国内阶级间的矛盾和政治集团间的矛盾都降到次要和服从的地位。而在《矛盾论》中，则是对这一论述作进一步的理论上的概括。区分主要的矛盾和非主要的矛盾有重要意义，由于主要的矛盾是起领导和决定作用的矛盾，因此，解决主要矛盾就成为解决其他矛盾的关键。除了主要的矛盾一种情形外，还有主要的矛盾方面的一种情形。所谓主要的矛盾方面，是指矛盾的两方面中力量占优势、起主导作用的方面；另一方面则是次要的矛盾方面，是力量居劣势、处于被支配地位的方面。事物的性质主要是由取得支配地位的矛盾的主要方面规定的，矛盾的主要方面起变化，事物的性质也随着起变化。那么，为什么要研究矛盾特殊性的上述两种情形呢？因为不研究这两种矛盾情况的差别性，就将陷入抽象的研究，而不能懂得事物矛盾的情况，也不能找到解决矛盾的正确方法。例如，第二次国内革命战争的后期，由于中日矛盾成为我国的主要矛盾，国内阶级矛盾降到次要和服从的地位。

1935年12月的瓦窑堡会议讨论决定了党的建立抗日民族统一战线的政治策略。而以王明为代表的"左"倾关门主义由于看不到中日矛盾成为主要矛盾所引起的国内阶级关系的新变动，竭力反对党的抗日民族统一战线的策略，提出"一切斗争、否认联合"的错误主张。又如，在第五次反"围剿"中，同样是以王明为代表的"左"倾机会主义路线不承认敌强我弱的客观情况，不承认敌人处于矛盾的主要方面，把当时的反"围剿"战争看做是国家和国家作战，大军和大军作战，提出"全线出击""夺取中心城市""御敌人国门之外""不丧失寸土"等错误原则，使反"围剿"战争失败。这两个例子说明，不懂得主要矛盾和非主要矛盾、矛盾的主要方面和次要方面的区别和联系，不研究矛盾的特殊性的这两种情形，就认不清革命发展的新形势，或者看不到在敌强我弱情况下反"围剿"战争所应采取的战略策略，结果使中国革命遭受损失。所以，毛泽东说：对于矛盾特殊性的两种情形的研究，"成为革命政党正确地决定其政治上和军事上的战略战术方针的重要方法之一，是一切共产党人都应当注意的"。毛泽东关于矛盾特殊性问题的论述极大地丰富了列宁关于具体地分析具体的情况的理论，对马克思主义哲学的发展作出了贡献。

4. 深刻阐明了矛盾的同一性和斗争性及其相互关系的原理，关于矛盾的同一性和斗争性及其相互关系的原理。列宁在《哲学笔记》中曾有过专门的论述，毛泽东在总结中国革命经验，批判机会主义形而上学世界观的斗争中，进一步阐明和发挥了列宁的思想。毛泽东指出，所谓同一性，是指以下两种情形："第一，事物发展过程中的每一种矛盾的两个方面，各以和它对立着的方面为自己存在的前提，双方共处了一个统一体中；第二，矛盾着的双方，依据一定的条件，各向着其相反的方面转化。"在这两方面中，矛盾双方的互相转化是更重要的。因为只有矛盾双方的互相转化，才会有旧事物的灭亡和新事物的产生。

所谓斗争性，是指矛盾双方相互排斥、相互反对、相互限制、相互否定的关系，它体现着对立双方相互分离的趋势。

矛盾是对立面的统一和斗争，只有同时具有同一与斗争这两方面的关系，才是矛盾关系。只有斗争关系而无同一关系，或只有同一关系而无斗争关系，都不是矛盾关系。所以，在所有矛盾中，同一性与斗争性都是同时存在紧密结合的。

正如毛泽东所说："斗争性即寓于同一性之中，没有斗争性就没有同一性。"同一性与斗争性同时存在紧密结合，但它们在矛盾运动中的地位与作用是不同的。所以说，同一性是有条件的相对的，而斗争性则是无条件的绝对的。

说同一性是有条件的相对的，不是一般指同一性是在一定条件下存在的，不能脱离具体条件；而是指它只能在一定条件允许的范围内起作用，靠它既不能冲破相互依存的条件，即矛盾双方共居的条件，又不能创造转化的条件，被一定条件所局限。简言之，同一性的有条件性相对性是指同一性的作用受一定条件局限的特性。

具体来说，相互依存作为同一性的第一种情形，在矛盾运动的量变状态，只具有对共居条件的依存性，不具有冲破这一条件的能动性，受这个条件的局限，因而是有条件的。比如，在资本主义制度下，资产阶级与无产阶级之间剥削与被剥削的互为存在前提的关系，只能体现资本主义生产关系这个条件的作用，靠它不能冲破这个条件，改变这种关系。

相互转化作为同一性的第二种情形，在矛盾运动的质变状态，是在矛盾双方力量对比发生了根本变化这个条件下发生的，不具备力量对比发生了根本变化这个条件是不能相互转化的。这是众所周知、毫无疑义的。但是，靠相互转化不能创造这个条件，这个条件是由斗争逐渐创立起来的。相互转化只能依赖于这个条件，受它的局限，因而是有条件的。

总之，同一性的有条件性相对性，不是一般地指它的存在需要一定的条件，而是指它的作用受一定条件局限的特性。这种特性所反映的不是有无同一性的问题，而是同一性在矛盾运动中所起的作用问题。

这就是：第一，由于同一性的相互依存只能体现一定条件的作用，靠它不能冲破这个条件。所以，同一性在矛盾运动中能以相互联结的作用、相互吸引的趋势，为矛盾斗争提供场所、规定界限，使相互排斥的对立面形成一个矛盾统一体。第二，由于同一性的相互转化也只能体现一定条件的作用，靠它不能创造转化的条件，受一定条件的局限。所以，同一性的相互联结作用，能使矛盾统一体在一定时期内保持相对稳定状态，具有质的确定性，使事物分化成为可能，并能巩固事物的发展成果。第三，由于同一性在一定条件下存在，又受一定条件的局限，因而它能使矛盾运动具有与一定条件相联系的，被一定条件所规定的独特的内容与表现形式，即使矛盾具有特殊性。

说斗争性是无条件的绝对的，也不是一般地指斗争性能脱离具体条件，不在一定条件下存在，而是指斗争性在一定条件下存在又不受一定条件局限的特性。

具体来说，斗争性不仅能够在矛盾运动的量变状态，逐渐为实现相互转化创造条件；而且能够在质变状态，以更加活跃更加显著的作用，冲破相互依存的条件，使旧的矛盾统一体被新的矛盾统一体所代替。

可见，斗争性的无条件性绝对性所反映的不是斗争性的有无问题，而是斗争性在矛盾运动中所起的作用问题。

这就是：第一，矛盾只有通过斗争才能展开，即矛盾双方的力量对比，只有在斗争中才能发生此消彼长的不断变化，使相互依存不是僵死的依存，而是变动的依存。第二，矛盾只有经过斗争才能解决，即矛盾双方的主次地位，只有在斗争中才能相互转化，特定事物的存在限度只有经过斗争才能突破。正如毛泽东所说："无论什么事物的运动都采取两种状态，相对静止的状态和显著地变动的状态。两种状态的运动都是由事物内部包含的两个矛盾着的因素互相斗争所引起的。"

党内机会主义者不懂得矛盾同一性和斗争性相互关系的原理，右倾机会主义只讲同一性，不讲斗争性，这种脱离斗争性的同一性，只能是僵死的、形式上的、没有内在根据的同一。他们在统一战线中只讲团结，不讲斗争，一味地迁就国民党，放弃无产阶级领导权，这样的统一战线只能是形式上的，而不可能有真正、巩固的统一战线。"左"倾机会主义只讲斗争性，不讲同一性，这种脱离同一性的斗争性既然不受统一性所制约，必然乱斗一气，破坏事物的发展。他们看不见现阶段中国革命的反帝反封建的民主主义性质，对民族资产阶级只讲斗争，不讲团结，把"千千万万"和"浩浩荡荡"的中间人士赶到敌人那一边去了，严重地破坏了党的抗日民族统一战线政策，使革命遭受损失。

毛泽东还指出，矛盾的斗争性虽然是无条件的、绝对的，但矛盾斗争的形式却因矛盾性质的不同而不同，并且两种不同性质的矛盾在一定条件下可以互相转化，矛盾斗争形式也会随之发生变化。

5. 创造性地提出了共性个性、绝对相对是关于事物矛盾问题是精髓的原理。所谓共性是指矛盾的普遍性和绝对性，个性则是指矛盾的特殊性和相对性。客观存在的矛盾都是普遍性和特殊性，共性和个性的统一。在《矛盾论》中，毛泽东根据普遍性和特殊性、共性和个性统一的观点，从各个方面对客观存在的矛盾进行了深入分析。他指出，矛盾无处不在，无时不有，它不仅存在于一切客观事物和主观思维的过程中，而且贯穿于一切过程的始终，这是矛盾的普遍性和绝对性。而不同事物的矛盾以及事物内部矛盾的每一侧面又各有其特点，这是矛盾的特殊性和相对性。当我们研究矛盾的特殊性和相对性的时候，要注意矛盾和矛盾方面的主要和非主要的区别；当我们研究矛盾的普遍性和斗争性的时候，要注意矛盾的各种不同的斗争形式的区别。总之，客观存在的任何矛盾都是普遍性和特殊性，即共性个性、绝对相对的统一。

既然客观存在的矛盾是共性个性、绝对相对的统一，那么，要正确认识矛盾，解决矛盾，也必须以共性个性、绝对相对的道理为指导，掌握矛盾的普遍性和特殊性、绝对性和相对性的相互联系。就认识矛盾来说，既然事物是矛盾的普遍性和特殊性的统一，共性存在于个性之中，个性包含了共性，这个共性也就是一般，个性也就是特殊。那么，人的认识运动也必须从特殊到一般，又由一般到特殊。人们总是通过实践，首先认识个别的、特殊的事物，而在认识了许多不同事物的特殊本质以后，才有可能进一步进行概括工作，认识各种事物的共同的、一般的本质，这就是从特殊到一般的过程；当人们已经认识了这种共性的、一般的本质以后，又可以利用这种共同本质的认识作指导，去研究更多的、更广泛的各种具体事物，找出它们的特殊本质，使原来的认识得到进一步的丰富和发展，这就是从一般到特殊的过程。人的认识总是按照特殊——一般—特殊的过程循环往复地进行的，而每一次循环都使人的认识提高一步。如果不懂得共性个性、绝对相对的道理，违反了认识发展的上述辩证规律，就不可能正确认识任何事物的矛盾。再就解决矛盾来说，既然事物的矛盾是普遍性和特殊性的统一，在解决矛盾时就必须坚持一般号召和个别指导相结合、马克思主义的理论原则和革命的具体实践相结合等原则，否则就不能正确解决矛盾。

根据以上所述，共性个性、绝对相对的道理是正确认识矛盾、解决矛盾的关键所在，毛泽东称它为关于事物矛盾问题的精髓，不懂得它，就等于抛弃了辩证法。党内机会主义者由于是形而上学唯心主义者，他们从不同方面割裂了共性个性、绝对相对的相互联结。教条主义者只讲普遍性，不讲特殊性。他们满足于书本上的一般原则，不愿对具体事物作具体分析，而脱离特殊性的普遍性，只能是抽象、空洞的理论；经验主义者只讲特殊性，不讲普遍性，他们看重自己的局部经验，并把它看做是普遍适用的，而轻视革命理论的作用，这种脱离普遍性的特殊性，必然以局部代替全体，没有远大的前途，沾沾自喜于一得之功和一孔之见。总之，他们背离了关于事物矛盾问题的精髓的原理，不仅不可能正确认识任何事物的矛盾，更谈不到正确解决矛盾，必然把革命事业引向失败。

总之，《矛盾论》全面、系统地阐明了对立统一规律的基本内容，它直接承续和发挥了列宁《哲学笔记》中关于对立统一的思想，大大地丰富了马克思主义唯物辩证法的基本理论。

《实践论》和《矛盾论》的发表有重大的理论意义和实践意义。从理论上说，它是马克思主义哲学的普遍真理和中国革命的具体实践相结合的产物——毛泽东哲学思想系统化的标志。毛泽东哲学思想是马克思主义哲学分析中国革命的实际问题，在同机会主义路线的斗争中，为中国革命提出了一系列马克思主义的理论、路线、方针、政策，引导中国革命不断走向胜利。在马克思主义哲学的普遍真理和中国革命的具体实践相结合的过程中，毛泽东哲学思想产生了，不断丰富和完善了。如果说，《中国社会各阶级的分析》和《湖南农民运动考察报告》两篇光辉著作中已经蕴含着丰富的哲学思想，经过第一、二次国内革命战争的斗争实践，其中包括许多次重大失败的沉痛教训，毛泽东哲学思想也逐步系统化了。《实践论》和《矛盾论》中的基本思想就是系统化的毛泽东哲学思想。把马克思主义哲学的普遍真理运用于中国这样一个东方大国，从而产生了系统化的毛泽东哲学思想，这在马克思主义哲学发展史上是一件具有重大意义的事情。从实践上说，《实践论》和《矛盾论》发表的时候，正好是中国革命的转折关头，从国内战争转变到抗日战争的转折关头。这时虽然建立了以毛泽东正确路线为代表的新的党中央的领导，但鉴于第一、二次国内革命战争的沉痛教训，为了顺利地进行革命斗争，必须克服和防止机会主义路线的破坏和干扰。为此，必须以马克思主义世界观武装全党，对全体党员和干部进行辩证唯物主义与历史唯物主义教育。因此，《实践论》和《矛盾论》的发表，不仅是过去革命经验的哲学总结，也是新的斗争任务的需要。"理论的基础是实践，又转过来为实践服务"，毛泽东哲学思想是在革命实践中产生的，但它的产生又是为了指导以后的革命斗争。有了以《实践论》和《矛盾论》的基本思想为代表的系统化的毛泽东哲学思想，抗日战争和第三次国内革命战争正是在这一理论指导下取得的彻底胜利。所以说，《实践论》和《矛盾论》的发表在实践上同样具有重大意义。

在社会主义革命时期，毛泽东对马克思主义哲学的运用与发展，以《关于正确处理人民内部的矛盾问题》《在中国共产党全国宣传工作会议上的讲话》为主要代表。《关于正确处理人民内部的矛盾问题》以对立统一规律为指导观察社会主义社会,认为"在社会主义社会中,基本的矛盾仍然是生产关系和生产力之间的矛盾,上层建筑和经济基础之间的矛盾。不过社会主义社会的这些矛盾,同旧社会的生产关系和生产力的矛盾、上层建筑和经济基础的矛盾,具有根本不同的性质和情况罢了","我们的根本任务已经由解放生产力变为在新的生产关系下面保护和发展生产力"。社会主义生产关系已经建立起来,它是和生产力的发展基本相适应的;但是,它又还很不完善,这些不完善的方面和生产力的发展又是相矛盾的。除了生产关系和生产力发展的这种既相适应又相矛盾的情况以外,还有上层建筑和经济基础的既相适应又相矛盾的情况。不过,这些矛盾可以经过社会主义制度本身的自我完善、自我发展不断地得到解决。社会主义具有资本主义不可比拟的优越性,只有社会主义能够救中国。

《关于正确处理人民内部的矛盾问题》同时提出了社会主义社会中存在着两类社会矛盾,即敌我矛盾与人民内部矛盾的学说,告诉我们要用专政和民主两种方法,来正确处理这两类矛盾,要团结一切可以团结的力量,调动一切可以调动的因素,化消极为积极,为社会主义事业服务。国家的统一,人民的团结,国内各民族的团结,这是我们的事业必定要胜利的保证。

《关于正确处理人民内部的矛盾问题》还深刻地论述了社会主义社会的阶级矛盾与阶级斗争。指出"在我国,虽然社会主义改造,在所有制方面说来,已经基本完成,革命时期的大规模的急风暴雨式的群众阶级斗争已经基本结束,但是,被推翻的地主买办阶级的残余还是存在,资产阶级还是存在,小资产阶级刚刚在改造。阶级斗争并没有结束。无产阶级和资产阶级之间的阶级斗争,各派政治力量之间的阶级斗争,无产阶级和资产阶级之间在意识形态方面的阶级斗争,还是长期的、曲折的,有时甚至是很激烈的"。必须坚持无产阶级专政下的不断革命、继续革命。

《在中国共产党全国宣传工作会议上的讲话》中,毛泽东提出"我们现在正处在一个社会大变动的时期",进而指出:"我们国内革命时期的大规模的急风暴雨式的群众的阶级斗争已经基本结束,但是还有阶级斗争,主要是政治战线上和思想战线上的阶级斗争,而且还很尖锐。"为了坚持无产阶级专政,防止资本主义复辟,特别告诫我们:"长时间以来,人们对于教条主义作过很多批判,这是应该的,但是,人们往往忽略了对于修正主义的批判。……在现在的情况下，修正主义是比教条主义更有害的东西。我们现在思想战线上的一个重要任务，就是要开展对于修正主义的批判。"他还强调："中国的改革和建设靠我们来领导。如果我们把作风整顿好了，我们在工作中间会更加主动，我们的本事就会更大，工作就会做得更好。我们国家要有很多诚心为人民服务、诚心为社会主义事业服务、立志改革的人。我们共产党员都应该是这样的人。……我们还需要一批党外的志士仁人，他们能够按照社会主义、共产主义的方向，同我们一起来为改革和建设我们的社会而无所畏惧地奋斗。要使几亿人口的中国人生活得好，要把我们这个经济落后、文化落后的国家，建设成为富裕的、强盛的、具有高度文化的国家，这是一个很艰巨的任务。我们所以要整风，现在要整风，将来还要整风。要不断地把我们身上的错误东西整掉，就是为了使我们能够更好地担负起这项任务，更好地同党外的一切立志改革的志士仁人共同工作。彻底的唯物主义者是无所畏惧的，我们希望同我们共同奋斗的人能够勇敢地负起责任，克服困难，不要怕挫折，不要怕有人议论讥笑，也不要怕向我们共产党人提批评建议"。

综上可见，《关于正确处理人民内部的矛盾问题》和《在中国共产党全国宣传工作会议上的讲话》两部光辉著作的基本内涵，是对马克思在《1848年至1850年的法兰西阶级斗争》中提出的无产阶级专政下不断革命理论的继承与发展，是无产阶级专政下继续革命的纲领性文献。它们不仅在理论上有深远的影响，而且对我们当前的社会主义改革与建设有现实的指导意义。

其二，把马克思主义哲学原理具体化为科学的思想方法和工作方法。马克思恩格斯都很强调他们的世界观不是教义，而是方法。列宁也称唯物辩证法为伟大的认识工具。中国革命斗争异常的复杂性、曲折性和艰巨性，既考验了中国共产党人的革命意志，也锻炼了中国共产党人的革命方法，使他们学会了把马克思主义哲学的原理原则运用于党的全部实践活动，把科学的世界观具体化为正确的思想方法和工作方法。比如，将世界物质统一性原理具体化为：一切从实际出发实事求是的思想方法、工作方法；将意识的反作用原理具体化为：在尊重客观规律的前提下充分发挥主观能动性的思想方法、工作方法；将对立统一规律原理具体化为：两点论一分为二的思想方法、工作方法；将质量互变规律原理具体化为：要胸中有数，准确把握决定事物性质的数量界限，以促成事物的转化达到革命的目的的思想方法、工作方法；将否定之否定规律原理具体化为：摒弃线性思维，走波浪式或前进之路的思想方法、工作方法。毛泽东不仅强调了有无正确的思想方法、工作方法对于革命事业成败至关重要，并且创立了具有中国共产党人鲜明特色的方法论系统。"毛泽东哲学思想这个成就是巨大的。从理论上说，它丰富和发展了马克思主义哲学的方法论思想，对马克思主义哲学作出了特殊的贡献；从实践上来说，中国共产党人通过对马克思主义哲学的创造性地应用，提出正确的路线，制定正确的政策，规定正确的方法，比较充分地发挥了哲学的方法论功能。这是中国革命取得胜利，党的许多工作取得成就的一个重要因素。"①

　　其三，把哲学从哲学家的课堂上和书本里解放出来，使它具有广泛的群众性，并逐渐为人民大众所掌握。这是毛泽东对马克思主义哲学又一突出的贡献。马克思主义哲学的创始人十分强调哲学与无产阶级的结合。毛泽东比较好地实现了这个结合。首先，他把哲学通俗化、中国化了。他运用中国古代文化典籍和民间成语故事，运用通俗易懂的语言，形象生动、深入浅出地来说明抽象的哲学道理，使马克思主义哲学不仅具有中国的民族风格，而且为广大群众喜闻乐见。这是他的哲学思想能够广为流传和被群众运用的一个重要原因。其次，他特别注重宣传哲学和普及哲学的工作。"还在延安研读哲学时，他就认为哲学只有和实际相结合，为群众所掌握，才有生命力，建国后不久，他就指出：'关于辩证唯物论的通俗宣传，过去做得太少，而这是广大工作干部和青年学生的迫切需要'，应当加强这项工作，'使成百万的不懂哲学的党外干部懂得一点马克思主义哲学'。"② 1957 年 3 月《在中国共产党全国宣传工作会议上讲话》中他说："我们要求把辩证法逐步推广，要求大家逐步地学会使用辩证法这个科学方法。"③ 1957 年 11 月他在《莫斯科共产党和工人党代表会议上的讲话》中提出了解放哲学的思想，他说："关于对立面的统一的观念，关于辩证法，需要作广泛的宣传。我说辩证法应该从哲学家圈子走到广大人民群众中间去。我建议，要在各国党的政治局会议和中央全会上谈这个问题，要在党的各级地方委员会上谈这个问题。其实我们的支部书记是懂得辩证法

　　① 《中外著名人士谈毛泽东》，大众文艺出版社 1999 年版，第 199 页。

　　② 同上书，第 201 页。

　　③ 《毛泽东文集》第 7 卷，人民出版社 1999 年版，第 277 页。

的，当他准备在支部大会上作报告的时候，往往在小本子上写上两点，第一点是优点，第二点是缺点。一分为二，这是个普遍的现象，这就是辩证法。"① 在1963年5月的一次会议上，他进一步指出：要在日常工作中讲哲学，中央、中央局、省三级，开会时都要讲。还说：不要把哲学看得太难和那么神秘，那么神圣不可侵犯。把它看得太黑暗，就不容易进门，还是要破除迷信。同时他还指出，不要破除了科学，不要像前几年那样，连不该破的也破了，如提出人有多大胆，地有多大产。也就是在这次会议上，他讲了物质变精神，精神变物质的一番道理，提出：这些道理应当让干部懂得，群众懂得，让哲学从哲学家的课堂上和书本里解放出来，变为群众的锐利武器。在毛泽东同志的长期号召和带头讲用下，群众性的学哲学、用哲学的活动得到了蓬勃发展。②

哲学来自非哲学，科学是哲学的基础；哲学作为科学的理论升华，有方法论功能，是科学的向导。当今，世界范围的复杂性探索的兴起与高涨，必然从更大范围、更深层次、更复杂的关系上，触及哲学的世界观、本体论、发展观、认识论、历史观等根本性问题，为马克思主义哲学的运用与发展提供了大好时机。

毛泽东哲学思想作为系统化理论化的世界观，是以普遍性极大的范畴构成的理论体系。范畴的普遍性越大、概括的具体事物越多，就越能通过实践与认识不断地进入人们的思维之中，规范人们的思维与行动，毛泽东哲学思想对于复杂性探索有普遍的指导作用。

二 毛泽东哲学思想对复杂性探索的指导作用

实现毛泽东哲学思想对复杂性探索的指导作用，有两种基本形式：其一，是人们在从事复杂性探索时，自觉或不自觉地运用毛泽东哲学思想的原理原则分析、解决问题时，实现的直接指导作用。实现直接指导作用的形式往往有两条道路：自发的道路与自觉的道路。其二，是以科研方法论为中介实现的间接指导作用，这种方式也是较为普遍的。

先说第一种形式：

① 《毛泽东文集》第7卷，人民出版社1999年版，第332—333页。
② 《中外著名人士谈毛泽东》，大众文艺出版社1999年版，第200—201页。

　　比如，研究非线性问题：如果系统的要素之间或子系统之间的相互作用是一种按均匀比例变化的线性关系，不论其构成要素、子系统多么庞大，其整体性质也仅仅是部分性质的简单相加，整体等于部分之和。如果系统的构成要素或子系统之间的相互作用是一种不均匀不成比例的非线性关系，就会使整个系统表现出要素、子系统不具备的性质，整体大于部分之和。非线性相互作用是产生复杂性的内在根据。当我们自觉地以毛泽东哲学思想为指导探索非线性相互作用时，就能发现在他的相关论著中有不少这样的论断、论述。比如，在《中国革命战争的战略问题》中说：中国"是一个经过了一次大革命的政治经济不平衡的半殖民地的大国"。又如，在《矛盾论》中指出："无论什么矛盾，矛盾的诸方面，其发展是不平衡的。有时候似乎势均力敌，然而这只是暂时的和相对的情形，基本的形态则是不平衡。"这就是从总体上、从发展的根据上，指出了不均匀的、不成比例的非线性相互作用的存在是广泛的普遍的。它突出地表现在，一切事物的发展道路都不是笔直的而是曲折的。在毛泽东的论著中，这方面的论述也有很多。诸如，常见的有："革命的道路，同世界上一切事物活动的道路一样，总是曲折的，不是笔直的。"[1] "革命和革命战争是进攻的，但是也有防御和退却——这种说法是完全正确的。为了进攻而防御，为了前进而后退。为了向正面而向侧面，为了走直路而走弯路，是许多事物在发展过程中所不可避免的现象。"[2] "凡是运动就有波，在自然科学中有声波、电波。凡是运动就是波浪式前进，这就是事物发展的规律，是客观存在，不以人的意志为转移的。"（见《在八届七中全会上的讲话》1959 年 4 月）"任何新生事物的成长都是要经过艰难曲折的。在社会主义事业中，要想不经过艰难曲折，不付出极大努力，总是一帆风顺，容易得到成功，这种想法只是幻想。"[3]

　　总之，以上所述能启迪我们从更深更广的层次上进一步理解非线性相互作用与复杂性的内在联系。

　　又如，研究自组织问题：自组织是系统通过自身的力量自发地增加它的活动组织性和结构的有序度的进化过程，是在不需要外界环境和其他外

① 《毛泽东选集》第 1 卷，人民出版社 1991 年版，第 55 页。

② 同上书，第 196 页。

③ 《毛泽东文集》第 7 卷，人民出版社 1999 年版，第 220 页。

界系统的干预或控制下进行的。即非控制的通过对称性逐渐减少到对称性破缺,从无序到有序或从有序程度低向有序程度高的动态演化过程,即产生复杂性、增殖复杂性的过程。自组织与复杂性有天然联系,自组织概念是复杂性科学的基本范畴。

《矛盾论》指出:"和形而上学的宇宙观相反,唯物辩证法的宇宙观主张从事物的内部、从一事物对他事物的关系去研究事物的发展,即把事物的发展看做是事物内部的必然的自己的运动,而每一事物的运动都和它的周围其他事物互相联系着和互相影响着。""唯物辩证法认为外因是变化的条件,内因是变化的根据,外因是通过内因而起作用。"内因是怎样推动事物的发展呢?《矛盾论》进而指出:"有条件的相对的同一性和无条件的绝对斗争相结合,构成事物的矛盾运动。""斗争性寓于同一性之中","斗争性贯串于过程的始终,并使一过程向着他过程转化,……所以说矛盾的斗争性是无条件的、绝对的。""这一共性个性、绝对相对的道理,是关于事物矛盾的问题的精髓,不懂得它,就等于抛弃了辩证法。"

可见,《矛盾论》的精辟论述是自组织理论的哲学基础,以它为指导探讨自组织问题,就能豁然贯通,认识升华。

再如,研究涌现性问题:涌现性通常指多个要素整合为系统后,而出现了组成前单个要素所不具备的性质,这个性质并不存在于任何单个要素之中,只因为系统的形成而产生,所以形象地称为涌现。系统功能之所以往往表现为整体大于部分之和,就是因为系统涌现出了新质的缘故,其中"大于部分"就是涌现出了新质。之所以如此,就是因为系统要素的非线性相互作用。自组织演化系统的"系统质""稳定态"是以涌现的形式呈现出来的,涌现概念是复杂性科学的核心范畴。

以毛泽东哲学思想为指导探索涌现问题,就得从唯物辩证法的高度首先看到"无论什么事物的运动都采取两种状态,相对静止的状态和显著的变动状态",即量变与质变两种状态。由于任何事物都有质的规定性与量的规定性,都是质与量的统一。因此,事物的运动必然存在着量变与质变的相互转化,即由量变到质变又由质变到量变;必然存在着量变与质变的相互渗透,即总的量变过程中有部分质变,质变过程中又有量的扩充。那么,涌现是属于什么范畴呢?就理论定位而言,它属于质变而非量变。但一切事物的变化发展都是从量变开始的,量变是质变的先导,量变积累引起质变。而量变引起质变的形式却是多种多样的，大体可以归结为两大类：一类是由于数量的增减引起的质变，有的表现为程度水平的升降引起的质变；有的表现为规模大小伸缩引起的质变；有的表现为运动速度的快慢引起的质变；等等。另一类是事物组成要素在排列方式上的变化引起的质变。这种形式也是相当普遍的，化学运动中的同分异体和同素异性体就是明显的例子。这种现象在社会领域中也是常见的。同样素质、同样数量的军队，战斗部署不同、战术运用不同，会产生截然不同的战斗结果。同样的人力物力，排列组合不同、调配使用方法不同，会产生截然不同的生产效益。

那么，涌现这种整体大于部分之和的"系统质""稳定态"是以怎样的具体形式在质变中形成的呢？这就是辩证唯物主义发展观所指出的："事物组成要素在排列方式上的变化引起的质变。"

以上所论，主要是阐述了毛泽东哲学思想对复杂性探索的直接指导意义。此外，还需要进一步揭示毛泽东哲学思想以科研方法论为中介对复杂性研究所起的间接指导作用。

众所周知，新的科学技术革命促进了科研方法论的转换，实践与科学的发展迫切需要超越还原论，发展整体论，把还原论与整体论辩证统一起来，实现科研方法论从还原论向系统论的转换。

科研方法论的这一历史性的转换带来了复杂性科学的兴起与发展，在新科技革命推动下，20 世纪 70 年代左右，面对各种开放复杂的巨系统，不同国家、不同学科的研究人员，从不同角度用系统方法在物理、化学、生物、天文、地理、经济等学科领域开展了一系列有关复杂性或复杂系统的跨学科交叉研究，一个用系统方法，以复杂性探索为中心内容的新的科学形态，即复杂科学应运而生了。

毛泽东虽然不是系统科学家，由于系统性在客观世界的所有领域和演化进程中的每一个层次上都显现出来，所以，他能在长期的革命实践和理论探索中形成丰富而深刻的系统思想。

处于哲学与具体科学中介层次的，作为科研方法论的系统论对复杂性探索有何指导作用呢？

系统论是在承认系统的客观实在性的前提下去研究系统的最优解，从系统与要素、整体与部分的关系的特定角度去揭示世界的普遍联系和永恒发展的，其中必然蕴含着唯物辩证法的原理、原则，一般存在于个别之中并通过个别来存在。比如，贝塔朗菲创立的一般系统论，作为一门横断科学，是科学在自身发展中，在吸取历史上关于整体观念的基础上，适应着科学技术辩证综合的客观需要，在一般科研方法论上从形而上学向辩证法的复归，在本质上是辩证的，与辩证法有不解之缘。总之，处于中介层次的系统论，必定蕴含着丰富的辩证法思想，而它所蕴含的诸如形式与内容、局部与全局、结构与功能等辩证关系的观点，对复杂性探索就有指导作用。在《中国革命战争的战略问题》中，毛泽东在全面系统地考察中国革命战争时，所揭示的局部与全局、战略与战术、围剿与反围剿等辩证关系，对于我们深入了解中国革命战争的复杂性就是至关重要的。

近年来，在一般系统论的直接作用影响下，复杂性科学的不同学派，从不同角度，在不同的学科领域，对复杂系统的特点、复杂性产生的根源、机制等进行了许多揭示和描述。比如，西蒙的分层复杂性概念认为，系统的等级层次结构是复杂性的重要来源；自组织理论认为远离平衡态、非线性关系、不可逆过程是产生复杂性的根源；复杂适应系统理论认为，主体的适应性造就复杂性；钱学森认为，凡是不能用还原论方法处理的或不宜用还原论方法处理的问题都是复杂性问题，所谓"复杂性"实际是开放复杂巨系统的动力学特性。

上述复杂系统的特征及其复杂性产生根源的机制，进一步显示了事物普遍联系的深刻性和具体性。也表明了作为哲学与科学中介的系统论对复杂性探索的积极影响。现时代，系统问题和相应术语之所以那么引人注目，已经牢固地进入到现代的学者、工程师、实践家的意识之中，重要原因就在这里。

上述两个方面着重谈了毛泽东哲学思想对复杂性探索的指导作用，以下要谈的是复杂探索对毛泽东哲学思想的推进。

三　复杂性探索对毛泽东哲学思想的推进

第一，复杂性探索进一步论证了毛泽东哲学思想的辩证唯物主义世界观。

近年来，在马克思主义哲学研究中，有些论者对马克思主义哲学的理论形态是辩证唯物主义历史唯物主义持怀疑态度，说马克思主义哲学从19世纪中叶产生以来至今已150多年了，现代科学已经有了很大的发展，辩证唯物主义已经过时了，需要改变理论形态了。毛泽东曾经指出："辩证唯物论之所以为普遍真理，在于经过无论什么人的实践都不能逃出它的范围。"①

事实如何呢？

科学的发展从古代的直观思辨，经过近代的经验分析，到了19世纪中叶，开始进入了以"整理材料"（恩格斯语）为标志的辩证综合阶段，一些以研究发展过程为特点的自然科学已相继出现并发展起来。其中最具代表性的是：细胞学说、能量守恒和转化定律、生物进化论等三大发现。这些新的科学成果就其哲学意义来说主要在宏观层次上，从不同侧面揭示了自然界的辩证联系与物质统一性，意味着自然科学的发展已经跨入了辩证综合阶段，所以唯物主义的进程才能从近代机械唯物论开始转向了辩证唯物论。这就是通常所说的辩证唯物主义产生的科学前提。

辩证唯物主义产生以后，20世纪以来现代科学的确有了很大的发展，取得了巨大的成果，特别是当今世界范围的复杂性探索、复杂性科学取得了突出的成就。哲学来自非哲学，以科学为基础。问题是在于现代科学的发展不断涌现的巨大的新成果，是否定了辩证唯物主义、证伪了辩证唯物主义呢？还是逐步深入地论证着辩证唯物主义？为它的充实、丰富、深化提供了强大的动力，奠定了更加坚实的基础呢？

这是我们面对着的机遇和挑战，必须进行回应和反思。

具体来说，马克思主义哲学产生以后，20世纪以来，在科学发展历程中，又出现了相对论、量子论、遗传基因（DNA）的双螺旋结构"三大发现"，开辟了认识自然的新天地，即向微观（分子尺度以内的）和宏观（大尺度天体系统）领域进军：一方面，进一步揭示了微观领域的辩证联系：如20世纪初首先发现，光在光电效应等现象中显示出粒子性，在干射、衍射等现象中显示出波动性，因此得出光具有波粒二象性的结论。其后，到了20年代，又发现原来认为只有粒子性的实物粒子，如电子等也能发生衍射现象，说明它们也具有波动性。从此认为一切微观粒子都具有波粒二象性，都是粒子性与波动性的对立统一。但是，粒子的质量或能量越大，波动性越不显著，所以日常所见的宏观物体实际上可以看做只具有粒子性。

---

① 《毛泽东选集》第1卷，人民出版社1991年版，第293页。

　　另一方面，也进一步揭示了宏观领域（大尺度天体系统）的辩证联系：如爱因斯坦1905年提出的狭义相对论和1916年提出的广义相对论，直接否定了牛顿把空间、时间与物质割裂开来的绝对时空观。牛顿这种时空观认为，空间、时间可以离开物质而存在，是一种与物质无关的空洞形式，"是一切事物的贮藏所"。狭义相对论证明空间、时间特性，会随物体运动的速度的变化而变化，当速度接近光速时，物体内部的时间就会延缓，物体沿运动方向的长度就会缩短，这就是所谓的"钟慢""尺缩"，物质与时空不能分。广义相对论还揭示了空间、时间和物质也是对立统一体。物质以时空的形式存在和运动，反过来物质的存在和运动又决定时空结构。物体质量越大，分布越密，引力场越强，其空间曲率越大，引力场越强，时间流程也越慢。新的三大发现进一步揭示了微观、宏观领域的辩证联系，奠定了分子生物学、核物理、凝聚态物理、天体物理、电子学、光子学的理论基础，并形成了宇宙大爆炸模型、地球板块模型、基本粒子夸克模型等。科学发展沿着辩证综合的路径，大大前进了一步，是进一步证实了而不是证伪了辩证唯物主义。但辩证综合的特征尚未全面展现。

　　20世纪中叶以来，现代科学沿着辩证综合的途径取得了突飞猛进的发展，在全球范围内进行着以微电子学和计算机技术为主要标志的新的科技革命，形成了一系列高新科技部门。其中有三大前沿：天体演化理论、生命起源科学、基本粒子理论；三大支柱：信息科学、生命科学、材料科学；三个重要标志：人工智能、空间技术、原子能利用。新科技革命的一个突出特征是，现代科学技术的发展呈现了既高度分化又高度综合，而以高度综合为主的一体化趋势。科学知识的综合性、整体化，比较全面地从总体上展出了现代科学进入辩证综合阶段以后的整体特征，使辩证唯物主义得到了有力的论证，为辩证唯物主义提供了强大的动力，为它的充实、丰富、深化奠定了坚实的基础。

　　20世纪60年代以来在系统科学发展的基础上，在物理、化学、天文、地学、生物、数学、经济等学科领域开展了大量有关复杂性或复杂系统的跨学科研究，以交叉结合为直接研究领域，以复杂性探索为中心内容的复杂性科学应运而生。先后有：欧洲学派以普利高津、哈肯、艾根为代表的自组织理论；美国圣菲研究所以霍兰为代表的复杂适应系统（CAS）理论；中国学派以钱学森为代表的开放复杂巨系统理论。还有，作为复杂系统的高度抽象和形式化的描述的复杂网络理论，是研究复杂系统的一种新的角度，了解相互作用拓扑结构的一种新的途径。

复杂性探索、复杂性科学告诉我们：世界是物质的，物质的存在具有系统性，而任何系统都包含着矛盾，而且不止一种矛盾，复杂系统更是大量矛盾形成的矛盾网络。由于矛盾的作用系统是运动的，而运动的机制是复杂的。世界上的联系、关系从根本上讲是非线性的，线性只是非线性的特例。整体性是由系统的结构来规定的，系统的复杂性主要是由非线性产生的，非线性是现实世界无限多样性、丰富性、奇异性和复杂性的来源。所以，越是走向科学发展的深处，越会发现越来越多的复杂性问题。

对待复杂性问题，用简单的方法，还原论的方法是解决不了的，或解决不好的，必须超越还原论发展整体论，用还原论、整体论辩证统一的方法"把复杂性当做复杂性来处理"。这样做，重视非线性、随机性、不确定性、整体涌现性，从更大范围、更深层次、更复杂的关系上，观察问题、分析问题才能更精确、更深刻、更完整地反映客观规律，认识必然，引导实践，获得自由。

21世纪科学技术发展的主要特点是：科学是研究复杂性的科学，技术是调控复杂系统的技术。复杂性探索、复杂性科学集中体现着现代科学发展的辩证综合的总体特征和大趋势。事实胜于雄辩。它非但没有否定辩证唯物主义，证伪辩证唯物主义，而是在新的历史条件下，为辩证唯物主义发展灌注了新的活力，进一步论证了辩证唯物主义世界观。

第二，复杂性探索充实了毛泽东哲学思想的辩证唯物发展观。

毛泽东说：马克思"把唯物主义改造成辩证唯物主义，认为世界是联系的发展的。为什么会有发展呢？因为有矛盾存在"①。辩证唯物主义发展观是辩证唯物主义世界观的重要组成部分，它包括作为发展观的总体特征的：联系观点与发展的观点；作为联系和发展的基本规律的：对立统一规律、质量互变规律和否定之否定规律；作为联系和发展的基本环节的：现象与本质、个别与一般、形式与内容、整体与部分、原因与结果、必然与偶然、可能与现实、相对与绝对等基本范畴。

复杂性探索对辩证唯物主义发展观的基本观点、基本规律、基本范畴的充实、丰富和深化是多方面的。

---

① 《毛泽东文集》第8卷，人民出版社1999年版，第1页。

首先，谈复杂性科学对辩证法的运动、变化、发展观点的充实问题。主要讲三点：

其一，辩证唯物主义运动观认为，新陈代谢是宇宙间普遍的永远不可抗拒的规律，世界运动的总趋势是从简单到复杂、从低级到高级的螺旋式上升，是前进，是进化。

生命科学与人文社会科学所揭示的大量的科学事实无可争辩的表明，生命运动与社会运动的确是从简单到复杂、从低级到高级的进化过程。

至于无生命的物理运动、化学运动及演化趋势是进化还是退化，则是现代科学史上曾出现的一个激烈争论和难以解决的问题。这就是 19 世纪著名的达尔文（生物进化）和开尔文（物理退化）的论战。具体来说，德国物理学家克劳修斯 1850 年提出了热力学第二定律。这个定律是关于在有限空间和时间内一切和热运动有关的物理、化学过程的发展具有不可逆性这样一个事实的经验总结。其表述方式有：（1）热量总是从高温物体传到低温物体，不能作相反的传递而不带有其他的变化。（2）功可以全部转化为热，但任何热机不能全部地、连续不断地把所受的热量转变为功（即无法制造第二类永动机）。（3）在孤立系统内实际发生的过程，总使整个系统的熵数值增大，这个定律也称为熵的增加原理。自从克劳修斯提出热力学第二定律以来，物理学界普遍认为无生命系统总是自发地从有序变为无序，从不平衡朝着均匀简单、消除差别的退化方向演变。如果把这一定律无条件地外推到整个宇宙，就会逻辑地、必然地认为，随着宇宙的熵趋于极大，宇宙万物便会达到热平衡，一切宏观运动就会停止，宇宙的末日就会来临了。克劳修斯就是由于把热力学第二定律不恰当地引用到整个宇宙范围，提出了"热寂说"，把对于有限孤立系统所获得的经验推广到全宇宙，把相对平衡绝对化，因而是形而上学的错误的。"克劳修斯的第二原理等等，无论以什么形式提出来，都不外乎是说：能消失了，即使不是在量上，也是在质上消失了。"[①] 并深刻指出："发散到太空中去的热一定有可能通过某种途径（指明这一途径，将是以后某个时候自然研究的课题）转变为另一种运动形式，在这种运动形式中，它能够重新集结和活动起来。因此，阻碍已死的太阳重新转化为炽热的气团的主要困难

---

① 《马克思恩格斯文集》第 9 卷，人民出版社 2005 年版，第 545 页。

便消失了。"①

20世纪70年代比利时物理学家普利高津从热力学第二定律出发提出了耗散结构理论。这一理论认为非平衡是有序之源，一个远离平衡态的开放系统，通过不断与外界进行物质和能量交换克服混乱，维持稳定，当外界条件的变化达到一定的阈值时，系统就会通过涨落而发生突变，由原来的无序状态转变为一种在时间、空间或功能上有序的结构。普利高津把这种靠能量流和物质流来维持的，通过自组织形成的新的、稳定的、充满活力的结构称为耗散结构，并认为自组织形成有序结构是发展演化的基本形式。科学地回答了无生命的远离平衡态的开放系统如何从无序走向有序的问题，也是对恩格斯所预言的"通过某种途径"能够使能量"重新集结和活动起来"的一种科学说明。肯定了包括无生命的物理运动、化学运动在内的一切运动变化过程，其总趋势都是从简单到复杂、从低级到高级的演化过程，使"生物进化与非生物退化"的论争画上了句号。也就进一步充实了辩证唯物主义运动观。

其二，辩证唯物主义运动观认为，在物质运动形态从低级向高级的演化过程中，有生命的物质是从无生命的物质进化而来的。这是物质运动形态演化中的一个重大的飞跃，也是历来为科学与哲学共同关注的重大问题。恩格斯在《反杜林论》中，在当时科学技术的背景下，曾经作过这样的论断："关于生命的起源，自然科学到目前为止能明确地断定的只是：生命的起源必然是通过化学的途径实现的。"②

系统科学和复杂性理论研究，在生命起源和生命演化的问题上，都持有"自组织"观点，这种观点既与神创论、随机起源论区别开来，又在非生命和生命的自然演化的连接上架起了一座科学观点桥梁。比如德国的生物物理学家艾根从生物大分子研究角度，吸收非平衡非线性热力学成果建立了超循环理论。他在1970年发表了关于超循环理论的演讲，并进而在德国《自然杂志》上发表《物质的自组织和生物大分子的进化》一文，正式建立起超循环理论。后来，他与理论化学家舍斯特尔合作，于1977—1978年再度在《自然杂志》上发表3篇系列论文系统地阐述了超循环理论，后来，于1979年整理出版了《超循环：一个自然的自组织原理》。

---

① 《马克思恩格斯文集》第9卷，人民出版社2005年版，第425页。
② 同上书，第78页。

针对20世纪以来人们对于有关生命起源的化学进化和生物进化的认识有了很大的进步，但是关于生命究竟是怎样起源的则知之甚少。超循环理论提出：在关于生命起源的化学进化和生物进化之间，还有一个生物大分子自组织进化阶段。具体来说，随机无序的大分子通过采取相互作用，因果转化构成了循环形式的自组织，从而形成有序的组织并向更高的组织和复杂性进化，最终导致了生命的起源。表明了生命复杂性是怎样从物理简单性中产生出来的。这有助于揭示生命起源的奥秘，也是复杂性研究对唯物辩证运动观的一个充实。

其三，系统科学和复杂性研究十分强调事物的生成演化，强调瞬息变化，强调路径依赖，强调对始初条件和环境的极端敏感性。[①] 这种演化观所讲的运动变化主要指的是有曲折、弯路、反复、振荡、间断、跳跃、分岔的非线性过程，而不是均匀展开、单向直进、一往无前的线性过程。这是复杂性研究对唯物辩证运动观的又一充实。

其次，再谈复杂性研究对唯物辩证法的核心——对立统一规律的实证。

这里着重说说协同学对矛盾学说的运用与实证。

协同学是德国物理学家哈肯创立的，其主要思想源于哈肯对激光理论的研究。他发现诸多相互独立发光的原子及其所产生的光电场在一定的约束条件下，能产生出相位和方向都协调一致的单色光——激光。进而，他把在激光研究中得到的一般原理，运用于解释其他自组织现象。通过与其他的物理学、生态学、经济学、社会学中的典型现象的类比分析，发现了完全不同的系统之间的惊人的类似性，认识到自组织系统从无序到有序的演化，不论它们属于什么系统，都是大量子系统之间协同作用的结果，都可以用类似的理论方案和某几种数学模型进行处理，从而在1970年提出建立协同学的问题。1977年出版了《协同学导论》，标志着协同学的正式建立。协同学是关于多组分系统如何通过子系统的协同行动而导致结构有序演化的一门自组织理论。

哈肯曾指出："量变质变规律和对立统一规律是他的协同学的哲学基础。"[②] 那么，在协同学中，哈肯是怎样运用并实证矛盾学说的呢？

①　曾国屏等主编：《当代自然辩证法教程》，清华大学出版社2005年版，第69页。
②　苗东升：《系统科学精要》，中国人民大学出版社2006年版，第44页。

这主要表现在以下几个方面：

其一，协同学认为矛盾是普遍存在的。它具体指出："生活中充满矛盾。举几个例子就足以说明了。一个青年想要上大学，他在两个完全不同的专业之间犹豫不决，两个专业各有利弊。另一个例子说的是一个青年女郎，好像天缘巧合，她一连碰上了两个很好的男子。两个人都想娶她。她觉得两人对她都有魅力，都舍不得回绝。她在两者之间左右为难。最后一名竞争者说的一句话打翻了天平。青年女郎终于自愿委身于他。用协同学的话来讲，一个'涨落'——一句话分了高低。"①

其二，它坚持用矛盾观点，一分为二方法观察事物分析问题。比如，在协同学中具体分析了"在社会生活中矛盾的转移"。它指出，"特别在社会领域中，存在着一些具有两个等价的答案，或更确切些说，两条出路的矛盾，在那里共同的行动使个人摆脱矛盾，并非消除它们，而只是移置它们。这里是几个本身似乎无足轻重的例子，但它们可以与引起剧烈冲突的问题相比拟。一个孩子生下了，他自然得有个姓，在许多国家中，习惯乃至法律上规定孩子应从父姓。但孩子同样可以从母姓。如果没有法律的规定，每对夫妻就将面临如下矛盾'孩子该从父姓还是该从母姓？'毫无疑问，对所有夫妻来说，这是一种潜在的矛盾，没有法律规定时需由夫妻双方协商决定。在婚姻中也有同样情况，夫妻俩该用夫姓还是该用妻性？有些夫妇选择双姓：米勒—迈埃尔。不难明白，如此再过 10 代，他们的姓得由一千多个姓组成。简直胡闹。这将使原来的折衷办法成为毫无意义的荒唐事。……所有这些例子（还可随便举出许多）表明，在政治生活中，矛盾经常由个人转移到集体，或由集体转移到个人。这种个人与集体之间的相互关系，对于个人的结果是，通过集体的影响，例如法律，可使个人避免作出可能产出矛盾的决定。反过来，若个人具有较大作出决定的自由，那么对个人意味着可以产生更多的矛盾"②。

其三，它认为一切系统所包含的不同要素、不同子系统之间都存在着既竞争又协同的关系。而既竞争又协同的关系实质上是既对立又统一的矛盾关系，形形色色的各种系统实际上都是矛盾的对立统一体，都是由系统

---

① ［德］赫尔曼·哈肯：《协同学——大自然构成的奥秘》，凌复华译，上海译文出版社
2001 年版，第 96 页。

② 同上书，第 98—100 页。

中要素的相互作用、子系统的相互作用引起的矛盾运动过程。

其四，协同学认为在由要素的相互作用、子系统的相互作用引起的矛盾运动过程中，存在两种变量，即快变量和慢变量。慢变量使系统脱离旧结构，趋向新结构，即矛盾运动中的质变、飞跃；快变量又使系统在新结构上稳定下来，即在新质的基础上产生的新的量变。

其五，系统在自组织过程中，是怎样通过要素、子系统的既竞争又协同的相互作用，产生整体的秩序呢？协同学提出的序参量原理和支配原理就是回答这一问题的。它认为序参量是一种宏观参量，是描述系统宏观有序度或宏观模式的参量。序参量是子系统之间协同合作的产物、表征和度量。同时，序参量又支配子系统的行为，主宰系统整体演化过程。"比如BZ反应（贝洛索夫—萨波金斯振荡化学反应：丙二酸被溴酸钾氧化〈铈离子为催化剂〉保持反应物、生成物浓度达到临界值，出现红—蓝—红周期振荡）中的组成浓度，铁磁相变中的磁化强度，贝钠德花样中的对流运动，激光系统中的光场强度，生态系统中种群的个数等，都可以看成是系统的序参量。自组织的过程也就是序参量产生的过程。在自组织前，系统的序参量为零，系统大量的微观组分处于无序均匀状态，或各行其是，杂乱无章，不可能产生整体的序。自组织开始后情况就不同了，一方面子系统的合作产生了序参量，这在哲学上叫做从微观对宏观的上向因果关系；另一方面，序参量又支配子系统的行为，这叫做支配原理或役使原理，在哲学上叫做从宏观到微观的下向因果关系。两者互为条件，从而使系统的宏观性质发生了改变。更重要的是，这种序参量的产生并不是外部约束或加于系统的，而是自发的。哈肯曾通俗地解释到：我们设想一个游泳者游泳池内来回游，夏天池内拥挤，人来人往，彼此受阻。……游泳者会想到旋游这念头上来。开始也许只是少数人这样游，但不断有人加入，因为旋游对大家都更方便。这种没有外来指示的共同行为是自组织的，自然界以同样的方式行事。以液体为例，它'发现'，如果它们能一起进行有规律运动，向上传输热的部分更容易得多……液体发现热的部分上升特别有利，于是这种方式不断增长……一种运动方式逐渐占支配地位，把其他方式压了下去，液体出现一种完全特定的卷筒运动，这种卷筒运动起着序参量的作用，引导各部分液体的运动方式。一旦这种方式在液体的部分领域形成，其他部分也将被吸引过来，也就是说，它们被序参量所支配。"① 由此不难看出，在系统的要素间的既竞争又协同的矛盾运动过程中，自发形成的序参量是矛盾群体中的主要矛盾，序参量支配子系统的支配原理，就是主要矛盾对次要矛盾的支配作用。序参量原理与支配原理，具体体现了矛盾学说关于主要矛盾与次要矛盾的辩证关系及其在矛盾运动中的地位与作用理论。

总之，毛泽东哲学思想作为系统化理论化的世界观，是以普遍性极大的范畴构成的理论体系。范畴的普遍性越大、概括的具体事物越多，就越能通过实践与认识不断地进入人们的思维之中，规范人们的思维与行动。毛泽东哲学思想对于复杂性探索有普遍的指导作用，是探索复杂性的锐利的思想武器，哲学是科学向导；复杂性探索、复杂性科学的蓬勃发展，是源头、活水，长青之树，能促使毛泽东哲学思想得以不断充实、发展与验证，哲学来自非哲学，科学是哲学的基础。

本文收在《33 位著名学者纵论毛泽东思想》，中国社会科学出版社2014 年版。

---

① 颜泽贤、范冬萍、张华夏：《系统科学导论——复杂性探索》，人民出版社 2006 年版，第 356 页。

第十五章

对立统一是复杂性之源

毛泽东在《矛盾论》中指出："单纯的过程只有一对矛盾，复杂的过程则有一对以上的矛盾，各对矛盾之间，又互相成为矛盾。这样地组成客观世界的一切事物和人们的思想，并促使它们发生运动。"对于由一些矛盾组成的矛盾网络具有涌现出来的不可还原的复杂性是公认的、毫无疑义的。那么，只有一对矛盾构成的单纯的过程就是简单的吗？虽然它不存在区分主要矛盾与次要矛盾的这种复杂性；虽然表面来看、静态来看，似乎是简单的。但是，只要我们从对立统一的内在机制与动态过程来考察，就会发现对立统一是产生复杂性的根源，是复杂性之源。

一 从何谓对立统一说起

1. 矛盾就是对立统一

在哲学发展史上辩证的发展观不仅联系地、发展地看问题，而且不断地探索事物发展变化的原因，把矛盾作为自己研究的重要课题。

古希腊米利都学派的阿那克西美尼早就提出了对立面引起变化的观点。这就是矛盾观念的萌芽。

中国战国末期著名的唯物主义哲学家荀子提出的"阴阳接而变化起"，认为变化是由自然界对立的阴阳二气相互作用引起的，也是这个意思。

后来，中国宋朝的唯物主义哲学家张载进一步把矛盾称之为"一物两体"，认为矛盾是统一体内包含着对立的两个方面，它能引起事物的运动变化。

明末清初的唯物主义哲学家王夫之直接继承和发展了张载的唯物主义

思想和辩证法观点。王夫之把"一物两体"的"两体"之间的关系，进一步表述为"大辨"与"至密"。所谓"大辨"，就是指矛盾双方之间的差别、对立、排斥；所谓"至密"就是指矛盾双方之间的相互联结、相互依存、互为存在前提。他认为任何矛盾都是既大辨又至密的。他说："大辨体其至密，而至密成其大辨。"

到了近代，德国著名的哲学家黑格尔给矛盾下了一个明确定义。他说："既对立又统一，这就是矛盾。"① 它概括了以往的思想成果，正确地揭示了矛盾范畴的内涵，具有科学价值。因此，至今唯物辩证法仍然沿用这一界说。比如，列宁在《谈谈辩证法问题》中所说的"统一物之分为两个互相排斥的对立面以及它们之间的相互关联"，就是这个意思；毛泽东在《关于正确处理人民内部矛盾的问题》中所讲的"矛盾的对立面又统一又斗争，由此推动事物的运动和变化"也是这个意思；我们时常提到的"一分为二""相反相成""既是冤家又是聚头"等，也都是这个意思。所以，"列宁说：就本来的意义讲，辩证法是研究对象的本质自身中的矛盾"。矛盾学说是辩证法的本质与核心。"它提供理解一切现存事物'自己运动'的钥匙。"②

2. 矛盾范畴的内涵

同一性与斗争性及其相互作用是矛盾范畴的内涵。同一性指矛盾双方相互联结、彼此相成的关系，斗争性指矛盾双方相互排斥、彼此相反的关系。同一性与斗争性是同时存在、紧密结合的，只有这两方面同时存在、紧密结合才能形成矛盾，单有哪一方面都不能成为矛盾。

恩格斯在《自然辩证法》中指出："……两极的分离和对立，只存在于它们的相互依存和联结之中，反过来说，它们的联结，只存在于它们的分离之中，它们的相互依存，只存在于它们的相互对立之中。"③ 毛泽东在《矛盾论》中也曾写道："斗争性即寓于同一性之中，没有斗争性就没有同一性。"

这就是说，唯物辩证法所说的同一，乃是相互区别着、斗争着的对立面之间的同一；没有相互区别和相互斗争着的对立面，当然就无所谓同

---

① ［德］黑格尔：《美学》第 1 卷，朱光潜译，商务印书馆 1979 年版，第 154 页。
② 《列宁全集》第 55 卷，人民出版社 1990 年版，第 306 页。
③ 《马克思恩格斯文集》第 9 卷，人民出版社 2009 年版，第 516 页。

一，同一只是表示着有差别的东西之间的一种互相依赖的关系。同样，唯物辩证法所讲的斗争，乃是互相依赖着、联结着的对立面之间的斗争，没有互相依赖和互相联结着的对立面，就无所谓矛盾，当然也就无所谓斗争，斗争只是表示统一物的对立面之间的相互排斥的关系。从空间上来看，同一性在什么范围内存在，斗争性也在同样的范围内存在。从时间上来说，同一性在什么时候存在，斗争性也在同样的时候存在。

因此，要按照矛盾的本来面目去认识、把握矛盾，就应该从同一中去把握对立，从对立中去理解同一，不能把它们人为地割裂开来、对立起来，既不能离开同一性来谈斗争性，也不能离开斗争性来谈同一性。离开同一性来谈斗争性，就等于把相互对立当成相互隔绝，把现实的矛盾拆成彼此孤立的没有矛盾的两个事物。离开斗争性来谈同一性，就等于把对立统一当做僵死的统一，把相对的统一性绝对化。

总之，同一性与斗争性是同时存在、紧密结合的，把两者割裂开来，就会脱离辩证法导致形而上学。

同一性与斗争性同时存在紧密结合，不等于它们在矛盾运动中所起的作用完全相同。这里引进同一的相对性与斗争的绝对性这对范畴，就是为了进而说明同一性与斗争性在矛盾运动中所起的不同作用的。

二　论同一性斗争性在矛盾运动中的地位与作用

第一，先从同一的有条件性相对性来看。

说同一性是有条件的、相对的，不是一般指同一性是在一定条件下存在的，不能脱离具体条件；而是指它只能在一定条件允许的范围内起作用，靠它既不能冲破相互依存的条件，即矛盾双方共居的条件，又不能创造转化的条件，被一定条件所局限。简言之，同一性的有条件性相对性是指同一性的作用受一定条件局限的特性。

具体来说，相互依存作为同一性的第一种情形，在矛盾运动的量变状态，只具有对共居条件的依存性，不具有冲破这一条件的能动性，受这个条件的局限，因而是有条件的。比如，在资本主义制度下，资产阶级与无产阶级之间剥削与被剥削的互为存在前提的关系，只能体现资本主义生产关系这个条件的作用，靠它不能冲破这个条件，改变这种关系。

相互转化作为同一性的第二种情形，在矛盾运动的质变状态，是在矛盾双方力量对比发生了根本变化这个条件下发生的，不具备力量对比发生了根本变化这个条件是不能相互转化的。这是众所周知的、毫无疑义的。但是，靠相互转化不能创造这个条件，这个条件是由斗争逐渐创立起来的。相互转化只能依赖于这个条件，受它的局限，因而是有条件的。

总之，同一性的有条件性相对性，不是一般地指它的存在需要一定的条件，而是指它的作用受一定条件局限的特性。这种特性所反映的不是有无同一性的问题，而是同一性在矛盾运动中所起的作用问题。

起什么作用呢？这就是：第一，由于同一性的相互依存只能体现一定条件的作用，靠它不能冲破这个条件。所以，同一性在矛盾运动中能以相互联结的作用、相互吸引的趋势，为矛盾斗争提供场所、规定界限，使相互排斥的对立面形成一个矛盾统一体。第二，由于同一性的相互转化也只能体现一定条件的作用，靠它不能创造转化的条件，受一定条件的局限。所以，同一性的相互联结作用，能使矛盾统一体在一定时期内保持相对稳定状态，具有质的确定性，使事物分化成为可能，并能巩固事物的发展成果。第三，由于同一性在一定条件下存在，又受一定条件的局限，因而它能使矛盾运动具有与一定条件相联系的，被一定条件所规定的独特的内容与表现形式，即使矛盾具有特殊性。

第二，从斗争的无条件性绝对性来看。

说斗争性是无条件的绝对的，也不是一般地指斗争性能脱离具体条件，不在一定条件下存在，而是指斗争性在一定条件下存在又不受一定条件局限的特性。

具体来说，斗争性不仅能够在矛盾运动的量变状态，逐渐为实现相互转化创造条件；而且能够在质变状态，以更加活跃更加显著的作用，冲破相互依存的条件，使旧的矛盾统一体被新的矛盾统一体所代替。

可见，斗争性的无条件性绝对性所反映的不是斗争性的有无问题，而是斗争性在矛盾运动中所起的作用问题。

这就是：第一，矛盾只有通过斗争才能展开，即矛盾双方的力量对比，只有在斗争中才能发生此消彼长的不断变化，使相互依存不是僵死的依存，而是变动的依存。第二，矛盾只有经过斗争才能解决，即矛盾双方的主次地位，只有在斗争中才能相互转化，特定事物的存在限度只有经过斗争才能突破。正如毛泽东在《矛盾论》中所说："无论什么事物的运动都采取两种状态，相对静止的状态和显著地变动的状态。两种状态的运动都是由事物内部包含的两个矛盾着的因素互相斗争所引起的。"

"有条件的相对的同一性和无条件的绝对的斗争性相结合，构成了一切事物的矛盾运动"，是一切现存事物"自己运动"的根源。

三　为什么说对立统一是复杂性之源

前面所说，主要是通过对同一性、斗争性在矛盾运动中的地位、作用的分析、论述，从为什么的角度彰显了：对立统一是一切现存事物"自己运动"的根源，在此基础上便于进一步探讨，对立统一为什么是复杂性之源。

非线性与系统复杂性具有的内在联系。"什么是非线性？非线性是个数学名词，它指两个量之间没有像正比那样的'直线关系'，自然科学和工程技术中有许多问题要用非线性数学模型。比如采用了非线性模型以后，可以说明为什么同一个前提会导致几个不同的结果，可以说明什么时候两种效应不能叠加，这两种现象会怎样彼此影响，发生耦合作用，各门学科有各自的非线性问题。"① 如果系统的要素之间或子系统之间的相互作用是一种按均匀比例变化的线性关系，不论其构成要素，子系统多庞大，其整体性质也仅是部分性质的简单叠加，其行为也是简单的，整体等于部分之和。拉兹洛说：很多沙粒堆在一起还是沙子。如果系统的构成要素或子系统之间的相互作用是一种不均匀、不成比例的非线性关系，就会使系统各要素之间的相互依赖、相互制约，出现协同效应，使整个系统表现出要素、子系统不具备的性质，并使系统的行为表现得更加复杂而难以预测，整体大于部分之和。非线性相互作用是产生复杂性的内在原因。那么，能不能由此直接推出：非线性是产生复杂性的根源呢？不能！为什么？对非线性相互作用进行一下哲学思考就一目了然了。从哲学角度来看，"无论什么矛盾，矛盾的诸方面，其发展是不平衡的。有时候似乎势均力敌，然而这只是暂时的和相对的情形，基本的形态则是不平衡"②。非线性相互作用，本质上是矛盾力量不平衡性的体现。世界上万事万物由低级向高级、由简向复杂、由无序向有序的进化，一定是在非平衡中。这

---

① 欧阳颀：《非线性科学与斑图动力学导论》，北京大学出版社 2010 年版，第 2 页。
② 《毛泽东选集》第 1 卷，人民出版社 1991 年版，第 322 页。

是由于矛盾双方相互依存的同一性是有条件的相对的，而矛盾双方相互排斥的斗争是无条件的绝对的；绝对的斗争性，可以使矛盾双方的力量对比发生此消彼长的不断化，造成矛盾力量的不平衡。所以，从根本上讲，不好说非线性是复杂性之源，只有对立统一才称得上复杂性之源。

自组织与复杂性有天然联系。什么是自组织？它是描述动态系统由于其内部组成部分之间相互作用而产生的一种有序状态，是复杂性科学的一个基本范畴。它的产生不是偶然的，而是在一定哲学智慧的引领下，在技术经验积累到一定程度的基础上，在演化理论对非线性动态系统的研究过程中形成的。具体来说，历史进入20世纪70年代，科学前沿出现了一大批研究演化的科学理论，如"耗散结构理论""协同学""超循环理论""突变论""混沌理论""分形理论"。由于这些演化理论的诞生，研究演化的科学家队伍一下子壮大起来。通过这些理论的卓越研究，"一种新的统一性正在显露出来；在所有层次上不可逆性都是有序的源泉"。

在这种科学技术背景下，对具有非线性的复杂系统的研究，使人们更深刻地认识到在这类复杂系统中尤其引人注目的是自组织系统及其特性。自组织系统无须外界指令而能自行组织、自行创生、自行演化，即能自主地从无序走向有序。自组织系统不仅极为普遍，而且与人类关系密切。于是，复杂性科学的自组织理论就应运而生了。

通常讲的复杂性科学的自组织理论，一般包括比利时普利高津的耗散结构理论、德国哈肯的协同学和德国艾根的超循环理论，即所谓欧洲学派。

普利高津探索了远离平衡态系统的非线性相互作用的自组织特性。它准确地反映了如贝纳尔流、B－Z化学波和化学振荡反应以及生物演化周期等自发出现有序结构的本质。哈肯的自组织思想主要源于对激光理论的研究。他发现诸多相互独立发光的原子及其所产生的光电场在一定的约束条件下，能产生出相位和方向都协调一致的单色光——激光。进而把激光研究中得到的一般原理，运用于解释其他自组织现象。通过与其他的物理学、生态学、经济学、社会学中的典型现象的类比分析，发现了完全不同的系统之间的惊人的类似性，认识到自组织系统从无序到有序的演化，不论它们属于什么系统，都是大量子系统之间协同作用的结果，都可以用类似的理论方案和某几种数学模型进行处理。并于1976年，第一次在科学意义上提出了"自组织"概念，用一个通俗的例子解释了自组织与组织的区别。他说："比如说有一群工人，如果每一个工人都是在工头发出的外部命令下按完全确定的方式行动，我们称之为组织，或更严格一点称它为有组织的行为"，"如果没有外部命令，而是靠某种相互默契，工人们协同工作，各尽职责来生产产品，我们就把这种过程称为自组织。"艾根研究了生命系统的自组织问题，1971 年提出了超循环理论。他认为在化学演化与生物演化之间存在着一个分子自我组织阶段，通过生物大分子自组织，建立起超循环组织并过渡到原始的有细胞结构的生命。

自组织范畴的内涵如何呢？

自组织范畴是与自组织理论同时形成的。经过协同学、耗散结构理论创始人的努力，自组织概念定义和内涵已比较清晰，哈肯的定义在自组织科学共同体内获得了公认。这就是"如果一个体系在获得空间的、时间的或功能的结构过程中，没有外界的特定干涉，我们便说该体系是自组织的。这里'特定'一词是指那种结构或功能并非外界强加给体系的，而且外界是以非特定的方式作用于体系的"。换句话说：自组织，是指事物朝向空间、时间上或功能上的有序结构的演化过程，即事物自发自主走向组织的一种方式。

自组织与复杂性有天然联系。自组织，或称"组织化"，组织化意味着事物从无序、混乱朝有序结构方向演化，或从有序程度低向有序程度高演化。包含着三类过程：第一过程，是从非组织到组织，从混乱无序状态到有序状态的演化，它意味着组织的起源。第二过程，是一个组织层次跃升的过程。第三过程，是同一组织层次中或同一组织水平上复杂性的增长。这三个过程形成了组织化的连续统一体。可见，自组织演化过程就是一个产生复杂性、增殖复杂性的过程，经过长期研究科学家已经认同自组织是复杂性的特性之一，自组织概念是复杂性科学的一个基本范畴。

自组织的主要特点是，自组织过程必须是一个不由外界干预也不由系统控制者的特定指令而形成的过程。它是一个自发、自主的过程。例如，自由恋爱形成家庭是一个自发自主的过程，它不是由外界例如父母之命、媒妁之言强加于他（她）们而组织起来的。自组织系统是由系统元素中局域性的相互作用引起，虽然没有哪个组元可以处于控制地位，但它们的局域性相互作用仍然出其不意地协同产生复杂性的有序模式。

自组织既然是产生复杂性、增殖复杂性的动态过程，与复杂性有天然联系，自组织概念又是复杂性科学的基本范畴。由此能不能直接推出：自组织是复杂性产生的根源。不能！为何？对自组织进行一下哲学思考就清楚了。从哲学高度来看，自组织是基于系统的内在要素的相互作用而形成的从无序到有序的动态演化过程。要素的相互作用是形成有序运动的动因。但是，如果只一般地承认矛盾是产生有序运动的内因，不进而深入到矛盾的内涵，不考察同一性与斗争性及其相互作用在矛盾运动中的地位作用，还不能弄清自组织产生的根源。由于同一的有条件性相对性通过为斗争提供场所、规定界限，使矛盾运动具有特殊性、异质性、多样性、有序性；又由于斗争的无条件性绝对性，能通过对矛盾的展开、转化，使矛盾运动成为生生不已、不断生成的过程。有条件的相对的同一性与无条件的绝对的斗争性结合起来，才能构成一个自创生、自复制、自适应，复杂性不断生成、不断增殖的自组织的动态演化过程。所以，可以说自组织概念偏重指的是复杂系统具体的演化过程自身，是复杂性之流；而对立统一的内涵则着重指的是复杂性演化过程产生的根源。所以说，对立统一是复杂性之源。

本文发表在《党政干部学刊》2015 年第 1 期。